3단계

KB014955

스페인
이스라엘 이
코스타리카   포르투갈 뉴질랜드 오스트리아 내널핀□ ○아일랜드
                            그리스   몰타   카타르●
페루   ●레바논   칠레   슬로베니아 키프로스 벨기에 덴마크
       ●몰디브   쿠바   터키   체코   미국   쿠웨이트
콜롬비아   파나마   폴란드   사우디아라비아 ●브루나이
에콰도르● ●알바니아 알제리   태국   우루과이   오만   바레인   아랍에미리트
튀니지 ●보스니아   멕시코   에스토니아
       ●스리랑카   ●   크로아티아 슬로바키아   아랍에미리트
중국 ●바베이도스   이란 아르헨티나
요르단 ●세인트루시아 세르비아   헝가리   말레이시아
●아르메니아   베네수엘라 도미니카공화국 루마니아   ●리투아니아
엘살바도르   리비아   불가리아
자메이카 ●마케도니아   라트비아
   ●파라과이   ●모리셔스
부탄 ●조지아   브라질 ●벨라루스   ●세이셸
이집트   트리니다드토바고

           ●아제르바이잔
        ●그레나다
        ●수리남   카자흐스탄
인도네시아   투르크메니스탄
                              러시아

     몽골   이라크

              ●가봉
          보츠와나
피지● ●나미비아   적도기니

세계 건강 도표

이 도표는 건강과 부를 나타내는 세계지도다.
북쪽과 남쪽은 건강한 나라와 허약한 나라,
동쪽과 서쪽은 부유한 나라와 가난한 나라를
의미한다. 물방울은 각 나라의 2017년 평균
수명과 평균 소득을 보여준다. 각자 내 나라를
찾아보고, 소득과 건강수준이 비슷한 나라는
어디인지 살펴보라.

물방울 색깔: 지역

물방울 크기: 인구

100만   1억   10억
  1000만

세계는 변한다. 이 도표의 최신 버전은
www.gapminder.org/whc에서
무료로 볼 수 있다. 현재까지 지난 200년
동안 각국이 이룬 놀라운 발전도 함께 볼
수 있다.

남아프리카공화국

(물가를 반영한 1인당 GDP, 달러/연)   출처:World Bank[1], IMF[1], IHME[1], UN-Pop[1] & Gapminder[1,2,3,4]

16,000달러   32,000달러   64,000달러

팩트폴니스

FACTFULNESS

by Hans Rosling, Ola Rosling, and Anna Rosling Rönnlund

팩트풀니스

1판 1쇄 발행 2019. 3. 8.
1판 82쇄 발행 2024. 1. 22.
2판 1쇄 발행 2024. 9. 1.
2판 4쇄 발행 2024. 9. 4.

지은이 한스 로슬링 · 올라 로슬링 · 안나 로슬링 뢴룬드
옮긴이 이창신

발행인 박강휘
편집 임지숙 디자인 유상현 마케팅 김새로미 홍보 강원모
발행처 김영사
등록 1979년 5월 17일(제406-2003-036호)
주소 경기도 파주시 문발로 197(문발동) 우편번호 10881
전화 마케팅부 031)955-3100, 편집부 031)955-3200 | 팩스 031)955-3111

값은 뒤표지에 있습니다.
ISBN 978-89-349-3387-8 03300

홈페이지 www.gimmyoung.com   블로그 blog.naver.com/gybook
인스타그램 instagram.com/gimmyoung   이메일 bestbook@gimmyoung.com

좋은 독자가 좋은 책을 만듭니다.
김영사는 독자 여러분의 의견에 항상 귀 기울이고 있습니다.

Jacket design by Ben Summers

FACT FUL NESS

팩트풀니스

우리가 세상을 오해하는 10가지 이유와
세상이 생각보다 괜찮은 이유

한스 로슬링
올라 로슬링 · 안나 로슬링 뢴룬드 · 이창신 옮김

Hans Rosling with **Ola Rosling** and
Anna Rosling Rönnlund

김영사

정글 칼을 든 성난 한 무리 남자들에게
도륙당할 뻔한 나를 이성적 언쟁으로 구해준
이름 모를 용감한 맨발의 여성에게
이 책을 바친다.

해제

불편하지 않은 진실을 알고 싶은 분들에게

송길영, 마인드 마이너, 《시대예보》 저자

예전 제주도에서 서울로 유학 온 동창은 뭍의 사람을 만날 때마다 일반화와 오해의 편견을 경험했다고 합니다. 제주도에서 왔다면 으레 어머니는 해녀, 아버지는 뱃사람, 집마다 감귤나무가 있고, 걷는 것보다 바다에서 수영하는 게 더 편하지 않냐는 농담 섞인 관심에 당황한 것입니다. 공직에서 일하는 부모님과 생활해온, 물을 무서워해 바다는커녕 수영장도 가지 않았다는 그의 볼멘 항변은 입장을 바꿔보면 꽤 억울했으리라 짐작합니다.

이 오해의 범주는 개인에만 머무르지 않습니다. K-컬처가 전 세계에 회자되기 전, 해외에 나가 한국에서 왔다고 하면 남북 대치 상황과 전쟁의 위협만을 주제로 대화가 흐르곤 했습니다. 한국인을 만난 적 없는 어떤 이는 6·25 전쟁 시기 야전병원을 배경으로 꽤 오래 방영된 미국 코미디 드라마 〈M.A.S.H〉의 장면을 떠올리며, 한국 사람들이 폐허가 된 땅에서 지금껏 살고 있을 것이라 짐작했다고도 했습니다. 그만큼 인류는 서로 큰 관심 없이 각자 살아왔습니다.

《팩트풀니스》는 그리 크지 않은 우리 행성에서, 100억도 안 되는 인류가 서로를 잘 모르고 살아오며 겪는 오해들에 대한 이야기입니다. 그 오해는 서로의 마음에 상처를 주기에, 진실을 통해 치유와 희망을 주고픈 학자의 따뜻한 배려를 담고 있습니다. 그렇다면 저자는 우리의 어떤 오해를 없애주고자 한 것일까요?

1. 간극 본능

빈자와 부자, 선진국과 개발도상국처럼 세상을 양극단으로 바라보고자 하는 본능을 이야기하는 것으로, 인지의 에너지를 줄일 수 있고 명확해 보이기에 이러한 이분법적 사고에 빠지곤 한다는 것입니다.

실제로 대부분의 사람은 중간값을 가지는 곳에 분포하기에 매우 부유하지도, 그렇다고 해서 극단적으로 가난하지도 않다는 것으로 우리 인류의 삶이 지속적으로 나아지고 있음을 보여줍니다. 빈곤에 대한 경험 역시 절댓값이 아니라 상대값으로 작용함을 알려주며 이를 이해하기 위해 전체를 바라보는 시각을 가질 것을 독려합니다.

"독자가 사는 나라에서 가난이라고 하면 '극도의 빈곤'이 아니라 '상대적 빈곤'을 뜻한다. 예를 들어서 미국에서는 3단계의 삶을 살아도 빈곤선 아래로 분류한다."

그리고 정보의 왜곡에 대해 다음과 같이 설명합니다.

"간접적으로 경험하는 삶이라고 해봐야 대표성 없는 예외적 사건을 좋아하며 평범한 것을 기피하는 언론이 걸러서 보여주는 것일 뿐이라는 점을 이해하는 것이다."

2. 부정 본능

평균 기대수명은 1800년 31세에서 2022년 82세로 비약적으로 증가했습니다. 이러한 희망적 통계에도 불구하고 우리에게는 상황을 비관적으로 생각하는 본능이 있기에 실제보다 위험을 과대 인식한다고 설명합니다. 또한 인간은 과거를 미화하는 경향도 있어 예전 어려운 상황에 대한 기억을 잘 하지 못한다고 지적합니다.

"뉴스는 현재 일어나는 나쁜 사건에 대해 끊임없이 경각심을 불러일으킨다"라는 문장같이 주의를 얻기 위해 밝은 면보다 어두운 면에 집중하는 저널리즘의 구조를 간과하면 안 됨을 일깨워줍니다. 그리고 문제가 여전히 있음에도 나아지고 있다고 말하는 순간 정서적으로 '냉정해' 보이기 때문에, 걱정하는 것이 올바른 것이라 재단하여 생각이 아닌 느끼는 바를 이야기한다 설명합니다. 이를 극복하기 위해서는 '나쁜 소식'이 올 것이라 예상하고 그만큼 종합적인 사고를 위해 이성적으로 판단하는 연습이 필요할 것입니다.

3. 직선 본능

기원전 8000년 500만 명에 불과했을 인구가 1800년 10억 명을 넘어서고, 130년 만에 10억이 추가되고, 다시 100년도 안 되어 50억이 늘어나자, 우리는 말 그대로 인구가 '폭발'해 지구의 자원을 모두 소모해버릴까 봐 두려워했습니다. 하지만 실제로는 아동 사망률 감소와 같은 공중보건의 발전이 더 낮은 출생률의 사회로 이끌며 2100년 110억 명 정도(UN의 인구전망)로 안정화될 것으로 기대합니다.

이처럼 모든 그래프가 수명과 소득의 관계와 같이 직선으로만 이루어진 것이 아니라, 국가의 소득 단계별 예방접종률처럼 S자 곡선일 수도, 여성 1인당 출생아 수와 같이 미끄럼틀 곡선일 수도 있음을 알려줍니다. 그 외에도 낙타 혹 곡선, 2배 증가 곡선처럼 다양한 현상과 원인이 우리 사회를 형성하고 있음을 알게 된다면 막연히 걱정하거나, 혹은 지나치게 낙관적으로 안심할 수도 없음을 알게 됩니다.

따라서 지금까지의 상황변화의 개인적 추세를 연장하는 것을 넘어, 전체의 현상에 대한 종합적 사고 후에 그 이후의 변화를 이해하는 것으로 우리는 오해와 걱정을 넘어설 수 있습니다.

4. 공포 본능

"머릿속이 공포에 사로잡혀 있으면 사실이 들어올 틈이 없다."
2016년 4000만 대의 비행기 중 치명적 사고를 당한 비행기는

10대에 불과함을 이해해야 한다고 합니다. 자연재해, 항공기 사고, 살인, 방사성 물질 유출, 테러 등은 전체 사망 원인 중 1%에도 못 미치지만 사람들의 집중적 관심을 받을 뿐 아니라 공포심을 자극하기에 과도한 위험으로 인식됨을 경고합니다. 물론 공포도 우리의 생존에 필요한 감정임에 틀림없습니다. 하지만 여기에는 전제가 있습니다.

"공포는 유용할 수 있다. 단 실제로 위험한 것에 공포를 느낄 때라야 그렇다."

우리의 진화는 십만 년 이상 이어지고 있지만 산업과 사회의 극적인 변화는 수천 년, 과학기술의 발전과 초연결의 현상은 불과 수백 년에 불과합니다. 실제 우리의 생존을 돕는 적응적 기제에 해당하는 '공포'라는 감정과 실제의 '위험' 사이의 간극이 벌어지고 있다는 것입니다. '공포'와 '위험'은 확연히 다르기에 오늘날의 위험에 좀 더 우리의 자원을 집중해야 함을 당부합니다.

5. 크기 본능

사람들은 비율을 왜곡해 인지하므로 실제보다 사실을 부풀리는 경향이 있음을 지적합니다. 따라서 본인이 겪은 하나의 사건을 일반화해서 생각하거나, 정말 중요한 부분에 좀 더 많은 자원을 효율적으로 집행하는 것을 주저하곤 합니다.

"찢어지게 가난한 상황에서는 무엇이든 완벽하게 하려 하면 안 돼요. 그러면 더 좋은 곳에 쓸 자원을 훔치는 꼴이니까요."

이를 극복하기 위해서는 숫자에 집중하고 이해하려는 노력을 통해 실제의 총량을 제대로 인식하는 힘을 기르는 것이 중요합니다.

"대부분의 예산에서 전체 항목의 약 20%가 예산 총액의 80%를 차지했다. 그 항목들을 확실히 이해하면 많은 돈을 절약할 수 있다."

6. 일반화 본능

"사람은 끊임없이 범주화하고 일반화하는 성향이 있다. 무의식중에 나오는 성향이지, 편견이 있다거나 깨우치지 못해서 그런 것은 아니다. 우리 사고가 제 기능을 하려면 범주화는 필수다. 범주화는 생각의 틀을 잡는 작업이다."

소수의 사례로 전체를 범주화하면 일반화의 오류에 빠지게 된다는 것입니다. 이 책에서 4단계로 국가의 소득 단계를 나눈 것처럼 사고하면, '선진국'과 '개발도상국'과 같은 이분법적 범주화의 오류를 넘어설 수 있습니다. 흥미로운 것은 이의 효과적인 방안으로 저자는 '여행'을 추천합니다. 내가 평균에 해당하는 삶을 살고 있지 않을 수 있음을 다양한 경험을 통해 인식하고, 나의 범주화에 의문을 제기하는 연습을 해야 할 듯합니다.

7. 운명 본능

"운명 본능은 타고난 특성이 사람, 국가, 종교, 문화의 운명을 결정한다는 생각이다. 그래서 무언가가 지금의 그 상태인 것은 피할 수도, 빠져나올 수도 없는 이유 때문이며, 그래서 그것은 늘 그 상태로 존재했고, 앞으로도 절대 변하지 않을 것이라고 여긴다."

사회의 발전은 때로는 오랜 시간이 걸리기도 합니다. 세계의 변화 현상을 매일 내가 목도하고 인지하는 것 역시 어렵습니다. 더욱이 각 개체가 주어진 환경 속에서 만들어내는 변화의 결과를 확인하는 것은 훨씬 어렵습니다. 이런 구조에서 각자의 미래는 이미 정의된 것처럼 보이기도 합니다. 하지만 저자는 이러한 운명론의 시각을 거부합니다.

"더딘 변화는 불변이 아니다. 지식을 업데이트할 준비를 하라. 할아버지와 이야기해보라. 문화가 변한 사례를 수집하라."

그 변화의 축적은 후일 큰 변화를 만들어냄을 잊지 말아야 합니다.

8. 단일 관점 본능

전문가로 한 분야에서 오랜 시간을 보낸 사람이라면 자신의 관점을 가지게 마련입니다. 하지만 실제와 관점 사이에는 갭이 있기 마련입니다. 문제는 이 갭의 존재를 인정하지 않을 때 간극의 크기만큼 오해가 생깁니다.

"내가 좋아하는 생각에 허점은 없는지 꾸준히 점검해보라. 내 전문성의 한계를 늘 의식하라. 내 생각과 맞지 않는 새로운 정보, 다른 분야의 새로운 정보에 호기심을 가져라. 그리고 나와 생각이 같은 사람하고만 이야기하거나, 내 생각과 일치하는 사례만 수집하기보다 내게 반박하는 사람이나 나와 의견이 다른 사람을 만나고, 나와 다른 그들의 생각을 오히려 세상을 이해하는 훌륭한 자원으로 생각하라."

이처럼 다양성을 기반으로 한 다른 생각의 수평적 소통이 기존의 관성을 깨고 실체적 진실로 다가가기 위한 필요조건이 됩니다.

"모든 문제를 해결하는 하나의 해법은 없다. 따라서 세계를 다양한 시각으로 보는 것이 바람직하다."

9. 비난 본능

비난 본능은 어떤 불운한 사건이 벌어진 경우, 명확하고 단순한 이유를 찾으려는 본능입니다.

"예를 들어 항공기가 추락했을 때 잠깐 졸았던 기장만 탓하면 재발 방지에 도움이 안 된다. 기장이 왜 졸았는지, 앞으로 졸지 않으려면 어떤 규제가 필요한지 물어야 한다."

'하인리히 법칙'과 같이 구조가 가진 문제가 더 큰 사고의 요인이라 한다면, 개인에게 책임을 묻는 것은 적절한 대책이라고 할 수 없습니다.

"세계의 중요한 문제를 이해하려면 개인에게 죄를 추궁하기보다 시스템에 주목해야 할 때가 많다."

10. 다급함 본능

"중요한 문제를 풀 역사적 기회가 왔다고, 지금 해결하지 않으면 절대 불가능하다고 설득해야 한다."

우리는 늘 새롭고 시급한 문제를 마주합니다. 하지만 이를 급하게 풀기 위해 지나치게 몰두하는 순간 이성적 판단을 하지 못하고 잘못된 결정을 내릴 수 있습니다. 저자는 "경고가 상시적이 되면 진짜 다급한 일에 무감각해지게 마련"이라며 정말 중요한 문제는 다음과 같기에 집중하라고 경고합니다.

"세계적 유행병, 금융위기, 제3차 세계대전, 기후변화, 극도의 빈곤."

이상의 10가지 본능은 우리의 이성적 사고를 저해하고 실체적 진실에 접근하는 것을 막습니다. 잘못된 입력은 잘못된 출력을 만들어내기에 문제의 효율적·근원적 해결은 요원해집니다. 어려운 지역을 돕는 구호단체의 홍보 영상이나 분쟁 지역을 다루는 뉴스의 광경은 우리 마음속의 인류애를 깨워 자연스레 연민을 형성하지만, 자칫 가본 적 없는 대륙의 대부분 사람이 모두 삶의 질곡에서 허덕이고 있는 것처럼 착각하게 만들기도 합니다. 조사를 통해 알아보면 전체 인구의 50% 이상이 그러한 상태에 있을 것이라 추정하지만, 저자에 따르면 막상 저소득 국가로 분류되는 사람들은 9%에 불과하다고 합니다. 이 숫자가 적다는 것은 아닙니다. 하지만 많은 이들이 절반 이상이라 상정하고 있음을 고려

한다면, 생각보다 확연히 인류의 빈곤은 나아지고 있습니다. 이를 이해하지 못한다면 지레 우리 종의 미래를 부정적으로 바라보고 실망만 할 수도, 혹은 새로운 시장의 창출 기회를 간과하고 포기할 수도 있습니다. 이처럼 있는 그대로의 현재 모습을 바라보는 것은 중요합니다.

　세상이 연결되고 우리의 욕망이 커지며 현대 사회의 복잡성은 나날이 증가하고 있습니다. 지구온난화와 인공지능의 발전과 같은 환경과 기술의 변화는 기존 시스템의 유효기간을 더욱 앞당기고 있습니다. 10만 년간 천천히 적응해온 우리 인류의 몸과 마음은 이러한 빠른 시스템의 변화가 낯설기만 합니다. 이러한 상황에서 오류 없는 현행화를 위해 우리 종의 근원적 본능을 돌아보는 것은 그 의미가 작지 않습니다. 무엇보다 빠른 변화 속, 불안감을 안고 사는 우리에게 세상의 실체적 진실을 알려주는 이 책은 더욱 반갑습니다.

　"이 책에 나오는 데이터는 독자가 결코 본 적 없는 마음을 치유하는 데이터다. 정신적 평화를 얻는 데이터라고도 할 수 있다. 세상은 겉보기만큼 그렇게 극적이지 않기 때문이다."

　실체를 바라보고, 오해를 줄이며, 마음의 평화를 얻고 싶은 분들에게 일독을 권합니다.

저자의 말

이 책은 마치 나 혼자 쓴 것처럼 내 목소리로 작업했고, 내 삶의 많은 이야기를 다루었다. 하지만 오해하지 않았으면 좋겠다. 테드TED 강연을 비롯해 지난 10년간 전 세계를 돌며 진행한 많은 강연과 마찬가지로, 이 책도 나 한 사람이 아니라 세 사람의 작품임을 밝힌다.

나는 대개 앞에 나서는 사람이다. 무대에 서고 강연을 하며 박수도 받는다. 하지만 내가 강연에서 하는 이야기, 이 책에 쓴 글은 모두 나, 아들 올라 로슬링Ola Rosling, 며느리 안나 로슬링 뢴룬드Anna Rosling Rönnlund가 18년 동안 긴밀히 협력한 결과다.

우리는 2005년, 사실에 근거한 세계관으로 심각한 무지와 싸운다는 사명감을 갖고 갭마인더재단Gapminder Foundation을 설립했다. 나는 여기에 열정과 호기심 그리고 의사로서, 연구원으로서, 세계 보건 강연자로서 평생의 경험을 쏟아부었다. 올라와 안나는 데이터 분석, 독창적인 시각적 해설, 데이터 이야기, 깔끔한 프레젠테이션 디자인을 맡았다. 무지를 체계적으로 측정해보자는 생각은 올라와 안나의 아이디어였고, 둘은 움직이는 멋진 물방울 도표를 디자인하고 프로그램을 짰다. '달러 스트리트Dollar Street'는 사진을 데이터로 활용해 세계를 설명하는 프로젝트인데, 안나의 발명품이다.

나는 사람들이 세상을 몰라도 너무 몰라서 점점 화가 났지만, 올라와 안나는 화를 내기보다는 그러한 분석을 이용해 '사실충실성factfulness'* 이라는 소박하고 편안한 개념을 구체화했다. 우리는 이 책에서 소개한 실용적인 생각 도구들도 함께 정의했다.

이 책에 나오는 내용은 '천재 한 사람'의 발명품이 아니다. 재능도 다르고, 지식도 다르고, 관점도 다른 세 사람의 끊임없는 토론과 논쟁 그리고 협력의 결과다. 기존과 다른, 종종 화를 돋우는, 그러나 대단히 생산적인 이런 작업 방식 덕에 세상을 소개하는 법과 세상을 생각하는 법을 개발할 수 있었다. 나 혼자서는 절대 불가능했을 일이다.

● 이 책에서는 '팩트풀니스'를 '사실충실성'으로 번역 및 표기했다.

차례

1장 간극 본능 The Gap Instinct

2장 부정 본능 The Negativity Instinct

머리말

나는 왜 서커스를 그토록 좋아하는가

나는 서커스가 정말 좋다. 날카로운 소리를 내며 돌아가는 전기 톱을 공중에 던졌다가 받는 모습이나, 줄타기 곡예사가 줄 위에서 연달아 공중제비를 열 번 도는 모습이 좋다. 불가능해 보이는 행위가 선사하는 장관, 경이로움, 즐거움이 정말 좋다.

어릴 때 내 장래 희망은 서커스 예술가였다. 하지만 제대로 교육받지 못한 부모님은 내가 훌륭한 교육을 받길 원했고, 결국 의학을 공부하게 되었다. 하루는 오후에 식도 원리에 관한 수업을 하는데, 여느 때의 딱딱한 수업과 달리 그날은 교수님이 "목에 뭔가가 걸렸을 때 턱을 앞으로 빼면 식도가 똑바로 펴집니다"라고 설명하더니 긴 검을 삼키는 사람의 엑스레이를 보여주었다.

그때 번뜩 영감이 떠올랐다. 내 꿈은 끝나지 않았다! 그보다 몇 주 전, 반사 신경을 공부하던 중 같은 과 친구들 중에 내가 욕지기를 하지 않고 손가락을 목구멍에 가장 깊숙이 넣을 수 있는 사람이

란 사실을 알게 됐다. 그때는
그게 무슨 대수려니 싶었다.
중요한 기술도 아닐 테니까.
그런데 이제 그 능력의 가치
를 알아보았고, 어릴 때의 꿈
이 다시 내 삶으로 훅 들어왔
다. 검을 삼키는 사람이 되자!

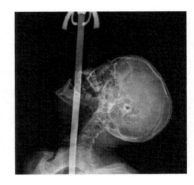

첫 시도는 실망스러웠다. 검이 없어 낚싯대를 이용했는데, 욕
실 거울 앞에서 여러 번 시도했지만 3cm도 못 들어가 목에 걸리
곤 했다. 그리고 두 번째 시도에서 결국 꿈을 접었다.

3년이 지난 후 진짜 병동에서 전공의로 근무하게 되었다. 첫날
진료한 환자 중에 오랫동안 기침을 하는 노인이 있었다. 나는 필
요한 경우 환자에게 직업을 묻곤 했는데 세상에나, 그가 바로 검
을 삼키는 사람이 아닌가! 엑스레이에서 본 사람이 눈앞에 나타
나다니! 내가 낚싯대를 삼키려 했던 이야기를 들려주자 그가 말
했다. "젊은 의사 양반, 식도가 납작하다는 거 모르나? 납작한 것
만 집어넣을 수 있어. 그래서 검을 집어넣는 거라고."

그날 밤, 일을 마친 뒤 납작한 손잡이가 달린 수프 국자를 발견
하고 곧바로 예전 실험에 다시 도전했다. 그리고 금세 국자 손잡
이를 목구멍 깊숙이 밀어 넣었다. 짜릿했지만 국자 손잡이를 삼
키는 게 내 꿈은 아니었다. 다음 날, 지역 신문에 광고를 내 필요
한 물건을 바로 손에 넣었다. 1809년산 스웨덴 군용 검이었다.

그 검을 성공적으로 목구멍에 밀어 넣자 성취감과 무기를 재활용하는 아주 훌륭한 방법을 찾았다는 우쭐함이 동시에 밀려왔다.

검 삼키기는 불가능해 보이는 것도 가능할 수 있음을 보여주고, 사람들에게 상식을 뛰어넘어 생각하도록 자극하는 사례가 되었다. 나는 세계 발전을 주제로 강연할 때 더러 마지막에 이 고대 인도의 묘기를 선보인다. 우선 탁자 위로 올라가 교수한테 어울리는 체크무늬 와이셔츠를 찢고, 금색 반짝이 번개가 그려진 검은색 조끼를 드러낸다. 그런 다음 청중을 향해 침묵을 요청한 뒤, 긴장감을 고조시키는 북소리에 맞춰 군용 검을 천천히 목구멍으로 집어넣는다. 그리고 팔을 힘껏 벌리면 청중은 한바탕 난리가 난다.

직접 테스트해보자

이 책은 세계에 관한 이야기고, 세계를 어떻게 이해해야 하는가에 대한 이야기다. 그렇다면 왜 서커스로 시작하는가? 왜 반짝이 조끼를 자랑하며 강연을 마무리하는가? 그 이유는 나중에 설명하기로 하고, 우선 세계에 관한 독자의 지식을 테스트해봐야겠다. 종이와 연필을 준비하고, 사실을 묻는 다음 13개 문제에 대답해보라.

1. 오늘날 세계 모든 저소득 국가에서 초등학교를 나온 여성은 얼마나 될까?

   ☐ A: 20%

   ☐ B: 40%

   ☐ C: 60%

2. 세계 인구의 다수는 어디에 살까?

   ☐ A: 저소득 국가

   ☐ B: 중간 소득 국가

   ☐ C: 고소득 국가

3. 지난 20년간 세계 인구에서 극빈층 비율은 어떻게 바뀌었을까?

   ☐ A: 거의 2배로 늘었다.

   ☐ B: 거의 같다.

   ☐ C: 거의 절반으로 줄었다.

4. 오늘날 세계 기대 수명은 몇 세일까?

   ☐ A: 50세

   ☐ B: 60세

   ☐ C: 70세

5. 오늘날 세계 인구 중 0~15세 아동은 20억이다. 유엔이 예상하는 2100년의 이 수 치는 몇일까?

   ☐ A: 40억

   ☐ B: 30억

   ☐ C: 20억

6. 유엔은 2100년까지 세계 인구가 40억 늘어날 것으로 예상한다. 주로 어떤 인구 층이 늘어날까?

   ☐ A: 아동 인구(15세 미만)

   ☐ B: 성인 인구(15~74세)

   ☐ C: 노인 인구(75세 이상)

7. 지난 100년간 연간 자연재해 사망자 수는 어떻게 변했을까?

   □ A: 2배 이상 늘었다.

   □ B: 거의 같다.

   □ C: 절반 이하로 줄었다.

8. 오늘날 세계 인구는 약 70억이다. 아래 지도 중 이 70억의 거주 분포를 가장 잘 나타낸 것은?(사람 1명은 10억을 나타냄)

   □ A   □ B   □ C

9. 오늘날 전 세계 1세 아동 중 어떤 질병이든 예방접종을 받은 비율은 몇 퍼센트일까?

   □ A: 20%

   □ B: 50%

   □ C: 80%

10. 전 세계 30세 남성은 평균 10년간 학교를 다닌다. 같은 나이의 여성은 평균 몇 년간 학교를 다닐까?

   □ A: 9년

   □ B: 6년

   □ C: 3년

11. 1996년 호랑이, 대왕판다, 검은코뿔소가 모두 멸종위기종에 등록되었다. 이 셋 중 몇 종이 오늘날 더 위급한 단계의 멸종위기종이 되었을까?

   □ A: 2종

   □ B: 1종

   □ C: 없다

12. 세계 인구 중 어떤 식으로든 전기를 공급받는 비율은 몇 퍼센트일까?

  ☐ A: 20%

  ☐ B: 50%

  ☐ C: 80%

13. 세계 기후 전문가들은 앞으로 100년 동안의 평균기온 변화를 어떻게 예상할까?

  ☐ A: 더 더워질 거라고 예상한다.

  ☐ B: 그대로일 거라고 예상한다.

  ☐ C: 더 추워질 거라고 예상한다.

정답

1: C, 2: B, 3: C, 4: C, 5: C, 6: B, 7: C, 8: A, 9: C, 10: A, 11: C, 12: C, 13: A

정답 1개를 1점으로 계산해 총점을 종이에 적어보라.

과학자와 침팬지 그리고 독자

점수가 어떻게 나왔는가? 틀린 문제가 많은가? 대부분 추측만으로 답했는가? 그렇다면 다소 위로가 될 만한 두 가지 사실을 알려주겠다.

첫째, 이 책을 다 읽고 나면 훨씬 나아질 것이다. 내가 세계 통계를 암기시켜서가 아니다(나는 세계 보건 교수이지만 정신 나간 사람은 아니다). 간단한 생각 도구를 공유하기 때문이다. 세세한 내용을 배우지 않고도 큰 그림을 파악하고, 세상 돌아가는 것에 대한 감각을 키우는 데 도움이 될 만한 도구들이다.

둘째, 테스트에서 점수가 낮았다면, 그런 사람이 한둘이 아님을 기억하라.

지난 수십 년간 나는 가난과 부, 인구 성장, 출생, 사망, 교육, 건강, 성별, 폭력, 에너지, 환경 같은 주제에서 세계적으로 반복되어 나타나는 상황과 일반적 추세에 대해 앞서 보여준 것과 같은 사실 문제 수백 개를 만들어 전 세계 수천 명에게 제시했다. 복잡한 문제도 아니고, 함정이 있는 문제도 아니다. 관련 자료가 충분하고 논쟁의 여지가 없는 사실만을 활용해 신중하게 만든 문제다. 그런데도 사람들은 대부분 답을 거의 맞히지 못한다.

예를 들어 앞의 3번은 극빈층의 변화 추세를 묻는 문제다. 지난 20년간 세계 인구에서 극빈층 비율은 절반으로 줄었다. 가히 혁명적 변화가 분명하다. 나는 이 현상을 내 생애 동안 세계에서 일어난 가장 중요한 변화로 꼽는다. 지구상의 삶에 대해 알아야 할 아주 기본적인 사실이기도 하다. 하지만 사람들은 이 사실을 모른다. 정답을 맞힌 사람은 고작 평균 7%, 그러니까 10명 중 1명도 안 된다! (스웨덴이 1위다. 그렇다. 나는 그동안 스웨덴 언론 매체에서 전 세계 빈곤층이 감소했다는 이야기를 많이 했다.)

미국의 민주당과 공화당은 종종 상대방이 명백한 사실을 모른다고 주장한다. 양쪽이 상대방을 지적하기 전에 자기들의 지식을 점검해보았다면 다들 좀 더 겸손할 수 있었을 것이다. 우리가 미국인을 상대로 설문 조사를 한 결과, 사실 문제 3번의 정답을 맞힌 사람은 고작 5%였다. 나머지 95%는 자신의 정치 성향과 무관

사실 문제 3 결과: 정답자 비율
지난 20년간 세계 인구에서 극빈층 비율은 어떻게 바뀌었을까? (정답: 거의 절반으로 줄었다)

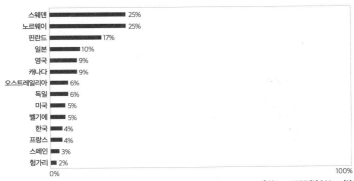

하게 지난 20년간 극빈층 비율이 바뀌지 않았다거나 2배로 높아졌다며 실제와는 정반대로 생각했다.

　다른 예를 하나 더 살펴보자. 예방접종에 대해 묻는 9번 문제다. 오늘날에는 세계 거의 모든 아동이 예방접종을 받는다. 놀라운 일이다. 다시 말해, 생존하는 거의 모든 사람이 기본 보건 의료 서비스를 어느 정도 받는다는 뜻이다. 하지만 사람들은 대부분 그 사실을 모른다. 고작 평균 13%만 정답을 맞혔을 뿐이다.

　기후변화에 관한 마지막 문제는 정답을 맞힌 사람이 86%였다. 부유한 나라를 대상으로 온라인 설문 조사를 실시해 대중의 지식을 조사한 결과, 모든 나라에서 거의 모든 사람이 기후 전문가들은 날씨가 더 더워질 것으로 예상한다는 사실을 알고 있었다. 불과 몇십 년 만에 과학적 발견이 실험실에서 일반 대중에게로 옮

사실 문제 9 결과: 정답자 비율
오늘날 전 세계 1세 아동 중 어떤 질병이든 예방접종을 받은 비율은 몇 퍼센트일까? (정답: 80%)

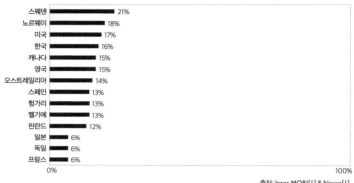

출처: Ipsos MORI[1] & Novus[1]

겨온 것이다. 대중의 인식이 성공적으로 바뀐 대표적 사례다.

그러나 기후변화 문제를 빼면 나머지 열두 문제는 모두 대중의 무지(어리석다는 뜻이거나 다른 의도가 담긴 뜻은 아니며, 단지 정확한 지식이 부족하다는 의미)를 보여준다. 우리는 2017년에 14개국 약 1만 2,000명에게 질문을 던졌다. 그 결과, 마지막 13번을 뺀 열두 문제 중 정답을 맞힌 문제는 평균 2개였다. 만점은 한 명도 없었고, 딱 한 명(스웨덴 사람)이 열두 문제 중 열한 문제를 맞혔다. 그리고 무려 15%가 빵점이었다.

혹시 교육받은 사람이라면, 또는 그런 주제에 관심 있는 사람이라면 좀 나을 거라고 생각하는가? 나도 처음에는 분명 그렇게 생각했지만, 사실은 그렇지 않았다. 나는 전 세계 각계각층을 대상으로 실험했다. 의대생, 교사, 대학 강사, 저명한 과학자, 투자

은행 종사자, 다국적기업 경영인, 언론인, 활동가, 심지어 정치권의 고위 의사 결정자도 있었다. 다들 교육 수준이 높고 세상에 관심이 많은 사람이다. 하지만 이들도 '절대다수'가 오답을 내놓았다. 그중 일부는 일반 대중보다도 점수가 낮았는데, 특히 몹시 참담한 결과는 노벨상 수상자와 의료계 연구원들 사이에서 나왔다. 요컨대 지식이 있고 없고의 문제가 아니었다. 모두가 세계를 심각하게 오해하고 있었다.

이런 오해는 심각할 뿐 아니라 '체계적'이기까지 했다. 테스트 결과가 임의적이지 않다는 뜻으로, 임의적인 것보다 더 나빴다. 그러니까 지식이 전혀 없는 사람에게 물어봤을 때 나올 법한 결과보다 더 나빴다는 뜻이다.

내 문제를 침팬지에게 테스트하기 위해 커다란 바나나를 한 아름 들고 동물원에 간다고 상상해보자. 바나나에는 A, B, C 중 하나가 쓰여 있다. 바나나를 침팬지 우리에 던진다. 그런 다음 우리 밖에서 문제를 하나씩 큰 소리로 또박또박 읽어준 뒤, 침팬지가 자신이 먹을 바나나 하나를 고르면, 거기에 적힌 철자를 침팬지의 '답'으로 적는다.

내가 이 작업을 했다면(실제로는 할 리가 없으니 상상만 해보자) 침팬지가 바나나를 무작위로 골라도, 교육 수준은 높지만 착각을 잘하는 인간이 문제를 풀 때보다 일관되게 더 나은 결과를 내놓을 것이다. 순전히 확률로만 따져도 침팬지가 보기 셋 중 정답을 고를 확률은 33%다. 다시 말해 13번을 뺀 나머지 열두 문제 중

네 문제는 정답을 맞힐 수 있다. 내가 실험한 인간은 그 열두 문제 중 평균 두 문제를 맞혔을 뿐이다.

게다가 여러 침팬지의 결과를 한데 모아보면 오답은 틀린 보기 2개로 똑같이 나뉘겠지만, 인간의 오답은 한쪽 방향으로 쏠리는 성향을 보인다. 내가 질문한 모든 집단은 세상을 실제보다 더 무섭고, 더 폭력적이며, 더 가망 없는 곳으로, 한마디로 더 극적인 곳으로 여겼다.

왜 우리는 침팬지를 이기지 못하는가?

어떻게 그리 많은 사람이 그토록 많은 오해를 할 수 있을까? 어떻게 대부분 침팬지보다 점수가 낮을 수 있을까? 눈 감고 찍느니만 못하다니!

1990년대 중반, 이 집단적 무지를 얼핏 처음 보고는 기뻤다. 당시 나는 스웨덴 의과대학 카롤린스카연구소Karolinska Institutet에서 세계 보건 수업을 막 시작한 때라 약간 긴장했다. 이곳 학생들은 놀랄 정도로 똑똑해서 혹시 내가 가르칠 내용을 이미 다 알고 있지 않을까 싶었다. 하지만 학생들이 세상을 침팬지보다도 모른다는 사실을 알았을 때 얼마나 안도했던지.

그런데 여러 사람을 테스트하면서 이런 무지는 학생뿐 아니라 각계각층에 퍼져 있다는 사실을 알게 되었다. 사람들이 세상을 심각하게 오해하는 게 답답하고 걱정스러웠다. 자동차에 GPS를 달았다면 그 장치가 정확한 정보를 제공해야 한다. GPS가 다른 도시의 위치를 알려준다면 엉뚱한 곳에 도착할 텐데, 그런 장치를 어떻게 신뢰하겠는가. 마찬가지로 정책 입안자나 정치인이 잘못된 사실에 근거한다면 세계적 문제를 어떻게 해결하겠는가. 사업하는 사람이 세계를 거꾸로 인식하고 있다면 어떻게 조직에 이로운 합리적 결정을 내리겠는가. 그리고 개인은 살아가면서 어떤 문제에 스트레스를 받고 걱정해야 할지 어떻게 알겠는가.

나는 지식을 테스트하고 무지를 드러내는 데서 한 걸음 더 나아가 왜 그런 일이 발생하는지 알아보기로 했다. 세상에 대한 무지가 왜 이렇게 널리 퍼졌고, 왜 이렇게 집요할까? 나를 포함해 누구든 틀릴 때가 있다. 그걸 부정하지는 않는다. 그런데 어떻게 그토록 많은 사람이 어떻게 그토록 많은 오해를 할 수 있을까? 왜 그토록 많은 사람이 침팬지보다도 못할까?

그러던 어느 날, 대학 연구실에 늦게까지 있다가 "바로 이거야!"를 외치는 순간이 왔다. 이 문제는 단지 사람들의 지식 부족 때문만이 아니었다. 그랬다면 침팬지처럼 오답이 무작위로 나왔어야 한다. 그런데 결과는 눈 감고 찍을 때보다도, 침팬지보다도 낮았다. 즉 오답은 체계적이었다. '지식'이 '적극적'으로 잘못되었을 때만 가능한 일이다.

아, 이거였어! 내가 여기서 다루는 것, 또는 여러 해 동안 내가 고민한 것은 업그레이드의 문제였다. 내게 세계 보건을 배우는 학생을 비롯해 내가 여러 해 동안 테스트한 사람 모두 지식이 있었다. 하지만 대개는 낡은 지식이고 더러는 수십 년 묵은 지식도 있었다. 사람들의 세계관이 형성된 시기는 그들을 가르친 교사가 학교를 떠나던 때까지 거슬러 올라간다.

따라서 무지를 뿌리 뽑으려면 사람들의 지식을 업그레이드해야 했다. 적어도 내 결론은 그랬다. 그러려면 데이터를 좀 더 명확하게 제시한 더 좋은 교육 자료를 개발해야 했다. 내가 가족 식사 자리에서 안나와 올라에게 이런 고충을 이야기하자 두 사람도 작업에 참여해 움직이는 도표를 개발하기 시작했다. 나는 이 멋진 교육 도구를 갖고 세계를 돌며 몬터레이, 베를린, 칸 등에서 테드 강연을 했다. 그리고 코카콜라나 이케아 같은 다국적기업의 이사회, 세계적 은행과 헤지 펀드 회사, 미국 국무부에서도 강연을 했다. 움직이는 도표를 이용해 사람들에게 세계가 어떻게 변했는지 보여줄 때면 기분이 짜릿하다. 사람들에게 "당신은 벌거벗은 임금이다", "세상에 대해 아무것도 모른다"라고 말할 때도 아주 흥미진진하다. 우리는 모든 사람의 세계관을 업그레이드하고 싶었다.

그런데 차츰 뭔가가 더 있다는 사실을 알게 되었다. 우리가 계속해서 찾던 무지는 업그레이드 문제만이 아니었다. 명확한 데이터 영상, 좋은 교육 도구를 제공하는 것만으로는 해결할 수 없는 문제가 더 있었다. 정말 안타까운 일이지만, 내 강의를 무척 좋아한 사람조차 내 얘길 제대로 듣지 않는다는 걸 깨달았다. 그들은 순간적으로 영감을 받았을지 몰라도 강의가 끝나면 다시 기존의 부정적 세계관에 갇혔고, 새로운 생각이 그들 머릿속에 자리 잡지 못했다. 심지어 강연이 끝난 직후에도 사람들은 가난과 인구 성장에 대한 잘못된 믿음을 그대로 드러내곤 했다. 나는 거의 포기 상태가 되었다.

그런 극적인 세계관은 왜 없어지지 않을까? 언론 탓일까? 그 점도 생각해보았지만 그건 답이 아니었다. 물론 언론도 잘못이 없는 건 아니다. 이에 대해서는 뒤에서 다시 언급하겠지만, 언론을 우스꽝스러운 악당으로 만들어서는 안 된다. 언론에 대고 "우~" 하며 야유를 보낼 수는 없는 노릇이다.

2015년 1월, 유행을 선도하는 스위스의 작은 도시 다보스에서 세계경제포럼World Economic Forum이 열렸을 때 나는 결정적 순간을 마주했다. 세계에서 가장 막강한 영향력을 발휘하는 정치계와 재계의 지도자, 사업가, 연구원, 활동가, 언론인, 심지어 많은 유엔 고위 관리까지 약 1,000명이 포럼의 핵심 세션에 자리 잡기 위해 길게 줄을 섰다. 나와 빌 게이츠, 멜린다 게이츠가 사회·경제적 지속 가능한 발전을 이야기하는 시간이었다. 무대에 올라가며 주위를 훑어보니 국가원수 몇 사람과 전직 유엔 사무총장이 눈에 띄었다. 텔레비전에서 본 여러 유엔 기구의 수장, 주요 다국적기업 지도자, 언론인도 보였다.

나는 청중에게 가난, 인구 성장, 예방접종에 관한 세 가지 질문을 던지기에 앞서 꽤 긴장한 상태였다. 청중이 내 물음의 답을 이미 알고 있다면, 사람들이 얼마나 잘못 알고 있으며 진실이 무엇인지 보여주기 위해 내가 준비한 화려한 슬라이드는 죄다 무용지물이 될 터였다.

하지만 괜한 걱정이었다. 앞으로 며칠 동안 서로에게 세상에 관한 이런저런 설명을 할 예정인 세계 최고 지도자들은 가난에 대해 실제로 일반인보다 많이 알고 있어서 무려 61%가 정답을 맞혔다. 그런데 미래의 인구 성장과 기초 보건 의료 서비스 이용에 대해 묻는 두 문제에서는 모두 침팬지보다 점수가 낮았다.

이곳에 모인 이들은 최신 데이터를 볼 수 있고, 그 데이터를 꾸준히 업데이트하며 조언해줄 참모를 가까이에 둔 사람들이다. 이들의 무지를 낡은 세계관 탓으로 돌릴 수는 없었다. 이들 역시 세상에 관한 기본 사실을 오해하고 있었다. 다보스 포럼이 끝나고 문제는 명백해졌다.

극적인 본능과 과도하게 극적인 세계관

이 책을 출간한 이유도 그것이다. 사실에 근거한 세계관을 가르치려 노력하고, 사실을 눈앞에 두고도 사람들이 어떻게 그걸 잘못 해석하는지 귀담아들어온 지난 수년간의 경험을 바탕으로, 평범한 사람부터 아주 똑똑하고 교육 수준이 높은 전문가에 이르기까지 왜 그토록 많은 사람이 세계에 관한 사실을 묻는 문제를 침팬지보다도 못 맞히는지를 두고 마침내 내가 얻은 결론을 공유하고자 한다(그리고 이러한 결론을 바탕으로 독자가 무엇을 할 수 있는지도 언급하고자 한다).

한마디로 세상에 대해 생각하라. 전쟁, 폭력, 자연재해, 인재, 부패……. 상황은 안 좋고, 문제는 점점 심각해지는 것만 같다. 안 그런가? 부자는 더 부자가 되고 가난한 사람은 더 가난해지며, 빈곤층은 더욱 늘어간다. 극적인 조치를 취하지 않으면 자원은 곧 동나고 말 것이다. 적어도 서양인 대부분이 언론에서 보고 머릿속에 담아둔 그림은 그렇다. 나는 그것을 '과도하게 극적인 세계관'이라고 부른다. 그런 세계관은 스트레스와 오해를 불러온다.

사실은 세계 인구의 절대다수가 중간 소득수준을 유지한다. 이들이 우리가 중산층이라고 생각하는 사람은 아닐 수 있지만, 극빈층도 아니다. 딸아이는 학교에 가고, 아이들은 예방접종을 받고, 자녀 둘과 함께 살고, 휴가 때는 난민이 아닌 평범한 사람으로 해외여행을 꿈꾼다. 세상은 해를 거듭하며 조금씩 조금씩 나아진다. 모든 면에서 해마다 나아지는 게 아니라, 대체로 그렇다. 더러는 거대한 도전에 직면하지만, 이제까지 놀라운 진전을 이루었다. 이것이 사실에 근거한 세계관이다.

사람들이 내 질문에 무척 극적이고 부정적인 답을 하는 이유는 과도하게 극적인 세계관 탓이다. 사람들은 세상에 대해 생각하고, 추측하고, 학습할 때 끊임없이 그리고 직관적으로 자신의 세계관을 참고한다. 그래서 세계관이 잘못되면 체계적으로 잘못된 추측을 내놓는다. 한때 나는 과도하게 극적인 세계관이 낡은 지식 때문이라고 생각했지만, 최신 정보를 얻을 수 있는 사람조차 세계를 오해하는 걸 보면 그 때문만은 아니다. 그리고 악마 같은 언론이나 선전 선동, 가짜 뉴스, 엉터리 사실 탓도 아니라고 확신한다.

수십 년의 강연과 테스트 경험 그리고 사람들이 사실을 눈앞에 두고도 그걸 잘못 해석하는 방식을 관찰한 경험을 토대로, 나는 마침내 과도하게 극적인 세계관은 우리 뇌의 작동 방식에서 나오는 탓에 바꾸기가 너무 힘들다는 결론을 내렸다.

그림을 볼 때의 착각과 세계를 볼 때의 착각
아래 두 직선 중 어느 것이 더 길까?

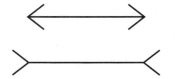

출처: 뮐러리어 착시

이 그림을 본 적이 있을 것이다. 아래 직선이 위 직선보다 길어 보인다. 사실은 그렇지 않다는 걸 알면서도, 그리고 직접 자로 재보고 길이가 같다는 걸 확인하고도 여전히 둘은 길이가 달라 보인다.

나는 시력을 교정하는 안경을 맞춰서 쓰고 다닌다. 하지만 이 그림을 볼 때면 항상 눈앞에 있는 것을 잘못 해석한다. 나만 그런 게 아니다. 이런 착각은 눈이 아니라 머리에서 일어나기 때문이다. 시력 문제와는 관련 없는 체계적 오역이다. 대다수 사람이 속아 넘어간다는 걸 안다면 당혹스러워할 필요는 없다. 대신 궁금증이 생길 수 있다. 착시는 어떻게 일어나는 것일까?

마찬가지로 설문 조사 결과를 본다면 당혹스럽기보다는 궁금할 수 있다. 세계를 해석하는 이런 착각은 어떻게 일어나는 걸까? 왜 그토록 많은 사람이 머릿속에서 세계의 상황을 체계적으로 잘못 해석하는 걸까?

인간의 뇌는 수백만 년간 진화를 거쳤고, 우리 몸에 밴 본능은 우리 조상이 소집단을 이뤄 수렵과 채집을 하며 생존하는 데 도움을 주었다. 인간의 뇌는 깊이 생각하지 않고 속단하는 경우가 많은데, 그 덕분에 즉각적인 위험을 피하기도 한다. 우리는 남의 이야기와 극적인 이야기에 흥미를 느끼고, 그것이 뉴스와 유용한 정보의 유일한 원천이 되기도 한다. 인간은 당분과 지방에 열광하고, 그것은 음식이 귀하던 시절 생존에 필요한 에너지원이었다. 우리는 수천 년 전에 유용했던 많은 본능을 지니고 있지만, 정작 그때와는 매우 다른 세계에 살고 있다.

당분과 지방에 열광한 탓에 비만이 세계적으로 건강을 위협하는 주범 중 하나가 되었다. 우리는 아이들뿐 아니라 자신에게도 사탕이나 초콜릿, 감자튀김을 멀리하라고 타일러야 한다. 마찬가지로 속단하는 우리 뇌나 극적인 것에 열광하는 성향, 즉 극적인 본능 탓에 세상을 오해하고 과도하게 극적인 세계관을 형성한다.

내 말을 오해하지 않았으면 좋겠다. 우리가 사는 세계에 의미를 부여하고, 하루하루를 살아가려면 여전히 그런 극적인 세계관이 필요하다. 머릿속에 들어오는 정보를 매번 솎아내고 모든 결정을 합리적으로 분석한다면 평범한 삶이 불가능할 것이다. 당분과 지방을 모두 끊을 수도 없고, 의사에게 뇌에서 감정을 다루는 부분을 제거해달라고 할 수도 없다. 하지만 극적인 것을 흡수하더라도 어느 정도 조절하는 법을 배울 필요는 있다. 그러지 않으면 그쪽으로 식탐이 생겨 세상을 있는 그대로 보지 못한 채 방향을 잃고 헤매기 쉽다.

사실충실성과 사실에 근거한 세계관

이 책은 세계에 관한 심각한 무지와 싸운다는 내 평생의 사명을 수행하기 위한 마지막 전투다. 요컨대 세상 사람들의 인식을 바꾸고, 비합리적 두려움을 잠재우고, 사람들의 힘을 건설적 활동으로 돌리기 위해 내가 세상에 목소리를 내는 마지막 시도다. 과거 전투에서는 엄청난 양의 데이터, 눈이 휘둥그레질 소프트웨어, 힘찬 강연 스타일, 스웨덴 군용 검으로 무장했다. 그래도 부족했다. 하지만 이 책이 그 부족함을 메워줬으면 좋겠다.

이 책에 나오는 데이터는 독자가 결코 본 적 없는 마음을 치유하는 데이터다. 정신적 평화를 얻는 데이터라고도 할 수 있다. 세상은 겉보기만큼 그렇게 극적이지 않기 때문이다.

'사실충실성'은 건강한 식이요법이나 규칙적 운동처럼 일상이 될 수 있으며, 그렇게 되어야 한다. 일단 연습해보라. 그러면 과도하게 극적인 세계관을 사실에 근거한 세계관으로 대체할 수 있을 것이다. 그리고 세상을 암기하지 않고도 올바로 이해할 수 있다. 또 더 나은 결정을 내리고, 진짜 위험성과 여러 가능성을 예의 주시하되 엉터리 정보에 스트레스를 받지 않을 수 있다.

나는 앞으로 과도하게 극적인 이야기를 구별하는 법을 알려주고, 극적인 본능을 억제하는 생각 도구를 제시할 예정이다. 독자는 이를 바탕으로 오해를 없애고 사실에 근거한 세계관을 발전시킨다면, 매번 침팬지를 이길 수 있을 것이다.

다시 서커스로

나는 강연이 끝날 때면, 불가능해 보이는 것도 가능하다는 사실을 보여주려고 가끔 검을 삼키곤 한다. 물론 묘기를 선보이기 전에 청중이 세계에 관한 사실을 얼마나 알고 있는지 시험한다. 그리고 세상은 그들 생각과 딴판임을, 그들이 결코 일어나지 않으리라 생각한 많은 변화가 '이미 일어났음'을 보여준다. 어떤 일이

가능한지 그들의 궁금증을 일깨워 그들의 생각과 달리, 그리고 날마다 보는 뉴스와 달리, 세상에는 가능한 것이 훨씬 많음을 보여주려 노력한다.

내가 검을 삼키는 이유는 청중에게 직관이 얼마나 엉터리일 수 있는지를 보여주기 위해서다. 검을 삼키기가 불가능해 보이고, 앞서 제시한 세상에 관한 자료가 기존 생각과 크게 충돌하더라도, 그것은 가능한 일이자 사실임을 알려주고 싶다.

사람들이 자기가 세상을 오해했음을 알았을 때, 당혹스러워하기보다는 아이 같은 궁금증과 영감을 느꼈으면 좋겠다. 더불어 내가 서커스에서 느낀 호기심, 그리고 내가 틀렸다는 걸 알았을 때마다 지금도 여전히 느끼는 '와, 그게 어떻게 가능하지?' 하는 호기심을 가졌으면 좋겠다.

이 책은 세상과 세상의 참모습에 관한 이야기다. 그리고 독자에 관한 것이며, 독자가 (그리고 이제까지 내가 만난 거의 모든 사람이) 세상을 있는 그대로 보지 못하는 이유에 관한 것이다. 아울러 그렇다면 무엇을 할 수 있고, 서커스 천막을 빠져나와 세상으로 돌아가면서 어떻게 더 긍정적이 되고, 스트레스를 덜 받으며, 희망을 품을 수 있는가에 관한 이야기이기도 하다.

우물 안에 계속 갇혀 살기보다 올바르게 사는 데 관심이 있다면, 세계관을 흔쾌히 바꿀 마음이 있다면, 본능적 반응 대신 비판적 사고를 할 준비가 되었다면, 겸손함과 호기심을 갖고 기꺼이 감탄하고자 한다면 이 책을 계속 읽어보기 바란다.

1장

간극 본능

The Gap Instinct

FACT
FULNESS

———

종이 한 장으로 강의실에 있는
괴물을 잡아라

일은 이렇게 시작되었다

1995년 10월 어느 날 저녁, 수업이 끝나고 세계를 둘러싼 오해와 맞선 일생일대의 싸움을 시작할 줄은 꿈에도 몰랐다.

"사우디아라비아의 아동 사망률은 얼마나 될까요? 손 들지 말고 그냥 큰 소리로 말해보세요." 유니세프 연감에 나온 [표 1]과 [표 5]를 복사해 나눠준 참이었다. 나눠준 자료는 지루해 보였지만, 나는 들떠 있었다. 학생들이 한목소리로 외쳤다.

"35."

"좋아요, 35. 맞아요. 그러니까 아이 1,000명이 태어나면 그중 다섯 번째 생일이 되기 전에 죽는 아이가 35명이에요. 그럼 말레이시아는 어떨까요?"

"14." 역시 한목소리로 말했다.

학생들이 대답할 때마다 나는 프로젝터 필름에 녹색 펜으로 숫자를 받아 적었다.

"14. 사우디아라비아보다 적네요!"

난독증이 심술을 부리는 바람에 나는 말레이시아를 Malaysia 가 아닌 Malaisya라고 적었다. 학생들이 웃었다.

"브라질은?"

"55."

"탄자니아는?"

"171."

나는 펜을 놓고 말했다. "내가 왜 아동 사망률 수치에 집착할까 요? 아이들에게 관심이 있어서만은 아니에요. 이 수치는 사회 전 체의 온도를 말해주는 거예요. 거대한 온도계처럼. 아이들은 아 주 취약해요. 아이들의 목숨을 노리는 건 아주 많죠. 말레이시아 에서 1,000명당 14명이 죽는다는 건 986명은 살아남는다는 뜻 이에요. 아이들을 죽일 수도 있는 세균이나 기아, 폭력 같은 온갖 위험에서 부모와 사회가 아이들을 어떻게든 보호하고 있죠. 14라 는 수치는 말레이시아의 대다수 가정이 먹을거리가 충분하고, 하 수 시설이 잘 갖춰져 더러운 물이 식수로 흘러들지 않고, 기초적 보건 의료가 잘되어 있으며, 엄마들이 글을 읽고 쓸 줄 안다는 뜻 이죠. 단지 아이들의 건강 상태만을 나타내는 게 아니라, 사회 전체의 질을 보여주는 수치예요.”

나는 계속해서 말했다. “흥미로운 건 수치가 아니라, 수치가 말해주는 그 이면의 삶이죠. 수치가 얼마나 차이 나는지 볼까요? 14, 35, 55, 171. 이런 나라의 삶은 극과 극일 거예요.”

나는 다시 펜을 들었다. “이제 35년 전 사우디아라비아의 삶을 볼까요? 1960년에는 아이가 몇 명이나 죽었죠? 표에서 두 번째 줄을 보세요.”

“2······4······2.”

242라는 큰 숫자를 말하느라 학생들의 목소리가 전체적으로 줄어들었다.

“맞아요. 사우디아라비아 사회는 놀라운 발전을 이뤘네요. 그렇죠? 불과 35년 만에 아이 1,000명당 사망자 수가 242명에서 35명으로 줄었어요. 스웨덴보다 훨씬 빠른 속도예요. 우리는 이와 똑같은 발전을 이루는 데 77년이 걸렸으니까요.”

나는 다시 질문을 던졌다. “말레이시아는 어떤가요? 지금은 14인데, 1960년에는 몇이었죠?”

“93.” 학생들이 중얼거리듯 말했다. 다들 표에서 숫자를 찾아보며 혼란스러워했다. 똑같은 사례를 한 해 전에도 학생들에게 제시했다. 하지만 그때는 수치를 증명하는 표를 함께 보여주지 않았더니 학생들은 세상이 발전했다는 내 말을 믿으려 하지 않았다. 지금은 눈앞에 증거를 제시하자 내 말을 부인하지는 않았지만, 혹시 내가 자기들을 속이려고 예외적인 나라만 골라 묻는 건 아닌지 눈을 이리저리 굴리며 표의 숫자를 살폈다. 학생들은 데이터에 나타난 그림을 믿지 못했다. 머릿속에 있는 세상과 전혀 다른 그림이었기 때문이다.

"보다시피 아동 사망률이 늘어난 나라를 찾을 수 없을 거예요. 세상은 전반적으로 나아지고 있으니까요. 자, 그림 잠깐 쉬었다 합시다."

'세상은 둘로 나뉜다'는 거대 오해

1장은 10가지 극적인 본능 중 첫 번째인 간극 본능 이야기다. 우리에겐 모든 것을 서로 다른 두 집단, 나아가 상충하는 두 집단으로 나누고 둘 사이에 거대한 불평등의 틈을 상상하는 거부하기 힘든 본능이 있다. 이 간극 본능이 머릿속에서 어떻게 세상의 그림을 부자와 빈자라는 두 종류의 국가 또는 두 부류의 사람으로 나누는지 이야기하고자 한다.

오해를 추적하기는 쉽지 않다. 1995년 10월, 그날 저녁은 내가 처음으로 그 짐승을 똑바로 목격한 순간이었다. 잠깐의 휴식 후에 일어난 일인데, 그때의 일이 워낙 흥미진진해서 이후로도 그 거대 오해 사냥을 멈출 수가 없었다.

내가 그것을 '거대 오해'라고 부르는 이유는 사람들이 세상을 잘못 인식하는 데 지대한 영향을 미치기 때문이다. 그중에서도 최악인 첫 번째 오해는 세상을 가난한 나라와 부유한 나라라는 2개의 엉터리 상자에 나눠 담음으로써 사람들 머릿속에서 세상의 모든 비율을 완전히 왜곡해버린다.

첫 번째 거대 오해 추적기

나는 다시 강의를 시작하며, 아동 사망률은 우림 지역 부족사회에서 그리고 세계적으로 외딴 시골의 전통적 농촌에서 가장 높다고 설명했다. "텔레비전의 이국적 다큐에 나오는 지역, 그런 곳의 부모는 가족을 위해 누구보다도 안간힘을 다해 살아가지만 아이들을 절반 가까이 잃어요. 그래도 다행인 것은 그런 혹독한 조건에서 살아가는 사람이 점점 줄고 있다는 겁니다."

그때 맨 앞줄에 앉은 어린 남학생이 손을 들고 고개를 갸우뚱하며 말했다. "그 사람들은 절대 우리처럼 살 수 없어요." 강의실에 있는 다른 학생들도 모두 동의한다는 듯 고개를 끄덕였다.

그 학생은 내가 놀랄 거라 생각했겠지만, 나는 조금도 놀라지 않았다. 전에도 수없이 들은 '간극' 발언이다. 나는 놀라기는커녕 짜릿한 기분이 들었다. 내가 바라던 반응이었으니까. 우리는 대화를 이어갔다.

나 미안하지만 '그 사람들'이 누구지?

학생 다른 나라 사람들요.

나 스웨덴 말고 다른 모든 나라?

학생 아뇨, 그러니까 서양에 속하지 않은 나라요. 그 사람들은 우리처럼 살 수 없어요. 그렇게는 안 될 거예요.

나 (그제야 이해했다는 듯이) 아! 그럼 일본 같은 나라겠네?

학생 아뇨, 일본은 아니에요. 그 사람들은 생활 방식이 서양식이 잖아요.

나 그럼 말레이시아? 그 사람들은 '서양식 생활 방식'으로 살지 않으니까. 맞나?

학생 네, 말레이시아는 서양이 아니에요. 아직 서양식 생활 방식을 택하지 않은 모든 나라. 그 사람들은 안 돼요. 제 말뜻, 아시잖아요.

나 무슨 뜻인지 잘 모르겠는데. 한번 설명해보겠나? '서양'과 '그 밖의 나라'를 말하는 건가? 맞나?

학생 네, 그거예요.

나 그럼 멕시코는…… 서양인가?

학생은 나를 가만히 바라만 보았다.

학생을 괴롭힐 의도는 아니었지만, 대화가 어디까지 이어질지 흥미로워서 질문을 계속했다. 멕시코가 서양이면 그 사람들은 우리처럼 살 수 있을까? 그렇지 않고 그 밖의 나라라면 우리처럼 살 수 없을까? 내가 말했다. "헷갈리네. 학생은 '그 사람들과 우리'로 시작했다가 '서양과 그 외'로 말을 바꿨어. 학생 의도를 이해하는 게 아주 재밌네. 그런 말을 전에도 많이 들었는데, 솔직히 내가 그걸 이해한 적이 한 번도 없거든."

그때 셋째 줄에 앉은 어린 여학생이 앞선 학생의 구원자로 나섰다. 그런데 내 도전을 맞받아친 방식이 너무나 놀라웠다. 그 여학생은 앞에 놓인 커다란 종이를 가리키며 말했다. "어쩌면 이렇게 정의할 수 있을 것 같아요. '서양에 사는 우리'는 아이를 적게 낳고 그중 소수가 죽는다. 반면에 '그 외에 사는 그들'은 아이를 많이 낳고 그중 다수가 죽는다." 이 여학생은 세상을 가르는 꽤나 창조적인 방식을 정의해 남학생의 사고방식과 내가 나눠준 데이터의 상충하는 문제를 해결하려 했다. 덕분에 나는 되레 신이 났다. 여학생도 곧 알게 되겠지만, 그 방식은 완전히 엉터리인 데다 더 중요하게는 오류가 구체적이어서 내가 그 오류를 증명할 수 있었기 때문이다.

"좋아, 훌륭해. 아주 훌륭해." 나는 펜을 잡고 바로 행동에 들어갔다. "자, 그럼 아이가 몇 명이고 그중 몇 명이 죽는가에 따라 여러 나라를 둘로 나눌 수 있는지 한번 살펴봅시다."

학생들의 회의적인 얼굴이 내가 왜 그렇게 신났는지 궁금해하는 표정으로 바뀌었다.

나는 여학생이 제시한 정의가 똑 부러져서 마음에 들었다. 우리는 데이터를 갖고 그 정의를 점검할 수 있었다. 오해에 사로잡힌 사람을 설득할 때는 그의 의견을 데이터와 비교하는 방법이 매우 유용하다.

나는 그 이후로 평생 이런 작업을 해왔다. 원본 데이터를 복사하는 커다란 흑백 복사기는 세상의 오해와 맞선 싸움에서 내 첫 번째 동지였다. 그러다 1998년 컬러 프린터를 새 동지로 맞이해 여러 나라의 데이터를 색색의 물방울 도표로 만들어 학생들 앞에 보여줄 수 있었다. 그리고 첫 번째 인간 동지가 생기면서 상황은 급진전되었다. 안나와 올라가 사람들의 오해를 바로잡겠다는 내 생각과 여러 도표에 한껏 들떠 작업에 합류했고, 어쩌다 보니 데이터에 나타난 수백 가지 추세를 움직이는 물방울 도표로 만드는 혁신적 방법까지 개발하기에 이르렀다. 이후 물방울 도표는 "세상은 둘로 나뉜다"는 오해를 무너뜨리는 전투에서 우리의 주된 무기가 되었다.

사람들 머릿속에 있는 그림은 무엇이 문제일까?

강의 중에 학생들은 '그들'과 '우리'라고 했다. 평소 사람들은 '개발도상국'과 '선진국'이라고 한다. 독자도 아마 그런 명칭을 쓸 것이다. 무엇이 문제일까? 언론인, 정치인, 활동가, 교사, 연구원 모두 일상적으로 쓰는 말 아닌가.

사람들은 '개발도상국'과 '선진국'이라고 말하면서, '못사는 나라'와 '잘사는 나라'를 떠올릴 것이다. 나는 '서양/그 외', '북부/ 남부', '저소득층/고소득층' 같은 구분도 종종 듣는다. 사람들이 어떤 말로 세상을 묘사하든, 그것이 머릿속에 적절한 모습을 연 상시키고 현실을 제대로 반영한다면 큰 문제는 아니다. 그렇다면 단순한 두 용어를 쓸 때 머릿속에서는 실제로 어떤 모습이 떠오 를까? 그리고 그 모습은 현실을 얼마나 반영할까?

데이터와 비교해 점검해보자. 다음 도표는 여성 1인당 출생아 수, 그리고 각국의 아동 생존율을 나타낸다.

도표에 나오는 물방울 하나는 한 국가, 물방울 크기는 해당 국 가의 인구를 나타낸다. 가장 큰 물방울은 인도와 중국이다. 도표 에서 왼쪽은 아이를 많이 낳는 국가이고, 오른쪽은 적게 낳는 국

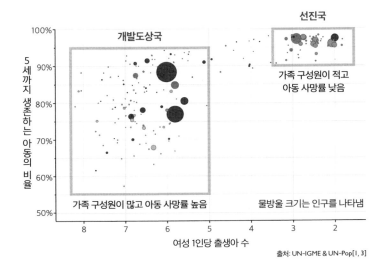

출처: UN-IGME & UN-Pop[1, 3]

가다. 그리고 도표 위쪽에 있을수록 아동 생존율이 높다. 이 도표는 내 수업에서 셋째 줄에 있던 여학생이 '우리와 그들' 또는 '서양과 그 외'라는 두 집단을 정의하던 바로 그 방식이다. 나는 여기서 두 집단에 '개발도상국과 선진국'이라는 이름을 붙였다.

세계 여러 나라가 개발도상국과 선진국이라는 두 사각형 안에 얼마나 깔끔하게 담기는지 보라. 그리고 두 집단 사이에는 분명한 간극이 있고, 그 간극 안에는 (쿠바, 아일랜드, 싱가포르를 포함해) 고작 15개의 작은 나라가 들어간다. 전 세계 인구의 겨우 2%다. 개발도상국이라는 이름이 붙은 사각형 안에는 중국과 인도를 포함해 물방울이 125개 들어 있다. 여기에 속한 나라는 모두 여성 1인당 아이를 평균 5명 넘게 낳고, 아동 사망률이 높아 5세까지 생존율이 95% 미만이다. 다시 말해 5% 넘는 아동이 5세 전에 사망한다. 반면 선진국이라는 이름이 붙은 사각형 안에는 미국과 유럽 대부분을 포함해 물방울이 44개 들어 있다. 여기에 속한 나라는 모두 여성 1인당 아이를 3.5명 미만으로 낳고, 아동 생존율은 모두 90%가 넘는다.

세상은 이 두 사각형 안에 딱 들어맞는다. 그리고 셋째 줄의 여학생이 상상한 분류와도 정확히 일치한다. 이 그림은 세계가 두 집단으로 나뉘고, 그 중간에 간극이 존재한다는 것을 분명하게 보여준다. 정말 깔끔하지 않은가. 세상을 이렇게 단순하게 이해할 수 있다니! 그렇다면 무엇이 문제인가? 국가를 개발도상국과 선진국으로 이름 붙이는 것이 뭐가 그리 잘못일까? 나는 왜 '우리와 그들'이라고 말한 학생을 그토록 곤혹스럽게 했을까?

그 이유는 이 도표가 무려 1965년 상황이기 때문이다. 내가 아주 젊었을 때다. 바로 그 점이 문제다. 요즘 1965년도 지도를 들고 여행할 사람이 누가 있겠는가? 의사가 1965년도의 연구를 바탕으로 진단을 내리고 처치를 한다면 신뢰할 사람이 누가 있겠는가? 오늘날의 세계를 보여주는 도표는 다음과 같다.

세상은 크게 변했다. 세계에서 인구가 가장 많은 중국과 인도를 비롯해 오늘날 절대다수의 나라에서 가족 구성원은 적어지고 아동 사망은 드문 일이 되었다. 도표에서 왼쪽 아래를 보면 사각형 안이 텅 비었다. 모든 나라가 아이 수는 적고 생존율이 높은 작은 사각형 안으로 향하고 있으며, 대부분의 나라는 이미 그 안

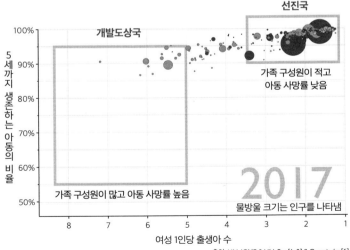

출처: UN-IGME & UN-Pop[1, 3] & Gapminder[6]

에 들어가 있다. 인류의 85%가 소위 '선진국'에 들어갔다는 이야기다. 나머지 15% 중 상당수는 두 사각형 사이에 있고, 세계 인구의 6%에 해당하는 13개 나라만 여전히 '개발도상국' 안에 있다. 세상이 이렇게 바뀌었는데, 적어도 서양인의 머릿속에서 세상을 바라보는 시각은 그대로다. 서양인 대부분은 시대착오적 생각에 사로잡혀 서양 이외의 세상을 바라본다.

세계는 가족 구성원 수와 아동 생존율에서만 탈바꿈한 것이 아니다. 인간 삶의 꽤 많은 영역에서 이와 비슷한 현상이 나타난다. 소득, 관광, 민주주의, 교육, 보건 의료, 전기 보급의 수준을 나타내는 여러 도표가 전해주는 이야기는 한결같다. 한마디로, 세상은 더 이상 예전처럼 둘로 나뉘지 않는다. 오늘날에는 다수가 중간에 속한다. 서양과 그 외, 선진국과 개발도상국, 부자와 빈자 사이에 간극이 존재하지 않는다. 따라서 간극을 암시하는 이쪽 또는 저쪽이라는 단순한 분류는 쓰지 않는 게 옳다.

내 수업을 들은 학생들은 세계 문제를 인식하는 수준이 높고, 세상을 더 나은 곳으로 만들고 싶어 하는 성실한 젊은이들이었다. 그런 학생들이 가장 기본적인 사실조차 모른다는 것이 내게는 큰 충격이었다. 학생들이 '우리'와 '그들'이라는 두 집단이 있다고 생각하는 것도, 학생들 입에서 "그들은 우리처럼 살 수 없다"는 말이 나오는 것도 충격이었다. 머릿속에 30년 된 낡은 세계관을 넣고 다닌다는 게 어떻게 가능하단 말인가.

1995년 10월 그날 저녁, 빗속을 뚫고 집을 향해 차를 몰면서

손가락에 감각이 없어지고, 가슴이 뜨거워졌다. 내 계획이 통했
다. 강의실에서 데이터를 보여주며 학생들에게 세상은 둘로 나
뉘지 않는다는 것을 증명했다. 드디어 학생들의 오해를 그 자리
에서 드러낼 수 있었다. 이 싸움을 좀 더 진행해야 한다는 생각에
마음이 급해졌다. 데이터를 더욱 명확하게 만들어야겠다는 생각
이 들었다. 그러면 더 많은 사람에게 그들의 의견은 입증되지 않
은 기분에 지나지 않는다는 사실을 더 설득력 있게 보여주고, 단
지 느낌일 뿐인 것을 안다고 생각하는 착각에서 벗어나게 할 수
있을 것이다.

　그 뒤 20년이 지나 덴마크 코펜하겐의 화려한 텔레비전 스튜
디오에 나가게 되었다. 세계를 둘로 나누는 세계관이 다시 20년
의 나이를 더 먹은 때였다. 프로그램은 생방송으로 진행되었다.
진행자가 고개를 약간 기울이며 내게 말했다. "작고 부유한 세계,
그러니까 대부분 오래된 서양 세계와 그 밖의 커다란 세계 사이
에는 아직도 엄청난 차이가 존재합니다."

　"전혀 그렇지 않습니다." 내가 대답했다.

　나는 다시 한번 설명했다. 더 이상 '가난한 개발도상국'이라는
집단이 따로 존재하지 않는다고, 그런 간극은 없다고! 오늘날에
는 75%에 이르는 대다수 사람이 중간 소득 국가에 산다. 가난하
지도, 부유하지도 않은 중간쯤에서 그런대로 괜찮은 삶을 살기
시작했다. 한쪽 극단에는 국민 다수가 극도로 빈곤하게 사는 나
라가 여전히 존재하고, 다른 극단에는 부유한 나라(북아메리카와

유럽, 그리고 일본, 한국, 싱가포르 같은 일부 국가)가 존재하지만, 절대 다수는 이미 중간에 진입했다.

진행자가 다시 물었다. "어떤 근거로 그렇게 생각하십니까?" 도발적 의도가 다분한 질문이었다. 그 의도가 성공해 나는 짜증이 났고 목소리에도 짜증이 묻어났다. "세계은행World Bank과 유엔이 내놓은 흔한 통계가 그래요. 논쟁의 여지가 없습니다. 논의하고 자시고 할 문제가 아닙니다. 제가 맞고, 선생님이 틀린 겁니다."

짐승을 잡아라

세상은 둘로 나뉜다는 오해와 맞서 싸운 지 20년이 되다 보니, 이 제는 그런 시각을 마주쳐도 놀랍지 않다. 내 수업을 듣는 학생들도, 그 덴마크인 진행자도 특별한 경우는 아니다. 내가 만난 사람 절대다수가 그렇게 생각한다. 수많은 사람이 잘못 알고 있다는 내 주장이 믿기지 않을 수도 있다. 얼마든지 그럴 수 있다. 그리고 그런 주장에는 항상 증거가 있어야 한다. 그렇다면 이제 세상을 둘로 나누는 오해의 덫을 놓아 그 증거를 제시해보겠다.

첫째, 우리는 앞에서 제시한 다음과 같은 문제로 사람들이 이른바 저소득 국가의 삶을 어떤 식으로 상상하는지 알아보았다.

사실 문제 1

1. 오늘날 세계 모든 저소득 국가에서 초등학교를 나온 여성은 얼마나 될까?

☐ A: 20%

☐ B: 40%

☐ C: 60%

응답자 중 평균 7%가 정답을 맞혔다. 정답은 C, 즉 저소득 국가에서도 여성의 60%가 초등학교를 나온다. (기억하라. 동물원 침팬지도 정답을 맞힐 확률은 33%다.) 응답자 다수는 고작 20%로 '추측'했다. 초등학교를 나온 여성이 20%가 안 되는 나라는 아프가니스탄이나 남수단처럼 예외적인 몇몇 나라뿐이며, 기껏해야 전 세계 여성의 2%가 그런 나라에 산다.

기대 수명, 영양부족, 수질, 예방접종률을 두고 비슷한 질문을 했을 때도, 특히 저소득 국가의 몇 퍼센트가 현대적 삶의 기초적 단계를 충족하고 사는지 물었을 때 역시 같은 결과가 나왔다. 저소득 국가의 기대 수명은 62세다. 그들 대부분이 먹을거리가 충분하고, 수질이 개선된 물을 이용하며, 다수의 아이가 예방접종을 받고, 다수의 여성이 초등학교를 나온다. 하지만 이번에도 침팬지의 정답률 33%보다 훨씬 낮은 극소수만 정답을 맞혔고, 대다수가 최악의 수치를 골랐다. 이는 오늘날 지구상에서 최악의 상황에 놓인 곳에 심각한 재앙이 발생했을 때만 나오는 수치다.

이제 덫을 치우고, 오해를 들여다보자. 사람들은 저소득 국가의 삶을 실제보다 훨씬 안 좋게 생각한다는 게 분명해졌다. 그렇

사실 문제 1 결과: 정답자 비율
오늘날 세계 모든 저소득 국가에서 초등학교를 나온 여성은 얼마나 될까? (정답: 60%)

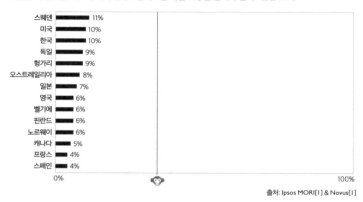

출처: Ipsos MORI[1] & Novus[1]

다면 그들은 그런 심각한 삶을 사는 사람이 얼마나 된다고 상상할까? 우리는 스웨덴 사람과 미국 사람에게 물었다.

"전 세계 인구 중 몇 퍼센트가 저소득 국가에 살까?"

그러자 다수가 50% 이상이라고 대답했고, 그 추정치 평균은 59%였다.

정답은 9%다. 전 세계에서 겨우 9%가 저소득 국가에 산다. 그리고 기억하는가? 그런 나라에서도 사람의 삶이 생각만큼 그렇게 비참하지 않다는 것도 앞에서 살펴보았다. 그곳의 삶은 여러 면에서 힘들지만, 지구상에서 삶의 질이 최악인 아프가니스탄이나 소말리아, 중앙아프리카공화국만큼 비참하지는 않다.

요약하면, 저소득 국가는 대부분의 사람이 생각하는 것보다 훨씬 더 발전했다. 그리고 그런 나라에 사는 사람은 생각보다 훨씬

적다. 둘로 나뉜 세계에서 다수가 비참하고 결핍된 상태로 살아
간다는 생각은 그야말로 착각이자, 전적으로 오해다. 한마디로
엉터리다.

도와줘요! 다수가 사라졌어요

다수가 저소득 국가에 살지 않는다면 어디에 사는 걸까? 다수가
고소득 국가에 살지 않는 건 확실할까?

목욕물은 어느 정도가 좋은가? 얼음처럼 차갑게? 아니면 김이
나도록 뜨겁게? 물이 두 종류만 있는 건 결코 아니다. 얼음장같이
차가운 물, 미지근한 물, 델 것같이 뜨거운 물, 그리고 그 사이에
해당하는 다양한 온도의 물이 있어 선택 대상은 많다.

사실 문제 2

세계 인구의 다수는 어디에 살까?

☐ A: 저소득 국가

☐ B: 중간 소득 국가

☐ C: 고소득 국가

세계 인구 다수는 저소득 국가도, 고소득 국가도 아닌 중간 소
득 국가에 산다. 중간 소득 국가는 세상을 둘로 나누는 사고방식
에는 존재하지 않는 범주이지만, 현실에서는 엄연히 존재한다.

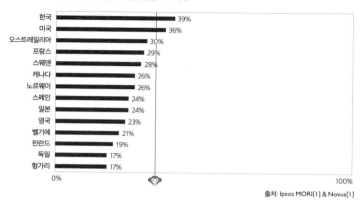

인류의 75%가 사는 곳이자, 사람들이 간극이 있을 거라고 생각하는 곳이다.

중간 소득 국가와 고소득 국가를 합치면 인류의 91%에 해당하는데, 이들 대부분이 세계시장에 편입되었으며 상당한 발전을 이뤄 그런대로 괜찮은 삶을 산다. 인도주의자에게는 기쁜 일이고, 세계적 사업을 하는 사람에게는 중대한 일이다.

중간층에 사는 50억 인구가 잠재적 소비자로서 삶의 질을 높이며, 샴푸·오토바이·생리대·스마트폰 등을 소비한다. 그런 사람들을 그저 '가난한' 사람으로 치부한다면 큰 시장을 쉽게 놓쳐버리는 꼴이다.

그렇다면 '우리'는 '그들'을 뭐라고 불러야 할까?
네 단계 명명법

나는 강연에서 '개발도상국'이라는 말에 꽤 무례하게 반응할 때가 종종 있다.

강연이 끝나면 사람들이 질문을 던진다. "그럼 우리는 그들을 뭐라고 불러야 하나요?" 명심하라. '우리'와 '그들' 역시 똑같은 오해다. 우리는 그들을 뭐라고 불러야 하냐고?

우리가 해야 할 일은 여러 나라를 두 집단으로 나누는 행위를 멈추는 것이다. 그런 구분은 이제 말이 안 된다. 세상을 현실적으로 이해하는 데 도움이 되지 않는다. 기업인이 사업 기회를 찾는 데도 도움이 안 되고, 가장 가난한 사람을 찾아 경제적 지원을 하는 데도 도움이 안 된다.

하지만 세상을 이해하려면 어떤 식으로든 분류를 해야 한다. 우리는 과거에 붙인 이름을 포기할 수 없으며, 그걸 대체할 말도 없다. 그럼 어떻게 해야 할까?

낡은 명칭이 널리 통용되는 한 가지 이유는 워낙 간단해서다. 하지만 틀렸다! 그래서 그 명칭을 대체하기 위해 세상을 나누는 간단하지만 좀 더 적절하고 유용한 방법을 소개하려 한다. 세계를 두 집단으로 나누지 않고, 다음 그림처럼 소득수준에 따라 네 단계로 나누는 방법이다.

네 단계 소득수준
세계 인구 분포, 2017년(단위: 10억 명)

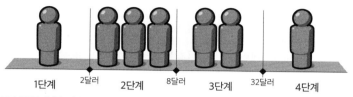

1단계　　2달러　　2단계　　8달러　　3단계　　32달러　　4단계

물가 차이를 반영한 1인당 1일 소득

출처: Gapminder[3]

위 도표에서 사람 1명은 10억 인구를 나타내고, 일곱 사람은 현재 세계 인구가 네 단계 소득수준(1일, 달러)에 따라 어떻게 분산되어 있는지를 보여준다. 그림처럼 대부분의 사람이 중간 두 단계에 살고 있다. 인간에게 필요한 기본 요소를 충족하며 사는 단계다.

흥분되지 않는가? 흥분해야 맞다. 네 단계 소득수준은 사실에 근거한 새로운 사고의 틀에서 첫 번째이자 가장 중요한 부분이니까 장담하건대 세상을 좀 더 정확하게 추측하는 단순한 생각 도구 중 하나다. 앞으로 이 책 전반에 걸쳐 이 네 단계가 어떻게 테러부터 성교육에 이르기까지 온갖 것을 이해하는 단순한 도구가 되는지 확인할 수 있을 것이다. 그렇다면 이제 각 단계별로 삶이 어떤 모습인지 설명해보겠다.

네 단계 소득수준을 컴퓨터 게임 레벨로 생각해보라. 누구나 레벨 1에서 레벨 2로, 다시 레벨 3으로 계속 올라가길 바란다. 컴퓨터 게임과 한 가지 크게 다른 점이라면, 레벨 1이 가장 힘들다는 것이다. 이제 게임을 시작해보자.

물

이동 수단

요리

식사

1단계 2달러

출처: Dollar Street

1단계: 1단계는 하루 1달러로 출발한다. 5명의 자녀가 걸어서 1시간 거리에 있는 더러운 진흙 구덩이에서 물을 길어 오기 위해 하나뿐인 플라스틱 양동이를 들고 맨발로 몇 시간씩 왔다 갔다 해야 한다. 아이들이 땔나무를 주우며 돌아오는 동안 집에서는 거무스름한 죽을 준비한다. 평생토록 날마다 매 끼 먹는 음식이다. 토양이 메말라 곡식이 자라지 않아, 굶주린 채 잠을 자야 하는 몇 달은 그나마 그것조차 먹지 못한다. 하루는 막내딸이 기침을 심하게 한다. 실내에서 불을 지피다 보니, 연기에 폐가 약해진 탓이다. 하지만 돈이 없어 항생제를 사지 못하고, 한 달 뒤 딸아이가 죽는다. 극도의 가난이다. 그래도 살아가려고 안간힘을 쓴다. 운이 좋아 작황이 좋으면, 남는 작물을 팔아 하루에 가까스로 2달러 남짓 번다. 그러면 다음 단계로 올라간다. 행운이 함께하길! (오늘날 약 10억 인구가 이런 식으로 산다.)

물

이동 수단

요리

식사

2달러 2단계 8달러

출처: Dollar Street

2단계: 드디어 2단계다! 소득은 4배가 되어 이제 하루에 4달러를 번다. 날마다 3달러가 남는다. 이 돈으로 무엇을 하겠는가? 이제는 먹을거리를 직접 기르지 않고, 돈으로 살 수 있다. 닭도 살 수 있는데, 이는 달걀을 얻을 수 있다는 뜻이다. 돈을 조금 모아 아이들에게 샌들과 자전거를 사주고, 플라스틱 양동이도 더 구입한다. 이제는 물을 길어 오는 시간이 하루에 30분으로 줄었다. 가스레인지도 구입해, 아이들은 땔감을 줍는 대신 학교에 갈 수 있다. 전기가 들어와 전등을 켜놓고 숙제를 한다. 하지만 전기 공급이 너무 불안정해서 냉장고를 쓰기는 어렵다. 그리고 모아둔 돈으로 매트리스를 산 덕에 흙바닥에서 잠을 자지 않아도 된다. 삶은 이제 훨씬 나아졌지만, 아직도 매우 불확실하다. 어디가 아프기라도 하면 가진 것을 거의 다 팔아 약을 구입해야 할 것이다. 그러면 다시 1단계로 추락한다. 하루에 여윳돈 3달러만 생겨도 좋지만, 삶을 극적으로 개선하려면 소득이 다시 4배가 되어야 한다. 동네 의류업체에 취직할 수 있다면, 집에 급여를 가져오는 첫 번째 식구가 될 것이다. (오늘날 약 30억 인구가 이런 식으로 산다.)

물

이동 수단

요리

식사

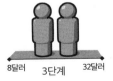

8달러 3단계 32달러

출처: Dollar Street

3단계: 와, 해냈다! 투 잡, 스리 잡을 뛰면서 하루 16시간, 주 7일을 일해 어렵게 소득을 다시 4배로 올려 하루 16달러를 번다. 저축도 제법 하고, 수도도 설치한다. 이제 물을 길러 다니지 않아도 된다. 전기도 안정적으로 공급되어 아이들은 늦게까지 공부를 하고, 냉장고를 구입해 음식을 보관하면서 날마다 다른 요리를 할 수 있다. 돈을 모아 오토바이를 산 덕에 급여가 더 나은 도심 공장에 나가 일할 수도 있다. 하지만 안타깝게도 어느 날 공장에 출근하다 사고를 당해 그동안 모아둔 아이들 교육비를 치료비로 쓴다. 다행히 몸은 회복되고, 모아둔 돈이 있어 2단계로 추락하지는 않는다. 아이들 중 둘이 고등학교에 진학한다. 어떻게든 고등학교를 졸업한다면 부모가 경험한 적 없는 높은 급여를 받는 일을 할 수도 있을 것이다. 그렇게 취직을 하면, 이를 축하하기 위해 온 가족이 생전 처음 해변에 나가 오후 한때를 즐긴다. (오늘날 약 20억 인구가 이런 식으로 산다.)

물

이동 수단

요리

식사

32달러　4단계

출처: Dollar Street

4단계: 이제 하루에 32달러 넘게 번다. 부유한 소비자이고, 여기에 다시 하루 3달러를 더 번다고 해서 일상이 크게 달라지지는 않는다. 그래서 극도로 빈곤한 삶을 바꿀 수 있는 3달러가 큰돈은 아니라는 생각이 든다. 교육은 12년 넘게 받고, 비행기를 타고 휴가를 떠난 적도 있다. 한 달에 한 번은 외식을 하고, 차를 살 수도 있다. 물론 집에서 온수와 냉수를 모두 쓸 수 있다.

독자는 이 단계의 삶을 이미 알고 있다. 이 책을 읽는 사람이라면 4단계 삶을 살 것이 거의 확실하다. 따라서 4단계 삶을 따로 설명할 필요는 없다. 하지만 이런 고소득층의 삶을 사는 사람은 다른 세 단계 삶 사이의 큰 차이를 이해하기 어렵다. 4단계 사람이 다른 60억 인구의 현실을 오해하지 않으려면 큰 노력이 필요하다. (오늘날 약 10억 인구가 이런 식으로 산다.)

이제까지 단계별 진전을 한 사람이 여러 단계로 힘겹게 옮겨가는 방식으로 설명했다. 하지만 실제로 이런 일은 매우 드물다. 한 가족이 1단계에서 4단계로 올라가기까지 대개 여러 세대가 걸린다. 어쨌거나 각 단계의 삶이 어떤 모습인지 독자의 머릿속에 명확한 그림이 그려졌으면 좋겠다. 그리고 개인이든 국가든 단계 이동이 가능하다는 점, 그리고 무엇보다 세상에는 삶이 두 종류만 있는 게 아니라는 점을 인식하면 좋겠다.

인간의 역사는 1단계에서 출발했다. 10만 년이 넘도록 누구도 1단계를 넘어서지 못했고, 아이들은 부모가 될 때까지 살아남지 못하는 경우가 허다했다. 200년 전만 해도 세계 인구의 85%가 여전히 극도로 빈곤한 1단계에 머물러 있었다.

오늘날에는 절대다수가 중간층인 2단계와 3단계에 분산되어 있는데, 1950년대 서유럽과 북아메리카에 해당하는 생활수준이다. 그리고 이런 상황은 여러 해 지속되었다.

간극 본능

간극 본능은 아주 강렬하다. 내가 세계은행 직원들 앞에서 처음 강의를 한 때가 1999년이다. 그때 '개발도상국'과 '선진국'이라는 명칭이 더 이상 유효하지 않다고 말했고, 곧이어 검을 삼켰다. 그리고 17년이 지나, 그리고 내가 세계은행에서 강의를 14회나 더 한 뒤에야 세계은행은 마침내 개발도상국과 선진국이라는 용어를 쓰지 않게 되었으며, 앞으로는 세계를 네 단계 소득 집단으로 나누겠다고 공개적으로 선언했다. 하지만 유엔과 다른 국제기구 대부분은 아직 그대로다.

그렇다면 부자와 빈자 사이에 간극이 존재한다는 오해는 왜 그토록 바뀌기 어려운 것일까?

내 생각에 인간에게는 이분법적 사고를 추구하는 강력하고 극적인 본능이 있는 것 같다. 어떤 대상을 뚜렷이 구별되는 두 집단으로 나누려는 본능인데, 두 집단 사이에 존재하는 것이라고는 실체 없는 간극뿐이다. 우리는 이분법을 좋아한다. 좋은 것과 나쁜 것, 영웅과 악인, 우리 나라와 다른 나라. 세상을 뚜렷이 구별되는 양측으로 나누는 것은 간단하고 직관적일 뿐 아니라, 충돌을 암시한다는 점에서 극적이다. 우리는 별다른 생각 없이 항상 그런 구분을 한다.

언론인도 이를 잘 안다. 이들은 전달하려는 이야기를 서로 반대되는 두 부류 사람들, 반대되는 두 시각, 반대되는 두 집단 사이의 갈등으로 구성한다. 이들은 절대다수 사람들이 서서히 더 나은 삶으로 편입되는 이야기보다 극빈층과 억만장자의 이야기를 더 좋아한다. 언론인은 이야기꾼이다. 다큐와 영화를 만드는 사람도 마찬가지다. 다큐는 힘없는 개인을 거대하고 사악한 기업에 맞서게 한다. 블록버스터 영화는 악에 맞서는 선을 주요 인물로 다룬다.

간극 본능은 분할을 연상케 하지만 알고 보면 완만한 다양성에 불과하고, 차이를 연상케 하지만 사실은 수렴하는 차이며, 갈 등을 연상케 하지만 사실은 합의에 이르는 갈등이다. 여러 본능 중 간극 본능을 가장 먼저 거론하는 이유는 이 본능이 무척 흔하 고, 데이터를 근본적으로 왜곡하기 때문이다. 오늘 밤 뉴스를 보 거나 로비 단체의 홈페이지를 클릭해보면 두 집단 간의 갈등 이 야기나 "점점 커지는 간극" 같은 문구를 만나기 쉬울 것이다.

간극 본능을 어떻게 억제할까?

누군가 내게(또는 내가 나 자신에게) 지금 과도하게 극적인 간극 이 야기를 하거나, 간극 본능을 자극하려 한다는 것을 암시하는 신 호가 세 가지 있다. 이를 각각 '평균 비교', '극단 비교', '위에서 내려다보는 시각'이라 부르자.

평균 비교

세상의 모든 평균이여, 지금부터 내가 하는 이야기에 부디 기분 상하지 않기를 바란다. 나는 평균을 아주 좋아한다. 평균은 정보 를 빨리 전달하는 수단이며, 유용한 정보를 알려줄 때도 많다. 평 균이 없다면 현대사회는 제 기능을 할 수 없을 것이다. 이 책도 마찬가지다. 이 책에는 많은 평균이 나온다. 그러나 정보를 단순 화하다 보면 오판하기 쉬운데, 평균도 예외는 아니다. 평균은 분

산(서로 다른 숫자가 흩어진 정도)을 하나의 숫자에 숨김으로써 오판
을 불러온다.

두 가지 평균을 비교할 때, 숫자 둘을 놓고 그 간극에만 주목한
채 평균을 구성하는 서로 겹치는 분산을 무시하면 더 큰 오해를
불러올 수 있다. 다시 말해, 우리는 존재하지 않는 간극을 보는
셈이다.

예를 들어 아래 두 도표를 보자. (둘은 서로 무관하다.)

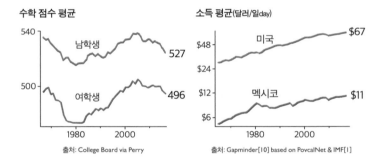

왼쪽 도표는 1965년부터 매해 미국 SAT에서 남학생 수학 평
균과 여학생 수학 평균의 간극을 보여준다. 오른쪽 도표는 멕시
코인과 미국인의 평균 소득 간극을 나타낸다. 두 도표에서 두 선
사이의 엄청난 차이를 보라. 남학생 대 여학생, 미국 대 멕시코.
도표를 보면 남학생이 여학생보다 수학을 잘하고, 미국이 멕시코
보다 소득이 높은 것 같다. 어느 면에서는 사실이다. 숫자가 증명
하니까. 하지만 과연 어느 면에서? 어느 정도로? 모든 남학생이

모든 여학생보다 수학을 잘할까? 모든 미국인이 모든 멕시코인 보다 잘살까?

숫자 이면의 현실을 자세히 들여다보자. 우선, 세로축 눈금을 바꿔보자. 숫자는 같은데, 도표에서 받는 느낌이 확 달라진다. 이 제 간극이 거의 없어 보인다.

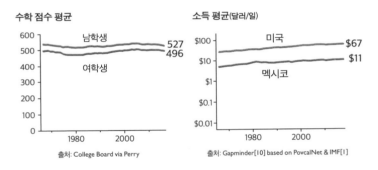

수학 점수 평균

남학생 527
여학생 496

1980 2000

출처: College Board via Perry

소득 평균(달러/일)

미국 $67
멕시코 $11

1980 2000

출처: Gapminder[10] based on PovcalNet & IMF[1]

이제 똑같은 데이터를 숫자 이면의 현실을 더 잘 반영한 세 번 째 방식으로 표현해보자. 매해 평균이 아닌 특정한 한 해의 수학 점수 또는 소득의 폭을 나타낸 도표다.

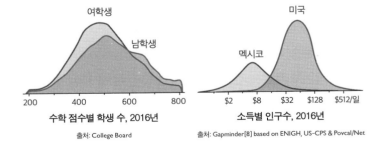

여학생
남학생

200 400 600 800

수학 점수별 학생 수, 2016년

출처: College Board

미국
멕시코

$2 $8 $32 $128 $512/일

소득별 인구수, 2016년

출처: Gapminder[8] based on ENIGH, US-CPS & Povcal/Net

이렇게 놓고 보니, 평균 하나로 묶였던 모든 개인의 분포가 한 눈에 들어온다. 보라, 남학생과 여학생의 수학 점수가 거의 겹치지 않는가! 다수의 여학생이 남학생과 똑같은 점수를 받았다. 멕시코와 미국의 소득도 겹치는 부분이 있다. 그러나 여기서는 일부에 그친다. 어쨌거나 데이터를 이런 식으로 보니 무엇보다도 분명한 점은 남학생과 여학생, 멕시코와 미국이라는 두 집단이 완전히 별개가 아니라는 것이다. 두 집단은 겹치며, 둘 사이에 간극도 없다.

간극 이야기가 현실을 반영할 때도 물론 있다. 남아프리카공화국이 아파르트헤이트_apartheid_라는 인종차별 정책을 시행할 때 흑인과 백인은 소득수준이 달랐고, 둘 사이에는 겹치는 부분이 거의 없는 간극이 존재했다. 이처럼 분리된 집단의 간극 이야기는 대단히 유의미했다.

그러나 아파르트헤이트는 대단히 드문 경우다. 그보다 간극 이야기는 과도하게 극적이어서 오해를 불러오는 경우가 훨씬 많다. 평균만 보면 두 집단이 명백하게 별개인 것처럼 보일지라도 대개는 그렇지 않다. 조금 더 자세히 들여다본다면, 평균뿐 아니라 분산도 같이 본다면, 집단을 하나로 묶어서 보지 않고 개인에 주목한다면 상황을 좀 더 정확히 파악할 수 있다. 그러면 언뜻 별개로 보이는 집단도 사실은 겹치는 부분이 많다는 걸 쉽게 알 수 있다.

극단 비교

우리는 극단적 예에 끌리게 마련이다. 그런 예는 회상하기도 쉽다. 예를 들어 세계의 불평등을 생각할 때면 한편으로는 뉴스에서 본 남수단의 기아 이야기가 떠오르고, 한편으로는 우리의 안락한 현실이 떠오른다. 서로 다른 정부 체제를 생각해보라고 하면 한편으로는 부패하고 억압적인 독재 체제를, 한편으로는 스웨덴 같은 훌륭한 복지 체계와 시민의 권리 수호에 삶을 헌신하는 호의적 관료를 떠올리기 쉽다.

이처럼 서로 반대되는 이야기는 흥미롭고 도발적이며 솔깃해서 간극 본능을 매우 쉽게 촉발하지만, 상황을 이해하는 데는 그다지 도움이 안 된다. 세상에는 늘 억만장자도 있고 극빈층도 있으며, 최악의 정권도 있고 최고의 정권도 있다. 그러나 극단이 존재한다는 사실에서 알 수 있는 것은 거의 없다. 다수는 대개 중간에 속하고, 그런 점에서 보면 아주 다른 이야기가 전개된다.

불평등이 매우 심한 브라질을 보자. 브라질에서는 상위 10%의 부유층이 전체 소득의 41%를 벌어들인다. 당혹스럽지 않은가? 너무하다 싶다. 그러면서 곧바로 나머지 사람들이 쓸 자원을 훔치는 엘리트의 모습이 상상된다. 언론은 보통 상위 10%가 아니라 0.1%에 해당하는 슈퍼리치와 그들이 소유한 배, 말, 거대한 저택의 모습을 보여주며 대중의 이런 인식을 부채질한다.

맞다. 부유층 관련 수치는 당혹스러울 정도로 너무 높다. 하지만 동시에 지난 여러 해 동안 그 반대편의 수치도 그리 낮지는 않았다.

브라질 총소득에서 상위 10%가 차지하는 비율

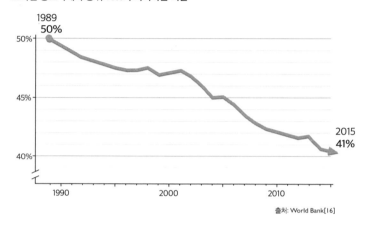

출처: World Bank[16]

　통계는 정치적 이유로 곧잘 극적인 방식으로 사용되지만, 그래
도 여전히 현실을 이해하는 중요한 수단이다. 이제 브라질 전체
인구의 소득을 네 단계로 구분해 살펴보자.

브라질의 네 단계 소득별 인구 분포, 2016년

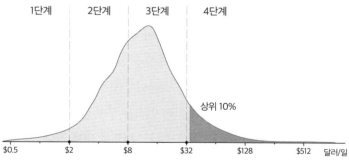

출처: Gapminder[8] based on PovcalNet & CETAD Ministèrio da Fazenda [Brazil]

브라질 사람 대부분은 극빈층에서 탈출했다. 가운데에 불룩 솟은 부분은 3단계다. 3단계에서는 오토바이와 돋보기안경을 구입하고, 고등학교 학비를 대기 위해 은행에 저축을 하고, 언젠가는 세탁기도 산다. 세계적으로 불평등이 매우 심한 나라도 현실에서 두드러진 간극은 없으며, 대부분이 중간층에 속한다.

위에서 내려다보는 시각

앞에서도 말했듯 이 책을 읽는 사람이라면 4단계 삶을 살 게 거의 분명하다. 비록 멕시코처럼 중간 소득 국가에 산다 해도, 다시 말해 국민의 평균 소득이 2단계나 3단계에 속하는 나라에 산다 해도, 이 책을 읽는 사람이라면 4단계 삶을 살면서 샌프란시스코나 스톡홀름, 리우데자네이루, 케이프타운, 베이징에서 4단계 삶을 사는 사람들과 중요한 점에서 비슷한 생활을 할 게 거의 분명하다. 그리고 독자가 사는 나라에서 가난이라고 하면 '극도의 빈곤'이 아니라 '상대적 빈곤'을 뜻한다. 예를 들어 미국에서는 3단계 삶을 살아도 빈곤선 아래로 분류한다.

따라서 2, 3, 4단계로 올라가려는 몸부림은 독자에게 대단히 생소할 것이다. 그리고 독자가 소비하는 언론이 묘사하는 그들의 몸부림은 독자의 이해를 돕는 데 결코 유용하지도 않다.*

• 물론 4단계에 살더라도 친척 중 2단계나 3단계에 사는 사람이 있다면, 그들의 삶을 잘 알 수 있다. 그렇다면 이 부분은 건너뛰어도 좋다.

사실에 근거해 세계를 바라볼 때 가장 힘든 점은 독자 대부분이 직접 경험하는 삶은 4단계이고, 간접적으로 경험하는 삶이라고 해봐야 대표성 없는 예외적 사건을 좋아하며 평범한 것을 기피하는 언론이 걸러서 보여주는 것일 뿐이라는 점을 이해하는 것이다.

4단계 사람에게는 1, 2, 3단계 사람이 모두 똑같이 가난해 보일 수 있고, '가난하다'는 말이 특별한 의미를 갖지 못할 수도 있다. 심지어 4단계 사람도 집 벽에 페인트칠이 벗겨졌다거나 중고차를 몬다거나 해서 가난해 보일 수 있다. 높은 건물 꼭대기에서 아래를 내려다보면 땅에 가까운 자그마한 건물들의 높이 차이를 제대로 식별하기 어렵다. 모두 작게 보일 뿐이다. 마찬가지로 4단계 사람이 세상은 (자신처럼 건물 꼭대기에 사는) 부자와 (자기와 달리 그 아래에 사는) 가난한 사람이라는 두 부류로 나뉜다고 생각하는 것도 무리가 아니다. 아래를 내려다보며 "다들 가난하군"이라고 말하는 것도, 자동차를 가진 사람과 오토바이나 자전거를 가진 사람 또는 샌들을 신은 사람과 맨발인 사람을 구별하지 못하는 것도 어쩌면 당연하다.

각 단계 사람을 모두 만나 이야기해본 내 경험으로 보건대 1, 2, 3단계 사람에게는 각 단계의 차이가 매우 중요하다. 극도로 빈곤한 1단계 사람은 하루에 1달러를 벌다가 4달러를 번다면 삶이 얼마나 달라질지 잘 안다. 16달러는 말할 것도 없다. 어디든 맨발로 다녀야 하는 사람은 자전거만 있으면 시간과 노력을 어마어마하게 절약할 수 있고, 마을에 있는 시장에도 빨리 다녀올 수 있을 뿐 아니라 건강과 부에도 도움이 된다는 걸 잘 안다.

세계를 과도하게 극적으로 나누지 않고 네 단계로 구분하는 방식은 이 책에서 독자가 배울, 사실에 근거한 사고의 틀 중 첫 번째이자 가장 중요한 부분이다. 그리고 독자는 이제 그 부분을 배웠다. 그다지 어렵지도 않다. 안 그런가? 앞으로 이 네 단계를 이용해 승강기니, 익사니, 성행위니, 요리니, 코뿔소니 하는 것을 설명하고자 한다. 이는 세상을 좀 더 명확히 바라보고 올바로 이해하는 데 도움을 줄 것이다.

오해를 추적해 찾아내고 다른 것으로 대체하려면 무엇이 필요할까? 데이터다. 데이터를 보여주고 그 이면의 현실을 설명해야 한다. 그러니 유니세프 데이터 표도 고맙고, 물방울 도표도 고맙고, 인터넷도 고마울밖에. 하지만 이것만으로는 부족하다. 오해를 없애려면 그 오해를 대체할 단순하고 좀 더 적절한 사고방식이 있어야 한다. 네 단계가 바로 그 역할을 할 것이다.

사실충실성

사실충실성은 지금 저 이야기는 간극을 말한다는 걸 알아보는 것이고, 그런 이야기는 별개의 두 집단이 서로 간극을 두고 존재하는 그

림을 가정한다는 사실을 기억하는 것이다. 현실은 그렇게 극과
극으로 갈리지 않는다. 사람들이 간극이 존재한다고 생각하는 그
곳에 사실은 인구 대다수가 존재한다.

간극 본능을 억제하려면 다수를 보라.

- **평균 비교를 조심하라** 분산을 살펴본다면 겹치는 부분을 발견할 것이
  다. 그러면 둘 사이의 간극 따위는 없다는 걸 알 수 있다.
- **극단 비교를 조심하라** 국가로 보나, 사람으로 보나 어느 집단이든 상위
  계층과 하위 계층이 어느 정도는 있게 마련이다. 아울러 그 차이가
  심각하게 불공평할 때도 더러 있다. 그러나 그런 경우라도 사람들
  이 흔히 간극이 존재하려니 생각하는 중간층에 사실은 다수의 사
  람이 존재한다.
- **위에서 내려다보는 시각** 위에서 내려다보면 시야가 왜곡된다는 점을
  명심하라. 모든 게 다 똑같이 작게 보이지만, 사실은 그렇지 않다.

2장

부정 본능

The Negativity Instinct

FACT
FULNESS

내가 어떻게 이집트에서 이른바 '출생'했는가,
그리고 인큐베이터 속 아기는 세상에 관해 무엇을 가르쳐줄 수 있는가

The Negativity Instinct

다음 중 어느 말에 가장 동의하는가?
□ A: 세계는 점점 좋아진다.
□ B: 세계는 점점 나빠진다.
□ C: 세계는 점점 좋아지지도 점점 나빠지지도 않는다.

하수구에서 빠져나오기

내 몸이 갑자기 고꾸라진 기억이 난다. 어둠과 소변 냄새가 기억 나고, 입과 코에 진흙 같은 것이 가득 차 숨을 쉴 수 없던 기억이 난다. 몸을 똑바로 일으키려 했지만 끈적한 액체 속으로 더 깊이 빠져들었다. 팔을 뒤로 뻗어 붙잡을 풀 같은 것을 필사적으로 더

듣는데, 갑자기 발목을 잡고 끌어 올리는 손길이 느껴졌다. 부엌
바닥에서 커다란 설거지통에 나를 집어넣고 따뜻한 물로 부드럽
게 닦아주던 할머니 그리고 비누 냄새.

 나의 가장 오래된 기억이자, 어린 시절에 대한 거의 마지막 기
억이다. 네 살 때 할머니 집 앞에 있던 하수구에 빠졌을 때 일이
다. 하수구는 전날 내린 비와 공장 노동자 거주지에서 흘러나온
하수로 가득 차 있었다. 그 하수구에서 무언가가 눈에 띄었는데,
순간 하수구 가장자리에 발을 디디다가 그만 미끄러져 고꾸라지
고 말았다. 부모님도 근처에 없었고 나를 지켜본 사람도 없었다.
어머니는 결핵 때문에 병원에 있었고, 아버지는 하루에 10시간을
일했다.

 평일에는 할아버지, 할머니와 함께 지냈고, 토요일이 되면 아
버지가 나를 자전거에 태우고 장난삼아 커다란 원이나 8자 모양
을 그리며 병원으로 갔다. 어머니는 병원 3층 발코니에 기침을
하며 서 있곤 했다. 아버지는 병원 안으로 들어가면 우리도 아플
수 있다고 했다. 병원 밖에서 내가 손을 흔들면 어머니도 내게 손
을 흔들어주었다. 어머니가 뭐라고 말했지만, 목소리가 너무 작
아 바람 소리에 묻혀버렸다. 내 기억에 어머니는 늘 웃으려고 애
썼다.

'세계는 점점 나빠진다'는 거대 오해

이번 장은 부정 본능에 대한 이야기다. 좋은 것보다 나쁜 것에 주목하는 성향이다. 두 번째 거대 오해의 이면에 자리 잡은 것이 바로 이 부정 본능이다.

"상황이 점점 나빠진다"는 말은 세상에 관한 이야기 중 내가 가장 많이 듣는 말이다. 세상에서 나쁜 일이 많이 일어난다는 것은 누가 뭐래도 옳은 말이다.

전쟁으로 인한 사망자는 제2차 세계대전 이후 점점 줄었지만, 시리아 내전에서 이 추세가 뒤집혔다. 테러도 점점 늘고 있다. (이 문제는 4장에서 다시 다룰 예정이다.)

어류 남획과 바다 오염은 매우 우려할 만한 수준이다. 바다가 죽어가고 멸종위기종이 점점 늘어나고 있다. 얼음은 차츰 녹고 있다. 해수면은 계속 높아져 앞으로 100년 동안 90cm 이상 올라갈 것이 거의 확실하다. 인간이 뿜어대는 온실가스 때문임이 분명한데, 앞으로 이를 억제한다 해도 대기 중에 있는 온실가스는 오랫동안 사라지지 않을 것이다.

어떤 규제 기관도 예측하지 못한 2008년의 미국 주택 시장 붕괴는 추상적 투자를 두고 수많은 사람이 안전하다고 착각한 탓인데, 사실상 그러한 투자를 이해한 사람은 거의 없었다. 그 시스템은 지금도 그때만큼이나 여전히 복잡해서 비슷한 위기가 다시 일어날지도 모른다. 어쩌면 내일 당장이라도.

지구가 재정 안정과 평화를 달성하고 천연자원을 보호하려면 반드시 필요한 것이 하나 있다. 모두가 사실에 근거해 세계를 이해하고, 그것을 바탕으로 국제사회가 협력하는 것이다. 따라서 지금은 세계에 대한 지식 부족이 가장 중대한 문제다.

세계는 어떻게 변하고 있는가?: "점점 나빠진다"고 대답한 비율
세계가 점점 좋아진다고 생각하는가, 나빠진다고 생각하는가, 그대로라고 생각하는가?

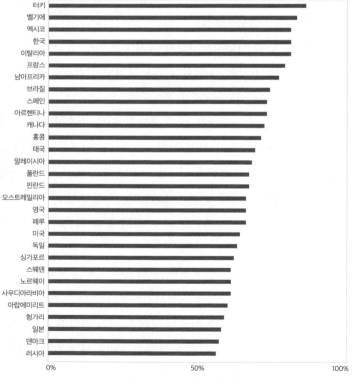

출처: Yougov[1] & Ipsos MORI[1]. gapm.io/rbetter 참고

나는 줄곧 부정적 이야기를 많이 들어왔다. "한스, 당신은 아주 비관적인 사람들만 만나는 게 분명해"라고 말하는 사람도 있을 것이다. 우리는 이를 점검해보기로 했다.

2장을 시작하며 제시한 문제를 30개 국가와 지역 사람들에게 물었다. "세계가 점점 좋아진다고 생각하는가, 나빠진다고 생각하는가, 아니면 그대로라고 생각하는가?" 그랬더니 앞 도표와 같은 데이터가 나왔다.

나는 데이터를 절대 100% 신뢰하지 않는다. 독자도 그래야 한다. 불확실성은 늘 어느 정도 있게 마련이다. 이 경우에도 수치는 얼추 맞겠지만, 작은 차이에 근거해 속단해서는 안 된다(통계 전문가들 사이에서 통용되는 한 가지 훌륭한 일반 원칙은 차이가 10% 정도로 근소할 때는 속단하지 않도록 조심해야 한다는 것이다). 하지만 큰 그림만큼은 분명하다. 다수가 세계는 점점 나빠진다고 생각한다. 다들 스트레스를 많이 받으며 사는 게 분명하다.

치유로서 통계

세상에서 벌어지는 온갖 좋지 않은 일에 대한 소식을 듣기는 쉽다. 하지만 좋은 일을 알기란 어렵다. 무수히 많은 것이 개선되고 있지만, 결코 보도되지 않는 경우가 부지기수다. 오해는 말라. 부정적인 것과 이른바 균형을 이룰 사소하지만 긍정적인 뉴스가 없다는 뜻이 아니다. 세상을 바꾸는 근본적 발전인데도 하나하나가 너무 느리거나, 너무 파편적이거나, 너무 작아서 뉴스거리가 되지 못하는 경우, 그러니까 은밀하고 조용하게 이루어지는 인류 발전의 기적을 말하는 것이다.

세계 발전을 보여주는 기본 사실들이 워낙 알려지지 않다 보니, 세계 학술회의나 기업 회의에서 나를 초청해 그에 대한 이야기를 들려달라고 한다. 사람들은 내 강의가 고무적이라고도 하고, 또 많은 사람이 위안을 받았다고도 한다. 전혀 의도치 않은 결과다. 하지만 얼마든지 그럴 수 있다. 나는 주로 유엔의 공식 데이터를 보여줄 뿐이다. 세계를 현실보다 훨씬 더 부정적으로 바라보는 사람이라면, 단순히 통계만 봐도 세상을 훨씬 더 긍정적으로 느낄 수 있다. 세상이 생각보다 훨씬 더 괜찮다는 사실을 알면 고무될 뿐만 아니라 위안까지 얻기도 한다. 행복 신약新藥, 온라인에서 무료 배포!

극빈층

우선 극빈층 추세부터 살펴보자.

사실 문제 3

지난 20년간 세계 인구에서 극빈층 비율은 어떻게 바뀌었을까?
- □ A: 거의 2배로 늘었다.
- □ B: 거의 같다.
- □ C: 거의 절반으로 줄었다.

정답은 C다. 지난 20년간 세계 인구에서 극빈층 비율은 거의 절반으로 줄었다. 하지만 온라인 설문 조사 결과, 거의 모든 나라에서 이 사실을 아는 사람은 10%도 안 되었다.

1장에서 소개한 네 단계 소득수준을 기억하는가? 1800년에는 인류의 약 85%가 극빈층에 해당하는 1단계 삶을 살았다. 그때는 세계적으로 식량이 충분치 않았다. 대부분의 사람이 1년 중 여러 날 허기를 느끼며 잠자리에 들었다. 영국과 그 식민지 전역에서 아이들은 먹기 위해 일을 해야 해서, 평균 열 살이 되면 노동을 시작했다. 우리 친척 상당수를 포함해 스웨덴 전체 인구 5분의 1이 굶주림을 해결하려고 미국으로 떠났고, 그중 언제고 돌아온 사람은 20%에 불과했다. 작황이 나빠 친척, 친구, 이웃이 굶어 죽는다면 어떻게 하겠는가? 도망치거나 이주하지 않겠는가? 그나마 그것이 가능하다면.

인류는 모두 1단계에서 시작했다. 그리고 1966년까지 다수가 줄곧 1단계 삶을 살았다. 그때까지는 극빈층이 예외가 아니라 일반적이었다.

다음 도표에서 1800년 이후로 극빈층이 줄어드는 추세를 확인할 수 있다. 지난 20년을 보라. 극빈층이 세계 역사상 그 어느 때보다도 빠르게 줄었다.

1997년에는 인도와 중국의 총인구 중 42%가 극빈층이었다. 그러다가 2017년 인도에서 이 비율이 12%까지 떨어져 20년 전보다 무려 2억 7000만 명이 줄었다. 중국에서는 같은 기간 이 비

극빈층 비율, 1800년~현재

출처: Gapminder[9] based on Bourguignon and Morrisson, World Bank[5] & OurWorldInData[1])

율이 0.7%까지 급격히 떨어져 다시 5억 인구가 이 중대한 한계
점을 넘어섰다. 한편 라틴아메리카는 이 비율이 14%에서 4%로
줄어 3500만 명이 1단계를 벗어났다. 극빈층에 관한 모든 추정
치는 대단히 불확실하지만, 그래도 이때의 변화가 이런 식이라면
무언가 대단한 일이 일어났음은 의심할 여지가 없다.

독자는 20년 전에 몇 살이었는가? 잠시 눈을 감고 20년 전의
나를 상상해보라. 내가 사는 세계는 얼마나 변했는가? 많이 변
했는가? 조금 변했는가? 전 세계는 20년 전만 해도 전체 인구의
29%가 극빈층이었지만, 이제는 그 비율이 9%로 줄었을 정도로
크게 변했다. 오늘날에는 거의 모든 사람이 지옥을 탈출했다. 인
류를 괴롭혀온 고통의 근원이 사라지려는 순간이다. 우리는 파티
를 열어야 한다. 그것도 성대한 파티를! 여기서 내가 말하는 '우

리'는 바로 인류다!

그런데 우리는 우울하다. 4단계 삶을 사는 우리는 텔레비전에서 여전히 극빈층을 본다. 아무것도 변하지 않은 것만 같다. 하지만 4단계 사람들이 눈치채지 못한 사이, 수십억 인구가 비참한 삶을 탈출해 세계시장에서 소비자와 생산자가 되었다. 수십억 인구가 1단계를 힘겹게 빠져나와 2, 3단계로 올라갔다.

기대 수명

사실 문제 4

오늘날 세계 기대 수명은 몇 세일까?

☐ A: 50세

☐ B: 60세

☐ C: 70세

사망 원인과 고통 원인을 모두 하나의 수치로 나타내기란 거의 불가능하다. 그러나 평균 기대 수명은 거기에 매우 근접한 수치다. 인재나 자연재해에 따른 아동 사망과 조기 사망, 출산 중 산모 사망, 노인 수명 연장 등이 모두 이 수치에 반영된다.

스웨덴 사람들이 굶어 죽고, 영국 아이들이 광산에서 일하던 1800년에는 세계 어느 곳에서나 기대 수명이 대략 30세였다. 그때까지의 역사에서는 줄곧 그랬다. 아기가 태어나면 거의 절반은 어린 시절을 넘기지 못하고 죽었다. 나머지 절반은 대개

50~70세에 죽었다. 그래서 평균이 대략 30세였다. 예컨대 대부분의 사람이 30세까지 산다는 뜻이 아니다. 30세는 단지 평균이며, 그 평균에는 분산이 있다는 사실을 늘 명심해야 한다.

오늘날 세계 기대 수명은 약 70세다. 정확히 말하면 72세다. 이제 이 문제의 설문 결과를 보자.

사실 문제 4 결과: 정답자 비율
오늘날 세계 기대 수명은 몇 세일까? (정답: 70세)

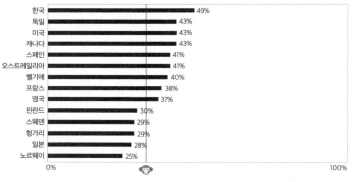

출처: Ipsos MORI[1] & Novus[1]

교육받은 사람일수록 오답률이 높았던 질문 중 하나다. 우리가 질문을 던진 대부분의 나라에서 일반인의 정답률은 침팬지를 겨우 이긴 정도였다. 그런데 교육 수준이 높은 청중을 대상으로 조사한 결과, 가장 많은 대답은 60세였다. 1973년에 이 질문을 던졌더라면 정답이다(그해 에티오피아에서 20만 명이 기아로 사망했다). 그러나 우리는 그때보다 40년 이상 발전한 2017년에 이 질문을

평균 기대 수명, 1800년~현재

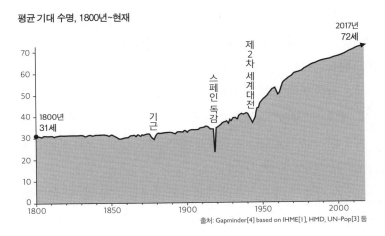

출처: Gapminder[4] based on IHME[1], HMD, UN-Pop[3] 등

던졌다. 지금은 그때보다 평균 10년을 더 산다. 우리 인간은 늘 가족의 생존을 위해 고군분투했고, 드디어 그 일을 해냈다.

내가 이 놀라운 도표를 보여주면 사람들은 흔히 1960년을 가리키며 "저기 가장 최근에 쏙 들어간 부분이 있는데, 무슨 일이 있었죠?"라고 묻는다. 독자가 아직도 그 이유를 모른다면, 나로선 세계가 점점 나빠진다는 오해를 공격할 절호의 기회다.

1960년에 세계 기대 수명이 낮아진 이유는 그해 중국에서 1500만~4000만 명(정확한 수치는 아무도 모른다)이 굶어 죽었기 때문이다. 이 사건은 인재로 생긴 세계 최대 기근이었을 것이다.

1960년 당시 중국은 당초 계획보다 작황이 좋지 않았다. 날씨 탓도 있고, 정부에서 효율적인 농작물 재배법을 잘못 조언한 탓도 있었다. 좋지 않은 결과를 드러내고 싶지 않았던 지방정부는

식량을 모조리 거두어 중앙정부로 보냈다. 결국 식량이 바닥나고
말았다. 1년 뒤 인육을 먹는 모습과 길거리의 시체를 직접 목격
한 사람들이 나타났다. 놀란 감독관이 이를 상부에 보고했다. 하
지만 정부는 중앙 계획의 실패를 인정하지 않았고, 이후 36년 동
안 중국은 이러한 참사를 은폐했다. 그러다가 1996년에 외부 세
계에 알려졌다(생각해보라. 오늘날 어떤 정부가 1500만 명의 죽음을 전
세계에 은폐할 수 있겠는가).

중국 정부가 이 비극을 알렸더라도 세계는 손을 쓸 수 없었을
것이다. 오늘날 식량이 절실히 필요한 곳이라면 세계 어디든 도
움의 손길을 보내는 유엔 세계식량계획World Food Programme도
1961년에야 설립되었으니까.

현재 상황을 역사적 맥락에 대입해보면 세계는 점점 나빠진다
는 오해를 계속 유지하기가 매우 어렵다. 지금 당장 벌어지는 가
뭄이나 기근 같은 비극을 폄하해서는 안 된다. 하지만 과거에 벌
어진 비극을 안다면 누구나 세계가 그때에 비해 얼마나 많이 투
명해졌고, 필요한 곳에 얼마나 적극적으로 도움을 주는지 알 수
있다.

나는 이집트에서 태어났다

내 조국 스웨덴은 현재 4단계에 해당하며, 세계에서 가장 부유하
고 건강한 나라에 속한다(어떤 나라가 4단계라는 말은 그 국민이 평균
4단계 삶을 산다는 뜻이지, 모두가 4단계 삶을 산다는 뜻은 아니다. 평균은

분산을 숨긴다는 점을 명심하라). 하지만 늘 그랬던 것은 아니다.

이제 내가 가장 좋아하는 도표를 제시하려 한다. 이 도표의 컬러판은 책 앞표지 안쪽에 있다. 나는 이를 '세계 건강 도표'라고 부른다. 건강과 부를 나타내는 세계지도인 셈이다. 1장에서 소개한 물방울 도표처럼 각 나라는 하나의 물방울로 표시되고, 물방울 크기는 그 나라의 인구를 나타낸다. 앞의 도표처럼 가난할수록 왼쪽, 부유할수록 오른쪽에 있고, 건강할수록 위쪽, 허약할수록 아래쪽에 있다.

서로 다른 두 집단 따위는 존재하지 않는다는 점을 주목하라. 세계는 둘로 나뉘지 않는다. 각 단계마다 그에 속한 나라가 있고, 가난하고 허약한 나라가 있는 왼쪽 아래부터 스웨덴을 포함해 부유하고 건강한 나라가 있는 오른쪽 위에 이르기까지 여러 나라가 고루 흩어져 있다. 그리고 대부분은 그 중간에 있다.

흥미로운 부분은 이제부터다.

작은 물방울을 이은 선은 1800년부터 매해 스웨덴의 건강과 부를 보여준다. 그야말로 어마어마한 발전이 아닌가! 나는 그중 중요한 몇 해를 골라 2017년의 상황이 그해와 똑같은 나라를 대응해보았다.

1948년은 매우 중요한 해였다. 제2차 세계대전이 끝났고, 스웨덴이 동계올림픽 메달 집계에서 1위를 차지했다. 그리고 내가 태어났다. 내가 태어난 1948년의 스웨덴은 오늘날의 건강과 부를 나타내는 지도에서 이집트에 해당한다. 요컨대 3단계에서 중

스웨덴의 건강과 부, 1800년~현재

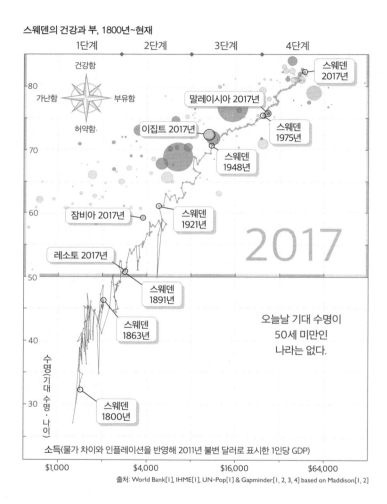

1단계   2단계   3단계   4단계

건강함

가난함   부유함

허약함.

스웨덴 2017년

말레이시아 2017년

이집트 2017년

스웨덴 1975년

스웨덴 1948년

잠비아 2017년

스웨덴 1921년

레소토 2017년

스웨덴 1891년

스웨덴 1863년

스웨덴 1800년

2017

오늘날 기대 수명이 50세 미만인 나라는 없다.

수명(기대 수명·나이)

소득(물가 차이와 인플레이션을 반영해 2011년 불변 달러로 표시한 1인당 GDP)

$1,000 $4,000 $16,000 $64,000

출처: World Bank[1], IHME[1], UN-Pop[1] & Gapminder[1, 2, 3, 4] based on Maddison[1, 2]

간이다. 1950년대 스웨덴의 삶은 오늘날 이집트를 비롯한 3단계 나라들과 비슷했다. 하수구는 여전히 밖으로 노출되었고, 집 근처에서 물에 빠져 죽는 아이도 더러 있었다. 3단계에서 부모는 아이들과 떨어져 바쁘게 일했고, 정부는 물 주변에 울타리를 치라는 강제 규정을 만들지 않았다.

내 생애에 스웨덴은 계속 발전해 1950년대와 1960년대를 거치면서 오늘날로 치면 이집트에서 말레이시아로 올라섰다. 그리고 안나와 올라가 태어난 1975년에는 오늘날의 말레이시아처럼 4단계로 막 진입했다.

다시 뒤로 거슬러 가보자. 우리 어머니가 태어난 1921년의 스웨덴은 지금의 잠비아와 같았다. 2단계다.

할머니는 우리 집안에서 레소토 사람 같은 분이다. 할머니가 태어난 1891년에 스웨덴은 지금의 레소토 같았다. 오늘날 세계에서 기대 수명이 가장 짧고, 1단계와 2단계의 경계에 놓인 나라다. 할머니는 성인이 된 이후 줄곧 아홉 식구의 빨래를 모두 손으로 직접 빨았다. 하지만 점점 나이가 들면서 할머니 자신과 스웨덴이 3단계로 올라서는 기적 같은 발전을 목격했다. 그리고 삶의 거의 막판에 이르러 실내에 수도를 설치하고, 지하에 양동이로 된 뒷간을 마련했다. 수돗물도 없던 어린 시절에 비하면 호화로운 수준이었다. 우리 조부모와 외조부모 네 분 모두 철자를 알고 수를 셀 수 있었지만, 글을 재미있게 읽을 정도로 글눈이 밝지는 않았다. 그래서 내게 동화책을 읽어줄 수도 없었고, 편지를 쓸 수도 없었다. 4년 넘게 학교를 다닌 분도 없었다. 스웨덴에서 우리 조부모 세대 사람들이 글을 읽고 쓰는 수준은 오늘날 2단계에 있는 인도 사람들과 비슷했다.

우리 할머니의 어머니는 1863년에 태어났는데, 당시 스웨덴 평균 소득은 오늘날로 치면 1단계인 아프가니스탄과 비슷했고, 전체 인구의 다수가 극빈층에 속했다. 할머니의 어머니는 딸한 테 겨울에는 진흙 바닥이 아주 차갑다는 말을 잊지 않고 했다. 하지만 오늘날 아프가니스탄을 비롯해 1단계 나라에 사는 사람들은 1863년의 스웨덴 사람보다 훨씬 오래 산다. 기본적인 근대화를 거치면서 대다수 사람의 삶이 극적으로 개선되었기 때문이다. 비닐봉지가 있어 음식을 담아 이동하고, 플라스틱 양동이가 있어 물을 나르고, 비누가 있어 세균을 죽일 수 있게 되었다. 아이들은 대부분 예방접종을 받는다. 이들은 1단계이던 1800년의 스웨덴 사람보다 평균 30년 넘게 더 산다. 같은 1단계라도 삶이 훨씬 나아졌다는 얘기다.

독자가 사는 나라 역시 말도 안 되게 발전했다. 독자가 어느 나라에 사는지 모르지만, 나는 그 점을 자신 있게 말할 수 있다. 전 세계 모든 나라의 기대 수명이 지난 200년 동안 증가했기 때문이다. 사실 거의 모든 나라가 거의 모든 면에서 발전했다.*

---

* www.gapminder.org/tools에 들어가면 우리가 물방울 도표를 만들 때 사용한 자료를 무료로 볼 수 있다. 아울러 그 자료를 통해 독자가 사는 나라(또는 다른 모든 나라)의 발전을 추적할 수 있다.

그 밖의 개선된 32가지 항목

그래도 여전히 세계가 점점 나빠지는 것 같은가? 그렇다면 '설마' 싶은 데이터를 마주할 준비를 하시라. 이제 세계 발전을 보여주는 32가지 항목을 더 소개할 것이다.

각 항목마다 극빈층과 기대 수명에 대해 설명한 것과 비슷한 이야기를 할 수 있다. 그리고 많은 항목에서 사람들이 끊임없이 필요 이상으로 부정적임을 증명할 수 있다(증명하지 못하는 경우는 사람들에게 아직 해당 질문을 던지지 않았기 때문이다).

하지만 그런 설명을 이 책에 다 담을 수는 없으니 여기서는 도표만 싣겠다. 우선 줄어드는 중이거나 이미 사라진 나쁜 것 16가지부터 살펴보자. 그런 다음 늘어나는 좋은 것 16가지를 살펴볼 것이다.

줄어드는 나쁜 것 16가지

합법적 노예제
강제 노동이 합법이거나 국가에서 강제 노동을
실시하는 나라(총 195개국 중)

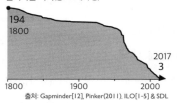

출처: Gapminder[12], Pinker(2011), ILO[1-5] & SDL

값비싼 태양광 패널
PV 모듈 평균 가격($/Wp)

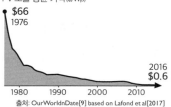

출처: OurWorldnDate[9] based on Lafond et al[2017]

아동 사망
다섯 번째 생일 전에 죽는 아동의 비율

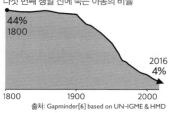

출처: Gapminder[6] based on UN-IGME & HMD

사형
사형 제도가 있는 국가(총 195개국 중)

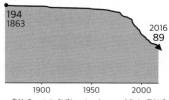

출처: Gapminder[14] based on Amnesty & Pinker[2011]

기름 유출
유조선에서 새어 나온 기름(단위: 1,000톤)

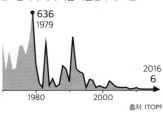

출처: ITOPF

HIV 감염
100만 명당 HIV에 새로 감염된 사람

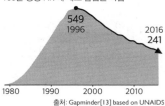

출처: Gapminder[13] based on UNAIDS

전쟁 사망
10만 명당 전쟁 사망자

출처: Gleditsch[2016] including PRIO,
Correlates of War & UCDP[1]

유연 휘발유
휘발유에 납 첨가를 허용하는 국가(총 195개국 중)

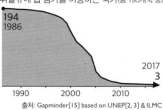

출처: Gapminder[15] based on UNEP[2, 3] & ILMC

항공기 사고 사망
100억 승객 마일passenger mile당 사망자(5년 평균)

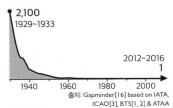

2,100
1929~1933

2012~2016
1

1940   1960   1980   2000

출처: Gapminder[16] based on IATA,
ICAO[3], BTS[1, 2] & ATAA

아동 노동
5~14세 아동 중 악조건에서 풀타임으로 일하는
비율

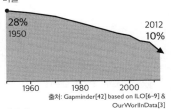

28%
1950

2012
10%

1960   1980   2000

출처: Gapminder[42] based on ILO[6-9] &
OurWorllnData[3]

재난 사망
1,000명/연(10년 평균)

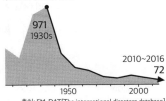

971
1930s

2010~2016
72

1950   2000

출처: EM-DAT[The international disasters database]

핵무기
핵탄두(단위: 1,000개)

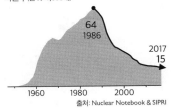

64
1986

2017
15

1960   1980   2000

출처: Nuclear Notebook & SIPRI

천연두
천연두 발생 국가(총 195개국 중)

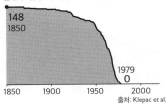

148
1850

1979
0

1850   1900   1950   2000

출처: Klepac et al.

매연 입자
1인당 이산화황 배출량

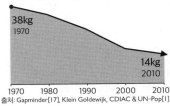

38kg
1970

14kg
2010

1970   1980   1990   2000   2010

출처: Gapminder[17], Klein Goldewijk, CDIAC & UN-Pop[1]

오존층 파괴
오존 파괴 물질(단위: 1,000톤)

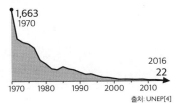

1,663
1970

2016
22

1970   1980   1990   2000   2010

출처: UNEP[4]

굶주림
영양부족을 겪는 인구 비율

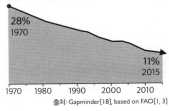

28%
1970

11%
2015

1970   1980   1990   2000   2010

출처: Gapminder[18], based on FAO[1, 3]

늘어나는 좋은 것 16가지

새로 나온 영화
연간 새로 제작하는 영화 수

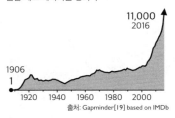

출처: Gapminder[19] based on IMDb

자연보호구역
지면 중 국립공원 같은 보호구역이
차지하는 비율

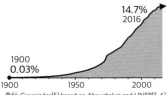

출처: Gapminder[5] based on Abouchakra and UNEP[5, 6]

여성의 투표권
여성과 남성이 동등한 투표권을 지닌 국가
(총 195개국 중)

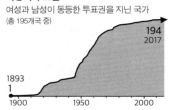

출처: Gapminder[20]

새로 나온 음악
연간 새로 녹음하는 음악

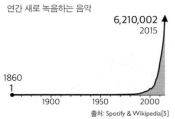

출처: Spotify & Wikipedia[5]

과학
연간 발표하는 학술 논문

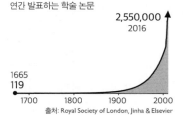

출처: Royal Society of London, Jinha & Elsevier

작황
곡물 수확량(단위: 1헥타르당 1,000kg)

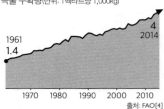

출처: FAO[4]

탈문맹
기본적인 읽기와 쓰기 능력을 갖춘 성인
(15세 이상) 비율

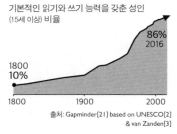

출처: Gapminder[21] based on UNESCO[2]
& van Zanden[3]

올림픽
하계올림픽 참가 국가와 팀

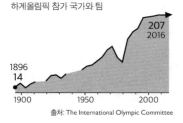

출처: The International Olympic Committee

아동과 청소년의 암 생존율

20세 이전에 암 진단을 받고 최상의 치료를 통해 5년 이상 생존한 사람

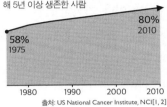

58% 1975 → 80% 2010

여학생

초등학생 연령 여자아이 중 학교에 다니는 비율

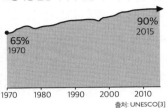

65% 1970 → 90% 2015

출처: UNESCO[3]

관찰 대상 종

멸종우려 상태로 지정한 종
(관찰 대상을 확대한다는 의미)

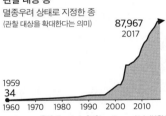

1959 34 → 87,967 2017

출처: Gapminder[36] based on multiple IUCN
Red List versions

전기 보급

전기를 어떤 식으로든 공급받는 인구 비율

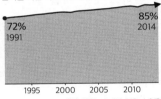

72% 1991 → 85% 2014

출처: GTF by the World Bank & IEA

휴대전화

휴대전화 사용자 비율

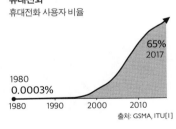

1980 0.0003% → 65% 2017

출처: GSMA, ITU[1]

물

안전한 상수원 물을 사용하는 사람의 비율

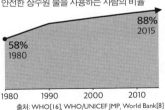

58% 1980 → 88% 2015

출처: WHO[16], WHO/UNICEF JMP, World Bank[8]

인터넷

인터넷 사용자 비율

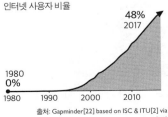

1980 0% → 48% 2017

출처: Gapminder[22] based on ISC & ITU[2] via
World Bank[19]

예방접종

한 가지 이상의 예방접종을 받은 1세 아이의 비율

22% 1980 → 88% 2016

출처: WHO[1], Gapminder[23]

출처: US National Cancer Institute, NCI[1, 2]

이런 세계적 발전은 창문 밖을 내다본다고 알 수 있는 게 아니다. 저 멀리 떨어진 곳에서 벌어지는 일이다. 하지만 관심을 가지고 주의를 집중하면 알 수 있는 실마리가 있다. 가만히 들어보라. 아이가 기타나 피아노를 연습하는 소리가 들리는가? 그 아이는 익사하지 않고, 음악을 연주하는 기쁨과 자유를 만끽하는 중이다.

고소득이라는 목표는 단지 돈을 더 많이 버는 데 있지 않다. 장수라는 목표는 단지 더 오래 사는 데 있는 게 아니다. 궁극적 목표는 하고 싶은 것을 할 자유다. 나로 말하면 서커스를 좋아하고, 손주들과 같이 하는 컴퓨터 게임을 좋아하며, 텔레비전 채널을 이리저리 돌리기를 좋아한다. 발전의 궁극적 목표인 문화와 자유는 측정하기 어렵지만, 1인당 기타 보유 수는 그러한 측정을 대신할 좋은 지표다. 그리고 반갑게도 그 수치는 높아졌다. 이

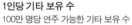

1인당 기타 보유 수
100만 명당 연주 가능한 기타 보유 수

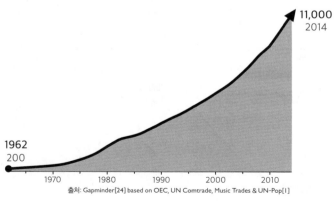

11,000
2014

1962
200

1970   1980   1990   2000   2010

출처: Gapminder[24] based on OEC, UN Comtrade, Music Trades & UN-Pop[1]

렇게 희망적인 통계가 많은데, 어떻게 세계가 점점 나빠진다고
말할 수 있는가?

부정 본능

그런 식의 생각은 대개 부정 본능 때문이다. 좋은 것보다 나쁜 것
에 더 주목하는 본능이다. 여기에는 세 가지 원인이 작용한다. 하
나는 과거를 잘못 기억하기 때문이고, 또 하나는 언론인과 활동가
들이 사건을 선별적으로 보도하기 때문이며, 마지막으로 상황이
나쁜데 세상이 더 좋아진다고 말하면 냉정해 보이기 때문이다.

경고: 기억은 대상을 미화한다

예나 지금이나 나이 든 사람은 유년 시절을 미화하면서 세상이
예전 같지 않다고 우긴다. 어느 면에서는 맞는 말이지만, 그들의
의도와는 다른 쪽에서 그렇다. 세상은 예전 같지 않다. 하지만 예
전은 대부분 더 좋았던 게 아니라 더 나빴다. 그럼에도 인간은 옛
날의 '진짜 모습'을 너무나 쉽게 잊는다.

　서유럽과 북아메리카에서는 제2차 세계대전이나 대공황을 경
험한 아주 나이 많은 사람들만 불과 몇십 년 전 자신이 겪은 심각
한 궁핍과 굶주림을 기억한다. 두어 세대 전만 해도 절대다수가
극빈층에 머물렀던 중국과 인도에서조차 요즘은 괜찮은 집에 살

며 깨끗한 옷을 입고 모터 달린 자전거를 타는 덕에 궁핍하던 과
거를 거의 잊었다.

스웨덴 작가이자 언론인 라세 버그Lasse Berg는 1970년대에 인
도 시골에서 훌륭한 기사를 썼다. 그리고 25년 후 그곳에 다시 가
보니 생활 여건이 크게 좋아져 있었다. 1970년대에 그가 찍은 사
진에는 흙바닥과 흙벽, 반쯤 벗은 아이들이 있었다. 마을 사람들
의 눈빛에는 낮은 자존감과 바깥 세계에 대한 무지가 드러났다.
그런 모습은 1990년대 후반의 콘크리트 주택과 확연히 대조를
이뤘다. 1990년대 후반에는 옷을 잘 입은 아이들이 뛰어놀고, 자
신감과 호기심에 찬 마을 사람들이 텔레비전을 보고 있었다. 라
세가 1970년대 사진을 보여주자 그들은 사진 속 인물들이 자기
동네 사람들이라는 걸 믿지 않았다. "설마, 여기일 리가 없어요.
뭔가 착각하신 게 분명해요. 이렇게 가난한 사람은 본 적이 없거
든요." 대부분의 사람이 그렇듯 그들도 그 순간을 살고 있었다.
자녀가 비도덕적 드라마를 본다거나 오토바이를 살 돈이 없다거
나 하는 새로운 문제로 바빴다.

어떤 이유에선지 우리는 현재 살아 있는 사람들의 기억에 없
는 과거의 비참함과 잔혹함을 자신에게든 자녀에게든 상기시키
지 않으려 한다. 진실은 고대 묘지나 여러 매장지에서도 발견된
다. 고고학자들은 발굴 유해 중 상당수가 아이라는 사실에 익숙
하다. 아이들은 대개 굶주림이나 혐오스러운 질병으로 죽었겠지
만, 그 유골에서 폭력 흔적이 발견된 경우도 많다. 수렵·채집 사

회에서는 살해당하는 사람이 10%가 넘었고, 아이라고 해서 예외
는 아니었다. 그러나 오늘날의 묘지에는 아이 묘가 매우 드물다.

선별적 보도

우리는 전쟁, 기근, 자연재해, 정치적 실책, 부패, 예산 삭감, 질병,
대량 해고, 테러 등 전 세계에서 끊임없이 쏟아지는 부정적 뉴스
를 접하며 산다. 사고 나지 않은 항공기나 별문제 없는 작황을 보
도하는 기자는 일을 계속하기 어렵다. 점진적 개선은 그 규모가
아무리 대단하고 수백만 명에게 긍정적 영향을 미친다 해도 신문
1면을 장식하기 어렵다.

게다가 언론의 자유가 더욱 커지고 첨단 기술이 발달한 덕에
우리는 그 어느 때보다 많은 소식을, 많은 재난 이야기를 접한다.
수백 년 전 유럽인이 아메리카 대륙 전역에서 원주민을 대량 학
살했을 때 그 일은 당시 뉴스에 나오지 않았다. 중국에서 중앙 계
획이 실패하는 바람에 대량 기근이 발생해 시골 사람 수백만 명
이 기아로 죽었을 때 유럽에서 붉은 공산주의 깃발을 흔들던 젊
은이들은 그 사실을 까맣게 몰랐다. 과거 어떤 종 전체 또는 생태
계가 파괴되었을 때 누구도 그 사실을 알거나 관심을 갖지 않았
다. 그러다가 인류의 다양한 발전과 더불어 고통을 감시하는 능
력도 놀랍도록 개선됐다. 이처럼 좋아진 언론 보도 자체가 인류
발전의 표시이지만, 그 덕에 사람들은 정반대의 느낌을 받기도
한다.

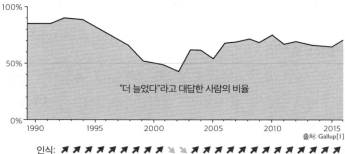

대부분의 사람은 여전히 범죄가 늘어난다고 생각한다
갤럽의 질문: "미국에서 범죄가 1년 전보다 더 늘었을까, 줄었을까?"

"더 늘었다"라고 대답한 사람의 비율

출처: Gallup[1]

인식:

현실:

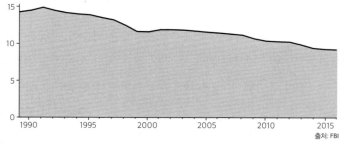

미국에서 실제로 보고된 범죄 건수(단위: 100만)

출처: FBI

여기에 더해 활동가와 로비스트는 일정한 추세에 일시적 문제가 나타날 때마다 전반적으로는 분명히 발전하고 있는데도 마치 세상이 끝나는 것처럼 교묘히 포장해, 과장된 우려와 예측으로 사람들을 겁준다. 예를 들어 미국에서는 1990년 이후로 범죄가 줄어드는 추세다. 실제로 1990년 1450만 건을 약간 밑돌다가 2016년에는 950만 건을 한참 밑도는 수준으로 떨어졌다. 하지만

거의 매년 끔찍하거나 놀라운 사건이 벌어질 때마다 '위기'라는
보도가 나온다. 그러다 보니 대부분의 사람은 항상 범죄가 점점
늘어난다고 생각한다.

상황이 꾸준히 악화된다고 착각하는 것도 무리는 아니다. 뉴스
는 현재 일어나는 나쁜 사건에 대해 끊임없이 경각심을 불러일으
킨다. 그런 뉴스가 유발하는 암울한 기분은 과거를 기억하지 못
하는 우리의 무능 탓에 더욱 심해진다. 우리는 역사를 장밋빛으
로 기억할 뿐 아니라 1년 전, 10년 전, 50년 전에도 끔찍한 사건
이 지금처럼, 어쩌면 지금보다 더 많았다는 사실을 잊고 있다. 그
러다 보니 세상이 점점 나빠진다는 착각에 빠져 더러는 스트레스
를 받고, 더러는 희망을 포기하기도 한다. 이렇다 할 근거도 없이.

느낌이지 생각이 아니다

또 있다. 사람들은 세계가 점점 나빠진다고 말하면서 실제로 무
슨 생각을 할까? 내가 보기에는 생각을 아예 '안 하는' 것 같다.
사람들은 생각이 아닌 느낌을 말할 뿐이다. 내가 이렇게 명확하
고 멋진 자료를 여럿 제시해도 세계가 점점 좋아진다는 데 동의
하기가 여전히 불편하게 '느껴진다'면 아마도 거대한 문제가 아
직 사라지지 않았다는 걸 알기 때문일 것이다. 세계가 점점 좋아
진다는 말이 마치 만사 오케이라거나 심각한 문제는 없는 척 외
면하라는 말처럼 '느껴지고', 그러다 보니 그런 말이 터무니없어
보이고 스트레스가 되기 때문이 아닐까 싶다.

그렇다. 만사 오케이는 아니다. 여전히 신경을 곤두세워야 한다. 항공기 사고가 일어나고, 막을 수 있었던 사고로 아이가 죽고, 어떤 것은 멸종위기에 처하고, 기후변화를 부정하는 사람이 있고, 남성우월주의자가 있고, 미친 독재자가 있고, 유독성 폐기물을 버리고, 언론인을 수감하고, 성차별로 여자아이가 교육을 받지 못한다. 이런 심각한 일이 존재하는 이상 우리는 안심할 수 없다.

그러나 이미 이룩한 발전을 외면하는 것도 마찬가지로 터무니없고 스트레스다. 사람들은 내가 그들이 몰랐던 거대한 발전을 보여준다는 이유로 나를 종종 낙천주의자라고 말한다. 그럴 때마다 화가 난다. 나는 낙천주의자가 아니다. 순진한 소리나 떠벌리는 사람이 아니다. 나는 아주 진지한 '가능성 옹호론자'다. 이는 내가 지어낸 말인데, 이유 없이 희망을 갖거나 이유 없이 두려워하지 않는 사람, 과도하게 극적인 세계관에 끊임없이 저항하는 사람을 뜻한다. 나는 가능성 옹호론자로서 이 모든 발전을 바라보고, 앞으로도 더 발전하리라는 확신과 바람을 갖고 있다. 낙천주의가 아니라 상황을 명확하고 합리적으로 이해하는 것이며, 세계를 건설적이고 유용한 시각으로 바라보는 것이다.

아무것도 개선되지 않고 있다는 잘못된 믿음을 지닌 사람은 인간의 노력이 이제까지 아무런 결실도 거두지 못했다고 판단한 채 그러한 결실을 증명하는 수치를 믿으려 하지 않는 것 같다. 나 역시 그런 사람을 자주 만나는데, 그들은 인류에 대한 희망을 모두 잃었다고 말한다. 아니면 우리가 좀 더 나은 세상을 만들기 위

해 사용하는 방식이 제대로 작동하고 있는데도 역효과를 보여주
는 극적 수치만 믿는 것 같다.

여자아이의 교육을 예로 들어보자. 여자아이를 교육하는 것은
세계 최고의 아이디어 중 하나였음이 입증되었다. 여성이 교육을
받으면 사회에 더없이 좋은 일이 많이 일어난다. 노동력이 다양
해지고, 더 나은 결정을 내릴 수 있고, 더 많은 문제를 해결할 수
있다. 어머니가 교육을 받으면 자녀를 적게 낳고, 아이의 생존율
도 높아진다. 그리고 각 아이의 교육에 더 많은 시간과 노력을 투
자할 수 있다. 변화의 선순환이다.

부모가 가난해서 아이를 모두 학교에 보내지 못할 경우 남자
아이부터 보내는 일이 흔했다. 그런데 1970년 이후 놀라운 발전
이 일어났다. 종교·문화·대륙을 가리지 않고 거의 모든 부모가
아이를 모두 학교에 보낼 형편이 되어, 아들뿐 아니라 딸도 교육
받기 시작했다. 그 결과 지금은 초등학교 취학 연령의 여자아이
중 90%가 학교에 다닌다. 성별 차이가 거의 사라진 셈이다.

1단계에서는 특히 중등교육과 고등교육을 중심으로 여전히 성
별에 따른 차이가 존재하지만, 그렇다고 해서 교육 부문에서의
이 같은 발전을 부정할 이유는 없다. 이런 발전을 축하하는 것과
더 큰 발전을 위해 계속 싸우는 것은 상충하지 않는다. 나는 가능
성 옹호론자다. 이제까지 우리가 이룬 발전을 보면 여자아이는
(그리고 남자아이도) 모두 학교에 다닐 수 있으며, 그러려면 우리가
열심히 노력해야 한다는 걸 알 수 있다. 저절로 일어나는 일은 아

니다. 어리석은 오해로 희망을 버린다면 그런 일은 절대 일어나지 않는다. 희망을 포기하는 건 부정 본능과 그에 따른 무지가 가져오는 최악의 결과일지도 모른다.

부정 본능을 어떻게 억제할까?

주변에서 상황이 점점 나빠진다고 아우성치는 와중에 우리 뇌가 상황이 점점 좋아진다는 사실을 인지하려면 어떻게 해야 할까?

나쁘지만 나아진다

부정적 뉴스를 볼 때 더 긍정적 뉴스로 균형을 맞추는 것은 해법이 아니다. 그것은 자신을 기만하고, 안심시키며, 반대 방향으로 호도하는 편향일 뿐이다. 마치 설탕이 너무 많이 들어갔을 때 소금을 잔뜩 넣어 균형을 맞추는 것과 비슷하다. 좀 더 강렬한 맛을 내겠지만 건강에는 좋지 못하다.

내게 효과 있는 해법은 머릿속에서 두 가지 생각을 동시에 유지하도록 스스로를 설득하는 것이다.

우리는 상황이 점점 좋아진다는 말을 들으면 '걱정 마, 안심해'라거나 '신경 안 써도 돼'라는 뜻으로 생각하는 경향이 있다. 하지만 내가 상황이 점점 좋아진다고 말할 때는 결코 그런 뜻이 아니다. 세상에서 일어나는 심각한 문제를 외면하자는 뜻이 아니라, 상황이 나쁠 수도 있고 동시에 좋을 수도 있다는 뜻이다.

세상을 인큐베이터 안에 있는 미숙아라고 가정해보자. 아기의 건강 상태가 극도로 안 좋아 호흡, 심장박동 같은 중요한 신호를 꾸준히 관찰하며 아기를 보살핀다. 일주일이 지나자 상태가 훨씬 좋아진다. 모든 지표에서 나아지고 있지만, 여전히 위험한 상태라 계속 인큐베이터에 있어야 한다. 이런 상황에서 아기가 좋아지고 있다고 말할 수 있을까? 물론이다. 아기의 상황이 좋지 않다고도 말할 수 있을까? 물론이다. "상황이 나아지고 있다"고 말할 경우, 만사 오케이니 마음 푹 놓고 걱정하지 말라는 뜻일까? 전혀 아니다. 상황이 나쁜 것과 나아지는 것 중 선택을 해야만 할까? 절대 그렇지 않다. 둘 다 옳다. 상황은 나쁘면서 동시에 나아지고 있기도 하고, 나아지고 있지만 동시에 나쁘기도 하다.

세계의 현 상황도 그렇게 생각해야 한다.

나쁜 뉴스를 예상하라

부정 본능을 억제하는 또 하나의 방법은 으레 나쁜 뉴스가 나오려니 생각하는 것이다.

언론과 활동가들은 사람들의 주의를 끌려고 극적 상황에 의존한다는 점을 기억하라. 부정적 이야기는 중립적이거나 긍정적인 이야기보다 더 극적이다. 장기적으로는 개선되고 있지만, 그중 일시적으로 후퇴하는 상황을 골라 위기 이야기를 만들어내는 게 얼마나 쉬운가. 우리는 서로 연결된 투명한 세계에 살고 있으며,

그런 세계에서는 고통을 보도하기가 그 어느 때보다 쉽다.

끔찍한 소식을 들었을 때 침착하게 이런 질문을 던져보라. 이 정도의 긍정적 발전이 있었다면 내가 그 소식을 들었을까? 대규모 발전이 수백 건 있었다 한들 내가 그 소식을 들었을까? 아이가 익사하지 않았다는 소식은? 창밖이나 뉴스에서, 자선단체 홍보물에서 아동 익사 사고나 결핵 사망이 줄었다는 소식을 볼 수 있을까? 긍정적 변화는 훨씬 흔하지만 그 소식은 우리에게 전달되지 않는다는 점을 명심하라. 우리가 직접 찾아봐야 한다(통계를 보면 그런 소식은 차고 넘친다).

이런 사실을 기억하면 우리와 우리 아이들이 뉴스를 보면서 날마다 디스토피아로 휩쓸려가는 상황을 막을 수 있다.

역사를 검열하지 마라

역사를 장밋빛으로만 생각한다면 우리 자신과 아이들이 진실을 보기 어렵다. 과거가 끔찍했다는 증거는 마주하기 겁나지만 훌륭한 자원이다. 이는 오늘날 우리가 가진 것을 평가하고, 과거 세대처럼 미래 세대도 일시적 문제를 극복하며, 장기적으로는 평화와 번영 그리고 세계 문제를 해결하기 위해 나아가는 디딤돌이 될 것이다.

나는 감사하고 싶다, 사회에

노동자층이 사는 스웨덴 교외에서 소변이 가득 찬 하수구에 빠져 살아나려고 안간힘을 썼던 65년 전, 내가 우리 가족 중 처음으로 대학을 가게 될 줄은 꿈에도 몰랐다. 그리고 세계 보건 교수가 되어 다보스에서 세계적 전문가들 앞에서 그들이 세계의 기본 추세를 침팬지만큼도 모른다고 말할 줄은 꿈에도 몰랐다.

물론 그 옛날에는 나도 세계의 기본 추세를 몰라서 배워야만 했다. 이를테면 사망의 여러 원인과 그 원인이 어떻게 바뀌고 있는지 알아보려면 모든 죽음과 그 원인을 일일이 추적해 기록한 다음, 그것을 모두 종합해 따져보는 방법밖에 없다. 시간 소모가 엄청난 일이다. 전 세계에 그런 데이터가 딱 하나 있다. 세계 질병 부담Global Burden of Disease이다. 여러 해가 지나 그 데이터를 봤을 때, 하수구에 빠져 죽을 뻔한 내 경험은 그다지 특별하지 않다는 걸 알 수 있었다. 그건 3단계 삶을 사는 5세 미만 아이들에게 흔히 일어나는 사고였다.

그때 내가 알던 것이라고는 옴짝달싹할 수 없었다는 것이다. 할머니가 와서 나를 끌어 올렸고, 이후에는 스웨덴 사회가 나를 더 확실히 끌어올려주었다.

내 생애 동안 스웨덴은 3단계에서 4단계로 옮겨갔다. 결핵 치료법이 나왔고, 어머니가 건강을 회복했다. 어머니는 공공 도서관에서 공짜로 빌려온 책을 내게 읽어주었다. 우리 식구 중 내가 처음으로 6년 넘게 교육을 받고, 무상으로 대학에 진학했다. 박사 학위도 무상으로 땄다. 물론 세상에 공짜는 없다. 모두 사람들이 낸 세금이다. 두 아이의 아버지가 된 서른 살에 암 진단을 받았는데, 세계 최고의 의료보험 제도 덕에 공짜로 치료를 받았다. 내가 목숨을 건지고 성공한 이면에는 늘 다른 사람들의 도움이 있었다. 가족과 무상교육과 무상의료 덕에 하수구에서 빠져나와 다보스 세계경제포럼에 참석했다. 혼자 힘으로는 절대 불가능한 일이다.

스웨덴이 4단계에 오른 오늘날에는 아동 사망률이 1,000명당 3명에 불과하고, 그중 익사는 고작 1%다. 울타리를 치고, 보육 시설을 마련하고, 구명조끼 입기 운동을 벌이고, 수영을 가르치고, 공공 수영장에 안전 요원을 배치하는 데는 모두 돈이 들어간다. 아동 익사는 스웨덴이 점점 부유해지면서 거의 사라진 많은 끔찍한 사고 중 하나다. 내가 발전이라고 말하는 건 바로 이런 것이다. 이런 발전은 오늘날 전 세계에서 일어나고 있다. 그리고 대부분의 나라가 스웨덴보다 빠른 속도로 발전하고 있다. 훨씬 빠른 속도로.

FACTFULNESS FACTFULNESS FACTFULNESS FACTFULNESS FACTFULNESS FACTFULNESS FACTFULNESS

사실충실성

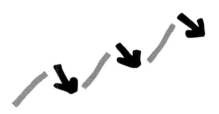

사실충실성은 지금 저 뉴스는 부정적 면을 보도한다는 걸 알아보는 것이고, 나쁜 소식은 좋은 소식보다 우리에게 전달될 확률이 훨씬 높다는 사실을 기억하는 것이다. 어떤 상황이 점점 좋아져도 그것은 뉴스가 되지 않는다. 그러다 보니 주변 세계에 대해 항상 지나치게 부정적 인상을 받기 쉽고, 이것이 대단한 스트레스가 된다.

부정 본능을 억제하려면 나쁜 소식을 예상하라.

- **나아지지만 나쁘다** 현 수준(예: 나쁘다)과 변화의 방향(예: 좋아진다)을 구별하는 연습을 하라. 상황은 나아지는 동시에 나쁠 수도 있다는 확신을 가져라.
- **좋은 소식은 뉴스가 안 된다** 좋은 소식은 거의 보도하지 않는다. 그래서 뉴스는 거의 항상 나쁜 소식이다. 나쁜 소식을 볼 때면, 같은 정도의 긍정적 소식이었다면 뉴스에 나왔을지 생각해보라.
- **점진적 개선은 뉴스가 안 된다** 점진적으로 개선되는 중에 주기적으로 작은 문제가 나타난다면, 전반적 개선보다 그 문제를 주목할 가능

성이 높다.

- **뉴스에 많이 나온다고 해서 고통이 더 큰 것은 아니다** 나쁜 뉴스가 많이 나오는 이유는 세상이 나빠져서가 아니라, 고통을 감시하는 능력이 좋아졌기 때문일 수 있다.

- **장밋빛 과거를 조심하라** 사람들은 유년의 경험을, 국가는 자국 역사를 곧잘 미화한다.

직선 본능

The Straight Line Instinct

———

어떻게 생존자가 많으면 인구가 줄고,
어떻게 교통사고가 충치와 같으며,
왜 우리 손자는 세계 인구와 같은가

The Straight Line Instinct

이제까지 본 가장 섬뜩한 그래프

통계도 무서울 수 있다. 2014년 9월 23일, 스톡홀름에 있는 갭마인더 사무실 책상 앞에 앉아 도표에 나온 선 하나를 보다가 더럭 겁이 났다. 8월부터 서아프리카에 출현한 에볼라에 관심을 갖고 있던 참이었다. 나 역시 라이베리아의 수도 몬로비아 거리에서 사람들이 죽어가는 참상을 언론에서 보았기 때문이다.

하지만 치명적 질병이 갑작스레 발생했다는 뉴스를 종종 듣던 터라 흔히 그렇듯 곧 잠잠해지려니 생각했다. 그러던 중 세계보건기구WHO 연구 논문에 나온 그래프를 보고 화들짝 놀라 두려움을 느꼈고, 곧바로 행동에 들어갔다.

　연구원들은 에볼라가 출현했을 때부터 관련 데이터를 모두 수집했고, 그것을 바탕으로 10월 말까지 하루에 새로 발생하는 감염자 수를 예측했다. 그 결과 감염자는 1·2·3·4·5처럼 직선을 따라 증가하지 않고 1·2·4·8·16처럼 2배씩 증가한다는 사실이 처음으로 밝혀졌다. 감염자 1명이 사망 전 평균 2명 이상에게 병을 옮겼다. 그러다 보니 하루당 새 감염자 수가 3주마다 2배로 늘었다. 이 그래프는 한 사람이 계속 2명 이상에게 병을 옮길 경우 사태가 얼마나 심각한지 잘 보여주었다. 무려 2배씩 늘다니!

　나는 학교에 다닐 때 2배 증가의 위력을 처음 배웠다. 인도 전설에 따르면 크리슈나 신이 체스 판에서 첫째 칸에 쌀 한 톨, 둘째 칸에 두 톨, 셋째 칸에 네 톨, 넷째 칸에 여덟 톨 하는 식으로 칸을 하나씩 옮겨가며 쌀을 2배씩 요구했다. 그 결과 마지막 64번째 칸까지 쌀이 18,446,744,073,709,551,615톨 쌓였다. 75cm 넘는 높이로 인도 전체를 덮고도 남을 양이다. 무언가가 계속 2배로 늘면 우리 예상보다 훨씬 빨리 많아진다.

　서아프리카의 상황도 곧 절박해질 것이다. 라이베리아는 얼마 전 끝난 내전보다 심각한 파국으로 치달을 위기에 처했고, 그 위기는 전 세계로 퍼질 게 거의 확실했다. 에볼라는 말라리아와 달리 어떤 기후에서든 빠르게 퍼지고, 자기도 모르는 사이 감염되어 비행기를 타고 국경과 바다를 건널 수 있다. 하지만 이렇다 할 치료법이 없었다.

　사람들은 이미 거리에서 죽어가기 시작했다. 9주(2배 증가가 세

3장 직선 본능 | **123**

번 반복되는 때) 만에 상황은 8배 더 절박해질 것이다. 문제를 3주 늦게 처리할 때마다 감염자 수는 2배로 늘고, 필요한 자원도 2배 늘어날 거란 얘기다. 수주 안에 에볼라를 막아야 했다.

갭마인더에서는 즉시 우선순위를 바꿔 에볼라 데이터를 연구하고, 절박함을 설명할 동영상을 만들기 시작했다. 10월 20일, 나는 이후 3개월 동안 예정된 모든 일정을 취소하고 라이베리아로 가는 비행기를 탔다. 20년 동안 전염병을 연구한 경력을 사하라 사막 이남 아프리카의 시골 지역에서 써먹을 수 있을 터였다. 나는 라이베리아에 3개월간 머물며, 처음으로 크리스마스와 새해를 가족과 떨어져 지냈다.

세계 모든 사람처럼 나 역시 에볼라 위기의 규모와 위급함을 너무 늦게 알았다. 상황 악화가 직선으로 진행되려니 생각했지만, 데이터를 보면 2배로 빨라지고 있었다. 사태를 파악하고는 곧바로 행동에 들어갔다. 사태를 좀 더 빨리 파악하고 더 빨리 행동을 취했다면 얼마나 좋았을까.

세계 인구는 '단지' 증가하고
또 증가할 뿐이라는 거대 오해

요즘 내가 초청받는 거의 모든 학술회의의 제목에는 '지속 가능성'이라는 말이 등장한다. 지속 가능성 방정식에 나오는 중요한 수치 중 하나는 인구다. 이 지구상에서 살 수 있는 인구는 어느 정도 한계가 있지 않겠는가? 그래서 이런 지속 가능성 학술회의에서 내가 청중을 테스트할 때 그들이 세계 인구 성장의 기본 사실 정도는 알고 있으려니 생각했다. 그리고 그런 생각은 보통 크게 틀리지 않았다.

우리는 이제 세 번째 본능(직선 본능)과 세 번째이자 마지막 거대 오해인 세계 인구는 '단지' 증가할 뿐이라는 잘못된 생각을 다루려 한다. 여기서 '단지'라는 단어에 주목하길 바란다. 내가 이 단어에 따옴표를 붙이고 밑줄까지 친 데는 이유가 있다. 그 단어가 바로 오해이기 때문이다.

실제로 세계 인구는 증가하고 있다. 그것도 아주 빠르게. 앞으로 13년 동안 약 10억이 더 늘어날 것이다. 이는 오해가 아닌 사실이다. 하지만 인구는 '단지' 증가하지 않는다. '단지'라는 말에는 그대로 두면 인구가 계속 늘어날 것이며, 인구 성장을 막으려면 극적인 조치가 필요하다는 뜻이 담겨 있다. 하지만 이는 오해이며, 이런 오해의 바탕이 된 본능은 나와 전 세계가 서둘러 에볼라 억제 조치를 취하는 걸 방해한 본능, 즉 상황은 직선으로 전개되겠거니 생각하는 본능이다.

나는 좀체 말문이 막히지 않는 편이다. 그런데 청중에게 다음과 같은 질문을 던졌을 때 처음으로 말문이 막히고 말았다. 노르웨이에서 열린 교사 학술회의 때였다(노르웨이 사람을 탓할 의도는 없다. 핀란드에서도 마찬가지 결과가 나왔을 것이다). 이들 교사 중 상당

수는 사회과학 수업을 맡아 세계 인구의 추세를 가르치고 있었다. 테스트가 끝나고 고개를 돌려 뒤쪽 화면에 나타난 실시간 답변 결과를 본 순간, 나는 할 말을 잃었다. 투표 장치에 문제가 생긴 게 분명하다고 생각했다.

사실 문제 5

오늘날 세계 인구 중 0~15세 아동은 20억이다. 유엔이 예상하는 2100년의 이 수치는 몇일까?

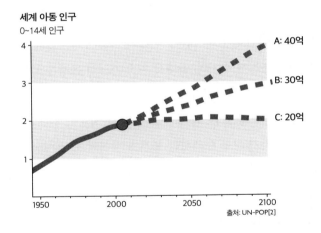

세계 아동 인구
0~14세 인구

출처: UN-POP[2]

나는 질문을 던지기 전에 교사들에게 말했다. "세 점선 중 하나가 유엔의 공식 예상치입니다. 다른 두 점선은 제가 그냥 만든 것이고요."

이번에도 침팬지가 정답을 맞힐 확률은 33%다. 노르웨이 교사들은? 고작 9%였다. 충격이었다. 이렇게 중요한 집단의 사람들이 어떻게 눈 감고 찍느니만 못한 결과를 낸단 말인가? 이들은 학생에게 무얼 가르치는 걸까?

나는 투표 장치가 고장 났기를 은근히 바랐다. 하지만 장치는 멀쩡했다. 일반인을 대상으로 한 설문 조사 역시 마찬가지 결과가 나왔다. 미국, 영국, 스웨덴, 독일, 프랑스, 오스트레일리아에서 85%가 오답을 냈다. (국가별 자세한 결과는 부록 참고.)

그렇다면 세계경제포럼 전문가들은 어떨까? 이들의 정답률은 일반인보다 훨씬 높아서 침팬지 수준에 근접한 26%였다.

나는 교사 학술회의를 마치고 가만히 생각하던 중 이 지식 문제의 실상을 눈여겨보기 시작했다. 미래의 아동 수는 세계 인구 예측에서 가장 본질적 수치다. 따라서 지속 가능성 논쟁을 통틀어도 핵심이다. 이 수치를 모른다면 다른 많은 문제도 오해하게 된다. 하지만 우리가 테스트한, 교육 수준이 높고 영향력 있는 사람들 중 인구 전문가가 모두 동의하는 문제에 지식이 조금이라도 있는 사람은 거의 없었다. 유엔의 인터넷 사이트에 들어가면 이 수치를 무료로 볼 수 있지만, 아무리 공짜여도 노력 없이는 정보를 지식으로 만들 수 없다. 유엔이 내놓은 예상은 거의 수평을 이루는 맨 아래 점선 C다. 유엔 전문가들은 2100년 아동 수를 오늘날과 같은 20억으로 예상한다. 요컨대 선이 같은 방향으로 계속 이어지진 않을 거라고, 즉 아동 수가 더 이상 증가하지 않을 거라고 예상한다. 이 문제에 대해서는 곧 다시 다루도록 하겠다.

직선 본능

다음 도표는 인류가 농사를 발명한 기원전 8000년 이후의 세계 인구를 나타낸다.

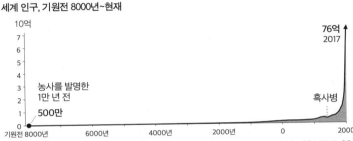

세계 인구, 기원전 8000년~현재

출처: Gapminder[17] based on Biraben, McEvedy and Jones, Maddison[2] & UN-Pop[1]

기원전 8000년에는 총인구가 대략 500만이었고, 이들은 전 세계의 해안과 강가에 퍼져 살았다. 인류 전체가 오늘날의 거대 도시인 런던, 방콕, 리우데자네이루의 인구보다도 적었다.

이 수치는 거의 1만 년 동안 천천히 증가하다가 1800년에 이르러 마침내 10억을 돌파했다. 이때부터 상황이 돌변했다. 이후 고작 130년 만에 다시 10억이 늘었다. 그리고 100년도 채 안 되어 또 50억이 늘었다. 이런 가파른 증가에 사람들은 당연히 우려를 표시했다. 다들 알다시피 지구의 자원은 유한하다. 인구는 아닌 게 아니라 '단지' 증가하는 것처럼 '보인다'. 그것도 아주 빠른 속도로.

내게 날아오는 돌을 보면 그 돌이 나를 맞힐지 대개는 예상할 수 있다. 이때는 수치도, 도표도, 스프레드시트도 필요 없다. 돌에 맞지 않으려면 눈과 뇌로 돌의 궤적을 확장한 뒤 그 범위에서 벗어나면 그만이다. 이런 자동 시각 예측 기술이 우리 조상의 생존에 얼마나 도움을 주었을지는 쉽게 상상할 수 있다. 지금도 마찬가지다. 우리는 자동차를 운전하면서 다른 자동차가 몇 초 뒤 어떤 위치에 있을지 끊임없이 예측한다.

하지만 오늘날의 삶에서 직선적 직관이 늘 믿을 만한 안내자 노릇을 하는 건 아니다.

예를 들어 직선 그래프에서 일정한 추세를 따라가던 선이 어느 지점에서 끝났을 때, 그 끝을 진행 방향 그대로 연장해 상상하

흔히 상상하는 미래의 세계 인구

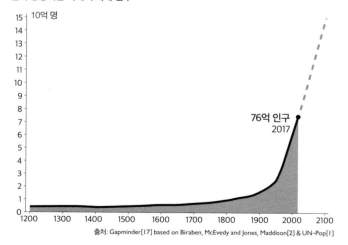

출처: Gapminder[17] based on Biraben, McEvedy and Jones, Maddison[2] & UN-Pop[1]

지 '않기'란 거의 불가능하다. 옆 페이지의 인구 도표에서 사람들이 본능적으로 상상할 것 같은 부분을 점선으로 표시해보았다. 사람들이 걱정하는 것도 어쩌면 당연하다.

더 친숙한 도표를 보자. 내 손주 중 가장 어린 미노Mino는 태어날 때 키가 19.5인치(약 50cm)였다. 그리고 6개월 뒤 26.5인치(약 67cm)로 자랐다. 무려 7인치나 컸다. 무서운 성장세다. 아이의 성장 도표를 보라. 나는 직관적으로 기존의 선을 미래까지 직선으로 연결했다. 끔찍하지 않은가?

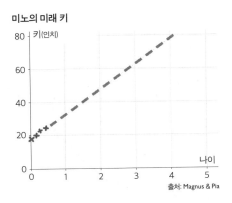

미노의 미래 키

미노가 '단지' 계속 자란다면, 세 번째 생일에는 키가 60인치, 즉 152cm가 되고 열 번째 생일에는 4m가 넘을 것이다. 그렇다면? '단지' 계속 자라게 두어서는 안 된다! 극적 조치가 필요하다! 미노의 부모는 집을 개조하거나 약을 구해야 할 것이다!

이 경우 직선 직관은 명백히 틀렸다. 왜 명백한가? 다들 성장 경험이 있기 때문이다. 미노의 성장 곡선이 같은 방향으로 계속 이어지지 않으리라는 것은 누구나 다 안다. 키가 4m 넘는 사람을 본 적이 있는가. 성장 그래프가 직선으로 계속 이어진다고 단정하는 것은 누가 봐도 터무니없다. 하지만 이렇게 친숙한 주제가 아니면, 그런 단정이 얼마나 어리석은지 상상하기가 뜻밖에 무척 어렵다.

유엔의 인구 전문가들은 인구 크기를 직접 계산해본 사람들이다. 그게 그들의 일이니까. 그리고 그들이 예상하는 선은 다음과 같다.

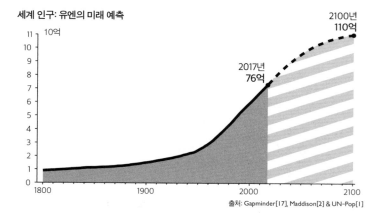

세계 인구: 유엔의 미래 예측

출처: Gapminder[17], Maddison[2] & UN-Pop[1]

오늘날 세계 인구는 76억이다. 그렇다. 지금도 **빠르게** 성장한다. 하지만 인구 성장세는 이미 둔화하기 시작했고, 유엔 전문가들은 앞으로 수십 년은 이런 추세가 지속될 거라고 제법 확신한다. 그리고 21세기가 끝날 무렵에는 인구 곡선이 100억과 120억 사이에서 평평해질 거라고 예측한다.

인구 곡선 형태

인구 곡선 형태를 이해하려면 인구 증가의 원인부터 알아야 한다.

인구는 왜 늘어나는가?

사실 문제 6

유엔은 2100년까지 세계 인구가 40억 늘어날 것으로 예상한다. 주로 어떤 인구층이 늘어날까?

☐ A: 아동 인구(15세 미만)

☐ B: 성인 인구(15~74세)

☐ C: 노인 인구(75세 이상)

이 문제는 바로 정답을 알려주겠다. 정답은 B다. 전문가들은 인구가 계속 성장하리라 확신한다. 주로 성인 인구 증가 때문이다. 아동 인구나 노인 인구는 늘지 않는데 성인 인구는 늘어난다. 다음 도표는 바로 앞 도표에서 아동과 성인을 분리한 것이다.

세계 인구: 유엔의 미래 예측

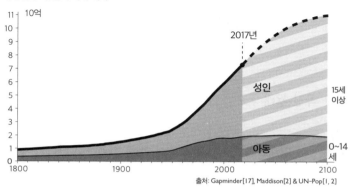

출처: Gapminder[17], Maddison[2] & UN-Pop[1, 2]

아동 수는 증가하지 않으리라 예상한다. 이번 3장의 사실 문제 5에서 이미 나온 이야기다. 이제 이 도표에서 아동에 해당하는 선을 자세히 살펴보자. 이 선이 언제 평평해졌는지 보이는가? 지금도 이미 평평해졌다는 게 보이는가? 유엔 전문가들은 '앞으로' 아동 인구의 증가세가 멈출 것이라고 '예측'하지 않는다. 이미 멈추었다고 '보고'한다. 급격한 인구 성장을 멈추는 데 필요한 급격한 변화는 아동 인구 성장을 멈추는 것이며, 이러한 변화는 이미 진행 중이다. 어떻게 이럴 수 있을까? 이 부분이 모두가 알아야 하는 점이다.

자, 이제 주목하라! 다음은 이 책에서 가장 극적이며, 내 생애에 일어난 변화 중 가장 믿기 힘든 것으로, 전 세계 여성 1인당 출생아 수 감소를 보여주는 도표다.

내가 태어난 1948년에 여성 1명은 아이를 평균 5명 낳았다. 그러다가 1965년 이 수치가 전에 없이 급격하게 줄기 시작했다. 그 결과 지난 50년간 전 세계에서 이 수치는 평균 2.5명 아래로 크게 떨어졌다.

여성 1인당 평균 출생아 수, 1800년~현재

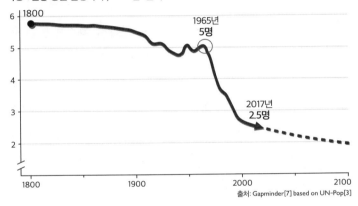

출처: Gapminder[7] based on UN-Pop[3]

이런 극적인 변화는 2장에서 언급한 다른 모든 발전과 동시에 일어났다. 수십 억 인구가 극빈층을 탈출하면서 이들 대부분이 아이를 적게 낳기로 결심했다. 가족 단위의 소규모 농사를 지으면서 아동 노동력을 얻기 위한 대가족이 필요 없게 되었다. 아동 사망에 대비해 아이를 많이 낳을 필요도 없어졌다. 여성과 남성이 교육받기 시작하면서 아이들을 잘 가르치고 잘 먹이고 싶은 욕구도 생겼다. 그러려면 당연히 자녀 수가 적어야 했다. 이러한 목표는 성생활을 줄이지 않고도 아이를 적게 가질 수 있는 현대 피임법의 놀라운 축복 덕분에 한결 쉽게 달성되었다.

극빈층 탈출이 계속 이어지고 교육받는 여성이 늘어나는 한, 그리고 피임법 사용과 성교육이 꾸준히 증가하는 한 여성 1인당 출생아 수가 극적으로 줄어드는 현상은 지속될 것이다. 별도의 극적인 변화는 필요치 않다. 우리가 이미 하고 있는 것들을 좀 더 열심히 하면 그만이다.

앞으로 인구가 어떤 속도로 줄어들지 정확히 예측하는 건 불가능하다. 그것은 이런 변화가 얼마나 빠르게 꾸준히 일어나느냐에 달렸다. 하지만 어떤 경우든 세계적으로 연간 출생아 증가는 이미 멈춘 상태다. 인구가 빠르게 성장하는 시기는 곧 끝난다는 이야기다. 우리는 이제 '아동 정점'에 도달하고 있다. 그런데 출생아 증가가 이미 멈췄다면 새로 늘어난 40억의 성인은 어디서 온 걸까? 하늘에서 떨어졌을까?

인구 증가는 왜 멈출까?

다음 도표는 2015년부터 이후 15년마다 세계 인구를 연령별로 표시한 것이다. 2015년에는 인구가 70억이다. 그중 0~15세가 20억, 15~30세가 20억, 30~45세, 45~60세, 60~75세가 각각 10억씩이다.

2030년에는 0~15세가 다시 20억 명 새로 생길 것이다. 다른 연령층도 나이가 든다. 지금의 0~15세는 15~30세가 된다. 지금 20억인 15~30세는 그대로 20억의 30~45세가 된다. 따라서 지금은 30~45세가 10억에 불과하지만 15년 뒤에는 아이가 늘지 않

연령별 미래 인구
(사람 1명은 10억을 나타냄)

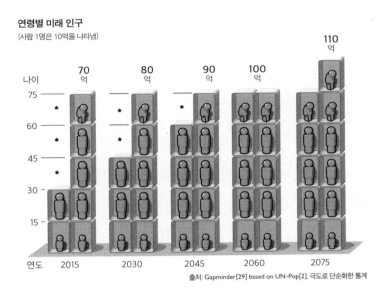

출처: Gapminder[29] based on UN-Pop[2]. 극도로 단순화한 통계

아도, 수명이 늘지 않아도 성인 인구가 10억 늘어난다.

요컨대 늘어난 성인 10억은 새로 생긴 아이가 아니라, 이미 태어난 아이와 젊은 성인이다.

3대에 걸쳐 이 유형이 반복된다. 20억의 30~45세가 2045년에는 45~60세가 되어 성인이 10억 늘어난다. 이들이 2060년에는 60~75세가 되고, 다시 성인이 10억 늘어난다. 그런데 다음에 무슨 일이 벌어지는지 보라. 2060년부터 각 세대 20억은 다른 세대 20억으로 대체된다. 빠른 성장은 여기서 멈춘다.

인구가 크게 늘어나는 이유는 아이들이 더 태어나서가 아니다. 노인의 수명이 길어진 것도 주된 이유는 아니다. 사실, 유엔 전문가들은 2100년까지 세계 기대 수명이 약 11년 늘어나 노인 인구가 10억 증가하고, 총인구는 약 110억이 될 것으로 예상한다. 하지만 세계 인구가 크게 늘어나는 주된 이유는 지금의 아이들이 자라 성인이 30억 늘어남으로써 도표를 '채우기' 때문이다. '채움 효과'가 발생하기까지 3대가 걸리고, 3대가 지나면 그 효과는 끝난다.

여기까지가 유엔 전문가들이 직선을 미래로 '단지' 연장하지 않는 이유를 이해하는 데 실질적으로 필요한 모든 것이다(이는 극도로 단순화한 설명이다. 사실은 75세 전에 죽는 사람도 많고, 30세 이후에 아이를 갖는 부모도 많다. 그러나 이러한 요소를 고려해도 큰 그림은 달라지지 않는다).

자연과 균형을 이루다

인구가 오랜 기간 늘지 않고 인구 곡선이 평평하면 새로 생긴 부모 세대의 규모가 이전 부모 세대와 같다는 뜻이다. 인구 곡선은 1800년 이전까지 수천 년간 거의 평평했다. 인간은 자연과 균형을 이루며 살아왔다는 말을 들어본 적이 있는가?

틀린 말은 아니다. 균형을 이루기는 했다. 하지만 장밋빛 시각은 금물이다. 1800년까지 여성은 아이를 평균 6명 낳았다. 따라서 인구는 세대마다 늘었어야 한다. 그런데 큰 변화가 없었다. 옛날 묘지에 있던 아이의 유골을 기억하는가? 아이 6명 중 평균 4명이 부모가 되기 전 죽는 바람에 2명만 다음 세대에 부모가 되

었다. 균형을 이루긴 했었다. 하지만 그것은 인간이 '살아서'가
아니라 '죽어서' 이룬 균형이다. 몹시 잔혹하고 비극적 일이다.

오늘날 인류는 다시 한번 균형을 이루고 있다. 부모 수는 더 이
상 늘지 않는다. 하지만 이러한 균형은 과거의 균형과 완전히 딴
판인 훌륭한 균형이다. 보통의 부모는 자녀 둘을 두고, 둘 다 죽
지 않는다. 인류 역사상 처음으로 '살아서' 균형을 이루고 있다.

인구는 1900년 15억에서 2000년 60억으로 늘었는데, 이는
20세기에 과거의 균형에서 새로운 균형으로 넘어갔기 때문이
다. 20세기는 인류 역사에서 부모가 낳은 자식 중에 평균 2명 이
상이 살아서 다음 세대에 부모가 된 유일한 시기다.

도표에 나타난 불균형의 시기는 오늘날 가장 젊은 두 세대가
다른 세대보다 많은 이유를 말해준다. 더불어 채움 효과가 발생
하는 이유이기도 하다. 그러나 새로운 균형은 이미 달성되고 있

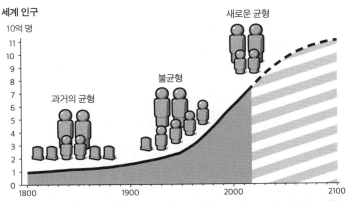

출처: Gapminder[17, 30], UN-Pop[1], Maddison[2], Livi-Bacci, Paine and Boldsen & Gurven and Kaplan

다. 연간 출생아 수는 더 이상 늘지 않는다. 극빈층이 꾸준히 줄어든다면, 그리고 성교육과 피임법이 꾸준히 확산된다면 세계 인구는 여전히 빠르게 증가하되 불가피한 채움 현상이 끝날 때까지만 증가할 것이다.

잠깐, '그들은' 여전히 자녀가 많다

내가 연단에서 이런 도표를 보여주면 사람들은 강연이 끝난 후 내게 다가와 그 도표가 맞을 리 없다며 이렇게 말한다. "아프리카와 라틴아메리카 사람들은 여전히 자녀가 많아요. 그리고 종교인은 피임을 거부해서 여전히 대가족을 이루고 살죠."

노련한 언론인은 예외에 해당하는 극적인 경우를 골라 보도한다. 우리는 언론에서 신앙심 깊은 사람들을 보곤 하는데, 이들은 전통 방식으로 살든, 현대적으로 보이는 방식으로 살든 대가족을 믿음의 증거로 자랑스레 내보인다. 이런 다큐멘터리 영화나 텔레비전 프로그램, 언론 보도는 종교가 대가족을 지향한다는 느낌을 심어준다. 그러나 기독교든, 유대교든, 이슬람교든 이런 가족은 공통점이 하나 있다. 바로 예외라는 점이다!

현실에서는 종교와 여성 1인당 출생아 수 사이에 연관성이 크지 않다. 이 책 전반에 걸쳐 나는 언론이 어떻게 예외적 이야기를 골라 보도하는지 설명하고, 7장에서는 종교와 대가족의 연관성이 근거 없음을 보여줄 예정이다. 여기서는 일단 대가족과 밀접하게 연관된 한 가지 요소를 살펴보자. 바로 극도의 빈곤이다.

생존자가 많으면 왜 인구가 감소할까?

세계 모든 종교를 통틀어 그리고 종교가 있든 없든 상관없이 2, 3, 4단계 부모를 모두 합쳐 자녀 수는 평균 2명이다. 농담이 아니다! 이란, 멕시코, 인도, 튀니지, 방글라데시, 브라질, 터키, 인도네시아, 스리랑카 등이 모두 여기에 해당한다.

가장 가난한 10%를 모두 합쳐도 자녀 수가 평균 5명이다. 그리고 극빈층에서는 평균 2가구당 1가구꼴로 자녀 1명이 만 5세가 되기 전에 죽는다. 안타까울 정도로 높은 수치지만, 오랜 옛날 인구 성장을 꾸준히 억제할 정도로 끔찍한 것보다는 훨씬 나은

소득별 평균 가족 구성원 수, 2017년

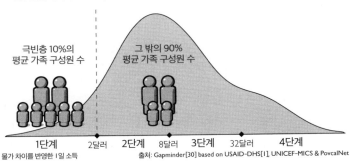

극빈층 10%의
평균 가족 구성원 수

그 밖의 90%
평균 가족 구성원 수

1단계 2달러 2단계 8달러 3단계 32달러 4단계
물가 차이를 반영한 1일 소득
출처: Gapminder[30] based on USAID-DHS[1], UNICEF-MICS & PovcalNet

수준이다.

인구가 늘어난다는 말을 들으면 적절한 조치가 없을 경우 인구는 계속 성장할 거라고 직관적으로 생각하게 마련이다. 그러면서 지금 추세가 앞으로도 계속 이어지는 모습을 직관적으로 시각화한다. 하지만 내 손주 미노의 성장을 막기 위한 극적 조치 따위는 전혀 필요치 않다는 이야기를 기억하라.

멜린다 게이츠는 남편 빌 게이츠와 함께 자선 재단을 운영한다. 두 사람은 기초 의료와 교육에 수십억 달러를 투자해 극빈층 아이 수백만 명의 목숨을 구했다. 그러나 지식인과 좋은 의도를 가진 사람들이 재단과 꾸준히 접촉하며 그런 사업은 그만둬야 한다고 말한다. 그들의 논리는 이렇다. "가난한 아이들을 계속 살리면 인구 과잉으로 지구가 멸망할 것이다."

나도 강연을 마친 뒤 종종 그런 식의 주장을 듣곤 하는데, 아마도 미래 세대를 위해 지구를 살리려는 좋은 의도로 하는 말일 것이다. 언뜻 들으면 옳은 말 같기도 하다. 아이들이 더 많이 살아남으면 인구는 '단지' 증가할 뿐이다. 맞는가? 절대 아니다! 완전히 틀린 말이다.

극빈층 부모는 내가 앞서 말한 이유로 자녀가 많아야 한다. 아동 노동력 때문만 아니라 일부 아이가 죽을 경우를 대비해서다. 여성이 자녀를 5~8명 정도로 매우 많이 낳는 나라는 소말리아, 차드, 말리, 니제르 등 아동 사망률이 아주 높은 나라다. 그러나 아이들의 생존율이 높아지면, 아이들을 노동에 동원할 필요가 없어지면, 여성이 교육받고 정보를 얻어 피임할 수 있으면, 문화와 종교에 상관없이 남성과 여성 모두 자녀를 적게 낳아 제대로 교육할 꿈을 꾸기 시작한다.

"가난한 아이를 구하면 인구는 '단지' 늘어난다"는 말은 옳은 것 같지만 사실은 정반대다. 극빈층 탈출이 늦어질 때 인구는 '단지' 늘어난다. 극빈층에 갇힌 세대가 오히려 다음 세대 인구를 더 증가시킬 것이다. 인구 성장을 멈출 수 있는 유일하게 증명된 방법은 극빈층을 없애고, 교육과 피임을 비롯해 더 나은 삶을 제공하는 것이다. 세계적으로 삶이 나아진 부모는 자녀를 더 적게 낳는 쪽을 선택했다. 이런 변화는 전 세계에서 일어났다. 아동 사망률을 낮추지 않고 이런 변화가 일어난 곳은 없었다.

이와 관련한 토론은 이제까지 가장 중요한 점을 빠뜨렸다. 극빈층 사람들을 비참함과 치욕에서 빠져나오도록 도와야 할 도덕적 의무다. 지금 당장 고통받고 있는데, 아직 태어나지도 않은 미래 사람을 위해 지구를 살려야 한다는 주장이 나로서는 가만히 듣고 있기가 무척 거북하다. 그러나 아동 사망률 문제에서는 현재와 미래 중, 우리 가슴과 머리 중 하나를 택할 필요가 없다. 모두 지향점이 같기 때문이다. 우리는 모든 방법을 동원해 아동 사망률을 줄여야 한다. 이는 고통받는 아이를 살리는 인간적 행위일 뿐 아니라 현재에도, 미래에도 전 세계에 이로운 행위다.

공중 보건의 두 가지 기적

방글라데시가 독립하고 딱 1년이 지난 1972년, 이 나라 여성들은 자녀를 평균 7명 낳고 기대 수명은 52세였다. 오늘날에는 자녀를 2명 낳고, 이 아이들은 73세까지 살 것으로 예상된다. 약 40년 만에 방글라데시는 비참한 상태에서 그런대로 괜찮은 상태로, 즉 1단계에서 2단계로 옮겨갔다. 기초 의료와 아동 생존에서 놀라운 발전을 이뤄 얻은 기적이다. 현재 아동 생존율은 97%로, 80%를 밑돌던 독립 당시 수준에서 많이 올라간 수치다. 부모는 이제 자녀들이 모두 생존하리라 생각하게 되었고, 이는 대가족이 사라진 대표적 이유다.

1960년 이집트에서는 아동 30%가 다섯 번째 생일을 맞기 전에 죽었다. 나일강 삼각주는 온갖 위험한 질병과 영양실조가 만연해 아이들에게는 그야말로 고통의 땅이었다. 그러다 기적이 일어났다. 이집트 사람들은 아스완 댐을 건설하고, 각 가정에 전기를 공급하고, 교육을 개선하고, 기초 의료 시설을 마련하고, 말라리아를 박멸하고, 안전한 식수를 공급했다. 오늘날 이집트의 아동 사망률은 2.3%로, 1960년의 영국이나 프랑스보다 낮은 수준이다.

직선 본능을 어떻게 억제할까?
모든 선이 다 직선은 아니다

인구 성장이든 그 밖의 다른 상황이든 항상 직선을 상상하는 본능을 억제하는 최선의 방법은 세상엔 여러 형태의 곡선이 있다는 걸 기억하는 것이다. 세상의 많은 것을 직선이 아니라 S자 형태, 미끄럼틀 형태, 낙타 혹 형태 같은 곡선으로 표현할 수 있다. 이를테면 네 단계 소득수준에서 단계를 옮겨갈 때 삶에 일어나는 변화를 보여주는 도표 몇 가지를 살펴보자.

직선

직선은 생각보다 훨씬 드물지만 어쨌거나 없는 건 아니다. 다음은 앞표지에 소개한 '세계 건강 도표'를 단순화한 것이다. 일일이 물방울을 그리지 않고, 물방울이 많이 모인 곳을 따라 선을 그었다. 어떤 물방울은 선에 걸쳐 있고 어떤 물방울은 선 밖에 있지만, 대체로 직선을 따라 물방울이 모여 있는 걸 볼 수 있다.

　도표를 보면 돈과 건강은 함께 움직인다. 선만 봐서는 둘 중 무엇이 먼저인지, 둘 사이의 관계가 어떻게 되는지 알 수 없다. 건강하면 소득이 높아지는 것일 수도 있고, 소득이 많으면 돈을 써서 더 건강해지는 것일 수도 있다. 내 생각에는 둘 다 맞는 것 같다. 이 직선에서 우리가 알 수 있는 것은 일반적으로 소득이 높을수록 더 건강하다는 것이다.

직선
긴 수명과 높은 소득은 함께 움직인다.

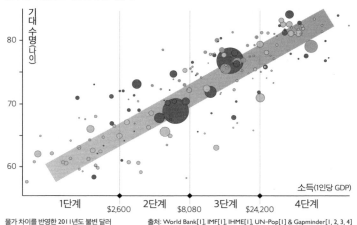

물가 차이를 반영한 2011년도 불변 달러   출처: World Bank[1], IMF[1], IHME[1], UN-Pop[1] & Gapminder[1, 2, 3, 4]

소득수준을 교육, 결혼 연령, 여가 활동비와 비교할 때도 직선을 발견할 수 있다. 소득이 높을수록 학교에 다니는 기간이 길고, 여성의 결혼 연령이 높고, 소득에서 여가 활동에 지출하는 비율이 늘어난다.

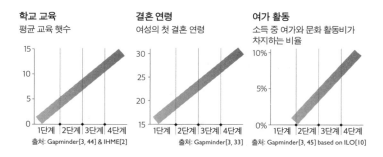

학교 교육
평균 교육 햇수

출처: Gapminder[3, 44] & IHME[2]

결혼 연령
여성의 첫 결혼 연령

출처: Gapminder[3, 33]

여가 활동
소득 중 여가와 문화 활동비가
차지하는 비율

출처: Gapminder[3, 45] based on ILO[10]

S자 곡선

소득을 초등교육이나 예방접종 같은 삶의 필수 요소와 비교하면 S자 곡선이 나타난다. 이런 요소는 1단계에서는 낮고 평평하다가 2단계에서 빠르게 올라간다. 1단계를 넘어선 나라에서는 전체 인구가 초등교육과 (비용 대비 효율성이 가장 높은 의료 개입인) 예방접종에 돈을 쓸 여유가 있기 때문이다. 우리가 형편이 되면 냉장고와 휴대전화를 사듯, 국가는 형편이 되면 곧바로 초등교육과 예방접종에 투자할 것이다. 그러다가 3단계와 4단계에서 곡선이 다시 평평해진다. 이미 그런 것을 다 갖추었다는 뜻이다. 이때 곡선은 최대치에 이르고, 거기서 멈춘다.

이런 곡선은 세계를 좀 더 정확히 추측하는 데 유익하다는 점을 기억하라. 2단계만 되면 누구나 기본적인 물질적 필요를 충족할 수 있다.

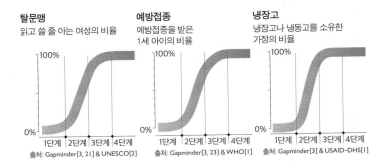

탈문맹
읽고 쓸 줄 아는 여성의 비율

100%

0%

1단계 2단계 3단계 4단계
출처: Gapminder[3, 21] & UNESCO[2]

예방접종
예방접종을 받은
1세 아이의 비율

100%

0%

1단계 2단계 3단계 4단계
출처: Gapminder[3, 23] & WHO[1]

냉장고
냉장고나 냉동고를 소유한
가정의 비율

100%

0%

1단계 2단계 3단계 4단계
출처: Gapminder[3] & USAID-DHS[1]

미끄럼틀 곡선

여성 1인당 출생아 수를 나타내는 곡선은 미끄럼틀을 닮았다. 처음에는 평평하게 시작해서 소득이 일정한 수준을 넘으면 아래로 내려오다가 출생아 수 2명 바로 아래에서 다시 평평해져 그대로 낮은 수준을 유지한다.

소득 관련 도표 외에 예방접종 비용 도표에서도 비슷한 곡선을 볼 수 있다. 예방접종 비용이 10달러라면, 100만 명을 접종하는 데 얼마가 들까? 산수 시간에 곱셈을 배웠으니 쉽게 계산할 수 있다. 유니세프도 그 계산을 못할 리 없지만, 직선을 인정하지 않음으로써 아이들 수백만 명의 목숨을 구했다. 요컨대 유니세프는 제약 회사와 대규모 계약을 체결하는 협상을 벌였다. 장기 계

미끄럼틀 곡선
아래 도표는 점 하나가 한 국가인 세계 현황으로 점 하나를 한 국가로 볼 수도 있고,
한 국가를 소득수준에 따라 20%씩 다섯 집단으로 나눈 것으로 볼 수도 있다. 2013년 상황

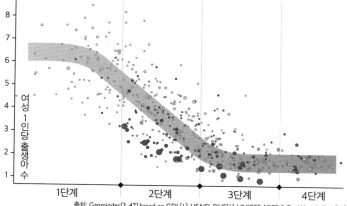

출처: Gapminder[3, 47] based on GDL[1], USAID-DHS[1], UNICEF-MICS & OurWorldInData[10]

약을 보장하면 가격은 최저 수준으로 떨어진다. 하지만 일단 최저가로 협상하면 가격을 더 이상 낮출 수는 없다. 그 결과 전체적으로 미끄럼틀 곡선이 된다.

낙타 혹 곡선

토마토는 물을 주면 잘 자란다. 그렇다면 아예 호스를 꽂아놓고 물을 틀어놓으면 우량 토마토가 나오지 않을까? 다들 알다시피 그렇지 않다. 양이 문제다. 물이 너무 적어도 죽지만 너무 많아도 죽는다. 토마토는 너무 건조하거나 너무 습한 환경에서는 생존율이 낮지만, 중간 정도 환경에서는 생존율이 높다.

마찬가지로 1단계와 4단계 나라에서는 낮은데, 중간 단계 나라에서는, 그러니까 다수 나라에서 높게 나타나는 현상이 있다.

예를 들어 치아 건강은 1단계에서 2단계로 옮겨가면서 오히려 나빠지고, 4단계로 가면 다시 좋아진다. 사탕이나 과자 등을 사 먹을 여유가 없다가 형편이 되면 곧바로 사 먹지만, 3단계 전까지는 정부가 충치 예방 교육에 우선순위를 둘 형편이 못 되기 때문이다. 따라서 부실한 치아는 4단계에서 상대적 가난함을 보여주는 지표이지만, 1단계에서는 정반대의 지표가 된다.

교통사고도 비슷한 낙타 혹 모양이다. 1단계 나라는 1인당 자동차 수가 적어 교통사고도 적다. 2단계와 3단계 나라에서는 가장 가난한 사람은 걷고, 그 밖의 사람은 승합차나 오토바이·자동차로 다니기 시작한다. 하지만 도로와 교통 규제, 교통안전 교육이 여전히 부족해 교통사고는 정점에 이른다. 그러다가 4단계에 오면 다시 줄어든다. 모든 아동 사망에서 익사가 차지하는 비율도 이와 비슷한 곡선을 그린다.

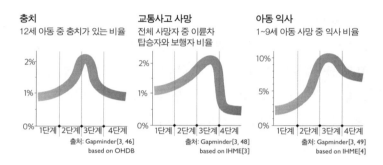

충치
12세 아동 중 충치가 있는 비율

출처: Gapminder[3, 46]
based on OHDB

교통사고 사망
전체 사망자 중 이륜차
탑승자와 보행자 비율

출처: Gapminder[3, 48]
based on IHME[3]

아동 익사
1~9세 아동 사망 중 익사 비율

출처: Gapminder[3, 49]
based on IHME[4]

인간도 토마토처럼 물이 있어야 산다. 하지만 한 번에 물 6리터를 마시면 죽는다. 설탕, 지방, 약품도 마찬가지다. 생존에 필요한 것이라도 무엇이든 지나치게 많이 먹으면 치명적이다. 과도한 스트레스는 나쁘지만, 적당한 스트레스는 오히려 성과를 높인다. 자신감에도 최적의 양이 있다. 세계에서 일어나는 극적인 뉴스를 받아들일 때도 역시 최적의 양이 있다.

2배 증가 곡선

마지막으로 2배 증가 곡선이 있다. 에볼라 바이러스처럼 2배씩 일정하게 증가하는 형태는 자연에서 매우 흔하다. 예를 들어 우리 몸에 있는 대장균은 단 며칠 사이에 폭발적으로 증가한다.

12시간마다 1, 2, 4, 8, 16, 32…… 하는 식으로 2배씩 늘기 때문
이다. 교통 관련 수치 역시 2배 증가 유형을 보이는 경우가 많다.
소득이 늘어날수록 연간 이동 거리는 꾸준히 2배씩 증가한다. 소
득에서 교통비가 차지하는 비율도 마찬가지다. 4단계에서 차량
은 전체 이산화탄소 배출량 3분의 1을 차지하는데, 이산화탄소
배출 역시 소득에 따라 2배씩 증가한다.

안타깝게도 소득은 대개 세균보다 훨씬 천천히 증가한다. 하지
만 소득이 연간 고작 2% 늘어난다 해도 35년 뒤면 2배가 된다.
그리고 꾸준히 2%씩 증가하면 35년 뒤엔 또다시 2배가 된다. 이
렇게 약 200년이 지나면(200년을 산다면) 2배씩 여섯 번 증가하는
데, 이는 2장에 소개한 '스웨덴의 건강과 부, 1800년~현재' 도표
에서 스웨덴의 물방울 궤적과 정확히 일치할 뿐 아니라, 한 나라
가 1단계에서 4단계로 천천히 그리고 꾸준히 옮겨가는 전형적인
방식이기도 하다. 다음 도표는 소득이 2배씩 여섯 번 증가하며
1단계에서 4단계로 옮겨가는 모습을 보여준다.

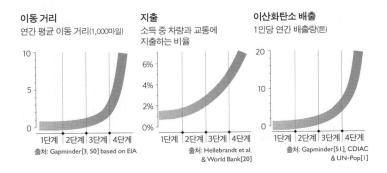

이동 거리
연간 평균 이동 거리(1,000마일)

출처: Gapminder[3, 50] based on EIA

지출
소득 중 차량과 교통에
지출하는 비율

출처: Hellebrandt et al.
& World Bank[20]

이산화탄소 배출
1인당 연간 배출량(톤)

출처: Gapminder[51], CDIAC
& UN-Pop[1]

내가 소득수준을 이런 식으로 나눈 이유는 돈이 그렇게 움직이기 때문이다. 1달러가 더 생겼을 때의 영향은 단계마다 다르다. 하루에 1달러로 사는 1단계에서는 1달러가 더 생기면 양동이를 하나 더 살 수 있다. 삶이 달라지는 변화다. 하루에 64달러로 사는 4단계에서는 1달러가 더 생긴다고 해서 달라질 게 없다. 하지만 하루에 64달러가 더 생긴다면 집에 수영장을 만들거나 여름 별장을 살 수 있다. 이때 비로소 삶이 달라진다. 세상은 지독히 불공평하다. 그러나 어느 지점에서 시작하든 소득이 2배 증가하면 여지없이 삶이 달라진다. 나는 소득을 비교할 때마다 이런 식의 2배 셈법을 이용하는데, 그것이 돈이 작동하는 방식이기 때문이다. 참고로 지진, 소음, pH도 같은 방식으로 작동한다.

2배씩 증가하는 소득
1일 소득이 2배씩 두 번 증가하며 한 단계에서 다음 단계로 이동

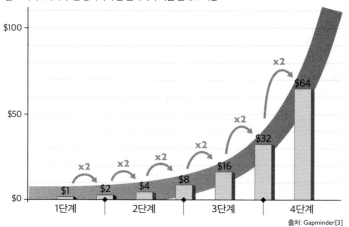

출처: Gapminder[3]

하나의 곡선에서 어느 부분을 보는가?

곡선은 형태가 매우 다양하다. 하나의 곡선에서 우리에게 익숙한 4단계 삶에 해당하는 부분은 1, 2, 3단계에는 전혀 해당하지 않을 수도 있다. 곧장 위로 향하는 것처럼 보이는 추세는 직선의 일부일 수도 있고, S자 곡선이나 낙타 혹 곡선 또는 2배 증가 곡선의 일부일 수도 있다. 또 곧장 아래로 향하는 것처럼 보이는 추세는 직선의 일부일 수도 있고, 미끄럼틀 곡선이나 낙타 혹 곡선의 일부일 수도 있다. 연관된 두 점이 있으면 직선으로 보이지만, 점이 3개 있을 때는 그것이 직선(1, 2, 3)인지 아니면 2배 증가 곡선(1, 2, 4)의 시작인지 구별할 수 있다.

어떤 현상을 이해하려면 그걸 나타내는 곡선이 어떤 형태인지 확실하게 이해할 필요가 있다. 어떤 곡선이 눈에 보이는 부분 너머로 어떻게 연장될지 안다고 단정할 경우, 잘못된 결론에 도달해 엉터리 해법을 내놓을 가능성이 있다. 에볼라가 2배 속도로 퍼진다는 것을 알아채기 전에 내가 그랬고, 세계 인구는 '단지' 증가할 뿐이라고 생각하는 모든 사람이 그렇다.

사실충실성

사실충실성은 지금 그 이야기는 도표의 선이 계속 직선으로 뻗어나가리라 단정한다는 걸 알아보는 것이고, 그런 선은 현실에서 매우 드물다는 사실을 기억하는 것이다.

직선 본능을 억제하려면 세상에는 다양한 곡선이 존재한다는 사실을 기억하라.

- **직선이라고 단정하지 마라** 많은 추세가 직선보다는 S자 곡선이나 미끄럼틀 곡선, 낙타 혹 곡선, 2배 증가 곡선으로 진행된다. 생후 6개월까지의 성장 속도를 이후에도 계속 유지하는 아이는 없으며, 그러리라 예상하는 부모도 없다.

4장

공포 본능

—

The Fear Instinct

FACT
FULNESS

어떻게 비행기 4000만 대를 숨기고,
어떻게 내가 노벨 평화상 수상자에 끼었는가

The Fear Instinct

바닥에 흥건한 피

1975년 10월 7일, 환자 팔에 깁스를 하고 있는데 간호조무사가 문을 열고 들어오더니 비행기가 추락해 부상자들이 지금 헬리콥터로 오고 있다고 했다. 스웨덴의 작은 해안 도시 후딕스발Hudiksvall에 있는 응급 병동에서 전공의를 시작한 지 5일째 되던 날이었다. 다른 상급 의료진은 모두 식당에 내려간 상태였고, 간호조무사와 내가 재난 지침 서류철을 미친 듯이 찾는 사이에 벌써 헬리콥터가 도착하는 소리가 들렸다. 우리 둘이 이 사태를 직접 처리해야 했다.

곧바로 들것이 들어왔다. 상하의가 붙은 짙은 녹색 옷에 얼룩

무늬 구명조끼를 입은 남자가 실려 있었다. 그의 팔다리에 경련
이 일었다. 나는 간질 발작이라 생각하며 옷을 벗겼다. 구명조끼
는 쉽게 벗겼는데, 상하의가 한데 붙은 옷이 문제였다. 우주복처
럼 생긴 그 옷엔 튼튼한 지퍼가 사방에 달려 있었다. 어떤 지퍼가
옷을 벗기는 것인지 도무지 알 길이 없었다. 잠시 후에야 공군 조
종사 옷이겠구나 싶었는데, 그 순간 바닥에 흥건한 피를 보았다.
"출혈이야!" 내가 소리쳤다. 이 정도 출혈이면 얼마 지나지 않아
죽을 수 있었다. 하지만 아직 옷을 벗기지 못해 어디에서 출혈이
생기는지 알 수 없었다. 나는 옷을 찢으려고 깁스 절단기를 쥐고
간호조무사에게 황급히 소리쳤다. "혈액 네 팩, RH-O형! 당장
준비해요!"

　환자에게도 소리쳤다. "다친 곳이 어디예요?" 그가 대답했다.
"야체 시샤…… 나 애제치차 차……." 한마디도 알아들을 수 없
었지만 러시아어 같았다. 나는 남자의 눈을 들여다보며 러시아어
로 또박또박 말했다. "모두 진정됐습니다, 동지. 스웨덴 병원."

　나는 그 말이 불러일으킨 공포의 표정을 절대 잊을 수 없다. 환
자는 겁에 질려 정신 나간 사람처럼 나를 뚫어져라 쳐다보며 무
언가를 말하려 했다. "바브드브포 파프라타르젠지 리쓰카메멤제
예……." 나는 겁에 질린 그의 눈을 똑바로 쳐다보며 깨달았다.
그는 격추당해 스웨덴 영토에 떨어진 러시아 공군 조종사가 분
명했다. 그렇다면 러시아가 우리를 공격했다는 뜻 아닌가. 아, 제
3차 세계대전이 일어났구나! 공포에 사로잡힌 나는 그 자리에 얼

어붙고 말았다.

그때 다행히 수간호사 비르기타Birgitta가 점심 식사를 마치고 돌아왔다. 비르기타는 내 손에서 깁스 절단기를 빼앗더니 "쉿" 소리를 냈다. "찢지 말아요. 공군 전투복 'G 슈트'예요. 잘못하면 최소 1만 스웨덴 크로나krona를 물어내야 해요." 수간호사는 호통을 친 뒤 이렇게 말했다. "구명조끼에서 발 좀 떼어줄래요? 컬러 카트리지를 밟고 있어 바닥 전체가 시뻘게졌잖아요."

비르기타는 조용히 전투복을 벗긴 다음, 담요 두 장으로 환자를 감싸며 스웨덴어로 말했다. "23분 동안 얼음처럼 차가운 물에 있어서 경련이 일고 몸이 떨리는 거예요. 그래서 우리가 당신 말을 알아듣기 힘들어요." 일상적인 비행을 하던 중 사고가 난 게 분명한 스웨덴 공군 조종사는 나를 향해 안도의 미소를 지었다.

몇 년 전 그 조종사에게 연락을 한 적이 있는데, 1975년 응급실에서의 처음 몇 분이 전혀 기억나지 않는다는 말을 듣고 안심했다. 하지만 나는 그때의 엉터리 판단을 두고두고 잊지 못했다. 모든 게 내 판단과는 정반대였다. 러시아 사람이 아니라 스웨덴 사람이었고, 전쟁이 아니라 평화로운 시기였으며, 간질 발작이 아니라 추위에 몸을 떨었고, 피는 구명조끼 안에 들어 있던 컬러 앰풀이었다. 하지만 그때는 모든 판단이 그럴듯했다.

공포에 떨면 상황을 똑바로 보지 못하는 법이다. 나는 응급 환자를 처음으로 마주한 젊은 의사였고, 그전부터 제3차 세계대전이 일어날지 모른다는 생각에 항상 두려웠다. 어릴 때도 그런 악

몽을 자주 꿨고, 잠에서 깨어 부모님 침대로 달려가곤 했다. 아버지가 우리 가족의 계획을 한 번 더 자세히 설명해준 뒤에야 비로소 마음이 안정되었는데 아버지는 우리가 수레 달린 자전거에 텐트를 싣고, 블루베리가 지천인 숲에 들어가서 살 거라고 했다.

경험이 없던 나는 응급 상황을 처음 마주하고는 머릿속에서 재빨리 최악의 시나리오를 지어냈다. 보고 싶은 것은 못 보고, 볼까 봐 겁나던 것만 본 꼴이다. 늘 비판적 사고를 하기는 어렵지만, 특히 두려움에 떨 때는 거의 불가능하다. 머릿속이 공포에 사로잡혀 있으면 사실이 들어올 틈이 없다.

주목 필터

세상의 온갖 정보를 모두 흡수할 수 있는 사람은 없다. 문제는 우리가 지금 어떤 부분을 받아들이고 그것을 어떻게 선택했는가, 그리고 지금 어떤 부분을 무시하는가 하는 것이다. 우리가 받아들일 가능성이 가장 높은 것은 이야기가 있는 정보, 즉 극적으로 들리는 정보다.

세상과 우리 뇌 사이에 방패 격인 주목 필터가 있다고 상상해보자. 세상의 소음을 막아주는 필터다. 이 필터가 없으면 끊임없는 정보의 홍수에 과부하가 일어나 이러지도 저러지도 못할 것이다. 이 주목 필터에 간극 본능, 부정 본능, 직선 본능 등 10가지 본능 모양의 구멍이 있다고 생각해보자. 대부분의 정보는 이 필터를 통과하지 못하지만, 극적인 여러 본능에 호소하는 정보는 구멍을 통과한다. 결국 극적 본능에 딱 맞는 정보만 주목하고 다른 정보는 무시해버린다.

언론은 우리의 주목 필터를 통과하지 못할 이야기에 시간을 허비하지 않는다. 주목 필터를 통과할 것 같지 않아 편집장의 승낙을 얻지 못한 기사 제목을 2개만 살펴보자. "말라리아 지속적으로 감소." "오늘 런던 날씨가 포근하겠다던 기상청의 예측 적중."

반면 우리의 필터를 쉽게 통과하는 주제를 나열해보자. 지진, 전쟁, 난민, 질병, 화재, 홍수, 상어 공격, 테러. 이런 드문 사건은 일상적 사건보다 뉴스로서 더 가치가 있다. 그리고 언론에서 꾸준히 봐온 드문 이야기가 우리 머릿속에 큰 그림을 그린다. 그래서 아주 조심하지 않으면 그 드문 일을 흔한 일이라고, 세상은 그렇게 돌아간다고 믿는 수가 있다.

세계 역사상 처음으로 이제는 세계 발전의 거의 모든 측면을 보여주는 각종 데이터를 확보했다. 그러나 극적 본능 탓에, 그리고 언론이 그 본능을 이용해 주의를 사로잡는 탓에 우리는 늘 세상을 과도하게 극적인 시각으로 바라본다. 극적 본능 중에서도 뉴스 생산자가 정보를 선별해 우리 소비자에게 제시하는 데 가장 큰 영향을 미치는 것은 공포 본능이 아닐까 싶다.

공포 본능

사람들에게 가장 무서워하는 것을 물어보면 거의 항상 높은 순위를 차지하는 대답이 네 가지 있다. 뱀, 거미, 높은 곳, 그리고 좁은 공간에 갇히는 것이다. 그리고 이어서 수긍할 만한 대답이 길게 이어진다. 사람들 앞에서 말하기, 바늘, 비행기, 쥐, 낯선 사람, 개, 군중, 피, 어둠, 불, 익사 등등.

이런 두려움은 우리 뇌에 깊이 내재되어 있는데, 여기에는 진화와 관련한 명백한 이유가 있어서, 우리 조상은 신체 손상, 감금, 독에 대한 두려움 덕분에 생존율이 높아졌다. 이런 위험 감지는 오늘날까지도 여전히 공포 본능을 일깨우고, 뉴스에서도 그런 본능을 자극하는 이야기를 날마다 볼 수 있다.

- 신체 손상: 인간, 동물, 날카로운 물건, 자연의 힘에 의한 폭력.
- 감금: 함정에 빠짐, 통제력 상실, 자유 상실.
- 오염: 우리를 병들게 하거나 독살할 수 있는 보이지 않는 물질에 의한 오염.

1, 2단계 사람들에게는 이런 두려움이 여전히 유용하다. 예를 들어 1, 2단계에서는 뱀을 무서워하면 현실에서 도움이 된다. 해마다 6만 명이 뱀에 물려 죽는 상황에서 두려움이 없는 것보다 막대기를 볼 때마다 펄쩍 뛰는 편이 차라리 낫다. 어쨌든 그러면

물리지는 않을 테니까. 근처에 병원도 없거니와 있다 한들 병원
비를 낼 형편도 못 되니 일단 피하는 게 상책이다.

산파의 소망

1999년 나는 스웨덴 학생 2명과 함께 탄자니아 외딴 마을
을 찾아가 전통 방식으로 아이를 받는 산파를 만났다. 4단
계 삶을 사는 우리 의대생에게 책에서만 보던 1단계 의료
행위자를 직접 보여주고 싶었다. 산파는 정식 교육을 전혀
받지 않은 사람이었는데, 학생들은 산파가 들려주는 경험
담을 넋 놓고 들었다. 산파는 걸어서 이 마을 저 마을 다니
며 가난한 여성의 출산을 도왔다. 칠흑 같은 어둠 속에서
의료 기구 하나 없고 깨끗한 물도 없이 여성들은 흙바닥에
서 아이를 낳았다.

한 학생이 물었다. "할머님도 자녀가 있나요?" 산파는 자
랑스레 대답했다. "있지. 아들 둘, 딸 둘." "따님도 어머니처
럼 산파가 될까요?" 나이 지긋한 산파는 몸을 앞으로 내밀
며 큰 소리로 웃었다. "내 딸이? 나처럼 일한다고? 천만에!
절대 아니야! 다들 좋은 직장이 있어. 다르에스살람Dar es
Salaam에서 컴퓨터 앞에 앉아 일해. 그 애들이 원래 하고 싶
어 하던 일이야." 산파의 딸들은 1단계를 벗어났다.

다른 학생이 물었다. "이거 하나만 있으면 일이 한결 편하

> 겠다 싶은 장비가 있나요?" 산파가 대답했다. "손전등 하나
> 있으면 세상 편할 텐데. 깜깜할 때 마을까지 가려면 달빛이
> 있어도 뱀을 알아보기가 너무 힘들어."

몸이 덜 고되고 자연에서 자신을 보호할 형편이 되는 3, 4단계
삶에서는 그런 생물학적 기억이 이익보다는 해가 많을 것이다.
특히 4단계에서는 우리를 보호하도록 진화한 그 두려움이 이제
는 해가 되는 게 분명하다. 4단계 사람 중에는 소수인 3%만이 일
상생활에 방해를 받을 정도로 그런 공포를 강하게 느낀다. 그 외
공포에 방해받지 않는 절대다수의 사람에게는 공포 본능이 세계
관을 왜곡하는 탓에 해롭다.

언론은 사람들의 공포 본능을 이용하려는 욕구를 억제하기 어
렵다. 주의를 사로잡는 데는 공포만 한 게 없기 때문이다. 사실
가장 주목을 끄는 이야기는 여러 종류의 공포를 동시에 촉발하는
것일 때가 많다. 이를테면 납치나 항공기 사고는 위해의 공포와
감금의 공포를 동시에 불러일으킨다. 지진 피해자 중에서도 무너
진 건물 더미에 갇힌 사람은 다친 데다 갇히기까지 해서 다른 피
해자보다 더 주목을 많이 받는다. 드라마는 여러 공포가 합쳐질
때 더욱 강한 힘을 얻는다.

그러나 여기에는 모순이 있다. '위험한 세계'라는 이미지는 요
즘 그 어느 때보다 효과적으로 방송을 타지만, 실제 세계는 다른

어느 때보다 덜 폭력적이고 더 안전하다.

한때 우리 조상의 생존을 도왔던 공포가 오늘날에는 언론인을 먹여 살리는 데 일조한다. 이는 언론인의 잘못이 아니며, 그들이 바뀌기를 기대해서도 안 된다. 그런 상황은 뉴스 생산자의 '언론 논리' 때문이라기보다 뉴스 소비자의 머릿속에 있는 '주목 논리' 탓이 더 크다.

주요 뉴스 이면의 진실을 제대로 들여다보면, 공포 본능이 세계를 바라보는 시각을 어떻게 체계적으로 왜곡하는지 알 수 있다.

자연재해: 이런 시대에

아시아에서 1단계 삶을 사는 거의 마지막 나라인 네팔이 2015년에 지진 피해를 입었다. 1단계 나라에 재난이 닥치면 사망률은 더 높아지는데, 건물이며 기반 시설 그리고 의료 시설이 모두 열악한 탓이다. 당시 네팔의 지진 사망자는 약 9,000명이었다.

사실 문제 7

지난 100년간 연간 자연재해 사망자 수는 어떻게 변했을까?

☐ A: 2배 이상 늘었다.
☐ B: 거의 같다.
☐ C: 절반 이하로 줄었다.

이 수치에는 홍수, 지진, 폭풍, 가뭄, 산불, 극한 기온, 그리고 대량 이주와 이때 발생한 유행병으로 사망한 사람이 모두 포함된다. 응답자 중 정답을 고른 사람은 10%에 그쳤으며, 정답률이 가장 높은 핀란드와 노르웨이에서도 고작 16%였다(국가별 자세한 결과는 부록 참고). 뉴스를 보지 않는 침팬지는 언제나 그렇듯 정답률이 33%다! 실제 자연재해 사망자 수는 절반보다도 한참 밑으로 떨어져 지금은 100년 전에 비해 겨우 25% 수준이다. 같은 시기에 인구가 50억 증가한 사실을 감안하면 실제 사망자 수는 더 크게 줄어 100년 전의 약 6%에 불과하다.

오늘날 자연재해 사망자가 크게 줄어든 이유는 자연이 변해서가 아니다. 다수가 더 이상 1단계에 살지 않기 때문이다. 자연재해는 소득수준을 가리지 않고 닥치지만, 피해 정도는 매우 다르다. 부유할수록 철저히 대비한다. 다음 도표는 소득 단계별로 지난 25년 동안 인구 100만 명당 자연재해 사망자를 나타낸다.

재해 예방에는 비용이 든다
100만 명당 연간 자연재해 사망자, 25년(1991~2016) 평균

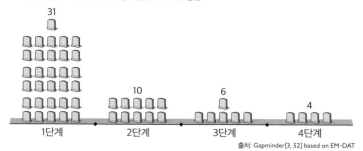

출처: Gapminder[3, 52] based on EM-DAT

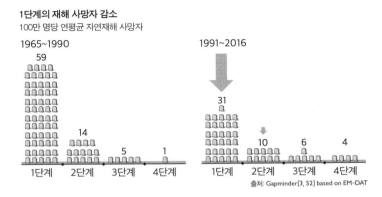

1단계의 재해 사망자 감소
100만 명당 연평균 자연재해 사망자

출처: Gapminder[3, 52] based on EM-DAT

교육 수준이 높아지고, 가능한 해결책이 새로 생기고, 전 세계
가 협력한 덕에 1단계 나라에서도 사망자 수가 크게 줄었다. 위
의 도표를 보면 이를 잘 알 수 있다. (25년간의 평균을 살펴본 이유는
자연재해가 매해 같은 비율로 일어나지는 않기 때문이다. 2003년 유럽을 강
타한 폭염은 4단계의 사망률이 4배나 높아진 주요 원인이었다.)

이를테면 1942년, 거의 모든 시민이 문맹 상태의 농민이던
1단계의 방글라데시는 2년 넘게 심각한 홍수와 가뭄, 사이클론
에 시달렸다. 국제기구도 도움을 주지 않는 상황에서 200만 명
이 죽었다. 현재 방글라데시는 2단계다. 거의 모든 아이가 학교
에 다니고, 학교에서 빨간색과 검은색이 섞인 깃발 3개가 보이면
대피소로 달려가야 한다고 배운다. 현재 방글라데시 정부는 거대
한 삼각주에 디지털 감시 시스템을 설치하고, 이를 홍수 감시 사
이트와 연결해 사람들이 무료로 이용하도록 하고 있다. 15년 전
만 해도 세계 어느 나라도 그런 발전된 체계를 갖추지 못했다.

2015년 사이클론이 또 한 차례 닥쳤을 때 이 체계가 작동했다. 그리고 세계식량계획WFP은 113톤의 고열량 비스킷을 3만 명의 대피 가족에게 나눠주었다.

같은 해, 네팔에서 끔찍한 지진이 일어났을 때 그 생생한 모습이 전 세계에 전해졌고, 구호 팀과 헬리콥터가 빠르게 도착했다. 안타깝게도 수천 명이 이미 사망한 뒤였지만, 접근하기 어려운 이 1단계 나라에 쏟아진 구호물자 덕에 그나마 사망자가 더 이상 늘지는 않았다.

유엔의 릴리프웹ReliefWeb은 재해 지역 지원 사업에서 세계의 조정자 역할을 한다. 앞선 세대의 재해 피해자들은 그저 상상만 하던 일이다. 비용은 4단계 납세자들이 충당한다. 우리가 자부심을 느낄 만한 일이다. 우리 인간은 마침내 자연재해에서 스스로를 보호할 방법을 찾았다. 그러나 자연재해 사망자가 급격히 감소하는 추세 역시 우리는 잘 알지 못한다. 따라서 이 역시 인류의 무지 목록에, 알려지지 않은 성공 이야기에 추가해야 할 항목이다.

릴리프웹에 비용을 대는 4단계 사람들은 안타깝게도 우리가 자연재해 추세를 질문한 바로 그들이다. 이들 중 91%가 자신이 비용을 대는 사업이 성공한 줄 모르고 있었다. 재해가 발생할 때마다 언론은 끊임없이 최악의 사태인 양 보도하기 때문이다. 장기적으로 감소 추세를 보여주는 우아한 곡선은, 즉 사실에 근거한 희망은 뉴스로서 가치가 없다는 게 언론의 생각이다.

앞으로 뉴스에서 무너진 건물 더미에 갇힌 피해자의 끔찍한 모

재해 사망자
100만 명당 연간 사망자, 10년 평균

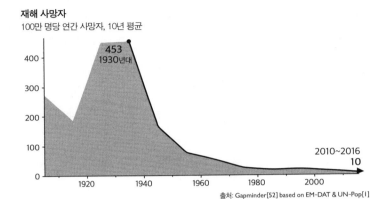

출처: Gapminder[52] based on EM-DAT & UN-Pop[1]

습을 보았을 때, 이 같은 장기적인 긍정적 추세를 기억할 수 있겠는가? 언론인이 카메라에 대고 "세계는 단지 더 위험해졌다"고 얘기할 때 그 말에 동의하지 않을 수 있겠는가? 원색의 헬멧을 쓴 해당 지역 구조대원을 보면 이렇게 생각해보라. '저들의 부모는 대부분 글을 읽을 줄 모른다. 하지만 저들은 국제적으로 통용되는 응급처치 지침을 따르고 있다. 세상은 점점 좋아지고 있다.'

기자가 안타까운 표정으로 "이런 시대에"라고 말할 때 우리는 웃으면서, '저 기자는 지금 역사상 처음으로 재난 피해자가 즉시 전 세계의 주목을 받고 해외에서 최고급 헬리콥터를 파견하는 순간을 일컫는 것'이라고 생각하겠는가? 인간은 앞으로 더 끔찍한 죽음도 예방할 수 있다는 사실에 근거해 희망을 품겠는가?

아마 그러지 못할 것이다. 나 역시 그러기가 쉽지 않다. 카메라가 잿더미에서 끄집어낸 아이의 시체를 훑을 때 나는 두려움과 비통함에 지적 능력이 마비된다. 그 순간만큼은 세상의 어떤 도표도 내 감정에 영향을 미칠 수 없고, 어떤 진실도 내게 위안을 주지 못한다. 그 순간에 세상이 더 좋아진다고 주장한다면, 피해자와 그 가족의 참담함을 하찮게 여기는 것이 되기 쉬워 대단히 비윤리적이다. 이런 상황에서는 큰 그림을 잊고 모든 수단을 동원해 그들을 도와야 한다.

거창한 진실과 큰 그림은 그 위험이 지나갈 때까지 기다려야 한다. 하지만 그 후에는 다시 과감하게 사실에 근거해 세계를 바라봐야 한다. 뇌를 식히고 수치를 비교하면서 우리 자원이 미래의 고통을 멈추는 데 효과적으로 쓰이는지 점검해야 한다. 자원배분의 우선순위를 정할 때 공포를 기준으로 삼아서는 안 된다. 우리가 가장 두려워하는 위험이 지금은 국제적 공조 덕에 우리에게 가장 적은 해를 끼치는 경우도 많기 때문이다.

2015년 세계는 9,000명이 사망한 네팔의 상황을 열흘가량 지켜보았다. 그런데 같은 기간 전 세계에서 오염된 물을 마시고 설사를 하다가 죽은 아이 역시 9,000명에 이른다. 그러나 카메라는 울부짖는 부모 품에 안겨 의식을 잃은 이런 아이들을 비추지 않는다. 멋진 헬리콥터가 내려오는 일도 없다. 아이를 죽이는 (세계에서 가장 악독한) 이 살인마에는 헬리콥터가 쓸모없다. 아이들이 이웃의 뜨뜻한 대변이 섞인 물을 여전히 실수로 마시는 일이 없도록 하려면 플라스틱 관 몇 개와 펌프, 비누, 기본적인 하수처리 장치만 있으면 그만이다. 헬리콥터보다 비용이 훨씬 적게 든다.

보이지 않는 4000만 대의 비행기

2016년에 총 4000만 대의 상업 항공기가 목적지에 무사히 착륙했다. 치명적 사고를 당한 항공기는 10대에 불과하다. 언론이 언급하는 항공기는 당연히 이 10대다. 전체 항공기 가운데 0.000025%다. 무사히 착륙한 항공기는 뉴스거리가 못 된다. 이렇게 상상해보자.

"시드니를 출발한 BA0016기가 싱가포르 창이Changi 공항에 무사히 도착했습니다. 오늘의 뉴스였습니다."

2016년은 항공 역사상 두 번째로 안전한 해였다. 이 역시 뉴스거리가 못 된다. 다음 도표는 지난 70년간 100억 승객 마일당 항공기 사고 사망자 수를 나타낸다.

1930년대에는 비행기를 탄다는 게 매우 위험한 일이었고, 사고가 많아 승객이 겁을 먹곤 했다. 전 세계 항공 당국은 항공기

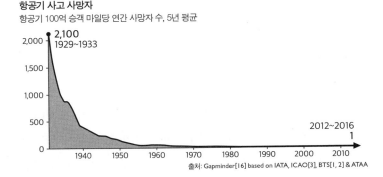

항공기 사고 사망자
항공기 100억 승객 마일당 연간 사망자 수, 5년 평균

출처: Gapminder[16] based on IATA, ICAO[3], BTS[1, 2] & ATAA

이용의 잠재력을 알았지만, 사람들이 과감하게 비행기를 이용하려면 안전성을 강화해야 한다는 사실도 알고 있었다. 이들은 1944년 시카고에 모여 공통 규칙에 합의하고, 매우 중요한 부속 조항 13 Annex 13에 서명했다. 항공 사고 보고 양식을 통일해 서로 공유하면서 타산지석으로 삼자는 약속이었다.

이때부터 전 세계적으로 항공기 사고가 날 때마다 이를 자세히 조사해 보고하고, 위험 요소를 조직적으로 찾아내고, 안전조치를 개선해나갔다. 놀랍지 않은가! 나는 이 시카고 조약을 인간 협력의 눈부신 사례로 꼽고 싶다. 사람들이 같은 공포를 느낄 때 얼마나 단단히 뭉칠 수 있는지, 정말 놀랍다.

공포 본능은 워낙 강해서 전 세계가 협력해 위대한 발전을 이루는 계기가 될 수도 있다. 그러나 동시에, 해마다 4000만 대의 무사고 비행기가 우리 시야에서 사라지는 원인이 되기도 한다. 설사로 죽은 아이들 33만 명이 텔레비전 화면에서 아무렇지도 않게 사라지듯이.

전쟁과 갈등

나는 1948년에 태어났다. 6500만 명이 사망한 제2차 세계대전이 끝나고 3년이 지난 해다. 세계대전이 다시 일어나지 않을 거라고 말하는 사람은 없었다. 하지만 지금까지 일어나지 않았다.

그리고 평화가 찾아왔다. 인류 역사상 강대국 간에 이렇게 긴 평화가 이어진 적은 없었다.

오늘날 갈등과 그 갈등으로 인한 사망자는 그 어느 때보다 적다. 나는 인류 역사상 가장 평화로운 시기에 살고 있다. 끔찍한 이미지가 끊임없이 흘러나오는 뉴스만 봐서는 믿기 힘든 사실이다.

여전히 존재하는 공포를 하찮게 여길 마음은 없다. 현재의 끊임없는 갈등의 중요성을 폄하할 의도도 없다. 기억하라, 상황은 나쁘면서 동시에 나아질 수 있다는 사실을. 나아지지만 여전히 좋지 않다. 세상은 한때 대부분 미개했지만, 지금은 대부분이 그렇지 않다. 하지만 시리아 사람에게는 물론 이런 추세가 위안을 주지 못한다. 그곳은 지금도 미개하다.

1998~2000년에 벌어진 에티오피아와 에리트레아의 전쟁 이후로 시리아 내전은 가장 참혹한 분쟁이 될 공산이 크다. 아직은 사망자 수도 알 수 없고, 갈등이 확산될지도 알 수 없다. 사망자가 수만 명으로 집계된다면 이 갈등은 1990년대에 일어난 최악의 여러 전쟁보다 덜 참혹할 것이다. 사망자가 20만 명에 이른다 해도 여전히 1980년대에 일어난 여러 전쟁보다는 적다. 하지만 그런 참혹한 상황 한가운데 있는 사람들에게는 그런 사실이 조금도 위로가 되지 않는다. 한편 그곳에 살지 않는 우리는 10년 단위로 볼 때 전쟁 사망자 수가 계속 떨어진다는 사실에 어느 정도 위안을 얻어도 좋다.

폭력이 줄어드는 추세는 삶이 개선되는 또 하나의 증거 이상

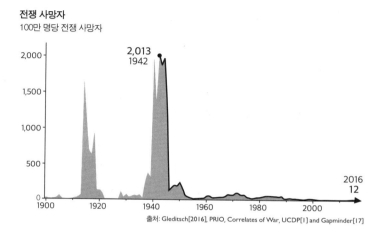

전쟁 사망자
100만 명당 전쟁 사망자

출처: Gleditsch[2016], PRIO, Correlates of War, UCDP[1] and Gapminder[17]

의 의미를 지닌다. 여러 추세 중에서도 가장 훌륭하다. 지난 수십 년간 평화가 확산된 덕에 우리가 이제까지 본 다른 모든 발전이 가능했다. 지속 가능한 미래를 향한 협력 같은 고상한 목표를 달성하고 싶다면, 이 깨지기 쉬운 선물을 소중히 다뤄야 한다. 세계 평화가 없다면 다른 세계적 발전은 모두 잊기 쉽다.

오염

내 어린 시절인 1950년대와 이후 약 30년 동안 제3차 세계 핵전쟁의 공포는 내게 대단히 현실적으로 다가왔다. 사람들 대부분이 마찬가지였다. 우리 머릿속에는 히로시마 피해자의 이미지가 가득했고, 뉴스에 나오는 강대국은 마치 스테로이드를 복용한 보디빌더처럼 힘자랑을 하며 여기저기서 폭탄을 실험했다. 1985년 노벨 평화상 위원회는 핵 폐기를 세계 평화 달성의 가장 중요한 요소로 판단하고, 내게 그 상을 수여했다. 정확히 말하면 내가 아니라 핵전쟁방지국제의사회IPPNW에 수여했다. 나는 자랑스럽게도 그 조직의 일원이었다.

1986년에는 전 세계에 핵탄두가 6만 4,000개 있었다. 지금은 1만 5,000개다. 이처럼 공포 본능은 세계에서 끔찍한 것을 제거하는 데 도움을 줄 수 있다. 하지만 그렇지 않을 때는 우리 통제를 벗어나 위험 평가를 왜곡하고 끔찍한 해악을 불러온다.

2011년 3월 11일, 일본 해안 근처 태평양의 약 29km 해저에서 '지진 단층 파열 현상'이 일어났다. 이로 인해 일본 본토가 약 2.5m 동쪽으로 이동했고, 이때 발생한 쓰나미가 1시간 뒤 일본 해안을 덮쳐 약 1만 8,000명이 목숨을 잃었다. 쓰나미는 후쿠시마 핵발전소를 보호하기 위해 세워놓은 장벽을 넘었다. 후쿠시마는 온통 물로 넘쳤고, 전 세계 뉴스는 신체 손상과 방사능 오염의 공포로 넘쳐났다.

사람들은 최대한 빨리 후쿠시마를 탈출했지만 이후 1,600명이 더 목숨을 잃었다. 이들을 죽음으로 내몬 것은 방사능이 아니었다. 사람들은 방사능을 피해 도망쳤지만, 방사능 때문에 사망했다고 보고된 사람은 아직 한 명도 없다. 1,600명은 탈출 과정 또는 탈출 후에 사망했다. 이들은 대개 노인이었고, 피난 그 자체나 대피소의 삶에서 오는 정신적·신체적 스트레스가 사망 원인이었다. 한마디로 이들을 죽음으로 내몬 것은 방사능이 아니라 방사능 공포였다(1986년 체르노빌에서 사상 최악의 원전 사고가 일어난 뒤에도 사람들은 사망률이 크게 증가하리라 예상했다. 하지만 세계보건기구의 조사에 따르면, 그 지역에 살고 있는 사람들 사이에서도 그러한 예상을 확신할 근거는 없었다).

1940년대에는 새로운 기적의 화학물질을 발견해 성가신 많은 곤충을 제거했다. 농부들은 매우 기뻤다. 말라리아와 싸우던 사람들도 무척 기뻤다. 사람들은 부작용에 대한 자세한 연구 없이 DDT를 온갖 농작물과 습지에 그리고 가정에도 살포했다. DDT를 만든 사람은 노벨상을 받았다.

1950년대 미국에서 일어난 초기 환경 운동 당시, DDT가 먹이사슬에 축적되어 어류와 조류에도 침투한다는 우려가 제기되었다. 인기 있는 훌륭한 과학 작가 레이첼 카슨Rachel Carson은 이후 세계적 베스트셀러가 된 저서 《침묵의 봄Silent Spring》에서 자신이 사는 지역에 있는 새의 알껍데기가 점점 얇아진다고 보고했다. 인간은 보이지 않는 물질을 살포해 벌레를 죽여도 좋다는 생각은, 그리고 이런 행위가 다른 동물이나 인간에게까지 광범위하게 영향을 미치고 있다는 신호를 당국이 외면한다는 생각은, 당연히 섬뜩했다.

불충분한 규제와 무책임한 회사에 대한 공포가 촉발되었고, 세계적 환경 운동이 탄생했다. 이런 움직임 덕에, 그리고 여기에 기름 유출, 살충제로 인한 농장 노동자들의 장애, 원자로 고장 같은 오염 문제가 더해져 오늘날 세계는 안전한 화학물질을 쓰기에 이르렀고(비록 많은 국가가 참여한 시카고 조약에 비하면 미미한 수준이지만), 여러 나라가 참여하는 안전 규정을 만들었다. 많은 나라가 DDT 사용을 금지하고, 원조 단체도 DDT 사용을 중단했다.

그러나! 대중이 화학물질 오염에 대해 느끼는 공포가 거의 과대망상 수준에 이르는 부작용이 생겼다. '화학물질 공포증 chemophobia'이라 부르는 현상이다.

사정이 이러니 오늘날에도 아동 예방접종, 원자력, DDT 같은 주제를 사실에 근거해 이해하기가 대단히 어렵다. 불충분한 규제를 기억하다 보니 저절로 불신과 공포가 생겼고, 이 때문에 데이터에 근거한 주장에 귀 기울이는 능력이 마비되었다. 그래도 어쨌거나 나는 사실에 근거해 주장해볼 참이다.

비판적 사고가 나쁜 결과를 초래한 참담한 사례 중 하나로, 교육 수준이 높고 아이를 끔찍이 생각하는 부모가 아이 목숨을 노리는 질병에서 아이를 보호할 예방접종을 거부하는 경우를 들 수 있다. 나는 비판적 사고를 무척 좋아하고 회의주의를 칭찬하지만, 증거를 존중할 때라야 그렇다. 홍역 예방접종에 회의적인 사람에게 두 가지를 권하고 싶다. 첫째, 아이가 홍역으로 사망할 때 어떤 모습인지 반드시 알아보라. 아이가 홍역에 걸리면 대부분은 회복하지만 아직은 치료법이 없다. 현대 의학이 아무리 최고 수준이라도 아이 1,000명당 한둘은 홍역으로 사망한다. 둘째, '내 마음을 확실히 돌릴 만한 증거는 어떤 것일까?' 하고 자문해보라. '어떤 증거도 예방접종에 대한 내 마음을 돌릴 수 없다'고 생각한다면, 증거를 기반으로 한 합리주의에서 멀어지고, 애초 이런 상황까지 오게 만든 대단히 비판적 사고에서도 멀어진 꼴이다. 그런 사람은 과학을 계속 회의적으로 바라보면서, 다음에 수술받을 때 의사에게 구태여 손을 씻지 않아도 된다고 말해보라.

방사성물질 유출로 사망한 사람은 한 명도 없지만, 그것을 피해 탈출하다 사망한 노인은 1,000명이 넘는다. DDT는 해롭지만, DDT가 직접 원인이 되어 사망한 사람이 몇 명인지는 찾을 수 없었다. 1940년대에는 이루어지지 않다가 이후에 실시된 유해성 조사를 바탕으로 2002년 미국 질병통제예방센터CDC는 497쪽 분량의 《DDT, DDE, DDD의 독성 분석Toxicological Profile for DDT, DDE and DDD》을 펴냈다. 2006년에는 세계보건기구가 드디어 모든 과학적 검토를 마치고 질병통제예방센터와 마찬가지로 DDT를 인간에게 '미약하게 해로운' 물질로 분류하며, 많은 상황에서 건강에 해로운 점보다 이로운 점이 많다고 보고했다.

DDT는 대단히 조심해서 사용해야 한다. 그러나 여기에는 찬반이 동시에 존재한다. 예를 들어 모기가 창궐하는 난민촌에서 DDT는 목숨을 구하는 가장 빠르고 가장 값싼 방법일 경우가 많다. 미국인, 유럽인 그리고 공포에 사로잡힌 로비스트들은 질병통제예방센터와 세계보건기구가 내놓은 장문의 연구 결과와 짧은 권고안을 읽으려 하지 않을뿐더러 DDT 사용에 대해 토론할 준비조차 하지 않는다. 그러다 보니 많은 사람의 지원에 의존하는 일부 원조 단체는 실제로 목숨을 구할, 증거에 근거한 해법을 회피하게 된다.

규제 개선은 사망률이 아니라 공포에서 비롯했고, 후쿠시마나 DDT처럼 때로는 보이지 않는 물질에 대한 공포가 과도하게 기승을 부려 물질 자체보다 더 큰 해악을 미치기도 한다.

세계 곳곳에서 환경은 더 나빠지고 있다. 그러나 극적인 지진이 설사보다 언론의 관심을 더 많이 받듯, 죽어가는 해저나 시급한 어류 남획 문제처럼 더 해롭지만 덜 극적인 환경 악화보다 사소하지만 공포를 자아내는 화학물질 오염이 언론의 관심을 더 받는다.

화학물질 공포증 탓에 6개월마다 '새로운 과학적 발견'이 나오기도 한다. 흔히 먹는 음식에 합성 화학물질이 극소량 발견되었다는 것인데, 치사량에 이르려면 그 음식을 3년 동안 날마다 화물선 한두 척 분량을 먹어야 한다. 그런데도 배웠다는 사람들이 레드 와인을 마시며 근심스러운 표정으로 이 문제를 토론한다. 그 물질을 먹고 죽은 사람은 단 한 명도 없다는 사실은 이 토론의 관심사가 못 된다. 공포의 정도는 전적으로 보이지 않는 물질이라는 '화학물질'의 본질에서 나오는 듯싶다.

그럼 이제 서양에서 가장 최근에 나타난 제1순위 공포로 넘어가보자.

테러

공포 본능의 힘을 정확히 아는 집단이 있다면 언론인이 아니라 테러리스트다. 그 증거는 명칭에 있다. 테러terror, 즉 공포가 그들이 노리는 것이다. 이들은 신체 손상, 감금, 그리고 독살이나 오염 같은 모든 원시적 공포를 이용해 목표를 달성한다.

테러는 앞서 2장에서 이야기한 세계적 추세 중 예외에 속할 만큼 점점 악화되고 있다. 그렇다면 무척 두려워해야 할까? 첫째, 2016년 전 세계 사망자 가운데 테러로 인한 사망자가 0.05%이니 꼭 그렇지만도 않다. 둘째, 어디에 사느냐에 따라 다르다.

미국 메릴랜드대학에서 1970년부터 믿을 만한 매체에 실린 테러를 모두 찾아 데이터를 수집하고 연구했다. 그 결과는 세계 테러 데이터베이스Global Terrorism Database라는 사이트에서 무료로 볼 수 있다. 테러 17만 건을 자세히 분석한 이 데이터에 따르면, 2007년부터 2016년까지 10년 동안 전 세계에서 테러로 사망한 사람은 15만 9,000명이다. 그 전 10년에 비해 3배 늘어난 수치다. 감염자가 2배 또는 3배로 증가하는 에볼라 사례처럼 이 경우도 당연히 걱정하고 그 의미를 자세히 들여다봐야 한다.

테러 데이터를 찾아서

이 책에서 테러 관련 추세만큼은 2016년에서 끝난다. 세계 테러 데이터베이스에 있는 자료는 2016년이 마지막이기 때문이다. 이곳 연구원들은 기록을 하나하나 입력할 때마다 소문과 가짜 정보를 제거하기 위해 다양한 정보원을 신중하게 조사했고, 그러다 보니 시간이 많이 지체되었다. 과학 연구의 좋은 사례일 수 있지만, 나는 좀 이상했다. 에볼라 사례처럼, 그리고 이후에 논의할 이산화탄소 배출 사례처럼 중요하고 우려스러운 일을 조사할 때는 완벽한 데이터보다 최신 데이터를 되도록 빨리 수집해야 하지 않을까? 그러지 않으면 테러가 증가 추세인지, 아닌지 어떻게 알겠는가?

위키피디아Wikipedia에는 최근 전 세계에서 일어난 테러 공격이 길게 나열되어 있다. 사건이 처음 뉴스에 나오고 몇 분 만에 사람들이 자발적으로 놀랍도록 빨리 자료를 업데이트한다. 나는 위키피디아를 정말 좋아한다. 내용을 신뢰할 수만 있다면 추세를 재빨리 파악할 수 있기 때문이다. 우리는 신뢰성을 점검하기 위해 위키피디아(영어판)를 세계 테러 데이터베이스 2015년 자료와 비교해보기로 했다. 겹치는 부분이 100%에 가깝다면 위키피디아의 2016년과 2017년 자료도 꽤 완벽하다고 신뢰할 수 있으며, 최신 테러 추세를 추적할 좋은 출처로 활용할 수 있을 것이다.

비교 결과, 위키피디아는 의도치 않게 매우 왜곡된 세계관을 보여주고 있었다. 그 시각은 서양의 사고방식에 따라 체계적으로 왜곡되었다. 우리는 크게 실망했다. 정확히 말하면 2015년 테러 사망자 중 78%가 위키피디아에서 빠졌다. 서양에서 일어난 테러 사망 사고는 거의 모두 기록한 반면, '그 밖의' 지역에서 일어난 테러 사망 사고는 25%만 기록해놓았다.

내가 위키피디아를 아무리 좋아해도, 신뢰할 만한 자료를 확보하려면 여전히 진지한 연구원이 필요하다. 아울러 그 연구원들은 데이터를 더 빨리 업데이트하도록 더 많은 자원을 확보해야 한다.

테러가 전 세계적으로 늘어나는 반면, 4단계에서는 줄고 있다. 2007년부터 2016년까지 4단계 나라에서 테러로 사망한 사람은 1,439명이었다. 그 전 10년 동안은 4,358명이었다. 여기에는 최악의 테러인 2001년 9·11 사태로 사망한 2,996명도 포함된다. 그 사건을 제외하면 두 번의 10년 주기 동안 4단계 사망자 수는 거의 같은 수준이다. 테러 관련 사망자가 크게 증가한 곳은 1, 2, 3단계 나라이며, 그중에서도 이라크(증가 폭의 거의 절반을 차지한다), 아프가니스탄, 나이지리아, 파키스탄, 시리아 5개국에서 집중적으로 늘었다.

2007년부터 2016년까지 전체 테러 사망자 중 부유한 나라, 즉 4단계 나라에서 사망한 사람은 0.9%다. 이 수치는 21세기 동안

4단계에서 줄어드는 테러 사망자
세계 테러 사망자는 이전 10년보다 최근 10년 동안 3배 증가했다. (묘비 1개: 사망자 1,000명)

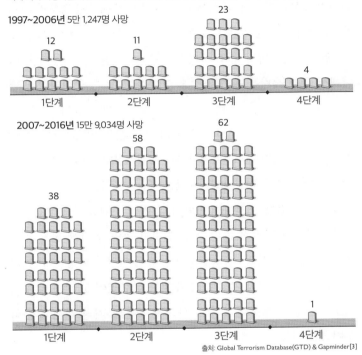

출처: Global Terrorism Database(GTD) & Gapminder[3]

꾸준히 줄었다. 2001년 이후로는 항공기 납치 테러로 사망한 사람이 한 명도 없다. 사실 4단계 나라에서 테러보다 적은 사망자를 낸 사망 원인은 찾기 어렵다. 지난 20년간 미국 땅에서 테러로 사망한 사람은 3,172명으로, 한 해 평균 159명이다. 같은 기간 미국에서 음주로 사망한 사람은 140만 명으로, 한 해 평균 6만 9,000명에 이른다. 아주 공정한 비교는 아닐 수 있다. 음주 사망에서는 대개 술을 마신 사람도 피해자이기 때문이다. 좀 더 공정하게 비교하려면 술을 마시지 않은 사람이 피해자인 경우만 따져야 할 것이다. 교통사고나 살인처럼. 이런 식으로 수치를 아주 낮게 잡아도 미국에서 음주 사망자는 한 해 평균 7,500명이다. 미국에서 내가 사랑하는 사람이 술을 마신 사람 손에 사망할 위험은 테러리스트 손에 사망할 위험보다 거의 50배나 높다.

그러나 4단계 나라에서 극적인 테러 사건은 언론의 대대적인 관심을 받는 반면, 음주 피해자 대부분은 외면당한다. 그리고 공항 곳곳에서 눈에 띄는 보안 요원은 테러 위험을 그 어느 때보다 낮춰주지만, 언뜻 보기에는 위험이 더 커진 느낌을 준다.

갤럽이 2001년 9월 11일 이후 일주일 동안 실시한 설문 조사에 따르면, 미국 사람 51%가 자기 가족도 테러에 희생될 수 있다고 걱정했다. 14년이 지나도 그 수치는 변함없이 51%다. 오늘날에도 사람들은 쌍둥이 빌딩이 무너진 직후와 거의 같은 수준의 두려움을 느끼고 있다.

공포 대 위험: 실제로 위험한 것을 두려워하기

공포는 유용할 수 있다. 단, 실제로 위험한 것에 공포를 느낄 때라야 그렇다. 공포 본능은 세계를 이해하는 형편없는 지침이다. 공포는 우리가 가장 무서워하지만 위험하지는 않은 것에 주목하게 하고, 실제로 매우 위험한 것은 외면하도록 한다.

4장에서 나는 자연재해(총사망자의 0.1%), 항공기 사고(0.001%), 살인(0.7%), 방사성물질 유출(0%), 테러(0.05%) 같은 끔찍한 사건을 다루었다. 이 중 연간 총사망자의 1%를 넘는 경우는 없지만, 여전히 언론의 집중적 관심을 받는다. 사망률이 낮더라도 당연히 더 줄이려고 노력해야 한다. 그러나 이러한 수치는 공포 본능이 우리의 관심을 얼마나 왜곡하는지 잘 보여준다. 우리가 정말로 두려워해야 하는 것이 무엇이고, 사랑하는 사람을 위험에 빠뜨리지 않게 하려면 어떻게 해야 하는지 이해하려면 공포 본능을 누르고 실제 사망자 수를 따져봐야 한다.

'공포'와 '위험'은 엄연히 다르다. 무서운 것은 위험해 보인다. 그러나 정말로 위험한 것에 진짜 위험 요소가 있다. 진짜 위험한 것보다 우리를 놀라게 하는 것에 지나치게 주목하면, 즉 공포에 지나치게 주목하면 우리 힘을 엉뚱한 곳에 써버릴 수 있다. 겁에 질린 전공의는 저체온증을 치료해야 할 때 핵전쟁을 상상할 수 있고, 겁에 질린 사람들은 수백만 명이 설사로 죽고 해저가 수중 사막으로 변해갈 때 지진이나 항공기 사고 또는 보이지 않는 물질에만 집중하기 쉽다. 나는 내 공포를 우리가 진화하던 그 옛날에 존재하던 위험이 아니라, 오늘날 정말 위험한 것에 집중하고 싶다.

사실충실성

사실충실성은 지금 우리가 공포에 사로잡혔다는 걸 알아보는 것이고, 우리를 두렵게 하는 것이 반드시 가장 위험한 것은 아니라는 사실을 기억하는 것이다. 폭력, 감금, 오염을 두려워하는 자연스러운 본능 탓에 우리는 그 위험성을 체계적으로 과대평가한다.

공포 본능을 억제하려면 위험성을 계산하라.

- **무서운 세계: 공포 대 현실** 세계는 실제보다 더 무서워 보인다. 우리는 주목 필터나 언론에 걸러진 무서운 것을 보고 듣기 때문이다.
- **위험성=실제 위험×노출** 어떤 대상의 위험성은 우리가 느끼는 두려움이 아니라, 실제 위험과 그것에 노출되는 정도를 합쳐 결정한다.
- **실행하기 전에 진정하라** 두려움을 느끼면 세상이 다르게 보인다. 공포가 진정될 때까지 가급적 결정을 유보하라.

5장

크기 본능

The Size Instinct

FACT
FULNESS

———

이미 가지고 있는 두 가지 마술 도구로
전쟁 비석과 곰의 공격을 비율에 맞게 재단해보자

The Size Instinct

내 눈에 보이지 않는 죽음

1980년대 초, 젊은 의사로 모잠비크에서 일하던 나는 매우 힘든 셈을 해야 했다. 죽은 아이를 세는 일인데, 특히 나칼라Nacala에 있는 우리 병원에 입원했다가 죽은 아이들을 우리 활동 지역 내 가정에서 죽은 아이들 수와 비교해야 했다.

　당시 모잠비크는 세계에서 가장 가난한 나라였다. 내가 나칼라 지방에서 활동한 첫해에 30만 명이 사는 그곳에 의사는 나밖에 없었다. 그리고 다음 해에 두 번째 의사가 합류했다. 스웨덴 같으면 의사 100명이 맡았을 환자를 우리 둘이 돌봤고, 나는 매일 아침 출근길에 나 자신에게 말했다. "오늘 나는 의사 50명 몫을 해야 한다."

우리는 해마다 상태가 심각한 아이들 약 1,000명을 이 지방의 작은 병원 한 곳에 입원시켰다. 하루에 약 3명꼴이다. 나는 이 아이들의 목숨을 살리려 애썼던 일을 절대 잊지 못할 것이다. 모두 설사, 폐렴, 말라리아 같은 심각한 질병에 시달렸는데, 빈혈과 영양실조도 함께 나타나는 경우가 많았다. 최선을 다했지만, 20명 중 1명꼴로 목숨을 잃었다. 매주 1명씩 죽는 셈인데, 자원과 인력이 더 많았다면 거의 다 치료할 수 있는 아이들이었다.

우리가 할 수 있는 치료는 가장 기초적 수준인 물과 소금을 이용한 방법과 근육주사였다. 정맥주사는 놓지 않았다. 정맥주사를 놓을 간호사도 없고, 의사가 주사를 놓고 감독하기에는 시간이 너무 많이 걸렸다. 산소통도 거의 없고, 수혈 능력도 제한적이었다. 극도로 빈곤한 나라의 의료 수준은 원래 그랬다.

한번은 주말에 친구가 우리 집에 묵으러 왔다. 300km 넘게 떨어진 더 큰 도시에 있는, 우리보다 약간 더 나은 병원에서 소아과 의사로 일하는 스웨덴 친구였다. 토요일인 그날 오후 나는 응급실 호출을 받았고, 그 친구도 동행했다. 우리가 도착했을 때 한 엄마가 겁에 질린 눈빛을 하고 있었다. 엄마 품에 안긴 아기는 설사를 심하게 했는데, 힘이 너무 없어 젖을 빨지도 못했다. 나는 아기를 입원시켰고 아기에게 튜브를 끼운 뒤 경구 수액을 투입하라고 지시했다. 그러자 소아과 의사인 친구가 내 팔을 붙잡고 나를 복도로 끌고 나갔다. 그는 수준 이하의 내 처치법에 크게 화를 내며, 집에 가서 저녁 먹을 생각에 치료를 건성으로 한다고 나무랐다. 그러면서 정맥주사를 놓으라고 했다.

나는 그의 이해 부족에 화가 났다. "여기서는 이게 우리 표준 치료법이야. 아이한테 정맥주사를 놓으면 30분은 걸릴 텐데, 그러면 간호사가 일을 엉망으로 만들 확률이 높다고. 그리고 맞아. 나도 더러는 집에 가서 저녁을 먹어야 해. 그러지 않으면 나도, 우리 가족도 여기서 한 달 이상은 못 버틸 테니까."

친구는 여전히 수긍하지 못했다. 그는 혼자 병원에 남아 아기 정맥에 바늘을 꽂느라 여러 시간을 보냈다.

마침내 그가 집에 돌아오자 토론이 이어졌다. 친구가 주장했다. "병원에 오는 모든 환자한테 할 수 있는 건 다 해야 해."

내가 대꾸했다. "그렇지 않아. 내 시간과 자원을 이곳에 찾아온 사람을 살리는 데 모두 소진하는 건 비윤리적이야. 내가 병원 밖 서비스를 개선하면 더 많은 아이를 살릴 수 있으니까. 이 지방 '모든' 아이의 죽음이 다 내 책임이라고. 보이지 않는 곳에서 죽어가는 아이들도 내 눈앞에서 죽어가는 아이들과 똑같이."

대부분의 의사와 마찬가지로, 그리고 어쩌면 대부분의 일반 사람과 마찬가지로 그 친구는 동의하지 않았다. "네 의무는 네가 돌보는 환자한테 모든 수단을 동원하는 거야. 다른 곳에 있는 아이들을 더 많이 살릴 수 있다는 주장은 냉정한 이론상의 추측일 뿐이라고." 나는 몹시 피곤해 언쟁을 그만두고 잠자리에 들었다. 그리고 다음 날 다시 수를 세기 시작했다.

나는 분만 병동을 관리하는 아내 앙네타Agneta와 함께 셈을 했다. 그해 병원에 입원한 아이는 총 946명이고, 대부분이 다섯 살 미만이며, 그중 52명(5%)이 죽었다는 사실은 알고 있었다. 우리는 그 수를 나칼라 지방 전체에서 사망한 아이들의 수와 비교해야 했다.

모잠비크의 아동 사망률은 당시 26%였다. 나칼라 지방이라고 해서 크게 다를 바 없어 우리는 그 수치를 이용했다. 아동 사망률은 한 해에 사망한 아이 수를 그해 태어난 아이 수로 나누어 구한다.

따라서 그해 나칼라 지방의 신생아 수를 알면 아동 사망률 26%를 이용해 사망한 아이가 몇 명인지 추정할 수 있었다. 당시 최신 인구조사에 따르면, 나칼라시의 신생아 수는 연간 약 3,000명이었다. 나칼라 지방의 인구는 시 인구의 5배이므로 신생아 수도 약 5배인 1만 5,000명으로 추산했다. 따라서 나는 해마다 26%인 3,900명의 죽음을 막아야 할 책임이 있었고, 그중 52명이 병원에서 죽었다. 내가 맡은 아이들 중 고작 1.3%의 죽음을 직접 지켜보는 셈이다.

이는 내 육감을 뒷받침하는 수치였다. 설사, 폐렴, 말라리아를 초기에 치료해 생명을 위협하는 수준으로 발전하지 않도록 공동체 기반의 기초 의료를 조직, 지원, 감독한다면 죽음에 임박해 병원을 찾아온 아이에게 정맥주사를 놓을 때보다 더 많은 목숨을 살릴 수 있을 것이다. 나는 인구 다수가 기본 의료 혜택을 받지

못하는 상황에서, 그리고 죽어가는 아이의 98.7%가 병원에 와보
지도 못하는 상황에서 병원에 더 많은 자원을 쏟는 건 정말로 비
윤리적이라고 생각했다.

그래서 우리는 마을 의료 인력을 훈련해 최대한 많은 아이에
게 예방접종을 하고, (아이들의 목숨을 위협하는 것을) 엄마가 걸어서
도 쉽게 갈 수 있는 소규모 의료 시설에서 가급적 초기에 처리하
도록 했다.

눈앞에서 죽어가는 아이들을 외면한 채 보이지 않는 곳에서
죽어가는 익명의 아이들 수백 명에게 주목한다면 언뜻 비인간적
으로 느껴질 수 있다. 하지만 그것이 극빈층 국가에서의 냉정한
계산법이다.

콩고와 탄자니아에서 선교하며 간호사로 일하다 내 멘토가 된
잉에게르드 로트Ingegerd Rooth의 말이 생각난다. 로트는 내게 항
상 이렇게 말했다. "찢어지게 가난한 상황에서는 무엇이든 완벽
하게 하려 하면 안 돼요. 그러면 더 좋은 곳에 쓸 자원을 훔치는
꼴이니까요."

수치보다 눈에 보이는 피해자 개개인에게 지나치게 주목하면
우리 자원을 문제의 일부에만 모두 쏟아부을 수 있고, 따라서 훨
씬 적은 목숨을 구할 뿐이다. 이런 원칙은 부족한 자원을 어디에
쓸지 우선순위를 정해야 하는 경우에 모두 해당한다. 목숨을 구
하는 문제나 삶을 연장 또는 개선하는 문제를 이야기할 때는 자
원을 두고 이러쿵저러쿵하기가 쉽지 않다. 그러면 매정한 사람처

럼 보이기 십상이다. 하지만 자원이 무한하지 않은 한(자원은 절대 무한하지 않다) 머리를 써서 지금 있는 것으로 가장 좋은 일을 하는 게 오히려 가장 인간적이다.

5장은 죽은 아이들과 관련한 데이터로 가득하다. 아이들 목숨을 살리는 것이 이 세상에서 내가 가장 관심을 갖는 일이기 때문이다. 죽은 아이의 수를 세고, 아이의 죽음과 비용 효과를 한 문장에서 동시에 언급하는 것이 매정하고 잔인해 보인다는 것은 나도 안다. 하지만 가만히 생각해보면 최대한 많은 아이의 목숨을 살릴, 비용 효과가 가장 뛰어난 방법을 찾는 것이 가장 덜 매정한 행위다.

내가 앞에서 통계 이면에 있는 개별 이야기를 보라고 다그쳤듯, 이번에는 개별 이야기 이면에 있는 통계를 보라고 다그쳐야겠다. 수치 없이는 세계를 이해할 수 없으며, 수치만으로 세계를 이해할 수도 없다.

크기 본능

사람들은 비율을 왜곡해 사실을 실제보다 부풀리는 경향이 있다. 사람들을 무시해서 하는 말이 아니다. 비율을 왜곡하는 것은, 다시 말해 크기를 오판하는 것은 우리 인간의 자연스러운 성향이다. 숫자 하나만 보고 그 중요성을 오판하는 성향도 본능이다. 나칼라 병원에서처럼 하나의 사례, 즉 눈에 보이는 피해자 한 명의 중요성을 오판하는 것은 본능에서 나온다. 이 두 성향이 크기 본능의 두 가지 핵심이다.

언론은 이러한 본능의 친구다. 주어진 사건, 사실, 수치를 실제보다 더 중요하게 보이도록 만드는 것은 언론인의 직업적 의무에 가깝다. 언론인은 고통받는 개인에게서 눈을 돌리는 행위가 비인간적으로 보인다는 것도 잘 안다.

크기 본능의 두 가지 측면은 부정 본능과 더불어 세상의 발전을 체계적으로 과소평가하게 만든다. 세계 인구와 관련한 여러 비율 중에 기본 욕구를 충족하며 사는 사람의 비율을 물으면, 대부분 일관되게 약 20%라는 답을 내놓는다. 하지만 정답은 80%, 나아가 90%에 가깝다. 예방접종을 받는 아이의 비율은 88%, 전기를 공급받는 비율은 85%다. 초등학교를 나온 여자아이의 비율은 90%다. 그러나 자선단체와 언론이 자극적으로 보이는 숫자를 고통받는 개인의 모습과 함께 끊임없이 보여주다 보니 사람들은 왜곡된 시각으로 세계를 인식하고, 다른 모든 비율과 발전을 체계적으로 과소평가한다.

그러면서 일부 비율은 체계적으로 과대평가하기도 한다. 스웨덴에 이주한 사람의 비율이며, 동성애에 반대하는 사람의 비율 등이 그렇다. 적어도 미국인과 유럽인은 두 비율을 현실보다 더 극적으로 이해한다.

크기 본능은 우리의 제한된 관심과 자원을 개별 사례나 눈에 보이는 피해자, 또는 우리 눈앞에 있는 구체적인 것에 쏟게 만든다. 내가 나칼라에서 일하며 세계적 규모를 놓고 이런저런 비교를 했듯 오늘날에는 확실한 데이터를 갖고 그런 비교를 할 수 있는데, 결론은 마찬가지다.

1, 2단계 나라에서 아이들의 목숨을 살리는 것은 의사나 병실 침대가 아니다. 병실 침대와 의사는 수를 세기 쉽고 정치인은 병원 개원식을 무척 좋아하지만, 아이들의 생존율을 높이는 거의 유일한 방법은 병원 밖에서 해당 지역 간호사, 산파, 교육받은 부모 등이 예방 조치를 취하는 것이다. 특히 엄마의 역할이 중요하다. 데이터를 보면 세계적으로 아동 생존율 증가의 절반은 엄마들의 탈문맹에서 나왔다. 지금은 아동 생존율이 더 높아졌다. 처음부터 아예 병에 걸리지 않기 때문이다. 훈련받은 산파가 여성의 임신과 출산을 돕고, 간호사는 아기에게 면역력을 심어준다. 아기는 잘 먹고, 부모는 아기를 늘 따뜻하고 청결하게 관리한다. 그리고 아기 주변 사람들은 손을 씻고, 엄마는 약통에 붙은 지시 사항을 읽을 줄 알게 되었다. 따라서 1, 2단계에서 보건 의료 발전에 돈을 투자한다면 초등학교, 간호 교육, 예방접종에 투자해야 한다. 휘황찬란한 대형 병원은 조금 미뤄도 상관없다.

크기 본능을 어떻게 억제할까?

비율을 왜곡하지 않으려면 두 가지 마술 도구만 있으면 된다. 비교와 나누기다. 이미 알고 있다고? 좋다. 그렇다면 이제 그걸 사용하기만 하면 된다. 습관이 되게 하라! 이제 그 방법을 알려주겠다.

수를 비교하라

중요성을 오판하지 않으려면 수를 하나만 갖고 따지지 않는 것이 가장 중요하다. 절대로 숫자 하나만 달랑 남겨두지 마라, 절대로! 하나의 수만으로도 의미 있다고 믿으면 절대 안 된다. 수가 하나라면 항상 적어도 하나는 더 요구해야 한다. 그 수와 비교할 다른 수가 필요하다.

　큰 수는 특히 조심해야 한다. 이상한 일이지만, 일정한 크기를 넘어선 수는 다른 수와 비교하지 않으면 항상 커 보인다. 그리고 크다면 어떻게 중요하지 않겠는가?

420만 명의 죽은 아기들

2016년에 420만 명의 아기가 죽었다.

　유니세프가 가장 최근에 발표한, 전 세계에서 1년도 살지 못한 채 죽은 아이들의 수다. 우리는 뉴스에서 또는 활동가 집단이나 기관이 내놓은 자료에서 이처럼 감정이 북받치는 수를 자주 본다. 이런 수치는 사람들의 반응을 유발한다.

420만 명의 죽은 아기를 누가 상상이나 할 수 있겠는가? 너무나 끔찍한 일이며, 대부분 쉽게 예방할 수 있는 질병으로 죽었다는 사실을 알면 더 참혹하다. 그리고 과연 누가 420만 명이 거대한 수가 아니라고 주장할 수 있겠는가? 누구도 그런 주장을 할수 없으리라 생각하겠지만, 그렇지 않다. 내가 이 수를 언급한 이유도 바로 그 때문이다. 이 수는 크지 '않다'. 이 정도면 놀랍도록적은 수다.

이러한 죽음 하나하나가 부모에게 얼마나 비극인지를 조금이라도 생각한다면, 새로 태어난 아기가 웃고 걷고 놀기만 기다리다가 땅에 묻어야 했던 부모를 생각한다면 두고두고 눈물을 흘릴수치다. 하지만 그 눈물이 누구에게 도움이 되겠는가? 눈물을 흘리는 대신 인간의 고통을 냉정하게 생각해보자.

420만 명은 2016년의 수치다. 그 전해에는 440만 명이었고, 또 그 전해에는 450만 명이었으며, 1950년에는 1440만 명이었다. 오늘날에 비해 해마다 약 1000만 명이 더 죽었다. 이렇게 비교하면 그 끔찍한 수가 갑자기 적어 보인다. 사실 관련 데이터를측정한 이래 가장 적은 수치다.

물론 나는 이 수치가 더 떨어지길, 그리고 더 빨리 떨어지길 누구보다 간절히 바라는 사람이다. 하지만 그러기 위해서는 어떻게해야 하고, 자원 배분의 우선순위를 어떻게 정해야 할지 알아야한다. 이를 위해 냉정하게 계산하고 효과 있는 것과 없는 것을 파악하는 게 가장 중요하다. 그리고 분명한 사실은 예방할 수 있는 죽음이 점점 많아진다는 것이다. 하지만 수치를 비교하지 않고는 절대 그 사실을 알 수 없다.

큰 전쟁

베트남전쟁은 내 세대로 치면 시리아 내전 정도에 해당한다.

1972년 크리스마스 이틀 전, 베트남 하노이에 있는 박마이Bach Mai 병원에 폭탄 7개가 떨어져 환자와 의료진 27명이 목숨을 잃었다. 당시 나는 스웨덴 웁살라에서 의학을 공부하고 있었다. 스웨덴에는 의료 장비와 노란 담요 등이 풍족했다. 그래서 나와 아내는 이런 것들은 수집해 상자에 담아 박마이 병원으로 보내주었다.

15년 뒤, 나는 스웨덴 원조 프로젝트를 평가하기 위해 베트남에 갔다. 하루는 점심시간에 베트남 동료 의사인 니엠Niem과 밥을 먹으며 그의 과거를 물었다. 그는 폭탄이 떨어질 때 박마이 병원에 있었고, 그 후 세계 각지에서 온 보급품 상자를 뜯는 일을 했다고 한다. 나는 혹시 노란 담요를 기억하느냐고 물었고, 그가 노란 담요의 무늬를 말하자 소름이 돋았다. 순간 우리 둘이 마치 평생의 친구였던 것 같은 느낌까지 들었다.

그 주말에 나는 니엠한테 베트남전쟁비를 보여달라고 했다. 그가 물었다. "'대미항전' 말하는 거죠?" 나는 그가 '베트남전쟁'이라는 용어를 쓰지 않는다는 걸 알았어야 했다. 니엠은 나를 태우고 도시 중앙에 있는 공원으로 갔다. 거기엔 황동 판이 붙은 1m

정도 높이의 돌이 있었다. 나는 농담이겠지 싶었다. 서양에서는 베트남전쟁 반대 시위가 활동가 세대를 하나로 통합하는 역할을 할 정도였다. 내가 담요와 의료 기구를 보낸 것도 거기에 자극받았기 때문이었다. 이 전쟁에서 150만 명 넘는 베트남인과 5만 8,000명 넘는 미국인이 목숨을 잃었다. 도시가 그런 대재앙을 기억하는 방식이 고작 이런 식이라니! 내가 실망하는 기색을 보이자, 니엠은 나를 차에 태우고 더 큰 비가 있는 곳으로 향했다. 3.5m가 넘는 대리석 비로, 프랑스 식민 통치에서 독립한 것을 기념하는 것이었다. 나는 여전히 시큰둥했다.

니엠은 내게 비다운 비를 볼 준비가 되었느냐고 물었다. 그리고 나를 태우고 조금 더 가더니 창밖을 가리켰다. 나무 꼭대기 너머로 금색으로 덮인 거대한 돌탑이 보였다. 100m 가까이 되어 보였다. "여기가 전쟁 영웅을 추모하는 곳이에요. 멋지죠?" 베트남이 중국을 상대로 싸운 전쟁을 기리는 비였다.

중국과의 전쟁은 싸움과 휴전을 반복하며 2,000년 동안 지속되었다. 프랑스가 점령한 기간은 200년이었다. 대미항전은 고작 20년 지속되었다. 비의 크기는 그런 기간을 완벽하게 반영했다. 나는 여러 개의 비를 비교한 뒤에야 비로소 지금 베트남 사람들에게 베트남전쟁은 상대적으로 의미가 작다는 걸 이해할 수 있었다.

곰과 도끼

38세 여성 마리 라르손Mari Larsson은 도끼로 머리를 여러 차례 맞아 살해당했다. 2004년 10월 17일 밤, 스웨덴 북쪽의 작은 도시 피테오Piteå에 있는 마리의 집에서 벌어진 일이다. 옛 남자가 몰래 침입해 마리가 집에 오길 기다렸다가 저지른 범행이었다. 세 아이의 엄마가 잔혹하게 살해당한 이 비극적 사건은 스웨덴 매체에 좀처럼 보도되지 않았고, 지방 신문도 아주 짧게 보도했을 뿐이다.

스웨덴 북쪽 끝에 사는 세 아이의 아버지인 40세 남성도 같은 날 사냥을 나갔다가 곰을 만나 목숨을 잃었다. 그의 이름은 요한 베스텔룬드Johan Vesterlund로, 1902년 이후 스웨덴에서 처음으로 곰에게 목숨을 잃은 사람이 되었다. 잔혹하고 비극적인 데다 희귀하기까지 한 이 사건은 스웨덴 전역의 언론에 대대적으로 보도됐다.

스웨덴에서 곰의 공격으로 목숨을 잃는 일은 한 세기에 한 번 일어나는 사건이다. 반면 여성이 옛 애인에게 살해당하는 사건은 30일에 한 번꼴로 일어난다. 규모로 치면 1,300배나 많이 발생한다. 그런 가정 내 살인 사건은 한 건 더 일어나봤자 제대로 집계되지도 않는 반면, 사냥 중 사망 사건은 큰 뉴스거리가 되었다.

언론 보도가 우리에게 어떤 생각을 하게 하든, 죽음은 다 똑같이 비극적이고 참혹하다. 언론이 우리에게 어떤 생각을 하게 하든, 사람 목숨을 구하는 데 관심 있는 사람이라면 곰보다 가정 폭력에 훨씬 더 신경을 써야 한다.

수치를 비교하면 그 점을 확연히 알 수 있다.

결핵과 신종플루

뉴스가 비율을 왜곡하는 경우는 곰과 도끼만이 아니다.

1918년 스페인 독감이 발생해 전 세계 인구의 2.7%가 목숨을 잃었다. 백신이 나오지 않은 독감이 발생할 가능성은 지금도 여전히 위협적이어서 모두가 이를 대단히 심각하게 받아들여야 한다. 2009년에는 처음 몇 달 동안 신종플루로 수천 명이 사망했다. 2주일에 걸쳐 그 소식이 뉴스를 도배했다. 그러나 2014년의 에볼라와 달리 신종플루 사망자는 2배로 증가하지 않았다. 심지어 직선으로 진행되지도 않았다. 나를 비롯한 많은 사람이 신종플루는 처음 경고가 나왔을 때만큼 공격적이진 않다고 결론 내렸다. 하지만 언론은 여러 주 동안 공포심을 계속 자극했다.

마침내 나는 이런 언론의 히스테리에 신물이 나서 뉴스 보도와 실제 사망자 비율을 계산해보았다. 2주일 동안 신종플루로 사망한 사람은 31명, 구글에서 검색한 관련 기사는 25만 3,442건이었다. 사망자 1명당 기사가 8,176건인 셈이다. 같은 2주일 동안 결핵 사망자는 대략 6만 3,066명이었다. 거의 대부분이 1, 2단계에 사는 사람들이었다. 지금은 얼마든지 치료 가능한 이 병이 1, 2단계 나라에서는 여전히 주요한 사망 원인이다. 하지만 결핵은 전염성이 있고 결핵 균주는 약제에 내성이 생길 수 있어, 4단계 사람도 많이 죽을 수 있다. 그런 결핵을 다룬 뉴스는 사망자 1인당 0.1건이었다. 신종플루 사망자가 결핵으로 똑같이 비극적 죽음을 맞은 사람보다 8만 2,000배나 많은 주목을 받은 셈이다.

80/20 법칙

비율을 왜곡하기는 매우 쉽지만, 다행히 그것을 막을 쉬운 해결책이 있다. 나는 많은 수를 비교해야 할 때, 그리고 그중 가장 중요한 것을 골라야 할 때 가장 쉬운 생각 도구를 이용한다. 가장 큰 수를 찾는 방법이다.

이것이 '80/20 법칙'의 전부다. 우리는 나열된 모든 문제를 똑같이 중요하게 생각하는 경향이 있는데, 사실은 그중 더 중요한 문제가 몇 개 있다. 사망 원인에 관한 문제든, 예산에 관한 문제든 나는 전체의 80%를 차지하는 문제에 먼저 주목한다. 더 작은 문제에 시간을 쓸 때는 먼저 이렇게 자문한다. 80%는 어디에 있지? 왜 이 문제가 그렇게 큰 비중을 차지할까? 그것에 담긴 의미는 무엇일까?

예를 들어 세계 에너지원을 가나다순으로 나열해보겠다. 가스, 바이오 연료, 석유, 석탄, 수력, 원자력, 지열, 태양광, 풍력. 이렇게 나열하면 모두 똑같이 중요해 보인다. 그런데 인간이 각 연료에서 얻을 수 있는 에너지 단위에 따라 나열하면 다음 도표처럼 세 가지가 나머지보다 월등하다는 것을 알 수 있다.

세계 에너지원, 2016년
세계 에너지 소비(테라와트/시간, TWh)

석유 ████████████████████████ 514
석탄 ████████████████████ 434
가스 ████████████████ 373
바이오 연료 ██████ 110
수력 ██ 40
원자력 ██ 26
풍력 █ 10
기타 █ 6
태양광 █ 3

출처: Smil 2016

    나는 큰 그림을 보기 위해 80/20 법칙을 이용하는데, 여기서
는 석유, 석탄, 가스를 모두 합하면 우리가 이용하는 에너지원의
80%가 넘는다. 정확히 말하면 87%다.

    내가 80/20 법칙의 유용성을 처음 발견한 것은 스웨덴 정부에
서 원조 프로젝트를 검토하기 시작했을 때다. 대부분의 예산에서
전체 항목의 약 20%가 예산 총액의 80%를 차지했다. 그 항목들
을 확실히 이해하면 많은 돈을 절약할 수 있다.

    나는 이 작업만으로 베트남 시골에 있는 작은 의료 센터를 지
원하는 예산의 절반이 부적절한 수술용 칼 2,000개 값으로 지출
될 예정이라는 사실을 알았고, 알제리 난민촌에 이유식을 필요한
양보다 100배나 많이(400만 리터) 보낼 예정이라는 사실도 알았
다. 그리고 이때 니카라과에 있는 작은 청소년 병원에 지원할 예
정이던 고환 보형물을 보내지 못하도록 했다. 이 모두가 단순히

예산의 80%를 차지하는 가장 큰 단일 항목을 추려내어 이례적
이다 싶은 항목을 자세히 살펴보다 찾아낸 것들이다. 아울러 이
런 경우는 모두 소수점을 빠뜨리거나 하는 단순한 실수, 또는 사
소한 혼동에서 비롯했다는 것도 발견했다.

80/20 법칙은 보기만큼이나 쉬워서 잊지만 않고 사용하면 된
다. 예를 하나 더 들어보자.

세계 핀 코드

세계를 더 잘 이해하고 더 나은 결정을 내리려면 다음을 알면 좋
다. 세계 인구 중 현재 가장 많은 사람이 사는 곳은 어디고, 앞으로
가장 많은 사람이 살 곳은 어디인가? 세계시장은 어디인가? 인터
넷 사용자는 주로 어디에 있는가? 앞으로 관광객은 어디서 올 것
인가? 대부분의 화물선은 어디로 가고 있는가? 기타 등등.

사실 문제 8

오늘날 세계 인구는 약 70억이다. 아래 지도 중 이 70억의 거주 분포를 가장 잘 나타
낸 것은?

인구 분포
세계 인구(단위: 10억 명)

A   B   C

많은 사람이 답을 맞히는 문제다. 정답률이 거의 침팬지 수준으로, 눈 감고 찍을 때와 맞먹는다. 이 책을 여기까지 읽은 사람이라면 대단한 결과라는 것을 잘 알 것이다. 보라. 정답률은 어떻게 비교하는가에 달려 있지 않은가!

그래도 응답자의 70%는 여전히 틀린 지도를 고르면서, 10억 인구를 엉뚱한 대륙에 가져다놓았다. 이들 70%는 인류 다수가 아시아에 산다는 사실을 모른다. 지속 가능한 미래에, 또는 우리 지구의 천연자원이나 세계시장을 약탈하는 문제에 진심으로 관심이 있다면 어떻게 10억 인구의 행방을 놓치는 여유를 부릴 수 있겠는가?

정답은 A다. 개인 식별 부호인 핀 코드PIN code를 응용해 세계 핀 코드를 1-1-1-4로 만들어보자. 세계 인구 지도를 외우는 방법이다. 아메리카 대륙을 왼쪽에 놓고, 왼쪽부터 오른쪽으로 10억의 개수로 만든 핀 코드다. 아메리카 1, 유럽 1, 아프리카 1, 아시아 4(반올림한 값). 다른 모든 핀 코드처럼 이 핀 코드도 바뀔 것이다. 유엔은 21세기 말이 되면 아메리카와 유럽 인구는 거의 변하지 않겠지만, 아프리카는 30억이 늘고 아시아는 10억이 늘 것으로 예상한다. 따라서 2100년이면 세계의 새로운 핀 코드는 1-1-4-5가 될 것이다. 세계 인구의 80% 이상이 아프리카와 아시아에 살게 된다는 이야기다.

유엔의 세계 인구 성장 예상치가 옳다면, 그리고 아시아와 아프리카의 소득이 지금처럼 꾸준히 높아진다면, 앞으로 20년 뒤에는 세계시장의 무게중심이 대서양에서 인도양으로 옮겨간다. 오늘날에는 북대서양 주변의 부유한 국가에 사는, 세계 인구의 11%에 해당하는 사람들이 4단계 소비자 시장의 60%를 차지한다. 그러나 지금처럼 전 세계에서 소득이 꾸준히 높아진다면 그 비율은 2027년 50%로 줄어들 것이다. 그리고 2040년에는 4단계 소비자의 60%가 서양 이외의 지역에 살 것이다. 그렇다. 나는

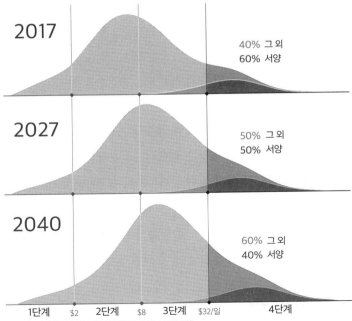

곧, 비서양인이 4단계의 다수가 될 것이다
소득수준별 서양과 그 외 세계의 인구 분포

2017
40% 그 외
60% 서양

2027
50% 그 외
50% 서양

2040
60% 그 외
40% 서양

1단계 $2 2단계 $8 3단계 $32/일 4단계

물가와 인플레이션을 반영해 2011년 불변 달러로 표시한 소득(달러/일)
출처: Gapminder[8] based on PovcalNet, IMF[1], van Zanden[1]

서양의 세계경제 지배가 조만간 끝날 거라고 본다.

북아메리카와 유럽 사람은 세계 인구 상당수가 아시아에 살고 있다는 사실을 인지해야 한다. 경제적 영향력 면에서 '우리' 서양인은 80%가 아니라 20%가 되어가고 있다. 하지만 '우리' 중 많은 사람이 과거를 그리워하느라 이 수치를 받아들이기 힘들어한다. 베트남에 있는 우리의 전쟁 기념비가 얼마나 커야 할지 오판할 뿐 아니라, 앞으로 세계시장에서 우리의 중요성도 오판한다. 우리 중 다수가 미래에 무역을 장악할 사람들을 제대로 대우해야 한다는 사실을 잊고 산다.

수를 나눠보라

큰 수에 의미를 부여하기 위해 우리가 할 수 있는 최선의 방법은 흔히 그 수를 총합으로 나누는 것이다. 내가 하는 일과 관련해서는 총합이 총인구일 때가 많다. 어떤 수(예: 홍콩의 아동 인구)를 다른 수(예: 홍콩의 학교 수)로 나누면 비율이 나온다(홍콩의 학교당 아동 수). 총량은 구하기 쉬워서 쉽게 알 수 있다. 누군가가 무언가를 세면 그만이다. 하지만 비율이 더 의미 있을 때가 많다.

분모에 나타나는 추세

420만 명의 죽은 아기로 돌아가보자. 이번 5장 앞부분에서 나는

2016년 사망한 아기 420만 명을 1950년 사망한 아기 1440만 명과 비교했다. 만약 해마다 신생아 수가 줄고, 그게 아기의 사망이 줄어드는 이유라면 어떨까? 어떤 수가 줄어드는 것은 종종 그 이면에 있는 다른 수가 줄기 때문일 수 있다. 그 점을 확인하려면 전체 아동 사망자 수를 총신생아 수로 나눠보면 된다.

1950년의 신생아는 9700만 명이고, 사망한 아이는 1440만 명이다. 이때 전체 아동 사망률을 구하려면 사망자 수를 신생아 수로 나눈다. 그러면 15%가 나온다. 1950년에는 신생아 100명 중 15명이 첫 번째 생일을 맞이하기 전에 죽었다는 뜻이다.

이제 가장 최근 수치를 보자. 2016년의 신생아는 1억 4100만 명이고, 죽은 아이는 420만 명이다. 사망자 수를 신생아 수로 나누면 3%가 나온다. 전 세계에서 신생아 100명 중 첫 번째 생일이 되기 전에 죽는 아이는 3명에 불과하다. 와, 영아 사망률이 15%에서 3%로 줄다니! 사망자 수가 아닌 비율을 비교하니, 최근 수치가 갑자기 놀랍도록 낮아 보인다.

인간의 목숨을 놓고 이런 셈을 하는 걸 부끄럽게 여기는 사람도 있다. 하지만 나는 그런 셈을 하지 않는 것이 되레 부끄럽다고 생각한다. 나는 하나의 수만 보면 내가 그걸 잘못 해석할지도 모른다는 의심을 떨칠 수가 없다. 하지만 수를 비교하고 나눠보면 희망이 보이기도 한다.

1인당 수치

"중국, 인도, 그 밖의 신흥 경제국이 위험한 기후변화를 초래할 정도의 속도로 점점 많은 이산화탄소를 배출할 것으로 예상합니다. 실제로 중국은 이미 이산화탄소를 미국보다 많이 배출하고, 인도는 독일보다 많이 배출하고 있습니다."

이 거침없는 발언은 2007년 1월 다보스에서 열린 세계경제포럼 때 기후변화 토론자로 참석한 유럽연합 소속 국가의 환경부 장관에게서 나온 것이다. 이 장관은 마치 그것이 자명한 사실인 양 감정을 드러내지 않은 말투로 특정 국가를 탓했다. 하지만 그가 중국과 인도 토론자의 표정을 보았더라면 자신의 시각이 전혀 자명한 사실이 아님을 알 수 있었을 것이다. 중국 전문가는 매우 화가 난 표정이었지만, 계속 앞을 주시했다. 반면에 인도 전문가는 가만히 보고만 있지 않았다. 그는 손을 흔들었고, 나중에 발언하라는 중재자의 신호를 무시했다.

그가 자리에서 일어나 토론자들의 얼굴을 차례로 살펴보는 동안 짧은 침묵이 흘렀다. 짙은 푸른색의 우아한 터번, 고가로 보이는 짙은 회색 양복, 그리고 무척 화가 난 상태에서 취하는 행동 방식을 보건대 그는 인도에서 지위가 매우 높은 공무원이고, 세계은행과 국제통화기금IMF을 여러 해 주도해온 전문가임이 분명했다. 그는 부유한 나라에서 온 토론자들을 향해 팔을 크게 한 번 휘두른 다음 큰 소리로 비난했다. "우리 모두를 이런 힘든 상황으로 내몬 건 제일 잘사는 당신네 나라들입니다. 당신들은 한 세기가 넘도록 갈수록 많은 석탄과 석유를 사용해왔습니다. 우리를 기후변화의 벼랑까지 몰고 간 건 당신들, 바로 당신들입니다." 그러더니 갑자기 자세를 바꿔 손바닥을 맞잡고 인도식 인사법으로 고개를 숙이더니, 거의 속삭이듯 상냥한 말투로 이야기했다. "하지만 용서하겠습니다. 당신들은 자신이 어떤 행동을 하고 있는지 모르니까요. 누군가에게 해를 끼쳤어도 모르고 그랬다면 그 사람을 절대 비난할 수 없습니다." 그러고는 몸을 똑바로 세우더니 판결을 내리는 심판처럼 둘째 손가락을 들어 천천히 움직이며 단어 하나하나를 강조하면서 말을 마무리했다. "하지만 지금부터는 이산화탄소를 '1인당' 배출량으로 계산합시다."

나는 그의 말에 100% 공감한다. 나는 국가별 '총'배출량을 기초로 중국과 인도를 기후변화의 주범이라고 조직적으로 비난할 때면 더러 오싹하다. 그것은 중국 전체 인구의 몸무게 합이 미국보다 크다고 해서 미국보다 중국에서 비만이 더 심각하다고 주장하는 꼴이다. 국가별 총배출량을 문제 삼는 주장은 나라마다 인구가 크게 다르다는 점을 생각하면 말도 안 된다. 이 논리대로라면 전체 인구가 500만 명인 노르웨이는 1인당 이산화탄소를 아무리 많이 배출해도 문제가 되지 않을 수 있다.

이런 경우는 국가별 총배출량이라는 큰 수치를 해당 국가의 인구로 나눠야 의미가 있고, 비교 가능한 수치가 된다. HIV, 국내총생산GDP, 휴대전화 판매량, 인터넷 사용자 수, 이산화탄소 배출량 등을 측정할 때는 항상 1인당 수치를 계산해야 더 의미 있는 값을 얻을 수 있다.

밖은 위험해

오늘날 4단계 사람들은 역사상 가장 안전한 삶을 살고 있다. 4단계 나라에서는 예방 가능한 위험이 거의 제거되었다. 그런데도 많은 사람이 불안한 마음으로 살아간다.

사람들은 '밖에' 있는 온갖 위험을 걱정한다. 자연재해로 많은 사람이 죽고, 질병이 퍼지고, 비행기가 추락한다. 이 모든 일이 밖에서, 수평선 저 너머에서 늘 일어난다. 조금 이상하지 않은가? 그런 끔찍한 사건은 우리가 사는 안전한 장소인 '여기'서는 좀처럼 일어나지 않는다. 하지만 저 밖에서는 날마다 일어나는 것만 같다. 하지만 기억하라. '저 밖'은 무수히 많은 장소의 합이고, 우리는 한곳에 산다. 물론 나쁜 일은 저 밖에서 일어난다. 저 밖은 여기보다 훨씬 크다. 따라서 저 밖에 있는 모든 장소가 우리가 사는 이곳만큼 안전해도 끔찍한 사고 수백 건은 여전히 저 밖에서 일어날 것이다. 하지만 그 장소를 하나하나 따로 추적해보면 대부분이 얼마나 평화로운지 깜짝 놀랄 것이다. 그러다 끔찍한 일이 벌어진 그날 하루가 뉴스에 나온다. 그리고 그 밖의 다른 날은 그곳 소식을 들을 일이 없다.

비교하고 나눠라

뉴스에 수치가 달랑 하나만 나오면 내 머릿속에서는 항상 경보
음이 울린다. 그 수를 무엇과 비교해야 할까? 그 수가 1년 전에는
어땠을까? 10년 전에는? 비교 가능한 나라나 지역은 어디일까?
어떤 수로 나눠야 할까? 이 수와 관련한 총합은 무엇일까? 1인당
으로 환산하면 몇일까? 나는 이런 여러 가지 비율을 비교한 뒤라
야 그것이 정말 중요한 수인지 판단할 수 있다.

FACTFULNESS FACTFULNESS FACTFULNESS FACTFULNESS FACTFULNESS FACTFULNESS FACTFULNESS

사실충실성

사실충실성은 (크든 작든) 그 수가 인상적으로 보이지만 달랑 하나뿐이라
는 걸 알아보는 것이고, 그 수를 관련 있는 다른 수와 비교하거나
다른 수로 나눴을 때 정반대 인상을 받을 수 있다는 사실을 기억
하는 것이다.

크기 본능을 억제하려면 비율을 고려하라.

- **비교하라** 큰 수는 항상 커 보인다. 수치가 달랑 하나만 있으면 오판하기 쉬우니 의심해야 한다. 항상 비교하라. 어떤 수로 나눠보면 더없이 좋다.
- **80/20** 여러 항목을 나열한 긴 목록을 받아본 적이 있는가? 그중 가장 큰 항목 몇 개를 찾아 그것부터 처리하라. 그 몇 개가 나머지를 모두 합친 것보다 더 중요할 가능성이 높다.
- **나눠라** 총량과 비율은 완전히 다른 이야기다. 비율이 의미가 더 크다. 크기가 다른 집단을 비교할 때는 더욱 그렇다. 특히 국가 간, 지역 간 비교에서는 1인당 수치를 구해보라.

6장

일반화 본능

———

The Generalization Instinct

FACT
FULNESS

———

나는 왜 덴마크 사람들에 대해 거짓말을 해야 했으며,
집을 짓다가 마는 것이 어떻게 현명할 수 있는가

The Generalization Instinct

저녁 식사가 준비되었습니다

콩고강 남쪽 반둔두Bandundu 지역 대초원의 아카시아나무 뒤로 붉은 해가 넘어가고 있었다. 포장도로가 끝나는 곳에서 한나절을 걸어야 도착하는 곳이다. 여기에 극도로 빈곤하게 살아가는 사람들이 있다. 이들은 산 뒤쪽, 도로가 끝나는 곳 너머에 갇히다시피 살아가고 있다. 나는 동료 토르킬드Thorkild와 함께 이 외딴 마을에 사는 사람들을 찾아가 영양 섭취와 관련한 이런저런 질문을 했다. 그들은 방문객을 위해 파티를 열어주려 했다. 지금까지 누구도 이 먼 곳까지 와서 이들의 문제를 직접 물어본 적이 없었다.

이들은 100년 전 스웨덴 사람들이 그랬듯이 그들이 구할 수 있는 가장 큰 고깃덩이를 손님에게 대접하며 감사와 존경을 표시했다. 마을 사람 전체가 토르킬드와 내 주위에 둥글게 모여 음식을 건넸다. 껍질을 벗겨 통째로 구운 쥐 두 마리가 커다란 녹색 잎 두 장 위에 놓여 있었다.

나는 토할 것만 같았다. 그런데 토르킬드는 벌써 음식을 먹기 시작했다. 우리는 아무것도 먹지 않고 하루 종일 일한 뒤라 몹시 배가 고팠다. 마을 사람들을 둘러보니 모두 기대감에 차서 나를 보며 환히 웃고 있었다. 먹어야만 했다. 결국 쥐를 입에 넣었다. 그런데 그리 나쁘지 않았다. 얼핏 닭고기 맛도 났다. 예의를 차리느라 음식을 삼키면서 행복한 표정을 지어 보이려 애썼다.

이어서 후식을 먹을 차례였다. 새 접시에는 팜너트나무에서 잡은 커다란 흰색 애벌레가 가득했다. 애벌레는 내 엄지보다 길고 굵을 정도로 컸는데, 자체의 지방을 이용해 살짝 튀겨서 내놓았다. 그런데 '너무' 살짝 튀긴 걸까. 애벌레가 여전히 움직이는 것 같았다. 마을 사람들은 그런 별미를 대접한 것을 자랑스러워했다.

기억하는가? 나는 검을 삼키는 사람이다. 무엇이든 목구멍으로 집어넣을 수 있어야 한다. 게다가 식성이 유난스럽지도 않다. 모기로 만든 죽을 먹은 적도 있다. 하지만 이건 아니다. 이것만큼은 불가능했다. 애벌레 머리는 작은 갈색 견과류처럼 생겼고, 굵은 몸통은 투명하고 주름진 마시멜로 같아서 안에 있는 창자가 보일 정도였다. 마을 사람들은 애벌레를 깨물어 두 토막을 낸 뒤

창자를 빨아먹으라는 시늉을 했다. 하라는 대로 했다가는 먼저 먹은 쥐를 토할 것 같았다. 무례한 행동은 하고 싶지 않았다.

그때 문득 좋은 수가 떠올랐다. 나는 살짝 웃으며 안타깝다는 투로 말했다. "저기, 죄송하지만 애벌레는 못 먹어요."

토르킬드가 놀란 표정으로 나를 쳐다보았다. 애벌레 두 마리가 벌써 그의 입꼬리에 매달려 있었다. 토르킬드는 애벌레를 진짜 좋아했다. 그는 전에 콩고에서 선교 활동을 했는데, 그곳에서는 애벌레가 1년 내내 매주 최고의 메뉴였다.

"우리는 원래 애벌레를 먹지 않아요." 나는 사람들을 설득하려 애썼다. 마을 사람들이 토르킬드를 쳐다보았다.

"그런데 저분은 드시는데요?" 사람들이 말했다. 그러자 토르킬드가 나를 빤히 쳐다봤다.

"아, 보시다시피 저 친구는 나하고 다른 종족이거든요. 나는 스웨덴에서 왔고, 저 친구는 덴마크에서 왔어요. 덴마크에서는 애벌레를 정말 잘 먹죠. 하지만 스웨덴 문화는 그렇지 않아요." 마을의 교사가 세계지도를 가져왔다. 나는 스웨덴과 덴마크를 가르는 바다를 짚어 보였다. "바다 이쪽 사람들은 애벌레를 먹고, 여기 이쪽에 사는 우리는 먹지 않아요." 그렇게 뻔뻔스럽게 거짓말을 해보기는 처음이었지만, 어쨌거나 통했다. 마을 사람들은 내 후식을 가져가 자기들끼리 즐겁게 나눠 먹었다. 종족이 다르면 풍습도 다르다는 사실은 누구나 안다.

일반화 본능

사람은 끊임없이 범주화하고 일반화하는 성향이 있다. 무의식중에 나오는 성향이지, 편견이 있다거나 깨우치지 못해서 그런 것은 아니다. 우리 사고가 제 기능을 하려면 범주화는 필수다. 범주화는 생각의 틀을 잡는 작업이다. 우리가 모든 주제, 모든 시나리오 하나하나를 정말로 유일하다고 본다면 우리를 둘러싼 세계를 무슨 말로 묘사하겠는가.

일반화 본능은 이 책에서 언급한 다른 모든 본능과 마찬가지로 우리에게 필요하고 유용하지만, 세계를 바라보는 시각을 왜곡할 수 있다. 실제로는 매우 다른 사물이나 사람 또는 국가를 같은 범주로 잘못 묶을 수 있고, 같은 범주에 속한 모든 대상을 다 비슷하다고 단정할 수도 있다. 그리고 아마도 가장 큰 문제는 소수를 가지고, 심지어 매우 드문 단 하나의 사례를 가지고 그것이 속한 범주 전체를 속단할 수 있다는 점이다.

이번에도 언론은 이런 본능의 친구다. 엉터리 일반화와 고정관념은 언론이 일종의 속기처럼 사용하는 것으로, 빠르고 쉽게 소통하는 방법이다. 요즘 신문에 나오는 전원생활, 중산층, 슈퍼맘, 조직원 등이 그러한 예에 속한다.

많은 사람이 인정한 문제 있는 일반화를 고정관념이라고 한다. 가장 흔하게는 인종과 성별을 이야기할 때 고정관념이 끼어든다. 이때 아주 중요한 문제가 많이 발생하는데, 엉터리 일반화로 생기는 문제는 이뿐만이 아니다. 잘못된 일반화는 무언가를 이해할 때 항상 생각을 방해한다.

간극 본능은 세상을 '우리'와 '저들'로 나누고, 일반화 본능은 우리가 저들을 다 똑같은 사람으로 생각하게 한다.

4단계에 살며 일반 기업에서 일하는 사람이라면, 일반화 탓에 잠재적 소비자와 생산자 다수를 잃을 위험이 크다. 대규모 은행의 투자 담당자라면 어떨까? 그는 매우 다른 사람들을 한데 묶는 바람에 고객의 돈을 투자할 곳을 잘못 고를 위험이 크다.

사실 문제 9

오늘날 전 세계 1세 아동 중 어떤 질병이든 예방접종을 받은 비율은 몇 퍼센트일까?

☐ A: 20%

☐ B: 50%

☐ C: 80%

여러 분야 전문가의 무지를 비교하려면 평범한 여론조사 회사로는 어렵다. 그런 회사는 대기업이나 정부 기관에 접근하기 어렵다. 내가 강연을 시작하면서 청중을 상대로 설문 조사를 하는 이유도 바로 이 때문이다. 나는 지난 5년 동안 108회 강연에서 총 1만 2,596명에게 질문을 던졌다. 이때 최악의 결과가 나온 문제는 사실 문제 9번이다. 다음 도표는 12개 전문가 집단을 오답률 순서로 정리한 것이다.

사실 문제 9 결과: 매우 틀린 답을 한 사람의 비율
오늘날 전 세계 1세 아동 중 어떤 질병이든 예방접종을 받은 비율은 몇 퍼센트일까?
(정답: 80%, 매우 틀린 답: 20%)

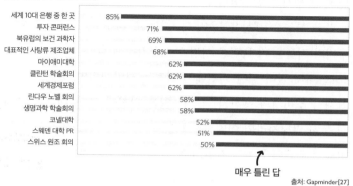

출처: Gapminder[27]

　최악의 결과는 전 세계 투자 담당 매니저들이 세계 10대 은행 중 한 곳의 본점에 모인 연례 회동 때 나왔다. 나는 세계 10대 은행 중 세 곳을 방문했는데, 계약서에 사인한 내용도 있고 해서 그 회동이 그중 어디에서 열렸는지는 밝힐 수 없다. 어쨌거나 회의실에 모인 말쑥하게 차려입은 71명의 은행 간부 중 무려 85%가 전 세계에서 소수의 아이들만 예방접종을 받는다는 매우 틀린 답을 내놓았다.

　백신은 공장에서 아이 팔뚝에 닿기까지 차갑게 유지해야 한다. 그래서 냉장 시설을 갖춘 컨테이너에 넣어 전 세계 항구로 운반하고, 거기서 다시 냉장 시설을 갖춘 트럭에 싣는다. 각 지역의 병원과 진료소는 트럭에 실려서 온 백신을 다시 냉장 시설에 보관한다. 이러한 운송 경로를 저온 유통cool chain이라고 한다. 저온 유통이 가능하려면 우선 운송, 전기, 교육, 보건 의료 같은 기반 시설을 모두 갖춰야 한다. 공장을 새로 지을 때도 이와 똑같은 기반 시설이 필요하다. 88%의 아이가 예방접종을 받는데도 주요 투자자들이 20%의 아이만 예방접종을 받는다고 생각한다면, (가장 빠르게 성장하는 지역에서 가장 높은 수익을 얻을 수도 있는) 거대한 투자 기회를 놓침으로써 임무를 제대로 수행하지 못할 공산이 크다.

머릿속에 '저들'이라는 범주를 만들고 거기에 인류 다수를 집어넣으면 이런 식의 엉터리 답이 나온다. 특정 범주의 삶을 상상할 때 어떤 이미지가 떠오르는가? 뉴스에 나오는 가장 생생하고 충격적인 이미지를 떠올리지 않는가? 4단계 사람들이 사실 문제 9번에 대답할 때 그런 상상을 할 거라고 나는 생각한다. 뉴스에 나오는 극도의 결핍을 보다 보면 인류 다수에 대해 고정관념을 갖게 된다.

임신하면 대략 2년 정도는 생리를 하지 않는다. 생리대 제조업자에게는 우울한 뉴스다. 따라서 이들은 세계적으로 여성 1인당 출생아 수가 떨어지고 있다는 사실을 알고, 기뻐해야 한다. 집 밖에서 일하는, 교육받은 여성이 늘고 있다는 소식도 마찬가지다. 이런 발전은 현재 2, 3단계에 살면서 생리를 하는 여성 수십억 인구 사이에서 지난 여러 해 동안 생리대 시장이 폭발적으로 늘어나는 계기가 되었다.

그런데 세계적 생리대 제조업체에서 개최한 국제회의에 참석한 나는 서양 제조업체 대부분이 이런 점을 완전히 놓치고 있다는 걸 알았다. 이들은 4단계에서 생리를 하는 여성 3억 명에만 매몰된 채 거기서 새로운 욕구와 새로운 고객을 찾으려 했다. "비키니를 입을 때 사용하는 더 얇은 패드를 내놓으면 어떨까? 라이크라 스판을 입을 때 사용하는 보이지 않는 패드는? 복장마다, 상황마다, 스포츠마다 각각의 경우에 맞는 패드를 만들면 어떨까? 등산용 특수 패드도 좋지!" 모든 패드가 워낙 작아서 하루에도 몇 번씩 갈아야 한다면 제조업체에는 이상적일 것이다. 그러나 부유한 소비자 시장이 대부분 그렇듯 기본 욕구는 진작 충족되었고, 생산자는 가뜩이나 작은 분야에서 새로운 수요를 만드느라 헛된 싸움을 할 뿐이다.

반면 2, 3단계에서는 생리를 하는 약 20억의 여성이 생리대를 선택할 여지가 거의 없다. 이들은 라이크라 스판을 입지 않으며, 울트라 슬림 패드에 돈을 쓰지도 않는다. 이들은 밖에서 일할 때 하루 종일 갈지 않고 쓸 수 있는, 믿을 만하고 값싼 패드를 원한다. 그런 제품을 찾을 수 있다면 아마도 평생 한 가지 상표만 고집하면서 딸에게도 같은 상품을 추천할 것이다.

이런 논리는 다른 많은 소비재에 두루 적용할 수 있다. 나는 업계 지도자를 상대로 수백 회 강연을 하면서 이러한 점을 누차 강조했다. 세계 인구 다수에서 삶의 단계가 천천히 올라가고 있다. 3단계에 사는 사람은 현재 20억에서 2040년에는 40억까지 늘 것이다. 세계 거의 모든 사람이 소비자가 되고 있다. 세계 인구 대다수가 물건을 전혀 살 수 없을 정도로 여전히 가난하다고 오해하

는 사람은 세계 역사상 가장 큰 경제적 기회를 놓친 채 유럽 대도
시에 사는 부유한 힙스터에게 특수 '요가' 생리대를 파는 데 마케
팅 비용을 쓸 것이다. 사업 계획을 전략적으로 세우는 사람이라면
사실에 근거한 세계관을 바탕으로 미래의 고객을 찾아야 한다.

만만찮은 현실

일상을 살아가려면 일반화 본능이 필요하고, 때로는 그 본능 덕
에 역겨운 것을 먹어야 하는 상황을 모면할 수도 있다. 우리에겐
늘 범주가 필요하다. 단, 우리가 생각하는 여러 가지 단순한 범주
중 어떤 것(예: '선진국'과 '개발도상국')이 오해의 소지가 있는지 알
고, 그 범주를 좀 더 나은 것(예: 네 단계)으로 대체해야 한다.

　이를 위한 최고의 방법 중 하나는 여행이다. 가능하다면. 내가
카롤린스카연구소에서 세계 보건을 공부하는 학생들에게 연구
목적으로 1, 2, 3단계 나라에 가보라고 하는 이유도 그 때문이다.
그곳에서 대학 수업을 들어보고, 병원을 가보고, 그 지역 가정에
묵으면서 그곳 생활을 직접 체험하는 것만큼 좋은 게 없다.

　이 학생들은 대개 스웨덴의 특권층 젊은이로, 좋은 일을 하고
싶어 하지만 세상을 잘 알지 못한다. 여행을 해봤다는 학생도 대
개 생태 관광 여행사 옆에 있는 카페에서 카푸치노를 마시는 정
도지, 그곳 가정이나 주민과 직접 어울리는 일은 절대 없다.

인도 케랄라Kerala주 티루바난타푸람Thiruvananthapuram이나 우
간다 캄팔라Kampala에 가면, 도착 첫날에 학생들은 대개 매우 잘
정돈된 도시를 보고 깜짝 놀란다. 신호등도 있고, 하수처리 시설
도 있다. 그뿐 아니라 거리에서 죽어가는 사람도 보이지 않는다.

도착 둘째 날에는 대개 공공 병원을 둘러본다. 벽에 페인트칠
도 안 되어 있고, 에어컨도 없고, 병실 하나에 환자 60명을 수용
하는 모습을 보면 학생들은 서로 귓속말로 여기는 극도로 가난한
곳이 틀림없다고 말한다. 그러면 나는 극빈층 지역은 아예 병원
이 없다고 설명한다. 극빈층 여성은 어둠을 뚫고 맨발로 걸어온,
전문 훈련을 받지 않은 산파의 도움으로 흙바닥에서 아이를 낳는
다. 병원 관리자가 상황을 설명했다. 벽에 페인트칠을 하지 않는
것은 2, 3단계 나라의 전략적 결정이지, 페인트칠할 돈이 없어서
가 아니라는 얘기였다. 페인트칠이 떨어져 나간 벽을 그대로 두
면 상대적으로 잘사는 환자들을 오지 못하게 하는 효과가 있다.
이런 환자는 시간이 많이 드는 값비싼 치료를 요구하는 탓에, 이
들을 받지 않아야 병원의 한정된 자원을 좀 더 많은 사람에게 사
용하고, 비용도 효율적으로 쓸 수 있다는 설명이다.

이어서 학생들은 환자 중에 당뇨병 진단을 받아도 인슐린이
비싸서 치료하지 못하는 사람도 있다는 이야기를 듣는다. 학생들
은 이해하기 어렵다. 당뇨병을 진단할 수 있는 병원이면 그래도
괜찮은 곳 아닌가. 그런데 환자가 처방받은 약을 살 수 없을 정도
로 약값이 비싸다니 너무나 이상하다. 하지만 2단계에서는 무척

흔한 일이다. 2단계의 공중 보건 체계는 일부 질병 진단이나 응급처치, 값싼 약 공급이 가능해 생존율을 높이는 데 크게 기여한다. 하지만 당뇨처럼 평생 지속되는 질병을 치료하는 비용은 (비용이 낮아지지 않는 한) 충당할 여유가 없다.

한번은 한 여학생이 2단계 삶을 제대로 이해하지 못해 큰 대가를 치를 뻔한 적이 있다. 인도 케랄라주에 있는 8층짜리 멋진 현대식 사립 병원을 찾아갔을 때의 일이다. 우리는 복도에서 아직 오지 않은 학생을 기다렸다. 15분이 지나도 오지 않아 우리끼리 움직이기로 하고 복도를 따라 내려가 대형 승강기를 탔다. 병원 침대가 여러 개 들어갈 정도로 매우 큰 승강기였다. 이번 행사를 주최한 집중치료실 실장이 6층 버튼을 눌렀다. 문이 닫히는 순간, 금발의 젊은 스웨덴 학생이 병원 복도로 뛰어오는 모습이 보였다. "뛰어, 뛰어!" 그 모습을 본 학생의 친구가 소리치며 발을 내밀어 승강기 문을 멈추려 했다. 순식간에 일어난 일이었다. 승강기 문은 여학생의 발을 조이며 계속 닫혔다. 학생은 고통과 공포에 비명을 질렀다. 승강기는 천천히 올라가기 시작했다. 학생은 더 크게 비명을 질렀다. 이러다가는 다리가 부러지겠다 싶을 때, 우리를 안내하던 실장이 뒤쪽에서 뛰어나와 빨간색 비상 정지 버튼을 눌렀다. 그러고는 내게 화난 말투로 도와달라고 했다. 우리는 문을 강제로 열어 피가 흐르는 학생의 다리를 빼냈다.

나중에 그 실장이 내게 말했다. "살다 살다 이런 일은 처음 봐요. 어떻게 그런 바보 같은 학생이 의과대학에 있을 수 있죠?" 나

는 스웨덴 승강기에는 자동 감지 장치가 있어 문 사이에 무언가
가 끼면 닫히던 문이 저절로 다시 열린다고 설명했다. 인도 의사
는 의심스러운 눈으로 말했다. "그런 고도의 기술이 매 순간 작동
할 거라고 어떻게 확신하죠?" "그냥 늘 작동해요. 엄격한 안전 규
칙이 있고, 정기적으로 점검하니까 잘 작동하겠죠." 좀 어리석은
대답 같았다. 실장은 확신하지 못하는 눈치였다. "흠, 그렇다면
스웨덴이 워낙 안전해서 해외로 나가면 위험하겠군요."

나는 그 여학생이 그렇게 바보는 아니라고 장담할 수 있다. 어
리석게도 4단계 나라에서 승강기를 타던 자신의 경험을 다른 모
든 나라 승강기에 일반화했을 뿐이다.

여행 마지막 날이면 우리는 소박한 작별 의식을 치르는데, 때
로는 여기서 다른 사람들이 우리를 일반화하는 것을 보기도 한
다. 이번에는 우리 여학생들이 현지에서 구입한 화려한 사리를
예쁘게 차려입고 제시간에 도착했다(승강기에 다리를 다친 학생은 치
료를 잘 받은 상태였다). 10분이 지나자 남학생들도 도착했는데, 누
가 봐도 술기운이 도는데다 찢어진 청바지와 지저분한 티셔츠를
입고 있었다. 인도 법의학을 대표하는 교수가 내 쪽으로 몸을 기
울이며 속삭였다. "스웨덴에서는 연애결혼을 한다고 들었는데,
거짓말인가 봅니다. 저 남학생들을 보세요. 부모가 짝지어주지
않는 한 어떤 여자가 저런 남자랑 결혼하려고 하겠어요?"

우리가 다른 나라에 가서 여행객을 상대로 장사하는 카페뿐
아니라 현실을 들여다본다면, 내가 살던 곳에서 평범한 것을 기

준으로 삼은 일반화가 무용지물이거나 오히려 위험하다는 사실을 알 수 있다.

내 인생 최초의 순간

우리 학생들을 비난할 마음은 없다. 나도 별반 나을 게 없으니까.

1972년 의대 4학년이던 나는 인도 벵갈루루Bengaluru에서 의학을 공부했다. 첫 번째 수업은 신장 엑스레이에 관한 내용이었다. 나는 첫 번째 엑스레이를 보면서 신장암 사진이 분명하다고 생각했다. 하지만 수업을 존중하는 마음에서 말하지 않고 잠시 기다리기로 했다. 잘난 척하고 싶지는 않았다. 인도 학생 몇몇이 손을 들고 한 사람씩 그게 어떤 암이고, 어떻게 진행하고, 어디에 퍼지는지, 최선의 치료법은 무엇인지 등을 설명했다. 그들은 이런 식으로 30분간 고참 의사만 알 것 같은 문제에 대답했다. 그러다 내가 어이없는 실수를 저질렀다고 생각했다. 강의실을 잘못 들어온 게 분명했다. 4학년 학생이 아니라 전문의가 틀림없었다. 나는 그들의 분석에 덧붙일 말이 하나도 없었다.

강의실을 나가면서 옆 사람에게 원래 4학년 수업을 들으려 했다고 말했다. 그러자 그가 말했다. "4학년 맞아요." 순간, 나는 할 말을 잃었다. 그들은 이마에 카스트 표시를 새

기고, 이국적 야자수가 자라는 곳에서 살고 있다. 그런 사
람들이 어떻게 나보다 더 많은 걸 알고 있을까? 나는 이후
며칠 동안 그들의 교재는 내 것보다 3배 더 두껍고, 그들이
나보다 교재를 3배 더 많이 읽는다는 사실을 알았다.

나는 이때의 경험을 세계관을 바꿔야 했던 인생 최초의 순
간으로 기억한다. 그전까지는 스웨덴 출신이라는 이유로
내가 우월하다고 생각했다. 서양이 최고이고 그 외는 절대
서양을 따라올 수 없으리라 여겼다. 그러나 45년 전 그 수
업에서, 나는 서양이 세계를 지배하는 날이 오래가지 못할
거라고 생각했다.

일반화 본능을 어떻게 억제할까?

여행을 할 수 없어도 걱정할 필요는 없다. 엉터리 범주를 사용하
지 않는 다른 방법이 있다.

더 나은 범주를 찾아라: 달러 스트리트

내가 세상을 배울 기회로 1, 2, 3단계 나라 여행을 추천하면, 안나
는 그 방법은 대부분 사람에게 순진하고 비현실적이라고 늘 주장
하곤 했다. 힘들게 번 돈으로 멀리까지 가서 해변이나 훌륭한 요
리, 술집, 동화 같은 야생을 체험하기는커녕 고작 구덩이 뒷간을

이용해보고 1, 2, 3단계의 달갑지 않은 일상을 체험하고 싶은 사람이 누가 있겠는가.

대부분의 사람은 세계적 추세와 비율을 보여주는 데이터를 연구하는 데 한마디로 흥미가 없다. 그리고 데이터를 본다 한들 그것이 서로 다른 단계에 사는 사람들의 일상에 어떤 의미가 있는지 이해하기도 힘들다.

간극 본능을 다룬 1장에서 각 단계를 설명할 때 사용한 사진을 기억하는가? 모두 '달러 스트리트Dollar street'에서 가져온 것이다. 달러 스트리트는 소파에 앉아 여행을 즐기는 사람들에게 세계를 알려주려고 안나가 개발한 프로젝트다. 덕분에 이제는 사람들이 살아가는 모습을 굳이 집을 떠나지 않고도 이해할 수 있다.

세상의 모든 집이 소득에 따라 긴 거리에 일렬로 줄을 선다고 상상해보자. 가장 가난한 집은 거리 왼쪽 끝에 있고, 가장 부유한 집은 오른쪽 끝에 있다. 그럼 다른 집은? 물론 지금쯤이면 독자도 잘 알고 있듯이 대부분의 사람은 중간쯤에 산다. 이 거리에서 번지수는 소득을 나타낸다. 달러 스트리트에서 내 이웃은 전 세계에서 나와 소득이 같은 사람들이다.

안나는 지금까지 50개국이 넘는 나라의 약 300개 가정에 사람을 보내 사진을 찍었다. 그들이 찍은 사진에는 사람들이 어떻게 먹고, 자고, 이를 닦고, 식사 준비를 하는지 잘 나타나 있다. 집은 어떤 재료로 만들었는지, 어떤 식으로 난방을 하고 불을 밝히는지, 화장실이나 조리 기구 같은 시설은 어떻게 생겼는지, 그 밖의 일상생활을 보여주는 총 130여 개 항목이 사진에 담겼다. 국가는 달라도 소득수준이 같으면 삶이 놀랍도록 닮았고, 국가는 같아도 소득수준이 다르면 삶의 방식이 천차만별임을 보여주는 사진으로 책 전체를 채울 수도 있다. 우리는 4만 장 넘는 사진을 확보했다.*

사진에서 분명하게 알 수 있는 것은 사람의 삶에 영향을 미치는 주된 요소는 종교나 문화, 국가가 아니라 소득이라는 점이다.

아래는 소득수준이 다른 가정의 칫솔을 비교한 사진이다. 1단계에서는 손가락이나 막대로 이를 닦는다. 2단계에서는 플라스틱 칫솔 하나를 식구가 다같이 사용한다. 3단계에서는 한 사람당 칫솔이 하나씩 있다. 4단계는 독자에게 이미 익숙한 사진이다.

칫솔

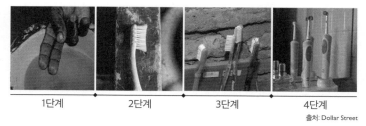

| 1단계 | 2단계 | 3단계 | 4단계 |

출처: Dollar Street

4단계 가정의 침실(또는 주방이나 거실)은 미국, 베트남, 멕시코, 남아프리카공화국, 기타 세계 어느 나라든 비슷하다.

중국에서 2단계 가정이 음식을 저장하고 준비하는 방법은 나이지리아 2단계 가정의 방식과 매우 비슷하다.

---

* 달러 스트리트(www.dollarstreet.org) 참고.

4단계 침실

전 세계에서 1일 소득이 32달러 이상인 가정의 전형적인 침실

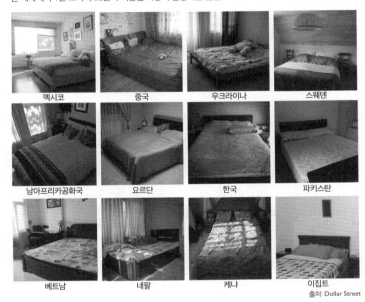

멕시코	중국	우크라이나	스웨덴
남아프리카공화국	요르단	한국	파키스탄
베트남	네팔	케냐	이집트

출처: Dollar Street

2단계 조리 시설: 땔감

나이지리아   중국

출처: Dollar Street

2단계의 30억 인구는 사는 곳이 필리핀이든, 콜롬비아든, 라이베리아든 어디든 기본적 삶이 꽤 닮았다.

지붕은 조각을 이어 붙여 만드는 방식이어서 비가 오면 새고, 겨울에도 춥다.

2단계 지붕: 조각을 이어 붙이는 식

필리핀   콜롬비아   라이베리아

출처: Dollar Street

아침에 화장실에 가면 냄새가 지독하고 파리가 윙윙대지만, 적어도 벽이 있어 사생활을 어느 정도는 보호받는다.

2단계 화장실: 구덩이

인도네시아   베트남   페루

출처: Dollar Street

먹는 음식은 날마다 거의 똑같다. 그래서 좀 더 다양하고 좀 더 맛있는 음식을 꿈꾼다.

전기 공급이 불안정해서 전구가 곧잘 깜빡거리며, 전기가 나가면 달빛에 의지해야 한다. 문은 흔히 볼 수 있는 단순한 자물쇠로 잠근다.

잠들기 전에는 가족이 공동으로 쓰는 칫솔로 이를 닦는다. 할머니와 더 이상 같은 칫솔을 쓰지 않아도 되는 날을 꿈꾼다.

언론은 줄곧 4단계의 일상생활과 그 외 단계에서의 위기를 보여주는 사진을 내보내곤 한다. 구글에서 '화장실', '침대', '스토브'를 검색해보라. 4단계에 해당하는 이미지가 나올 것이다. 다른 단계의 일상생활을 보고자 할 때 구글은 도움이 안 된다.

내 범주에 의문을 품어라

내 범주가 오해를 불러일으킬 수 있다는 사실을 기억하면 매우 유익하다. 자신이 즐겨 사용하는 범주에 늘 의문을 제기하는 효과적인 방법 다섯 가지가 있다. 내부의 차이점과 집단 간 유사점 찾아보기, 다수majority에 주의하기, 예외 사례에 주의하기, 나는 평범하지 않을 수 있다고 생각하기, 하나의 집단을 다른 집단으로 일반화할 때 주의하기가 그것이다.

내부의 차이점과 집단 간 유사점을 찾아보라

어떤 나라에 대한 고정관념은 그 나라 내부의 상당한 차이를 보는 순간, 그리고 문화나 종교에 상관없이 소득수준이 같은 여러 나라 사이에서 상당한 유사점을 보는 순간 무너져버린다.

나이지리아와 중국에서 2단계 가정이 사용하는 조리 도구가 얼마나 닮았는지 보라. 중국 사진만 보았다면 '아, 중국에서는 물을 저렇게 끓이는구나. 불 위에 삼각대를 놓고 그 위에 주전자를 놓네. 저게 중국 문화군' 하고 생각했을 것이다. 하지만 천만에! 중국뿐 아니라 전 세계 어디든 2단계 나라에서는 흔히 물을 그렇게 끓인다. 그것은 소득의 문제. 그리고 모든 나라가 그렇듯 중국 안에서도 '문화'가 아니라 소득수준에 따라 요리 방식이 다르다.

누군가가 어떤 행동을 하는 이유는 그가 특정 집단(국가, 문화, 종교)에 속했기 때문이라고 말하는 사람이 있을 때 주의해야 한다. 이 경우는 같은 집단에서 다른 행동을 보여주는 사례일까, 아니면 다른 집단에서 같은 행동을 보여주는 사례일까?

아프리카는 54개국 10억 인구가 사는 거대한 대륙이다. 따라서 발전의 네 단계 삶이 모두 존재한다. 위 물방울 도표에는 아프리카 국가가 모두 표시되어 있다. 그중 소말리아, 가나, 튀니지의 차이를 보라. 이런 상황에서 "아프리카 나라들은……"이라거나 "아프리카의 문제는……"이라는 말은 앞뒤가 맞지 않는데도 사람들은 늘 그런 식으로 얘기한다. 그러다 보니 라이베리아와 시에라리온에서 발생한 에볼라가 자동차로 아프리카 대륙을 가로질러 100시간을 달려야 도착하는 케냐의 관광산업에 타격을 미치는 어이없는 일이 발생한다. 두 지역은 런던과 테헤란보다도

아프리카에서 건강과 부의 차이

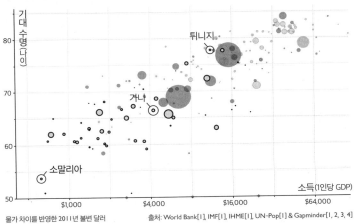

물가 차이를 반영한 2011년 불변 달러   출처: World Bank[1], IMF[1], IHME[1], UN-Pop[1] & Gapminder[1, 2, 3, 4]

멀리 떨어져 있다.

다수에 주의하라

어느 집단의 '다수'가 어떤 특징을 갖고 있다는 말은 마치 그 집단 대부분이 공통점을 지니고 있다는 말처럼 들릴 수 있다. 다수는 단지 절반이 넘는다는 뜻이다. 51%일 수도 있고, 99%일 수도 있다. 이럴 때 가능하다면 몇 퍼센트인지 물어보라.

실제 사실 하나를 예로 들어보자. 흔히 세계 모든 국가에서 여성 다수는 원할 때 피임을 한다고 말한다. 이때 다수는 정확히 얼마일까? 거의 모두라는 뜻일까, 아니면 절반이 약간 넘는다는 뜻일까? 이는 나라마다 크게 다르다. 중국과 프랑스에서는 여성의 무려 96%가 원할 때 피임을 한다. 영국, 한국, 태국, 코스타리카, 니카라과, 노르웨이, 이란, 터키는 그보다 약간 낮은 94%다. 그러나 아이티와 라이베리아에서 다수는 69%이며, 앙골라에서는 고작 63%다.

예외 사례에 주의하라

전체 집단의 특징을 설명할 때는 조심해야 한다. 화학물질 공포증은 강렬한 인상을 주는 예외적인 해로운 물질 몇 가지를 일반화한 데서 생긴다. '화학물질'이라고 하면 무조건 겁부터 내는 사람도 있다. 하지만 모든 것은 화학물질로 만든다는 사실을 기억하라. 천연 제품도 그렇고, 공산품도 그렇다. 비누, 시멘트, 플라스틱, 세탁 세제, 화장실 휴지, 항생제 등은 내가 가장 좋아하거나 없어서는 안 될 화학물질이다. 누군가가 예를 달랑 하나만 내놓고 집단 전체에 대해 결론을 내리려 한다면, 그에 해당하는 예를 더 제시하라고 말해야 한다. 아니면 상황을 뒤집어서 반대 사례 하나가 나오면 정반대 결론을 내리겠느냐고 물어봐야 한다. 안전하지 않은 화학물질 하나를 기준으로 모든 화학물질이 안전하지 않다고 결론을 내리겠다면, 안전한 화학물질 하나를 기준으로 모든 화학물질이 안전하다고도 결론 내릴 수 있겠는가?

나는 평범하지 않을 수 있다고 생각하라

다리가 승강기에 끼어 부러지는 심각한 실수를 하지 않으려거든 내 경험이 '평범하지' 않을 수 있다는 가능성을 늘 열어둬야 한다. 4단계 삶의 경험을 다른 모든 단계에 일반화할 때는 조심하라. 또 다른 사람이 모두 멍청하다고 생각될 때는 특히 조심해야 한다.

1단계부터 4단계까지의 삶이 모두 섞여 있는 튀니지에 가면, 짓다가 만 집을 볼 수 있다. 수도 튀니스에 사는 살리Salhi 집안의 집처럼(아래 사진). 그런 집을 보면 튀니지 사람은 게으르거나 되는대로 산다고 결론 내리기 쉽다.

달러 스트리트에서 살리 집안을 볼 수 있으니, 그들이 어떻게 사는지 한번 보라. 마브루크Mabrouk는 52세의 정원사다. 아내 자밀라Jamila는 44세이고, 집에서 빵 가게를 한다. 이웃집도 거의 다 2층이 짓다가 만 모습이다. 세계 어디든 2, 3단계에서 볼 수 있는 풍경이다. 스웨덴에서 이런 식으로 집을 지었다면, 계획성이라고는 전혀 없는 사람이라거나 집주인이 도망쳤으려니 생각할 것이

다. 하지만 스웨덴 상황을 튀니지에 일반화해서는 안 된다.

살리 집안은 비슷한 환경에서 사는 다른 많은 사람처럼 심각한 여러 가지 문제를 한 번에 해결할 놀라운 방법을 찾아냈다. 2, 3단계에서는 저축을 하러 은행까지 가기 어렵고, 대출을 받을 수도 없는 경우가 많다. 그래서 가정의 미래를 위해 저축하려면 돈을 쌓아두어야 한다. 하지만 그냥 두면 도둑맞거나 물가 상승으로 가치가 떨어질 수 있다. 그래서 살리 집안은 여유가 생길 때마다 가치가 떨어지지 않는 벽돌을 산다. 그런데 집 안에 벽돌을 쌓아둘 곳도 없고, 밖에 두면 도둑맞을 수도 있다. 그래서 사는 족족 집에 붙인다. 그러면 도둑도 손대지 못한다. 물가가 상승해도 벽돌 가치는 변하지 않을 것이다. 그리고 대출을 받기 위해 신용 등급을 점검받을 필요도 없다. 또 10~15년 동안 천천히 더 좋은 집을 짓는 효과도 있다. 살리 집안은 게으르다거나 되는대로 산다고 단정하기보다 현명한 사람들이겠거니 생각하고, 이런 방법이 어떻게 현명한 해결책이 될 수 있는지 자문해보라.

하나의 집단을 다른 집단으로 일반화할 때 주의하라

나는 한때 6만 명의 목숨을 앗아간 치명적인 엉터리 일반화를 믿고 널리 퍼뜨린 적이 있다. 공공 의료 사회가 잘못된 일반화에 좀 더 날카롭게 의문을 제기했더라면 피해자를 줄일 수 있었던 일이다.

1974년 어느 날 저녁, 스웨덴 작은 도시의 슈퍼마켓에서 빵을 사던 중에 아주 위험한 상황에 처한 아기를 발견했다. 아기가 탄 유모차는 빵 판매대 근처에 있고, 아기 엄마는 등을 돌린 채 빵을 고르고 있었다. 모르는 사람은 위험을 눈치챌 수 없는 상황이었지만, 의과대학을 갓 졸업한 내 머릿속에서는 경보음이 울렸다. 나는 아기 엄마가 놀랄까 봐 뛰지 않으려 꾹 참았다. 그리고 최대한 빨리 걸어가 유모차에 등을 기댄 채 잠든 아기를 들어 올렸다. 그리고 아기 몸을 뒤집어 엎드린 자세로 뉘었다. 그러는 와중에도 아기는 깨지 않았다.

그때 아기 엄마가 손에 빵을 든 채 몸을 돌리더니 나를 공격하려 했다. 나는 재빨리 상황을 설명했다. 나는 의사다, 영아돌연사증후군이라는 게 있는데 그와 관련해 부모가 알아야 할 새로운 공중 보건 지식이 있다, 위를 보고 누운 자세로 아기를 재우지 마라, 토하다가 질식할 위험이 있다는 등의 이야기를 해주었다. 아기는 이제 무사했다. 놀란 동시에 가슴을 쓸어내린 아기 엄마는 다리를 후들후들 떨면서 장을 마저 보았다. 나는 뿌듯한 마음으로 쇼핑을 마쳤다. 내가 얼마나 큰 실수를 저질렀는지도 모른 채.

제2차 세계대전과 한국전쟁 때 의사와 간호사는 의식을 잃고 들것에 실려온 군인 중 위를 보고 똑바로 누운 사람보다 바닥에 엎드린 사람의 생존율이 높다는 것을 발견했다. 위를 보고 누우면 토할 경우 토사물에 질식하는 경우가 많았다. 하지만 엎드려 누우면 구토를 하더라도 기도에 틈이 생겨 질식할 위험이 적었다. 이를 관찰한 덕분에 군인 외에도 다른 수백만 명의 목숨을 살릴 수 있었다. 그 후로 이 '회복 자세'는 전 세계에서 표준이 되어 지구상의 모든 응급조치 훈련에 빠지지 않고 등장했다(2015년 네팔 지진 때 활동한 구조대원 역시 모두 이 기술을 습득한 사람들이다).

하지만 새로운 발견은 아주 쉽게, 지나치게 널리 일반화되는 경우가 있다. 이 회복 자세로 많은 사람이 목숨을 구하자 1960년 대에는 이것이 거의 모든 전통적 방식을 대체해 새로운 공중 보건 지식이 되어, 아기까지 엎드려 재우기 시작했다. 힘없는 사람은 모두 그래야 하는 것처럼.

이렇듯 우리 머리가 어설프게 일반화를 해도 쉽게 눈치채기 어려운 경우가 많다. 논리 전개는 맞는 것 같다. 난공불락처럼 보이는 논리에다 좋은 의도까지 합쳐지면 일반화 오류를 찾아내는 것이 거의 불가능하다. 영아 돌연 사망이 줄기는커녕 되레 높아진다는 데이터가 나왔는데도 아무런 해명을 못 하다가 1985년에 비로소 홍콩에서 일단의 소아과 의사들이 엎드린 자세가 영아 돌연사의 원인일 수 있다는 의견을 내놓았다. 하지만 그때까지도 유럽 의사들은 그 말에 주목하지 않았다. 그렇게 다시 7년이 흐른 뒤, 스웨덴 당국은 실수를 인정하고 정책을 바꿨다. 의식을 잃은 군인이 똑바로 누운 채 구토를 하면 죽을 수 있다. 그러나 의식을 잃은 군인과 달리 잠자는 아기는 반사 신경이 제대로 작동하고 있어서 똑바로 누운 상태에서 구토가 나면 옆으로 돌아눕는다. 그런데 아직 머리를 가누지 못하는 어린 아기가 엎드려 있으면, 기도를 확보할 만큼 고개를 돌리지 못할 수 있다(엎드린 자세가 더 위험한 이유는 아직 명확히 밝혀지지 않았다).

빵을 구입하던 엄마는 내가 아기를 위험에 빠뜨렸다는 사실을 알아챌 방법이 있었을까? 그 엄마는 내게 증거를 요구할 수도 있다. 그러면 나는 의식 잃은 군인 이야기를 들려주었을 것이다. 그러면 내게 다시 물을 수 있다. "그런데 의사 선생님, 그 일반화가 정말 유효한가요? 잠자는 아기는 의식을 잃은 군인과 많이 다르지 않나요?" 아기 엄마가 내게 그렇게 물었다 한들 내가 그 가능성을 진지하게 생각했을 것 같지는 않다.

나는 질식을 막고 목숨을 구하기 위해 10년 넘게 똑바로 누운 많은 아기를 내 손으로 직접 엎드려 눕혔다. 홍콩에서 연구 결과를 발표하고도 18개월이 더 지나 마침내 그 방식이 뒤집힐 때까지 유럽과 미국의 많은 의사와 부모가 그랬다. 광범위한 일반화 때문에 수천 명의 아기가 죽었고, 그중에는 그런 일반화가 잘못되었다는 증거가 나온 후에 목숨을 잃은 아기도 있었다. 광범위한 일반화는 좋은 의도라는 명분 뒤에 쉽게 숨을 수 있다.

나는 빵 판매대 근처에 있던 그 아기가 살았기를 바랄 뿐이다. 그리고 현대사회 사람들이 그 엄청난 공중 보건의 실수를 교훈으로 삼길 바랄 뿐이다. 우리는 비교 불가능한 여러 집단을 일반화하지 않으려고 노력해야 하며, 우리 논리에 숨은 광범위한 일반화를 찾아내려고 또 노력해야 한다. 매우 어려운 일이다. 하지만 새로운 증거가 나오면 언제든지 예전의 단정에 의문을 제기하고, 그것을 재평가해 우리가 틀렸다는 사실을 기꺼이 시인해야 한다.

사실충실성

사실충실성은 지금 저 설명은 범주를 이용한다는 걸 알아보는 것이고, 그 범주가 오판을 불러올 수 있다는 사실을 기억하는 것이다. 일반화는 막을 수 없어서, 억지로 막으려 하지 않는 게 좋다. 대신 엉터리 일반화를 피하려고 노력해야 한다.

일반화 본능을 억제하려면 내 범주에 의문을 제기하라.

- **집단 '내' 차이점을 찾아보라** 특히 집단이 클 때는 더 작은 집단으로, 더 정확한 범주로 나눌 방법을 찾아보라. 그리고……
- **집단 '간' 유사점을 찾아보라** 서로 다른 집단 사이에서 매우 비슷한 점을 발견하면 내 범주가 적절한지 점검하라. 아울러……
- **집단 간 '차이점'을 찾아보라** 한 집단(예: 나를 비롯해 4단계에 사는 사람들 또는 의식을 잃은 군인)에 해당하는 것이 다른 집단(예: 4단계에 살지 않는 사람들 또는 잠자는 아기)에도 해당한다고 단정하지 마라.
- **'다수'에 주의하라** 다수는 절반이 넘는다는 뜻일 뿐이다. 언급한 다수가 51%인지, 99%인지, 그 중간쯤인지 질문하라.

- **생생한 사례에 주의하라** 생생한 이미지는 머릿속에 쉽게 떠오르지만, 일반 사례가 아닌 예외일 수 있다.

- **사람들은 바보가 아니라고 생각하라** 어떤 방법이 이상해 보이면 그것이 어떻게 현명한 해결책이 되는지 호기심을 갖고 겸손한 자세로 생각하라.

7장

운명 본능

—

The Destiny Instinct

FACT
FULNESS

움직이는 바위,
그리고 할아버지가 절대 말해주지 않은 것

The Destiny Instinct

바늘귀 통과하기

얼마 전 에든버러에 있는 5성급 호텔 밸모럴Balmoral에 갔다. 자금 관리자와 그들의 가장 부유한 고객이 모이는 자리에서 강연을 하기 위해서였다. 천장이 높은 거대한 연회장에 장비를 설치하자니 내가 작아지는 느낌이 들었다. 그런데 이런 부유한 금융기관이 왜 고객에게 스웨덴 공중 보건 교수의 강연을 들려주려는 걸까? 몇 주 전에 어떤 행사인지 상세한 이야기를 듣긴 했지만, 확인차 마지막 예행연습 때 주최자에게 다시 한번 물었다. 그는 솔직히 설명했다. 중세의 성城과 자갈 도로를 자랑하는 유럽의 여러 수도는 더 이상 높은 수익을 내는 투자처가 아니며, 그보다는 아시아와 아프리카의 신흥 시장에 주목해야 한다고 고객을 설득하는 데 애를 먹는다는 것이었다. "우리 고객 대부분은 아프리카의 많은 나라가 발전하고 있다는 사실을 알지도 못하고, 인정하지도 않아요. 고객들의 머릿속에서 아프리카는 절대 발전하지 않을 대륙이죠. 선생님께서 세계를 바라보는 고객들의 정적인 시각을 인상적인 도표로 바꿔놓았으면 좋겠습니다."

강연은 잘한 것 같았다. 나는 지난 몇십 년간 경제 발전으로 세계를 놀라게 한 한국, 중국, 베트남, 말레이시아, 인도네시아, 필리핀, 싱가포르 같은 아시아 국가들이 경제성장을 이룩하기 수십 년 전에 이미 사회적으로 얼마나 꾸준히 발전했는지를 설명했다. 그리고 현재 아프리카 곳곳에서도 이와 똑같은 발전이 이뤄지고 있다고 했다. 따라서 지금 최적의 투자처는 아프리카 중 지난 몇십 년간 교육 수준과 아동 생존율이 빠르게 높아진 국가들이 분명하다고 말하면서 나이지리아, 에티오피아, 가나를 언급했다. 청중은 눈을 크게 뜨고 경청하며 좋은 질문도 던졌다.

강연이 끝나고 노트북을 챙기는데 옅은 체크무늬 정장을 차려입은, 머리가 희끗희끗한 남성이 천천히 연단으로 다가와 부드럽게 웃으며 말했다. "수치도 잘 봤고, 말씀도 잘 들었습니다. 그런데 아프리카가 발전할 가능성은 글쎄요, 낙타가 바늘귀 통과하기보다 어렵다고 봅니다. 제가 나이지리아에 근무해봐서 알아요. 아시겠지만, 문제는 나이지리아 문화예요. 문화 때문에 현대사회를 만들 수 없을 겁니다. 절대로, 절대로요!" 내가 사실에 근거한

대답을 찾기도 전에 그는 내 어깨를 툭툭 치고는 차를 마시러 발
길을 돌렸다.

운명 본능

운명 본능은 타고난 특성이 사람, 국가, 종교, 문화의 운명을 결정
한다는 생각이다. 그래서 무언가가 지금의 그 상태인 것은 피할
수도, 빠져나올 수도 없는 이유 때문이며, 그래서 그것은 늘 그
상태로 존재했고, 앞으로도 절대 변하지 않을 것이라고 여긴다.
이런 본능 탓에 우리는 6장에서 소개한 거짓 일반화 또는 1장에
서 언급한 그럴듯한 간극이 단지 진실일 뿐 아니라 운명이며, 따
라서 변하지 않고 변할 수도 없다고 믿는다.

　이 본능이 어떤 식으로 진화에 도움을 주었을지 생각하기는
어렵지 않다. 역사적으로 인간이 살아온 환경은 크게 변하지 않
았다. 따라서 어떤 대상이 작동하는 방식을 터득한 뒤, 그것을 재
평가하기보다 끊임없이 지속되리라 생각하는 게 분명 훌륭한 생
존 전략이었을 것이다.

　그리고 내가 속한 집단의 운명을 지지하는 태도는 결코 바뀌
지 말아야 할 목표를 중심으로 그 집단을 결속하고, 어쩌면 다른
집단에 비해 우월감도 느끼게 할 수 있으리라고 쉽게 예상할 수
있다. 이는 부족, 족장, 국가, 제국의 힘을 강화하는 데 중요했을

게 분명하다. 그러나 어떤 대상을 불변의 것으로 보는 이런 본능, 지식을 업데이트하지 않는 이런 본능이 오늘날에는 주변에서 일어나는 사회의 모든 혁신적 변화를 보지 못하게 만든다.

사회와 문화는 변하지도 않고, 변할 수도 없는 바위가 아니다. 사회와 문화는 계속 움직인다. 서양의 사회와 문화는 움직이고, 비서양의 사회와 문화는…… 역시 움직인다. 어쩌면 훨씬 빠르게. 다만 인터넷, 스마트폰, 소셜 미디어처럼 빠르게 확산하는 문화가 아니면 눈에 띄거나 뉴스에 나올 정도로 빠르게 변하지 않을 뿐이다.

운명 본능이 나타나는 가장 흔한 사례는 앞의 에든버러 강연에 참석한 신사가 그랬듯, 아프리카는 항상 무기력하고 절대 유럽을 따라잡지 못한다는 생각이다. 또 하나는 이슬람 사회는 기독교 사회와 근본부터 다르다는 생각이다. 이 종교 또는 저 종교는, 그리고 이 대륙은, 저 문화는, 그 국가는 전통적인 불변의 '가치'가 있어서 절대 변하지 않을 것이라는(또는 변하지 말아야 한다는) 생각은 모두 겉모습만 다를 뿐 근본은 같다. 언뜻 그럴듯한 분석 같지만, 자세히 들여다보면 본능이 우리를 속인 것일 때가 많다. 고상하게 들려도 사실로 위장한 느낌일 뿐이다.

사실 문제 10

전 세계 30세 남성은 평균 10년간 학교를 다닌다. 같은 나이의 여성은 평균 몇 년간
학교를 다닐까?

　□ A: 9년
　□ B: 6년
　□ C: 3년

　이제는 독자도 이 책에 나오는 이런 문제는 가장 긍정적인 항
목이 정답일 확률이 높다는 걸 눈치챘을 것이다. 30세 여성은 남
성보다 단지 1년 적은 평균 9년간 학교를 다녔다.

　유럽인 중에는 많은 사람이 거만한 자부심을 갖고 있는데, 그
바탕에는 유럽 문화가 아프리카나 아시아 문화뿐 아니라 미국의
소비문화보다 우월하다는 착각이 깔려 있다. 하지만 드라마를 누

사실 문제 10 결과: 정답자 비율

전 세계 30세 남성은 평균 10년간 학교를 다닌다.
같은 나이의 여성은 평균 몇 년간 학교를 다닐까? (정답: 9년)

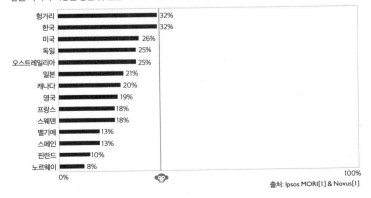

출처: Ipsos MORI[1] & Novus[1]

가 가장 많이 소비하는지 생각하면 고개가 갸우뚱해진다. 이 문제에서 미국 사람들은 26%가 정답을 고른 반면, 벨기에와 스페인에서는 13%, 핀란드에서는 10%, 노르웨이에서는 8%만이 정답을 골랐다.

이 문제가 다루는 성 불평등은 현재 스칸디나비아 언론에서 날마다 토론하는 주제다. 우리는 여성에게 가하는 잔혹한 폭력 사례를 꾸준히 목격한다. 주로 다른 나라에서 일어나는 일인데, 이를테면 많은 여자아이가 학교를 다니지 않는 아프가니스탄 같은 나라다. 매체에서 이런 이미지를 접하다 보니 스칸디나비아에서는 다른 나라의 경우 성 평등이 개선되지 않았으며, 그들의 문화는 대부분 늘 제자리라는 생각이 지배적이다.

바위는 어떻게 움직이는가?

문화, 국가, 종교, 국민은 바위가 아니다. 그것은 끊임없이 움직이고 탈바꿈한다.

아프리카는 우리를 따라잡을 수 있다

아프리카는 계속 가난할 운명이라는 생각은 매우 널리 퍼져 있지만, 단지 느낌에서 비롯한 생각일 때가 많다. 사실에 근거해 생각하고 싶은 사람이라면 꼭 알아야 할 것이 있다.

그렇다. 아프리카는 다른 나라에 비해 평균적으로 뒤처진다. 오늘날 아프리카 신생아의 기대 수명은 65세다. 서유럽 신생아보다 17세 낮다.

하지만 우선 평균이 얼마나 많은 오해의 소지가 있는지, 그리고 아프리카 내에서도 국가 간 차이가 얼마나 큰지 다들 잘 알고 있지 않은가. 아프리카 국가들이 모두 뒤처지는 것은 아니다. 아프리카 중에서도 5개국, 곧 튀니지, 알제리, 모로코, 리비아, 이집트는 기대 수명이 세계 평균인 72세보다 높다. 이들 나라의 기대 수명은 1970년의 스웨덴 수준이다.

아프리카에 절망한 사람은 이런 예를 제시해도 확신하지 못할 것이다. 그들은 이 5개국은 모두 아프리카 북부 해안의 아랍 국가이며, 따라서 그들 머릿속에 있는 아프리카가 아니라고 여기기 쉽다. 내가 어릴 때 이들 나라는 분명 아프리카의 운명을 공유했다고 여겼다. 그러다 예외적인 나라로 간주한 것은 어느 정도 발전을 이룬 뒤였다. 하지만 어쨌거나 토론을 위해 이들 북아프리카 나라는 제쳐놓고 사하라사막 이남만 보자.

사하라사막 이남의 아프리카 국가는 거의 모두 지난 60년 사이 식민지에서 독립했다. 그 기간 동안 이들 국가는 유럽이 과거 기적을 이룩할 때와 똑같이 느린 속도로 교육, 전기, 물, 위생 관련 기반 시설을 확장했다. 그리고 사하라사막 이남의 50개국에서 모두 아동 사망률이 과거 스웨덴보다 빠른 속도로 줄었다. 이런 성취를 어떻게 놀라운 발전으로 여기지 않을 수 있겠는가?

하지만 지금은 모든 상황이 훨씬 좋아진 탓에 그런 국가의 형편이 여전히 나빠 보인다. 물론 아프리카에서 가난한 사람은 얼마든지 찾을 수 있다.

그러나 90년 전에는 스웨덴에도 극빈층이 있었다. 그리고 내가 어릴 때, 그러니까 고작 50년 전만 해도 중국, 인도, 한국 모두 지금의 사하라사막 이남의 아프리카보다 거의 모든 면에서 훨씬 뒤처져 있었다. 아울러 당시 아시아의 운명은 현재 아프리카의 운명과 거의 같아서 "40억 인구를 절대 먹여 살리지 못할 것"으로 예상되었다.

오늘날 아프리카에서 극빈층에 갇힌 사람은 약 5억이다. 이들이 계속 그렇게 살 운명이라면, 이 특별한 집단에는 이미 극빈층을 탈출한 아프리카 사람을 비롯해 전 세계 수십 억 인구와 비교해 뭔가 유일무이한 특징이 있어야 한다. 하지만 내가 보기에 그런 특징은 없다.

나는 극빈층에서 가장 늦게 벗어날 사람은 무력 충돌이 일어나는 지역과 가까운 곳에 붙박여 살며 척박한 땅에서 농사짓는 아주 가난한 농부들일 거라고 생각한다. 오늘날 이런 사람들은 아마도 2억 명 정도로, 그중 절반을 약간 넘는 수가 아프리카에 산다. 물론 이들 앞에는 대단히 힘든 시기가 놓여 있다. 변치 않거나 변할 수 없는 문화 때문이 아니라, 척박한 토양과 무력 충돌 때문이다.

하지만 세계에서 가장 가난하고 가장 불행한 이들에게도 나는 희망을 버리지 않는다. 절망적인 극빈층은 늘 그렇게 보여 왔으니까. 중국, 방글라데시, 베트남도 심각한 기근과 무력 충돌에 시달리던 때는 구제 불능처럼 보였다. 하지만 지금은 전 세계 옷장에 있는 의류 대부분을 이들 나라가 생산하지 않을까 싶다. 35년 전의 인도는 오늘날의 모잠비크 수준이었다. 인도처럼 모잠비크도 30년 안에 2단계 수준으로 올라가고, 신뢰할 만한 무역 상대국이 될 가능성은 충분하다. 모잠비크에는 앞으로 세계무역의 중심이 되기에 충분한 인도양 연안의 길고 아름다운 해안이 있다. 앞으로 번영하지 말란 법이 있는가!

누구도 100% 확신을 갖고 미래를 예언할 수는 없다. 나 역시 모잠비크의 미래를 확신할 수 없다. 하지만 나는 가능성 옹호론자이며, 앞서 언급한 사실에 근거해 그런 미래가 가능하다고 확신한다.

운명 본능은 아프리카가 서양을 따라잡을 가능성을 인정하기 어렵게 만든다. 아프리카의 발전은 (행여 조금이라도 발전한다면) 거의 불가능한 행운이 어쩌다 한차례 닥친 것이며, 빈곤과 전쟁에 짓밟힐 운명에서 잠깐 한숨 돌린 것으로 여겨진다.

그런데 똑같은 운명 본능이 이번에는 서양의 지속적 발전을 당연한 것으로 간주하며, 현재 서양의 경기 침체를 곧 회복될 일시적 사건 정도로 묘사한다. IMF는 2008년 세계 금융 위기 이후 수년 동안 꾸준히 4단계 국가의 연간 경제성장을 3%로 예측했다. 하지만 4단계 국가는 5년 동안 한 번도 이 예측대로 성장하지 못했다. IMF는 5년 동안 해마다 "내년에는 정상 궤도로 돌아갈 것"이라고 했다. 그러다 마침내 돌아갈 '정상 궤도'가 없다는 걸 깨닫고 성장 예측치를 2%로 낮췄다. 그러면서 이 시기에 (5%가 넘는) 빠른 경제성장은 오히려 2단계에 속하는 아프리카의 가나, 나이지리아, 에티오피아, 케냐와 아시아의 방글라데시에서 일어났다고 시인했다.

이 문제가 왜 중요할까? 한 가지 이유는 이렇다. IMF에서 미래를 예측하는 사람들의 세계관이 은퇴 기금 투자처를 결정하는 데 큰 영향을 미치기 때문이다. 유럽이나 북아메리카 국가들은 빠르고 믿을 만한 성장을 달성하리라 예상했고, 따라서 매력적인 투자처였다. 그러나 IMF의 예측이 계속 빗나가고 이들 국가가 빠르게 성장하지 않자 은퇴 기금도 불어나지 않았다. 위험은 낮고 수익은 높다고 생각한 국가가 알고 보니 위험은 높고 수익은 낮았다. 반면 성장 가능성이 높은 아프리카 국가는 투자 기근에 시달렸다.

이 문제가 중요한 이유는 또 있다. 옛 '서양'에 기반을 둔 기업에서 일하는 사람의 경우, 중간 소득 소비자 시장이 역사상 가장 크게 확장된 아프리카와 아시아 시장을 놓치고 있는 셈이다. 해당 지역 브랜드는 아프리카와 아시아에서 이미 발판을 다진 채 인지도를 높이며 시장을 확대하는 반면, 서양 기업은 아직도 상황을 파악하는 중이다. 서양 소비자 시장은 다가올 시장에 비하면 맛보기에 불과하다.

아기와 종교

1998년 세계 보건 수업 첫 강의가 끝나고 학생 대부분이 커피 자판기 앞으로 간 사이, 한 여학생이 자리에 남아 있었다. 학생은 눈물이 그렁그렁한 채 강의실 앞쪽으로 천천히 걸어오다 내가 자신을 봤다는 걸 눈치채고는 걸음을 멈추고 고개를 돌리더니 창문 밖을 바라보았다. 가슴 아픈 사연이 있는 게 분명했다. 그 사연을 내게도 말해주었으면 싶었다. 뭔지 모를 그 일 때문에 학생이 수업에 지장을 받을 것 같았다. 내가 위로의 말을 찾기 전에 학생은 몸을 돌리고 감정을 추스르더니 침착한 목소리로 전혀 예상치 못한 이야기를 꺼냈다.

"우리 가족은 이란에서 왔어요. 교수님께서 방금 이란의 보건과 교육이 빠르게 발전했다고 말씀하셨는데, 스웨덴 사람이 이란을 긍정적으로 얘기하는 건 처음 들어요."

학생은 완벽한 스웨덴어로, 그리고 분명한 스톡홀름 말투로 말했다. 평생 스웨덴에서 살아온 게 분명했다. 나는 깜짝 놀랐다. 내가 한 것이라고는 이란의 기대 수명 증가와 여성 1인당 출생아 수 감소를 보여주는 유엔 데이터를 간단히 소개한 것뿐이었다. 그러면서 아주 놀라운 성취라고 말했다. 실제로 여성 1인당 출생아 수는 1984년 6명 남짓에서 15년 뒤에는 3명도 안 되는 수준으로 빠르게 줄었다. 1990년대에 중간 소득 국가에서 나타난 잘 알려지지 않은 빠른 변화의 예로 내가 소개한 여러 사례 중 하나였다.

여성 1인당 평균 출생아 수, 1800년~현재

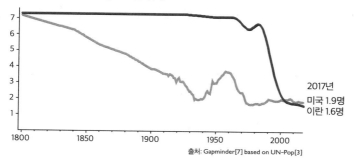

2017년
미국 1.9명
이란 1.6명

출처: Gapminder[7] based on UN-Pop[3]

"그럴 리가!" 내가 말했다.

"정말이에요. 교수님께서는 이란 여성 1인당 출생아 수가 빠르게 감소하는 건 건강이 좋아지고, 특히 이란 여성의 교육 수준이 높아진 증거라고 말씀하셨어요. 또 이란의 젊은 여성 대부분이 식구 수에서 현대적 가치를 추구하고 피임도 한다고 하셨는데, 맞는 말씀이에요. 저는 스웨덴 사람이 그와 비슷한 얘기라도 하는 걸 들어본 적이 없어요. 교육 수준이 높은 사람도 그런 변화를 전혀 모르는 것 같아요. 발전도, 근대화도 몰라요. 이란을 아프가니스탄과 똑같은 수준으로 생각해요."

여성 1인당 출생아 수가 역사상 가장 빠르게 감소한 현상은 자유로운 서양 언론에서는 전혀 보도되지 않았다. 이란은 1990년대에 세계 최대 규모의 콘돔 공장이 들어섰고, 신부와 신랑 모두에게 혼전 성교육을 의무화한 나라다. 국민의 교육 수준도 높고, 발전한 공공 의료 시설도 쉽게 이용할 수 있다. 부부는 피임으로

자녀 수를 적게 유지하고, 임신이 어려우면 불임 치료 전문 병원
을 찾는다. 적어도 내가 1990년에 테헤란의 한 병원에 가봤을 때
는 그랬다. 그때 우리를 안내한 사람은 이란의 가족계획 기적을
설계한 열정적인 호세인 말레크아프잘리Hossein Malek-Afzali 교수
였다.

오늘날 이란 여성은 미국이나 스웨덴 여성보다 아이를 더 적
게 낳으려 한다고 생각하는 서양인이 과연 얼마나 될까? 서양인
은 언론의 자유를 너무나 사랑한 나머지, 언론의 자유를 보장하
지 않는 정권이 들어선 나라의 발전에는 눈길을 주지 않는 걸까?
적어도 자유로운 언론이라고 해서 세계에서 가장 빠른 문화적 변
화를 보도하리라는 보장은 없다는 것만큼은 분명하다.

거의 모든 종교가 전통적으로 성생활에 관한 규범이 있다. 그
러다 보니 많은 사람이 특정 종교를 믿는 여성은 아이를 더 많
이 출산한다고 생각하는 것도 쉽게 이해는 간다. 그러나 종교와
여성 1인당 출생아 수의 관계는 곧잘 과장된다. 사실은 소득과
여성 1인당 출생아 수가 훨씬 관계가 깊다.

1960년에는 이런 관계가 그다지 분명해 보이지 않았다. 당시
엔 여성 1인당 아이를 평균 3.5명 미만 출산하는 나라가 40개국
이었고, 일본을 빼면 모두 기독교인이 다수인 국가였다. 마치 아
이를 적게 낳으려면 기독교인이거나 일본인이어야 할 것만 같았
다(이때도 조금만 더 생각해보면 그런 사고방식의 문제점을 충분히 찾아냈
을 것이다. 멕시코나 에티오피아처럼 기독교인이 다수임에도 여성이 아이를

많이 낳는 국가도 많았으니까).

그렇다면 오늘날은 어떨까? 다음의 물방울 도표는 종교에 따라 세계를 기독교, 이슬람교, 그 밖의 종교로 나눈 것이다. 그런 다음 각 종교에 따라 여성 1인당 출생아 수와 소득을 표시했다. 이번에도 물방울 크기는 인구를 나타낸다. 기독교 인구가 모든 소득수준에 얼마나 고루 퍼져 있는지 보라. 또 1단계 기독교 인구가 아이를 얼마나 많이 낳는지 보라. 그리고 나머지 도표 2개를 보라. 유형이 매우 비슷하다. 한마디로 종교에 관계없이 1단계 극빈층 여성이 아이를 많이 낳는다.

소득이 높을수록 자녀 수가 적다
종교에 따른 국가 구분, 2017년(물방울 크기는 인구)

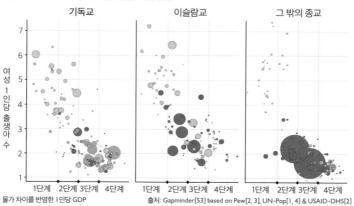

출처: Gapminder[53] based on Pew[2, 3], UN-Pop[1, 4] & USAID-DHS[2]

오늘날 이슬람 사회 여성은 아이를 평균 3.1명 낳고, 기독교 사회는 2.7명 낳는다. 세계의 주요 종교별 출생률 차이는 그리 크지 않다.

대륙과 문화 그리고 종교에 상관없이, 즉 미국, 이란, 멕시코, 말레이시아, 브라질, 이탈리아, 중국, 인도네시아, 인도, 콜롬비아, 방글라데시, 남아프리카공화국, 리비아, 그 밖의 어떤 나라에서든 거의 모든 부부가 침실에서 귓속말로 행복한 가정을 꾸리는 꿈을 속삭인다.

일상적 화제가 된 성 이야기

이 종교 또는 저 종교에서는 자녀 수가 많다느니 하는 과장된 얘기는 사람들이 특정 가치나 행동을 문화와 연결하면서, 그것은 변하지 않고 변할 수도 없다고 주장하는 한 가지 사례다.

하지만 그런 주장은 사실이 아니며, 가치는 늘 변하게 마련이다. 사랑하는 내 조국 스웨덴을 보자. 스웨덴 사람은 꽤 자유롭고 성과 피임에 개방적이라고 알려져 있다. 하지만 우리 문화가 늘 그랬던 것은 아니다. 그리고 그것이 늘 우리의 가치였던 것도 아니다.

내가 기억하기로도 성을 둘러싼 스웨덴의 가치는 지극히 보수적이었다. 예를 들어 우리 할아버지 구스타브Gustav는 스웨덴이 1단계를 벗어날 때 태어났고, 내 생각에 그 세대의 전형적 스웨덴 남자였다. 자녀가 일곱인 대가족을 몹시 자랑스러워했고, 기저귀를 갈거나 요리를 하거나 집안 청소를 하는 일은 절대 없었다. 성이니 피임이니 하는 것 따위는 입에 올리지도 않았을 것이다. 할아버지의 큰딸은 1930년대에 콘돔 사용을 불법적으로 옹호하기 시작한 용감한 페미니스트들을 지지했다. 하지만 할아버지가 일곱 번째 아이를 낳은 뒤 큰딸이 피임을 권유하자, 자상하고 조용한 할아버지는 크게 화를 내며 대화조차 하지 않으려 했다. 할아버지의 가치는 전통적이고 가부장적이었다. 하지만 다음 세대는 그 가치를 받아들이지 않았으며, 스웨덴 문화는 변했다 (여담으로, 할아버지는 책을 싫어하고 전화기도 쓰려 하지 않았다).

오늘날 스웨덴 사람은 거의 다 여성의 낙태 권리를 지지한다. 일반적으로 여성의 권리를 적극 옹호하는 것이 이제 우리 문화가 됐다. 내가 지금과는 확연히 다른 1960년대의 학창 시절을 이야기하면 학생들은 입을 딱 벌린다. 그때까지도 낙태는 아주 예외적인 상황 말고는 여전히 불법이었다. 그래서 대학에서는 비밀 자금을 모아 임신한 여학생들을 외국으로 보내 무사히 낙태 수술을 받도록 했다. 내가 그 여학생들이 찾아간 곳은 다름 아닌 폴란드라고 말하면 학생들의 입은 더 크게 벌어진다. 폴란드라니? 폴란드는 기독교 국가 아닌가. 그리고 5년이 지나 폴란드는 낙태를 금지하고, 스웨덴은 낙태를 합법화했다. 그러자 젊은 여성들이 정반대로 이동했다. 요컨대 지금 상황이 늘 그랬던 것은 아니라는 이야기다. 문화는 변한다.

나는 아시아를 여행할 때면 늘 구스타브 할아버지 같은 완고한 노인의 가치와 마주한다. 한 예로, 한국과 일본에서는 많은 여성이 자녀 돌보는 일을 전적으로 책임질 뿐 아니라 시부모도 부양한다. 이런 상황을 자랑스러워하는 남자도 많이 만났다. 그들은 이것을 '아시아의 가치'라고 했다. 하지만 달리 생각하는 많은 여성과도 대화를 나누었다. 그들은 이런 문화를 참을 수 없어 하고, 그런 가치 때문에 결혼에 대한 관심이 줄었다고 말한다.

남편 상상하기

홍콩에서 열린 금융 콘퍼런스에 참석했을 때 일이다. 저녁 만찬 때 젊고 똑똑한 전문 금융인 옆자리에 앉게 되었다. 37세의 꽤 성공한 여성으로, 식사를 하면서 아시아의 현재 이슈와 추세에 관해 내게 많은 것을 얘기해주었다. 얼마 후 우리는 사적인 삶에 대해서도 이야기를 나누기 시작했다. "가족을 꾸릴 계획이신가요?" 내가 물었다. 무례하게 행동할 뜻은 없었다. 우리 스웨덴 사람은 (요즘) 그런 주제를 즐겨 이야기한다. 그리고 이 여성도 내 솔직한 질문을 문제 삼지 않았다. 여성은 웃음 띤 채 내 어깨 너머로 바닷가의 지는 해를 바라보며 말했다. "아이가 있으면 어떨까 날마다 생각해요." 그리고 내 눈을 똑바로 보더니 말을 이었다. "그런데 남편을 상상하면 참을 수가 없어요."

나는 그런 여성들을 위로하면서 앞으로 달라질 거라는 확신

을 주려고 애쓴다. 최근에는 방글라데시 아시아 여성대학Asian University for Women에서 젊은 여성 400명에게 강연을 한 적이 있다. 당시 나는 문화가 어떻게 그리고 왜 항상 탈바꿈하는지, 극빈층 탈출과 여성 교육 그리고 피임이 어떻게 잠자리 대화는 늘리고 자녀 수는 줄였는지 이야기했다. 매우 가슴 벅찬 강의였다. 색색의 히잡을 쓴 젊은 여성들이 얼굴에 환한 미소를 지었다.

강의가 끝나자 아프가니스탄 학생들은 내게 자기 나라 이야기를 들려주고 싶어 했다. 그들은 그런 변화가 아프가니스탄에도 이미 천천히 나타나기 시작했다면서 이렇게 말했다. "전쟁도 문제고 빈곤도 문제지만, 우리 같은 많은 젊은이가 현대적 삶을 계획하고 있어요. 우리는 아프가니스탄 사람이고, 이슬람 여성이에요. 그리고 교수님이 말씀하신 그런 남자를 만나고 싶어요. 우리 말에 귀 기울이고 함께 계획을 세우는 남자 말이에요. 아이는 둘만 낳아서 모두 학교에 보내고 싶고요."

오늘날 아시아와 아프리카의 많은 나라에서 나타나는 마초적 가치는 아시아의 가치도, 아프리카의 가치도 아니며 이슬람의 가치도 아니고, 동양의 가치도 아니다. 스웨덴에서 60년 전에나 볼 수 있었던 가부장적 가치이며, 스웨덴에서 그랬듯 사회와 경제가 발전하면서 사라질 가치다. 불변의 가치가 결코 아니다.

운명 본능을 어떻게 억제할까?

어떻게 하면 우리 뇌가 바위의 움직임을 볼 수 있을까? 어떻게 하면 우리 뇌가 지금 상황은 예전부터 늘 그랬던 것도, 앞으로도 늘 그럴 것도 아니라는 사실을 인지할 수 있을까?

더딘 변화는 불변이 아니다

사회와 문화는 끊임없이 움직인다. 사소하고 더뎌 보이는 변화라도 시간이 지나면서 계속 축적된다. 연간 1% 성장은 더뎌 보이지만 70년간 축적되면 2배 성장이 되고, 연간 2% 성장은 35년 뒤 2배 성장이 되며, 연간 3% 성장은 24년 뒤 2배 성장이 된다.

기원전 3세기에 스리랑카의 데바남피야 티샤Devanampiya Tissa 왕은 세계 최초로 자연보호구역을 공식적으로 지정했다. 그리고 2,000년이 지난 후 웨스트요크셔의 유럽인이 이와 비슷한 생각을 떠올렸고, 그로부터 다시 50년이 지난 후에 미국에 옐로스톤 국립공원이 생겼다. 그리고 1900년에는 지표면의 0.03%가 보호구역이 되었고, 1930년에는 그 수가 0.2%로 늘었다. 천천히, 천천히 10년이 지나고 또 10년이 지나면서 한 번에 숲 한 곳씩 보호구역이 늘었다. 연간 증가율은 너무 작아서 거의 감지하지 못할 정도다. 하지만 오늘날에는 지표면의 무려 15%가 보호구역이고, 그 수치는 꾸준히 늘고 있다.

운명 본능을 억제하려면 더딘 변화를 불변과 혼동해서는 안

된다. 연간 변화가 1%에 그쳐도, 너무 적고 느리다는 이유로 무
시해서는 절대 안 된다.

지식을 업데이트할 준비를 하라

지식은 유통기한이 없어서 무언가를 한번 배우면 그 신선도가 영
원히 유지된다고 생각하면 마음이 편하다. 수학, 물리학 같은 과
학이나 예술에서는 어느 정도 사실일 수 있다. 그런 분야는 우리
가 학교에서 배운 것이 계속 유효할 수 있다(예: 2+2=4). 하지만
사회과학에서는 아무리 기초 지식이라도 아주 빠르게 상한다. 우
유나 채소처럼 계속 신선도를 유지해야 한다. 모든 것은 변하기
때문이다.

　나 역시 이 때문에 내 분야에서조차 아차 싶었던 적이 있다. 내
가 1998년 처음 침팬지 질문을 던진 뒤 13년이 지나, 사람들의
지식이 나아졌는지 알아보려고 그때의 질문을 다시 던져보기로
했다. 우리는 다섯 쌍의 국가를 제시하면서, 그중 어느 나라가 아
동 사망률이 높은지 물었다. 1998년에는 내가 가르치는 스웨덴
학생들도 정답을 맞히지 못했다. 아시아 국가가 유럽 국가보다
낫다고는 생각하지 못했기 때문이다.

　겨우 13년이 지나 그 문제를 다시 집어들었을 때 우리는 정답
이 바뀐 탓에, 세상이 변한 탓에, 그 질문이 유효하지 않다는 사
실을 깨달았다. 이보다 훌륭한 예가 또 있을까. 갭마인더의 사실
문제조차 낡은 문제가 되어버렸다.

운명 본능을 억제하려면 늘 새로운 데이터를 받아들이면서 지식을 신선하게 유지하려고 노력해야 한다.

할아버지와 이야기해보라

가치는 변하지 않는다고 주장하고 싶거든 내 지식을 부모나 조부모와 비교해보거나, 자식이나 손주와 비교해보라. 또 30년 전 내 나라에서 실시한 설문 조사를 찾아보라. 그러면 틀림없이 급격한 변화를 느낄 수 있을 것이다.

문화가 변한 사례를 수집하라

사람들은 종종 고개를 갸우뚱하고는 "그건 우리 문화인데"라거나 "그건 그 사람들 문화인데" 하면서, 원래 늘 그래 왔고 앞으로도 늘 그럴 것이라는 투로 말하곤 한다. 그럴 때면 주위에서 반증을 찾아보라. 예전에는 스웨덴 사람도 성에 관한 이야기를 입에 올리지 않았다는 사실은 이미 언급했다. 다른 예를 두 가지 더 살펴보자.

스웨덴 사람 중 많은 수가 미국의 가치를 매우 보수적이라고 생각한다. 그런데 동성애를 바라보는 태도가 얼마나 빨리 변했는지 보자. 1996년에는 소수인 27%만 동성혼을 지지했다. 하지만 지금은 72%가 지지하고, 그 수는 계속 증가하는 추세다.

미국인 중에는 스웨덴을 사회주의국가로 생각하는 사람이 있지만, 가치는 변할 수 있다. 몇십 년 전 스웨덴은 공립학교를 대

상으로 아마도 역사상 가장 극적인 탈규제를 단행했고, 지금은
(과감한 자본주의 실험으로) 영리 목적의 학교를 허가해 경쟁과 이윤
추구를 허용하고 있다.

내게는 어떤 비전도 없다

앞에서 잘 차려입은 무지한 남성 이야기로 7장을 시작했다. 아프
리카의 가능성을 내다보는 비전이 부족했던 남성이다. 이제 비슷
한 이야기로 7장을 마무리하려 한다. (스포일러 경고: 이번에는 무지
한 남자가 바로 나다.)

2013년 5월 12일, 나는 '2063년의 아프리카 르네상스와 어젠
다'라는 제목의 아프리카연합African Union 학술회의 때 아프리카
대륙 곳곳에서 모인 여성 지도자 500명 앞에서 강연하는 특권을
누렸다. 대단한 영광이었고, 굉장한 설렘이었으며, 내 인생 최고
의 강연이었다. 아디스아바바Addis Ababa에 있는 아프리카연합 본
부의 플리너리 홀Plenary Hall에서 나는 30분 동안 소규모 여성 농
업인에 관해 수십 년간 진행한 연구를 요약해 말했으며, 아프리
카에서 어떻게 20년 안에 극빈층이 사라질 수 있는지를 이 막강
한 의사 결정자들에게 설명했다.

아프리카연합의 사무국장 은코사자나 들라미니주마Nkosazana
Dlamini-Zuma가 강단 바로 앞자리에 앉아 있었는데, 내 말을 꽤나

경청하는 듯싶었다. 강연이 끝나자 그가 내게 다가와 감사를 표시
했다. 나는 강연이 어땠냐고 물었는데, 그의 대답은 가히 충격이
었다.

"글쎄요, 도표도 훌륭하고 말씀도 잘하시는데, 아무런 비전이
없네요." 자상한 목소리로 그렇게 말하는 게 나한테는 더욱 충격
이었다.

"네? 비전이 부족해요? 아프리카 극빈층이 앞으로 20년 안에
역사 속으로 사라질 거라고 말했는데요?" 나는 기분이 상해 되물
었다.

은코사자나는 어떤 감정이나 동작도 섞지 않은 채 낮은 목소
리로 말했다. "맞아요, 극빈층이 사라질 거라고 말했어요. 그게
시작이었고, 거기서 끝났죠. 아프리카 사람들이 극빈층이 사라지
는 걸로 만족하면서 적당히 가난하게 사는 정도로 행복해할 거라
고 생각하세요?" 그러곤 내 팔을 힘주어 잡고 나를 바라보았다.
화를 내지도 않고, 웃음기도 없었다. 내 단점을 깨닫게 해주겠다
는 강한 의지가 엿보였다. 은코사자나는 내 눈을 똑바로 보며 말
을 이었다. "강연을 마무리하면서, 교수님 손주들이 우리가 건설
할 새로운 고속열차를 타고 아프리카를 여행했으면 좋겠다고 말
씀하셨어요. 그게 어떤 비전인가요? 유럽의 낡은 비전과 뭐가 다
르죠? '우리' 손주들도 '교수님' 대륙에 가서 '교수님 나라의' 고
속열차를 타고 여행하며, 스웨덴 북쪽에 있다는 이국적인 얼음
호텔에 갈 겁니다. 물론 오래 걸리겠죠, 아시다시피. 현명한 결단

도, 대규모 투자도 많이 필요할 거고요. 하지만 내 50년 비전으로는 아프리카 사람들이 유럽에서, 원치 않는 난민이 아니라 관광객으로 환영받을 겁니다." 은코사자나는 그제야 활짝 웃었다. "그래도 도표는 정말 멋졌어요. 자, 가서 커피나 한잔합시다."

나는 커피를 마시면서 내 실수를 가만히 되새겨보았다. 33년 전 내 첫 아프리카 친구인 모잠비크의 광산 기술자 니헤레와 마셀리나Niherewa Maselina와 나눈 대화가 기억났다. 그도 은코사자나와 똑같은 표정으로 나를 쳐다봤다. 그때 나는 모잠비크 나칼라에서 의사로 일했는데, 하루는 니헤레와와 함께 해변으로 가족 나들이를 갔었다. 모잠비크 해안은 믿기 어려울 만큼 아름다웠고, 아직 개발되지 않아 주말에 가면 거의 우리밖에 없었다. 그러다가 한번은 1.5km 모래 해변에 15~20가족이 있는 것을 보고 내가 말했다. "오늘은 웬 사람이 이렇게 많아." 그때 니헤레와가 은코사자나처럼 내 팔을 꽉 잡으며 말했다. "한스, 난 정반대 느낌이 들어. 나는 이 해변을 보면 정말 괴롭고 서글퍼. 저기 멀리 있는 도시를 봐. 저곳에 80만 명이 살아. 아이가 4만 명이라는 얘기지. 오늘은 주말이야. 그런데 겨우 40명이 이곳에 왔잖아. 1,000분의 1이야. 내가 동독에서 채굴 교육을 받을 때 주말이면 로스토크Rostock 해변에 가곤 했는데, 사람들로 가득 찼었어. 아이들 수천 명이 재미있게 놀더라고. 나칼라도 로스토크 같으면 좋겠어. 일요일에는 아이들이 들판에서 부모를 도와 일하거나, 슬럼에 앉아 있지 말고 모두 해변으로 나왔으면 좋겠어. 그러려

면 오랜 세월이 걸리겠지만, 그게 내 소원이야." 그러고는 내 팔
을 놓고 자동차에서 우리 아이들의 수영 장비를 내려주었다.

그리고 33년이 지난 지금, 아프리카의 학자 및 단체와 일생일
대의 공동 연구를 마친 뒤 아프리카연합에서 강연을 하면서, 내
가 그들의 위대한 비전을 공유한다고 철석같이 믿었다. 아프리카
의 가능성을 알아본 몇 안 되는 유럽인이라고도 생각했다. 그런
데 내 일생에서 가장 소중한 강연을 한 후, 내가 여전히 낡고 정
적인 식민지적 사고방식에 갇혀 있다는 걸 깨달았다. 아프리카
친구와 동료들이 여러 해 동안 가르쳐줬는데도 나는 여전히 '그
들'이 '우리'를 언젠가는 따라잡으리라고 상상하지 못했다. 나는
여전히 모든 사람, 모든 가족, 모든 아이가 그 목표를 성취하려고
안간힘을 쓰다 보면 언젠가는 해변 나들이를 갈 수 있으리라는
것을 여전히 확신하지 못했다.

사실충실성

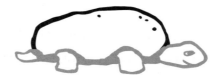

사실충실성은 (국민, 국가, 종교, 문화를 포함해) 많은 것이 변화가 느린 탓에 늘 똑같이 보일 수 있다는 걸 알아보는 것이고, 비록 사소하고 느린 변화라도 조금씩 쌓이면 큰 변화가 된다는 사실을 기억하는 것이다.

운명 본능을 억제하려면 더딘 변화도 변화라는 사실을 기억하라.

- **점진적 개선을 추적하라** 매년 일어나는 작은 변화가 수십 년 쌓이면 거대한 변화가 될 수 있다.
- **지식을 업데이트하라** 어떤 지식은 유통기한이 짧다. 기술, 국가, 사회, 문화, 종교는 끊임없이 변한다.
- **할아버지와 이야기해보라** 가치가 어떻게 변했는지 알려면 조부모의 가치를 생각해보고, 그것이 내 가치와 어떻게 다른지 비교해보라.
- **문화가 변한 사례를 수집하라** 지금의 문화는 어제의 문화였고, 다시 내일의 문화가 될 것이라는 생각을 바꿔라.

8장

단일 관점 본능

——

The Single Perspective Instinct

FACT
FULNESS

___

왜 정부는 못으로 오해받아서는 안 되고,
왜 신발과 벽돌이 때로는 수치 이상을 뜻하는가

The Single Perspective Instinct

누굴 믿을 수 있을까?

언론에 의지해 세계를 바라본다면, 내 발 사진만 보고 나를 이해하는 것과 마찬가지다. 물론 발도 내 일부지만, 꽤 못생긴 일부다. 내게는 그보다 나은 부위가 여럿 있다. 팔은 대단하지 않지만 꽤 괜찮으며, 얼굴도 그럭저럭 괜찮다. 내 발 사진이 나에 대해 의도적으로 거짓말을 한다는 뜻은 아니다. 하지만 내 모습 전체를 보여주지는 못한다.

그렇다면 언론 말고 어디서 정보를 얻어야 할까? 누굴 믿을 수 있을까? 전문가는 어떤가? 전문가는 자신이 선택한 세계의 한 조각을 이해하는 데 몰두하는 사람이다. 미안하지만, 이들도 매우 조심해야 한다.

단일 관점 본능

우리는 단순한 생각에 크게 끌리는 경향이 있다. 그리고 그 통찰력의 순간을 즐기고, 무언가를 정말로 이해한다거나 안다는 느낌을 즐긴다. 주의를 사로잡는 단순한 생각에서 출발해, 그것이 다른 많은 것을 훌륭하게 설명한다거나, 다른 많은 것의 훌륭한 해결책이 된다는 느낌까지 매끄럽게 쭉 이어지기 쉽다. 세계가 단순해지고, 모든 문제는 단 하나의 원인이 있어 항상 그것만 반대하면 그만이다. 또 모든 문제는 하나의 해결책이 있어 항상 그것만 지지하면 그만이다. 모든 것이 단순하며, 사소한 문제 하나만 있을 뿐이다. 이런 식으로 우리는 세계를 완벽하게 오해한다. 나는 단일한 원인, 단일한 해결책을 선호하는 이런 성향을 '단일 관점 본능'이라 부른다.

예를 들어 자유 시장이라는 단순하고 멋진 개념은 모든 문제가 정부 개입이라는 단 하나의 원인에서 비롯하니 언제나 정부 개입에 반대해야 하며, 모든 문제의 해결책은 세금을 줄이고 규제를 폐지해 시장의 힘을 자유롭게 풀어주는 것이니 언제나 그와 같은 해결책을 지지해야 한다는 지극히 단순한 생각으로 이어질 수 있다.

그런가 하면 평등이라는 단순하고 멋진 개념은 모든 문제가 불평등에서 초래되니 불평등에 늘 반대해야 하고, 모든 문제의 해결책은 자원 재분배에 있으니 항상 자원 재분배를 지지해야 한다는 지극히 단순한 생각으로 이어질 수 있다.

이런 식으로 생각하면 시간이 많이 절약된다. 어떤 문제를 밑바닥부터 배우지 않고도 의견과 답을 낼 수 있고, 따라서 다른 문제에 신경 쓸 여유도 생긴다. 하지만 세계를 이해하는 데는 올바른 방법이 못 된다. 특정 생각에 늘 찬성하거나 늘 반대한다면 그 관점에 맞지 않는 정보를 볼 수 없다. 현실을 이해하고자 한다면 이런 식의 접근법은 대개 좋지 않다.

그보다는 내가 좋아하는 생각에 허점은 없는지 꾸준히 점검해보라. 내 전문성의 한계를 늘 의식하라. 내 생각과 맞지 않는 새로운 정보, 다른 분야의 새로운 정보에 호기심을 가져라. 그리고 나와 생각이 같은 사람하고만 이야기하거나, 내 생각과 일치하는 사례만 수집하기보다 내게 반박하는 사람이나 나와 의견이 다른 사람을 만나고, 나와 다른 그들의 생각을 오히려 세상을 이해하는 훌륭한 자원으로 생각하라. 나는 세상을 오해한 적이 많다. 현실에 맞서다 보면 내 실수를 깨닫기도 하지만, 나와 생각이 다른 사람과 이야기를 나누고 그런 사람을 이해하려 노력하면서 내 실수를 깨달을 때가 많다.

그런데 여러 의견을 받아들일 시간이 없다면? 엉터리 의견을 많이 갖고 있기보다 옳은 의견을 몇 개 갖고 있는 편이 차라리 낫지 않을까?

사람들이 세계를 이해할 때 흔히 단일 관점에 주목하는 이유
는 내가 보기에 크게 두 가지다. 명백한 이유 하나는 정치 이념인
데, 이에 대해서는 이번 장 뒷부분에서 다루겠다. 나머지 하나는
전문직과 관련한 것이다.

전문직: 전문가와 활동가

나는 특정 주제의 전문가를 좋아한다. 그리고 다들 그래야겠지만
세계를 이해할 때 전문가에 크게 의존한다. 예를 들어 인구 전문
가가 100억과 120억 사이에서 인구 증가가 멈출 것이라고 한목
소리로 말한다면 나는 그 데이터를 신뢰한다. 역사학자, 고古인구
학자, 고고학자가 모두 1800년까지 여성은 아이를 평균 5명 이
상 출산했고 그중 2명만 살아남았다고 하면 그 데이터를 신뢰한
다. 경제학자가 경제성장의 원인을 놓고 서로 다른 의견을 낼 경
우 나는 그 또한 매우 유익하다고 생각한다. 아직 유용한 데이터
가 충분치 않다거나 쉽게 설명할 수 없다거나 해서, 매우 조심해
야 한다는 사실을 암시하기 때문이다.

나는 전문가를 좋아한다. 하지만 그들에게도 한계가 있다. 가
장 분명한 첫 번째 한계는 그들이 자기 분야에서만 전문가라는
점이다. 전문가는 그 점을 인정하기 어려울 수 있다(우리도 어느 면

에서는 모두 전문가다). 우리는 자신이 박식한 사람, 유익한 사람이
라는 기분을 느끼고 싶어 한다. 우리가 지닌 특별한 기술이 우리
를 전반적으로 더 나은 사람으로 만든다는 기분을 느끼고 싶어
한다.

그러나…….

(과학 추론을 좋아하는 사람들의 연례 회동인 '놀라운 모임The Amazing
Meeting'에 참석하는 머리가 비상한 청중처럼) 계산이 뛰어난 사람도
우리가 제시하는 사실 문제에서는 정답률이 다른 사람들과 비슷
하거나 오히려 떨어진다.

한 분야에서 남다른 전문성을 갖춘 사람도 우리가 만든 사실
문제에서는 다른 사람보다 별로 나을 게 없다.

나는 64회 린다우 노벨상 수상자 회의Lindau Nobel Laureate
Meetings에 참석하는 영광을 누렸는데, 그때 재능 있는 젊은 과학
자와 노벨 생리의학상 수상자들 앞에서 강연을 했다. 모두 자기
분야에서는 알아주는 지식인 엘리트였지만, 아동 예방접종 문제
에서는 일반인보다 정답률이 낮아 고작 8%에 불과했다(이때부터
나는 똑똑한 전문가라면 그들의 전문 영역은 아니라도 그와 밀접하게 연관
된 분야에 대해서는 당연히 잘 알고 있으려니 하는 생각은 절대 하지 않게
되었다).

수치에 밝다든가, 교육 수준이 높다든가, 심지어 노벨상을 받
았다든가 해서 똑똑한 것과 세계적 사실에 관한 지식수준이 높은
것과는 무관하다. 전문가는 자기 분야에서만 전문가일 뿐이다.

게다가 일부 '전문가'는 자기 분야에서도 전문가가 아니다. 많은 활동가가 자신을 전문가라고 소개한다. 나는 온갖 종류의 활동가 회의에서 강연을 해왔다. 교육받은 활동가는 세계 발전에 절대적으로 중요하다고 믿기 때문이다. 최근에는 여성 권리를 주제로 한 학술회의에서 강연을 했다. 나는 그들의 주장을 적극 지지한다. 전 세계에서 모인 292명의 젊고 용감한 페미니스트들이 스톡홀름을 여행하면서 여성의 교육 기회 확대를 위해 힘을 모았다. 그런데 30세 여성이 학교를 다닌 기간이 30세 남성보다 평균 1년 적을 뿐이라는 사실을 아는 사람은 그중 고작 8%에 불과했다.

여성 교육에 아무런 문제가 없다는 말을 하려는 게 절대 아니다. 1단계 국가에서, 특히 몇몇 국가에서 많은 여자아이가 여전히 초등학교에 다니지 못하고 있으며, 이들의 중·고등교육 기회에 심각한 문제가 있다. 하지만 60억 인구가 속한 2, 3, 4단계 수준에서는 여자아이도 남자아이만큼, 더러는 그 이상 교육을 받는다. 대단히 놀라운 일이며, 여성 교육 관련 활동가들이 반드시 알아야 하고 축하해야 할 일이다.

다른 사례도 있다. 여성의 권리를 옹호하는 활동가뿐 아니라 내가 만난 거의 모든 활동가가 의도하든 의도하지 않든(후자일 가능성이 높은데) 자신이 몰두하는 문제를 과장하는 경향이 있다.

사실 문제 11

1996년 호랑이, 대왕판다, 검은코뿔소가 모두 멸종위기종에 등록되었다. 이 셋 중
몇 종이 오늘날 더 위급한 단계의 멸종위기종이 되었을까?

  □ A: 2종
  □ B: 1종
  □ C: 없다

사실 문제 11 결과: 정답자 비율

호랑이, 대왕판다, 검은코뿔소는 모두 1996년 멸종위기종이었다.
그 이후 셋 중 더 위급한 단계로 올라간 종이 있을까? (정답: 없다)

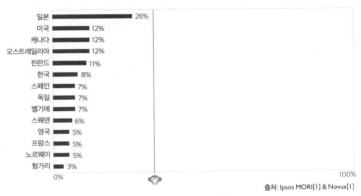

출처: Ipsos MORI[1] & Novus[1]

　지구 전역에서 인간은 천연자원을 약탈해왔다. 자연 서식지
가 파괴되고, 많은 동물이 인간의 사냥으로 멸종되었다. 명백한
사실이다. 그러나 힘없는 동물과 그 동물의 서식지를 보호하는
데 헌신하는 활동가는 내가 방금 설명한 실수를 저지른다. 사람
들의 관심을 촉구하려는 절박한 마음에 이제까지의 발전을 잊는
실수다.

　진지한 문제에는 진지한 데이터가 필요하다. 이와 관련해 '적

색목록Red List' 사이트를 적극 추천한다. 이 사이트에서는 전 세계 모든 멸종위기종의 상태를 볼 수 있다. 이곳에 자료를 꾸준히 업데이트하는 사람은 전 세계의 수준 높은 연구원인데, 이들은 서로 다른 동물의 야생 개체 수를 추적하고, 그 추세를 관찰하는 공동 연구를 진행한다. 이들은 어떤 결과를 내놓았을까? 지금 적색목록이나 세계야생생물기금World Wildlife Fund 사이트에 들어가보면 일부 지역의 개체 수와 일부 아종subspecies, 亞種은 줄었지만 호랑이, 대왕판다, 검은코뿔소의 전체 야생 개체 수는 지난 몇 년간 모두 늘어난 것을 확인할 수 있다. 스톡홀름에서 집집마다 판다 스티커를 구입해 문에 붙인 보람이 있었다. 하지만 스웨덴 사람 중 자신의 후원이 효과가 있었다는 사실을 아는 사람은 고작 6%뿐이었다.

인권, 동물 보호, 여성 교육, 기후 인식, 재난 구조, 그 밖에 활동가들이 상황이 악화되었음을 주장하며 경각심을 높이는 많은 분야에서 진전이 있었다. 여기에는 활동가의 공이 크다. 하지만 이들이 단일 관점에서 벗어났다면, 다시 말해 그때까지 이룬 진전을 좀 더 이해하고, 그런 활동에 참여하려는 사람들에게 그동안의 진전을 좀 더 적극적으로 알렸더라면 더 큰 성과를 얻었을지 모른다. 문제점만 끊임없이 듣기보다 진전의 증거를 듣는다면 더 의욕이 생기지 않을까. 그런데도 유니세프, 세이브더칠드런 Save the Children, 국제사면위원회Amnesty International, 기타 인권과 환경 운동 단체 등은 이런 기회를 번번이 놓치고 있다.

망치와 못

"아이한테 망치를 주면 모든 것이 못으로 보인다"는 말이 있다.

가치 있는 전문성을 지닌 사람은 그 전문성을 활용할 곳을 찾고 싶어 한다. 그래서 전문가는 더러 어렵게 얻은 지식과 기술을 본래의 활용 영역을 넘어선 곳에도 적용할 방법을 고민한다. 수학을 잘하는 사람은 수에 집착하고, 기후 활동가는 틈만 나면 태양에너지를 강조한다. 의사는 예방이 더 나을 법한 경우에도 치료를 장려한다.

훌륭한 지식은 해결책을 찾는 전문가의 능력을 방해할 수 있다. 여러 해법이 모두 그 나름대로 특정 문제를 훌륭히 해결할 수 있겠지만, 모든 문제를 해결하는 하나의 해법은 없다. 따라서 세계를 다양한 시각으로 보는 것이 바람직하다.

수치는 단일한 해결책이 못 된다

나는 수를 아주 좋아하지는 않는다. 데이터 광팬이긴 하지만, 데이터를 아주 좋아하지는 않는다. 데이터에도 한계가 있다. 나는 데이터가 수치 이면의 현실, 즉 인간의 삶을 이해하는 데 도움을 줄 때만 데이터를 좋아한다. 연구를 하다 보면 가설을 실험할 때 데이터가 필요하지만, 가설 그 자체는 사람들과 이야기하고, 사람들의 말을 경청하고, 사람들을 관찰하는 중에 나올 때가 많다. 세상을 이해하려면 수치가 꼭 필요하다. 하지만 수치만 분석해서 얻은 결론은 의심해봐야 한다.

1994년부터 2004년까지 모잠비크 총리를 지낸 파스코알 모쿰비Pascoal Mocumbi는 2002년 스톡홀름을 방문했을 때, 내게 모잠비크가 위대한 경제 발전을 이루고 있다고 말했다. 그래서 나는 그걸 어떻게 아느냐고 물었다. 모잠비크의 여러 경제 통계가 질적으로 그다지 좋지 않아서 던진 질문이었다. 그는 1인당 GDP를 본 적이 있을까?

그가 대답했다. "나도 그런 수치를 보긴 하는데, 그게 그다지 정확하지 않아요. 그래서 해마다 5월 1일에 하는 행진을 보는 습관이 생겼죠. 인기 있는 우리 나라 전통 행사예요. 그때 사람들이 뭘 신었는지 봅니다. 그날은 다들 최고로 치장을 하거든요. 친구한테 신발을 빌릴 수도 없어요. 친구들도 모두 행사에 참여해야 하니까요. 그래서 자세히 살펴보죠. 맨발인지, 안 좋은 신발을 신었는지, 좋은 신발을 신었는지. 그러고는 작년에 본 것과 비교합니다. 또 모잠비크 이곳저곳을 돌아다닐 때는 건설 현장을 봅니다. 새로 건물을 올릴 토대에서 풀이 자라면 안 좋은 징조예요. 그렇지 않고 새 벽돌을 계속 쌓고 있으면 하루 벌어 하루 살지 않고 투자할 돈이 있구나 생각합니다."

현명한 총리라면 수치를 보되 거기에 매몰되지 않는다. 그리고 물론 대단히 가치 있고 중요한 인간의 발전 중에는 절대 수치로 측정할 수 없는 것도 있다. 질병으로 인한 고통은 수치로 추정할 수 있다. 생활 여건 중 물질적 발전도 수치로 측정할 수 있다. 하지만 경제성장의 최종 목표는 개인의 자유와 문화 발전이며, 그런 가치는 수치로 포착하기 어렵다. 인간의 발전을 수치화하는 것에 큰 반감을 보이는 사람도 많다. 그럴 만도 하다. 수치는 지구에서 벌어지는 삶의 이야기를 모두 보여주지 못하기 때문이다. 수치 없이 세계를 이해할 수 없지만, 수치만으로 세계를 이해할 수도 없다.

치료는 단일한 해결책이 못 된다

의료인은 치료를, 심지어 특정 종류의 치료를 매우 단일한 시각으로 바라보는 경향이 있다.

1950년대에 덴마크 공중 보건의 할프단 말레르Halfdan Mahler는 세계보건기구에 결핵을 뿌리 뽑을 방법을 제안했다. 작은 버스 여러 대에 엑스레이 촬영 장비를 싣고 인도 마을 곳곳을 누비자는 제안이었다. 전략은 단순했다. 한 가지 질병을 뿌리 뽑아라. 그러면 사라질 것이다. 인구 전체를 엑스레이 찍어서 결핵 환자를 찾아내 치료한다는 계획이었다. 하지만 사람들의 분노로 계획은 실패하고 말았다. 다급히 치료하거나 손쓸 곳이 한둘이 아닌 사람들 앞에 드디어 간호사와 의사가 탄 버스가 도착했다. 그런데 부러진 뼈를 치료하거나 설사약을 주거나 출산을 돕지는 않고, 생전들어본 적도 없는 병을 치료한다며 엑스레이만 찍으려 했으니, 반가울 리 없었다.

질병 하나를 뿌리 뽑으려던 계획이 실패하면서 한 가지 깨달음을 얻었다. 특정 질병과 싸우기보다 모든 사람을 위한 기초 보건 서비스를 제공하고 점차 개선해나가는 편이 더 현명한 방법이라는 것이다.

그런가 하면 의료계의 다른 한편에서는 거대 제약 회사의 이익이 점점 줄어드는 문제가 생겼다. 이들은 대부분 획기적인 생명 연장 신약 개발에만 집중했다. 나는 이들에게 기대 수명과 관련해(그리고 회사 이익과 관련해) 세계시장에서 크게 성공하려면 획기적 신약이 아니라, 획기적 사업 모델에 집중하는 게 좋다고 설명했다. 거대 제약 회사는 현재 2, 3단계 국가라는 큰 시장에 진출하지 않고 있는데, 그곳에는 우리가 케랄라에서 만난 당뇨병 환자처럼 이미 개발한 약을 좀 더 저렴한 가격에 사고 싶어 하는 사람이 수억 명에 이른다. 제약 회사가 국가별, 고객별로 가격을 잘 조정한다면 이미 갖고 있는 약으로도 막대한 이익을 얻을 수 있다.

망치와 못 이야기를 이해하는 산모 사망률 전문가라면 매우 가난한 산모의 목숨을 구하는 가장 값진 방법은 지역 간호사에게 제왕절개 수술법을 가르치거나 심각한 출혈이나 감염에 더 좋은 치료법을 사용하는 것이 아니라, 지역 병원까지 갈 수 있는 운송 수단을 마련하는 것이라는 사실을 잘 알고 있을 것이다. 여성이 병원에 갈 수 없다면, 구급차가 없거나 구급차가 다닐 길을 확보하지 않는다면 병원도 제 기능을 할 수 없다. 마찬가지로 교육자라면 학습에 가장 큰 영향을 미치는 것은 교실에 더 많은 교과서와 더 많은 교사를 공급하는 것이 아니라, 전기를 제대로 공급해 학생들이 해가 진 뒤에도 숙제를 할 수 있도록 환경을 개선하는 것이라는 점을 잘 안다.

산부인과 의사가 절대 지적하지 않는 분야

빈곤 지역에서 성병 관련 데이터를 수집하는 산부인과 의사들과 이야기를 나눌 때였다. 이 전문가들은 사람들에게 지적하지 않는 영역이 없었고, 성 접촉과 관련해 온갖 질문을 가리지 않고 던졌다. 나는 성병 중 특정 소득 계층에서 더 흔히 발생하는 것도 있는지 궁금해 질문지에 소득을 묻는 항목도 넣어달라고 부탁했다. 그들은 나를 쳐다보며 말했다. "네? 소득을 물을 수는 없어요. 그건 지극히 사적인 질문이에요." 이들이 유일하게 지적하고 싶어 하지 않는 것은 사람들의 지갑이었다.

몇 년 후 세계은행에서 전 세계를 대상으로 소득을 묻는 설문을 작성하는 팀을 만났을 때, 설문지에 성생활에 관한 질문도 넣어달라고 부탁했다. 나는 성행위와 소득수준 사이에 어떤 관계가 있는지 여전히 궁금했다. 그러자 거의 같은 반응이 나왔다. 이들은 소득이니 암시장이니 하는 온갖 질문을 다 던졌다. 하지만 성행위라고? 무슨 말도 안 되는 소리를……

어딘가에 선을 긋고 그걸 넘지 않으면 처신을 잘했다고 느끼다니, 참 이상한 일이다.

이념

원대한 생각은 그 어떤 것보다 사람들을 결속시키는 힘이 강하고, 우리가 꿈꾸는 사회를 건설하게 한다. 이념은 우리에게 자유민주주의와 공공 의료보험을 안겨주었다.

하지만 이념은 전문가나 활동가처럼 한 가지 생각이나 한 가지 해결책에 매몰되게 하고, 그러다 보면 더욱 해로운 결과를 가져오기도 한다.

성과를 측정해 효과 있는 것에 집중하지 않고, 자유 시장이나 평등 같은 단일한 생각에 광적으로 집중하면 어떤 터무니없는 결과가 나타나는지는 쿠바와 미국의 현실을 오래 지켜본 사람이라면 분명히 알 수 있다.

쿠바: 빈곤한 나라 중 가장 건강한 나라

나는 1993년 쿠바에 머물면서, 4만 명의 희생자를 낸 심각한 유행병을 연구한 적이 있다. 당시 피델 카스트로Fidel Castro 의장을 여러 번 만났다. 그리고 경직되고 억압된 체제 안에서 최선을 다하는 보건부 내의 유능하고, 교육 수준 높고, 열심히 일하는 전문가들도 여러 명 만났다. 나는 공산국가(모잠비크)에 살며 일하다가 호기심을 가득 품고, 그러나 어떤 환상도 품지 않은 채 쿠바로 건너갔다. 하지만 쿠바에 있는 동안 나는 어떤 것도 발전시키지 못했다.

내가 쿠바에서 목격한 어이없는 일은 셀 수 없이 많다. 가령 그곳 사람들은 밀주를 제조할 때 텔레비전 수상기에 물과 설탕 그리고 멍청하게도 아기 기저귀를 넣어 발효에 필요한 이스트를 대신하는 바람에 독성 형광물질 혼합물을 만들곤 했다. 그런가 하면 호텔은 손님을 받을 준비가 전혀 되어 있지 않았다. 음식도 없어 우리는 차를 타고 어떤 노인의 집에 가서 성인 기본 배급으로 타 온 것 중에 남은 것을 먹은 적도 있었다. 내 쿠바 동료는 마이애미에 있는 사촌한테 크리스마스카드를 보냈다가는 자녀가 대학에서 쫓겨날 거라고 했다. 또 내가 진행하는 연구를 승인받기 위해 피델 카스트로에게 직접 연구 방법을 설명하기도 했다. 아무튼 이런 이야기는 자제하고, 내가 왜 쿠바에 있었고 그곳에서 무엇을 알게 되었는지 소개하겠다.

1991년 말, 피나르델리오Pinar del Río주에서 담배를 재배하는 가난한 농부들 사이에서 색맹이 나타나기 시작하더니 신경에 문제가 생기고 팔다리에 감각이 사라졌다. 문제를 조사하던 쿠바 유행병학자들은 외부에 도움을 구하기 시작했다. 소련은 이제 막 붕괴한 터라 도움을 주기 어려웠다. 그래서 가난한 농부들에게 나타나는 신경성 유행병을 다룬 적 있는, 전 세계에서 몇 안 되는 연구자를 찾아 논문을 뒤지던 중 마침내 나를 찾아냈다. 쿠바 중앙정치국 소속인 콘치타 우에르고Conchita Huergo가 공항으로 마중 나왔고, 바로 그날 피델 카스트로가 나를 만나러 무장 경호원을 대동하고 직접 나타났다. 그가 내 주위를 빙 돌며 나를 살피는 동안 그의 검은색 운동화가 시멘트 바닥에서 찍찍 소리를 냈다.

3개월간 문제를 조사한 나는 그 가난한 농부들이 (소문처럼) 암시장에서 독성 있는 음식을 먹었다거나 어떤 세균 때문에 신진대사에 문제가 생긴 게 아니라, 전 세계 거시경제학이 초래한 단순한 영양부족이라는 결론을 내렸다. 최근까지 토마토를 가득 싣고 와서 쿠바의 설탕과 시가를 가득 싣고 돌아간 소련의 배들이 그해에는 들어오지 않았다. 모든 음식은 철저히 배급제로 공급되었다. 사람들은 그나마 영양가가 조금이라도 있는 음식은 아이와 임신부, 노인에게 주었다. 용감무쌍한 어른들은 오로지 쌀과 설탕만 먹었다. 나는 이러한 결과를 최대한 조심스럽게 발표했다. 누가 봐도 정부 계획이 실패해 국민에게 음식을 충분히 공급하지 못한 탓이었다. 계획경제는 실패했다. 나는 고맙다는 말을 듣고 집으로 돌아왔다.

1년 후 다시 아바나에서 초청을 받았다. '세계적 관점에서 바라본 쿠바의 건강'을 주제로 보건부에서 강연을 해달라는 요청이었다. 이때 쿠바 정부는 베네수엘라의 도움으로 국민에게 식량을 공급할 능력을 회복한 상태였다.

나는 내가 만든 '건강과 부에 관한 물방울 도표'(281쪽)에서 쿠바의 특별한 위치를 보여주었다. 쿠바는 소득이 미국의 4분의 1 수준인데도 아동 생존율은 미국만큼 높았다. 보건부 장관은 강연이 끝난 뒤 곧장 연단으로 올라와 내 메시지를 요약했다. "우리 쿠바는 빈곤한 나라 중 가장 건강합니다." 큰 박수가 터져나왔고,

쿠바: 빈곤한 나라 중 가장 건강한 나라

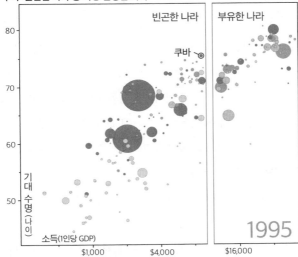

쿠바: 건강한 나라 중 가장 빈곤한 나라

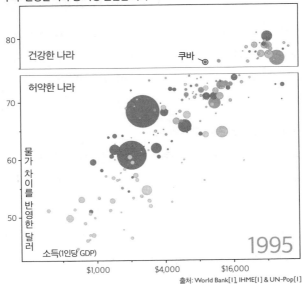

출처: World Bank[1], IHME[1] & UN-Pop[1]

그것으로 행사는 끝났다.

그런데 내 강연에서 모든 사람이 그 장관처럼 느낀 것은 아니었다. 내가 다과를 마련해놓은 곳으로 자리를 옮기려는데, 어떤 젊은 남자가 슬그머니 내 팔을 잡았다. 그는 나를 인파에서 조용히 끌어내더니, 자기는 보건 통계 일을 하는 사람이라고 설명했다. 그러고는 머리를 기울여 내 귀에 대고 용감하게 속삭였다. "선생님 데이터는 맞지만 보건부의 결론은 완전히 엉터리예요." 그는 퀴즈를 낸 것 같은 표정으로 나를 바라보더니 이어서 말했다. "우리는 빈곤한 나라 중 가장 건강한 게 아니라, 건강한 나라 중 가장 빈곤하죠."

그는 내 팔을 놓고 소리 없이 웃으며 재빨리 한쪽으로 사라졌다. 맞는 말이다. 쿠바 보건부 장관은 정부의 편파적 시각으로 설명했지만, 상황을 다르게 볼 수도 있었다. 왜 빈곤한 나라 중 가장 건강하다는 사실에 만족할까? 쿠바 사람도 다른 건강한 나라 사람처럼 부유하고 자유로운 삶을 누릴 자격이 있지 않을까?

미국: 부유한 나라 중 가장 허약한 나라

그렇다면 이제 미국을 보자. 쿠바가 단일한 이념에 매달린 탓에 건강한 나라 중 가장 빈곤하듯 미국은 부유한 나라 중 가장 허약하다.

이념을 따지다 보면 미국과 쿠바를 비교하게 되고, 둘 중 한 곳을 지지하지 않을 수 없다. 이념적 시각으로 볼 때 쿠바보다 미국에 살겠다는 사람은 쿠바 정부의 정책은 모두 반대해야 하고, 자유 시장처럼 쿠바 정부가 반대하는 것은 찬성해야 마땅하다. 분명히 말해두는데 나라면 당연히 쿠바보다 미국에 살겠지만, 그런 식의 사고방식은 도움이 안 된다. 편파적이고 오해를 불러올 공산이 크기 때문이다. 미국이 야심 있는 나라라면, 3단계 공산국가인 쿠바가 아니라 다른 4단계 자본주의국가와 비교해야 한다. 미국 정치인이 사실에 근거한 결정을 내리려면, 이념이 아닌 수치에 의존해야 한다. 그리고 만약 앞으로 살 곳을 선택해야 한다면, 나는 이념이 아니라 국가가 국민에게 무엇을 제공하느냐를 기준

39개 국가가 미국보다 기대 수명이 길다
그러나 의료비 지출은 미국이 가장 많다

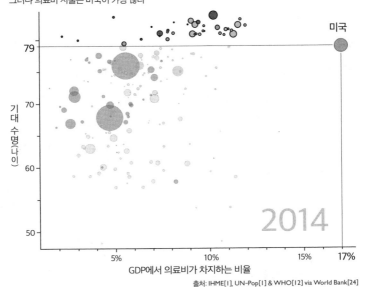

출처: IHME[1], UN-Pop[1] & WHO[12] via World Bank[24]

으로 고르겠다.

미국의 1인당 의료비 지출은 약 9,400달러로, 다른 4단계 자본주의국가의 약 3,600달러보다 2배가 넘는데, 미국 시민은 이 많은 돈을 쓰고도 다른 나라보다 기대 수명이 3년 짧다. 미국의 1인당 의료비는 세계 어느 나라보다 높지만, 미국보다 기대 수명이 긴 나라는 39개국이나 된다.

미국 시민은 스스로를 극단적 사회주의 정권과 비교하지 말고, 비슷한 자원을 가진 다른 자본주의국가와 비교하면서 왜 같은 비용을 쓰고도 의료 수준이 떨어지는지 자문해야 한다. 그 답은 그리 어렵지 않다. 4단계 국가의 시민 대부분이 당연시하는 기초 공공 의료보험이 없기 때문이다. 현재 미국 의료 체계에서 보험에 가입한 부자 환자는 의사를 필요 이상으로 자주 찾아가 비용을 끌어올리는 반면, 가난한 환자는 간단하고 값싼 치료조차 받을 형편이 못 되어 일찍 죽는다. 의사는 목숨을 살리거나 질병을 치료하기보다, 불필요하고 의미 없는 의료 활동에 시간을 쓰는 셈이다. 의사의 시간을 이렇게 낭비하다니, 얼마나 안타까운 일인가!

아주 정확히 말하자면, 부유한 나라 중 기대 수명이 미국만큼 낮은 곳이 몇 있다. 페르시아만 연안의 부유한 국가인 오만, 사우디아라비아, 바레인, 아랍에미리트, 쿠웨이트다. 그러나 이들 나라는 역사가 사뭇 다르다. 석유를 기반으로 본격적으로 부유해지기 시작한 1960년대까지는 인구도 적고 문맹률도 높았다. 따라서 이곳의 의료 체계는 고작 두 세대에 걸쳐 만들어졌다. 그리고 미국과 달리 이들 나라는 정부의 제약을 전혀 받지 않는다. 이곳의 기대 수명이 두어 해 안에 미국보다 높아진다 한들 나는 전혀 놀라지 않을 것 같다. 어쩌면 미국은 서유럽 국가에서 교훈을 얻을지언정 이들 나라에서는 무언가를 배우려 하지 않을 것이다.

쿠바의 공산 체제는 단일 관점에 얽매일 때의 위험을 보여주는 사례다. 중앙정부가 국민의 문제를 모두 해결할 수 있다는, 언뜻 그럴듯해 보이지만 사실은 기이한 관점이다. 쿠바와 쿠바의 비능률, 가난, 제한적 자유를 목격한 사람들이 왜 정부에 사회계획을 맡기면 안 된다고 생각하는지 나는 충분히 이해할 수 있다.

단일 관점이 문제가 되기는 미국의 의료 체계도 마찬가지다. 시장이 한 국가의 문제를 모두 해결할 수 있다는, 언뜻 그럴듯해 보이지만 사실은 기이한 관점이다. 미국과 미국의 불평등, 의료 현실을 목격한 사람들이 왜 민간 시장과 경쟁 체제에 공공재 공급을 맡겨서는 절대 안 된다고 생각하는지 역시 나는 충분히 이해할 수 있다.

민간 부문 대 공공 부문에 관한 토론이 대부분 그렇듯 답은 이것 또는 저것이 아니다. 사안마다 답이 다르고, 이것도 저것도 다 필요하다. 중요한 것은 규제와 자유 사이의 적절한 조화를 찾는 것이다.

민주주의도 단일한 해결책이 못 된다

조금 위험하더라도 이 말은 꼭 해야겠다. 나는 자유민주주의가 국가를 운영하는 최선의 길이라고 굳게 믿는다. 나를 비롯해 그렇게 믿는 사람은 민주주의에서 평화, 사회 발전, 보건 의료 발전, 경제성장 같은 좋은 것이 나오고, 심지어 그런 것이 존재하기 위한 필요조건이라고 주장하고 싶은 마음이 굴뚝같다. 하지만 인정하기 어려운 분명한 사실 한 가지가 있다. 증거를 보면 꼭 그렇지만도 않다는 것이다.

경제와 사회가 크게 발전한 나라라고 해서 다 민주국가는 아니다. (산유국도 아닌) 한국은 어느 나라보다 빨리 1단계에서 3단계로 넘어갔고, 그 시기는 줄곧 군부 독재가 이어졌다. 2012~2016년에 빠른 경제성장을 이룬 나라 열 곳 중 아홉 곳은 민주주의 수준이 낮았다.

경제성장과 보건 의료 발전에 민주주의가 반드시 필요하다고 주장한다면, 그와 모순되는 현실에 부딪히기 쉽다. 따라서 우리가 좋아하는 다른 어떤 목적을 달성하는 데 민주주의가 우월한 수단이라고 주장하기보다 민주주의 자체를 목적으로 지지하는 편이 더 바람직하다.

다른 모든 발전을 가능하는 단 하나의 척도는 없다. 1인당 GDP도, (쿠바에서처럼) 아동 사망률도, (미국에서처럼) 개인의 자유도, 심지어 민주주의도 단일한 척도가 될 수 없다. 한 국가의 발전을 측정하는 단일한 척도는 없다. 현실은 그렇게 단순하지 않다.

세계는 수치 없이 이해할 수도, 수치만으로 이해할 수도 없다. 국가는 정부 없이 제 기능을 수행할 수 없지만, 정부가 모든 문제를 해결할 수도 없다. 공공 부문도, 민간 부문도 늘 정답일 수는 없다. 좋은 사회에서 나온 척도라도 단일 척도가 모든 사회 발전을 이끌 수는 없다. 이것 또는 저것을 아주 택할 게 아니라, 사안에 따라 이것과 저것을 두루 택해야 한다.

사실충실성

사실충실성은 단일 관점이 상상력을 제한할 수 있다는 걸 알아보는 것이고, 문제를 여러 각도에서 바라봐야 더 정확하게 이해하고 현실적인 해결책을 찾을 수 있다는 사실을 기억하는 것이다.

단일 관점 본능을 억제하려면 망치가 아닌 연장 통을 준비하라.

- **생각을 점검하라** 내가 좋아하는 생각이 얼마나 우수한지를 보여주는 사례만 수집하지 마라. 나와 생각이 다른 사람에게 내 생각을 점검하게 하고, 내 생각의 단점을 찾게 하라.
- **제한된 전문성** 내 분야를 넘어서까지 전문성을 주장하지 마라. 내가

모르는 것에는 겸손하라. 타인의 전문성에도 그 한계에 주의하라.

- **망치와 못** 도구를 잘 다룬다면 그 도구를 지나치게 자주 사용하고 싶을 수 있다. 문제를 깊이 분석하다 보면, 그 문제나 내 해결책의 중요성을 과장할 수 있다. 모든 것에 사용하는 하나의 도구는 없다는 점을 명심하라. 내가 좋아하는 생각이 망치라면, 드라이버나 스패너 또는 줄자를 가진 동료를 찾아보라. 다른 분야의 생각도 마다하지 마라.

- **수치를 보되, 수치만 봐서는 안 된다** 세계를 수치 없이 이해할 수 없지만, 수치만으로 이해할 수도 없다. 진짜 삶을 말해주는 수치를 사랑하라.

- **단순한 생각과 단순한 해결책을 조심하라** 역사는 단순한 유토피아적 시각으로 끔찍한 행동을 정당화한 사람으로 가득하다. 복잡함을 끌어안아라. 여러 생각을 섞고 절충하라. 문제는 하나씩 사안별로 해결하라.

9장

비난 본능

—

The Blame Instinct

———

마법의 세탁기와
돈 버는 로봇에 대하여

할머니를 패자고?

카롤린스카연구소에서 학생들에게 강의를 하면서, 거대 제약 회사가 말라리아를 좀처럼 연구하지 않을 뿐 아니라 수면병처럼 아주 가난한 사람만 공격하는 질병도 아예 연구하지 않는다는 이야기를 해주었다.

그러자 바로 앞에 앉아 있던 학생이 말했다. "면상을 한 대 갈겨줘야 해요."

내가 대답했다. "아하, 그러잖아도 이번 가을에 노바르티스Novartis에 갈 예정이야(노바르티스는 스위스에 본부를 둔 세계적 제약 회사인데, 나는 그곳에서 강연 요청을 받은 상태였다). 학생이 내가 뭘 해야 할지, 누굴 갈겨줘야 할지 알려주면 한번 시도해보지. 누구 면상을 갈겨줘야 할까? 거기서 일하는 사람 아무나?"

"아니죠, 아니죠. 사장을 갈겨야죠." 학생이 말했다.

"아하! 좋아. 다니엘 바셀라Daniel Vasella 말이군." 그는 당시 노바르티스 사장이었다. "내가 다니엘 바셀라를 좀 알지. 가을에 그 사람을 보면 면상을 갈겨야 한다, 이 말이지? 그럼 만사가 해결될까? 그 사람이 좋은 사장으로 변해 회사의 연구 우선순위를 바꿔야 한다고 생각할까?"

뒤쪽에 앉아 있던 학생이 대답했다. "아니요, 이사들 면상을 갈겨야죠."

"음, 그거 재밌겠는데. 오후에는 이사들 앞에서 이야기할 것 같은데 말이야. 그럼 아침에 다니엘을 만날 때는 얌전히 있다가 이사회실에 들어가면 주욱 돌면서 최대한 많은 사람을 갈겨주지. 물론 죄다 때려눕힐 시간은 없을 거야. 나는 싸워본 적도 없고, 거기는 보안 요원도 있을 테니까. 서너 명을 갈길 때쯤에는 아마 제지당할 거야. 그래도 해야겠지? 그러고 나면 이사회가 연구 정책을 바꿀까?"

세 번째 학생이 말했다. "아뇨, 노바르티스는 공개 기업이에요. 결정권을 쥔 사람은 사장이나 이사회가 아니라 주주죠. 이사회가 우선순위를 바꾸면 주주들이 이사를 새로 뽑겠죠."

내가 말했다. "맞아, 회사가 부자의 질병을 연구하는 데 돈을 쓰길 바라는 사람은 주주들이야. 그래야 주식으로 높은 수익을 얻을 테니까."

그렇다면 직원이나 사장이나 이사는 아무 잘못이 없다는 이야기다. 나는 처음에 면상을 갈기자고 제안한 학생을 쳐다보며 말했다.

"이제 문제는 이 거대한 제약 회사의 주식을 누가 갖고 있느냐는 거군."

"부자들이죠." 그가 어깨를 으쓱하며 말했다.

"아니야, 이건 정말 흥미로운 문제야. 왜냐하면 제약 회사 주식은 아주 안정적이거든. 주식시장이 요동치거나 유가가 급등해도 제약 회사 주식은 꽤 안정적인 수익을 보장해. 다른 회사 주식은 대개 경기 흐름에 따라 움직여서 사람들이 돈을 흥청망청 쓰거나 주머니를 닫아버리면 덩달아 주가도 올라갔다 내려갔다 하지만, 암 환자는 항상 치료를 받아야 하니까. 그렇다면 안정적인 이 회사 주식은 누가 갖고 있을까?"

다시 나를 바라보는 젊은 청중의 얼굴은 커다란 물음표 같았다.

"바로 은퇴 기금이야."

침묵.

"그러니까 나는 누구의 면상도 갈기지 못할 거야. 주주를 만나지는 못할 테니까. 그런데 학생은 만날 거야. 이번 주말에 할머니를 찾아가서 면상을 갈겨드려. 비난할 대상이나 때릴 대상이 필요하다 싶으면 그건 노인과 안정된 주식이 필요한 노인의 탐욕이란 걸 기억해. 그리고 지난여름 자네가 배낭여행을 하는 데 할머니가 경비를 조금 보태주셨지? 이제 그 돈을 돌려드려야 할 거야. 그래야 할머니가 그 돈을 노바르티스에 가져다주며 가난한 사람의 건강에 투자하라고 요구할 수 있으니까. 그 돈을 이미 다 써버렸다면 자네가 자네 면상을 갈겨야겠지."

비난 본능

비난 본능은 왜 안 좋은 일이 일어났는지 명확하고 단순한 이유를 찾으려는 본능이다. 최근에 내가 이 본능을 느낀 것은 호텔에서 샤워를 할 때였다. 온수 수도꼭지를 끝까지 돌렸지만 물이 나오지 않았다. 그러다가 몇 초 지나 쩔쩔 끓는 물이 쏟아져 살을 데고 말았다. 순간적으로 배관공에게 화가 치밀었다. 이어서 호텔 지배인, 그리고 찬물을 쓰고 있을지 모를 옆방 투숙객에게 차례로 화가 났다. 하지만 누구도 비난할 수 없었다. 누구도 내게 고의로 해를 끼치거나 태만하지 않았으니까. 인내심을 가지고 수도꼭지를 천천히 돌리지 못한 내 잘못이었다.

뭔가 잘못되면 나쁜 사람이 나쁜 의도로 그랬으려니 생각하는 건 무척 자연스러워 보인다. 우리는 어떤 일이 벌어졌을 때 누군가가 그걸 원해서 그리되었다고 믿고 싶고, 개인에게 그런 힘과 행위능력이 있다고 믿고 싶어진다. 그러지 않으면 세계는 예측 불가능하고, 혼란스럽고, 무서울 테니까.

비난 본능은 개인이나 특정 집단의 중요성을 과장한다. 잘못한 쪽을 찾아내려는 이 본능은 진실을 찾아내는 능력, 사실에 근거해 세계를 이해하는 능력을 방해한다. 비난 대상에 집착하느라 정말 주목해야 할 곳에 주목하지 못한다. 또 면상을 갈겨주겠다고 한번 마음먹으면 다른 해명을 찾으려 하지 않는 탓에 배울 것을 배우지 못한다. 그러다 보면 문제를 해결하거나 재발을 방지하는 능력도 줄어든다. 누군가를 손가락질하는 지극히 단순한 해법에 갇히면 좀 더 복잡한 진실을 보려 하지 않고, 우리 힘을 적절한 곳에 집중하지 못하기 때문이다.

예를 들어 항공기가 추락했을 때 잠깐 졸았던 기장만 탓하면 재발 방지에 도움이 안 된다. 기장이 왜 졸았는지, 앞으로 졸지 않으려면 어떤 규제가 필요한지 물어야 한다. 기장이 졸았는지 알아내느라 다른 생각을 못 하면 발전은 없다. 세계의 중요한 문제를 이해하려면 개인에게 죄를 추궁하기보다 시스템에 주목해야 할 때가 많다.

비난 본능은 일이 잘 풀릴 때도 발동되어 칭찬 역시 비난만큼이나 쉽게 나온다. 일이 잘 풀릴 때 우리는 아주 쉽게 그 공을 개인이나 단순한 원인으로 돌리는데, 이때도 대개는 문제가 훨씬 복잡하다.

세계를 정말로 바꾸고 싶다면, 세계를 이해해야지 비난 본능에 좌우돼서는 안 된다.

비난 게임

비난 게임을 하다 보면 종종 우리의 호불호가 드러난다. 우리에 겐 내 생각이 옳다는 걸 증명해줄 나쁜 사람을 찾는 경향이 있다. 우리가 손가락질하기 좋아하는 대표적 사람들인 사악한 경영인, 거짓말하는 언론인, 외국인을 살펴보자.

경영인

나는 항상 분석적 사고를 하려고 애쓰는데, 그럼에도 내 본능에 당하는 경우가 제법 있다. 예전에 도널드 덕의 삼촌인 탐욕스러 운 부자 스크루지 맥덕이 나오는 만화를 너무 많이 본 탓일까. 나 중에 내 제자들이 그랬듯 나 역시 이윤을 추구하는 제약 회사에 대해 깊이 생각하길 귀찮아한 것 같다. 어쨌거나 유니세프가 나 더러 앙골라에 말라리아 약을 공급하는 계약 입찰 건을 조사해달 라고 했을 때 수상쩍은 느낌이 들었다. 입찰가가 하도 이상해서 내가 사기범을 잡아내겠구나, 하는 생각밖에 없었다. 못된 업체 가 유니세프를 등쳐먹으려는 수작인가 본데, 내가 곧 그 수법을 찾아내리라.

유니세프는 여러 제약 회사에 입찰 경쟁을 붙여 10년 동안 약 을 공급받곤 했다. 계약 기간과 규모가 워낙 매력적이라 입찰자 들은 아주 좋은 가격을 제시한다. 그런데 이번 경우는 스위스 알 프스의 도시 루가노Lugano에 있는 리보팜Rivopharm이라는 작은 가족 기업이 믿기 힘든 낮은 가격으로 입찰에 참여했다. 사실 이들이 제시한 알약 한 개당 가격은 원가보다도 낮았다.

내 임무는 그곳에 직접 가서 사정을 알아보는 것이었다. 취리히로 날아간 나는 다시 작은 비행기를 타고 루가노의 작은 공항에 내렸다. 허접한 옷을 차려입은 업체 대표가 나와 있겠거니 했는데, 웬걸! 리무진이 나를 낚아채듯 태우더니 한 번도 가본 적 없는 최고급 호텔에 내려놓는 것이 아닌가. 나는 집에 전화를 걸어 아내에게 속삭였다. "침대 시트가 실크야."

다음 날 아침, 회사에서 보낸 차를 타고 공장 시찰에 나섰다. 나는 회사 매니저와 악수를 하고 곧장 질문을 던졌다. "부다페스트에서 원료를 사들여 약을 만들고, 용기에 담아 박스 포장을 하고, 컨테이너에 실어 제노바까지 보내는 거죠? 이 과정을 어떻게 원료값도 안 되는 비용으로 할 수 있나요? 헝가리에서 원료를 특별한 가격으로 들여오나요?"

"우리는 헝가리에서 다른 기업들과 똑같은 값에 물건을 들여옵니다." 매니저가 말했다.

"그리고 저를 리무진으로 픽업하셨죠? 대체 그 돈은 다 어디서 나는 겁니까?"

매니저가 웃었다. "작업 방식을 말씀드리죠. 몇 년 전 우리는 로봇 기술이 제약 산업을 바꿀 거라고 전망했습니다. 그래서 세계에서 알약을 가장 빨리 만드는 기계를 발명해 이 작은 공장을 세웠어요. 다른 공정도 모두 자동화율이 높습니다. 대기업 공장은 우리에 비하면 수공업 작업장이나 다름없죠. 우리가 부다페스트에 주문을 하면, 월요일 오전 6시에 활성 성분인 클로로퀸이 기차로 이곳에 도착합니다. 그러면 수요일 오후까지 앙골라로 보낼 말라리아 알약 1년 치를 포장까지 마치고 선적 준비를 끝냅니다. 그리고 목요일 오전 제노바 항구에 도착하죠. 그리고 유니세프 바이어가 약을 점검하고 영수증에 사인하면, 그날 우리 취리히 은행 계좌로 돈이 들어옵니다."

"하지만 보세요. 지금 물건을 구입가보다 낮은 가격에 팔고 있잖아요."

"맞습니다. 헝가리는 우리한테 30일 외상을 주고, 유니세프는 그날부터 나흘 뒤 우리에게 대금을 지불합니다. 그러니까 우리는 그 대금이 우리 계좌에 있는 26일 동안 이자 수익을 얻는 거죠."

세상에! 나는 할 말을 잃었다. 그런 방식이 있으리라고는 상상도 못 했다.

내 머릿속에 유니세프는 좋은 사람들이고, 제약 회사는 사악한 음모를 꾸미는 나쁜 사람들이라는 고정관념이 박혀 다른 생각은 들어올 틈이 없었다. 작은 기업이 지닌 혁신의 힘에 대해서는 완전히 무지했다. 이들은 값싼 해결책을 찾아내는 환상적 능력을 갖춘 좋은 사람들이었다.

언론인

지식인과 정치인 사이에서는 언론을 손가락질하며 진실을 보도하지 않는다고 비난하는 게 유행이다. 어쩌면 나도 이 책 앞부분에서 그랬을지 모른다.

우리는 언론인을 손가락질하기보다 이런 질문을 던져야 한다. 언론은 세상을 왜 그렇게 왜곡해 보여주는 걸까? 의도적일까, 아니면 다른 이유가 있는 걸까?

(의도적으로 만들어낸 가짜 뉴스는 논의하지 않겠다. 그것은 전혀 다른 문제이며, 저널리즘과도 아무런 관계가 없다. 그리고 나는 가짜 뉴스가 우리 세계관을 왜곡하는 주범이라고는 생각하지 않는다. 우리는 세계를 단지 오해하기 시작한 게 아니라 항상 오해하고 있었다는 게 내 생각이다.)

우리는 2013년 갭마인더 무지 프로젝트Gapminder's Ignorance Project의 결과를 인터넷에 올렸다. BBC와 CNN은 그 결과를 재빨리 주요 뉴스로 보도했다. 두 방송사는 우리가 제시한 문제를 자사 사이트에 올려 사람들이 직접 풀어보게 했는데, 사람들의 정답률이 눈 감고 찍은 것보다도 못한 이유를 분석한 수천 개의 짧은 글이 올라왔다.

그중 우리 주의를 사로잡은 글 하나는 이랬다. "언론 종사자 중에 이 테스트를 통과한 사람은 한 명도 없을 거라고 장담한다."

우리는 이 생각이 퍽 흥미로워 정말 그런지 알아보려 했지만, 여론조사 회사들은 언론인을 집단적으로 접촉하는 게 불가능하다고 했다. 언론사 경영주들이 허락하지 않았다. 물론 이해는 간다. 자신의 권위를 의심받는 게 달가울 사람은 없다. 진지한 뉴스 방송사가 침팬지보다 지식수준이 나을 게 없는 언론인을 고용했다고 알려지면 몹시 당혹스럽지 않겠는가.

나는 어떤 일이 불가능하다는 말을 들으면 그걸 해보고 싶은 충동이 샘솟는다. 그해 일정에 언론 학술회의가 두 번 잡혀 있었는데, 그때 설문 조사 장비를 챙겨 갔다. 20분이라는 강연 시간은 준비한 질문을 다 던지기에 턱없이 짧았지만, 몇 가지는 물을 수 있었다. 여기에 그 결과를 소개한다. BBC, PBS, 내셔널지오그래픽, 디즈니 등 주요 다큐멘터리 제작자들이 참석한 학술회의에서도 같은 질문을 던졌는데, 그 결과 역시 함께 소개한다.

언론인과 영화 제작자는 침팬지를 이기지 못한다

출처: Ipsos MORI[1], Novus[1] & Gapminder[27]

이들 언론인과 다큐멘터리 제작자는 지식수준이 일반인보다 나을 게 없고, 침팬지보다도 못한 것 같았다.

만약 언론인과 다큐멘터리 제작자가 전반적으로 이런 수준이라면 (다른 기자들은 이들보다 지식수준이 높다거나, 이들에게 다른 문제를 냈더라면 더 나은 결과가 나왔으리라고 믿을 만한 이유가 없다) 이들에겐 죄가 없다. 언론인과 다큐멘터리 제작자가 세계를 극적으로 가르거나 '자연의 역습' 또는 '인구 위기'라는 식으로 극적인 보도를 하면서 안타까운 피아노 음악을 배경 삼아 심각한 목소리로 이야기할 때, 그들이 거짓말을 하며 우리를 의도적으로 호도하는 것은 아니다. 나쁜 의도가 아니라면 그들을 비난하는 것은 무의미하다. 세계에 관한 정보를 전달하는 대부분의 언론인과 다큐멘터리 제작자도 사실은 세계를 오해하고 있기 때문이다. 언론인을 악마화하지 마라. 그들도 다른 사람들처럼 세계를 크게 오해하고 있을 뿐이다.

우리 언론은 자유롭고 전문적이며 진실을 추구하겠지만, 언론의 독립성과 그들이 보도하는 사건의 대표성은 다르다. 모든 보도가 그 자체로는 전적으로 진실이라도 기자가 세상에 알리기로 선택한 진실 이야기를 여럿 모으면 오해할 만한 그림이 나올 수 있다. 언론은 중립적이지도 않고, 중립적일 수도 없으며, 그걸 기대해서도 안 된다.

언론인을 대상으로 한 설문 조사 결과는 심각한 재앙이다. 항공기 추락 사고에 견줄 만한 지식수준이다. 하지만 언론인을 비난하는 것은 졸았던 기장을 탓하는 것만큼이나 도움이 안 된다. 그보다는 언론인이 세계를 왜곡된 시각으로 바라보는 이유(답: 그들도 극적 본능을 지닌 인간이라서)와 언론 시스템의 어떤 요소가 그들로 하여금 왜곡되고 과도하게 극적인 뉴스를 내보내게 하는지(부분적인 답: 소비자의 주의를 사로잡는 경쟁을 해야 하고, 직장을 잃지 말아야 해서) 이해하려고 노력해야 한다.

이런 것들을 이해한다면 언론을 향해 현실을 제대로 반영한 정보를 제공하도록 이런저런 식으로 변하라고 요구하는 게 대단히 비현실적이고 불공정하다는 걸 알 수 있다. 현실 반영은 언론에 기대할 만한 것이 못 된다. 언론이 사실에 근거해 세계를 보여주길 기대하지 말고, 차라리 베를린의 휴일을 찍은 사진 여러 장을 GPS 삼아 그 도시를 둘러보는 편이 합리적이라고 생각하는게 좋다.

난민

2015년 난민 4,000명이 고무보트를 타고 유럽으로 가려다 지중해에서 익사했다. 휴양지 해변에 떠밀려온 죽은 아이들 모습은 공포와 연민을 불러일으켰다. 이런 비극이 또 어디 있겠는가. 유럽 등지에서 4단계의 안락한 삶을 즐기던 우리는 생각에 잠겼다. 어떻게 저런 일이 벌어질 수 있는가? 누굴 비난해야 하나?

우리는 곧 비난 대상을 찾아냈다. 절박한 가족을 속여 1인당 1,000유로를 받고 사람들을 죽음의 고무보트에 태운 잔인하고 탐욕스러운 밀입국 알선자들이 죽일 놈이다. 우리는 여기서 생각을 멈추고, 거친 물살에서 사람들을 구해내는 유럽 구조선의 모습을 보며 안도한다.

그런데 난민은 편안한 비행기나 여객선을 타지 않고 왜 육지로 리비아나 터키로 가서 다시 저런 부실한 고무보트에 목숨을 맡기는 걸까? 유럽연합 회원국은 모두 제네바 협약에 서명한 터라 전쟁으로 피폐해진 시리아 난민에게 망명 자격을 부여할 의무가 있다. 나는 언론인과 지인에게 그리고 난민 신청 접수와 관련한 일을 하는 사람에게 이에 대해 물었지만, 가장 현명하고 자상한 사람조차 매우 이상한 해명을 내놓았다.

비행기표를 살 돈이 없어서? 다들 알다시피 난민은 소형 고무보트의 한 자리를 얻으려고 1,000유로를 지불했다. 인터넷을 검색해보니 터키에서 스웨덴, 리비아에서 런던으로 가는 항공권은 50유로 미만으로 나온 게 많았다.

그렇다면 공항까지 갈 수 없어서? 그렇지 않다. 그중 다수가이미 터키나 레바논까지 왔으니 그곳 공항을 가기는 쉬웠다. 항공권을 살 형편도 되고, 자리가 없는 것도 아니다. 하지만 탑승수속 카운터에서 항공사 직원에게 제지당해 비행기를 타지 못한다. 왜 그럴까? 유럽연합 회원국이 불법 이민에 대처하는 규정을정해놓은 2001년 유럽 이사회 지침European Council Directive 때문이다. 이 지침에 따르면, 적절한 서류를 갖추지 않은 사람을 유럽으로 들여보내는 모든 항공사와 선박 회사는 그 사람을 본국으로 송환하는 비용을 모두 지불해야 한다. 물론 제네바 협약에 따라 망명 자격을 갖추고 유럽으로 들어오려는 난민에게는 그 조항을 적용하지 않는다. 오직 불법 이민자에만 적용한다고 명시되어있다. 하지만 이는 큰 의미가 없다. 탑승 수속 카운터에서 항공사직원이 45초 만에 제네바 협약에서 인정하는 난민인지 아닌지를어떻게 가려낼 수 있겠는가? 대사관에서 최소 8개월이 걸리는일이 아닌가? 그렇다면 불가능하다. 따라서 그 지침은 언뜻 합리적으로 들리지만, 현실에서는 비자 없는 사람은 절대 탑승시키지 않는다. 그리고 이들이 비자를 얻는 것은 거의 불가능하다. 터키와 리비아에 있는 유럽 대사관은 비자 신청을 처리할 자료나 근거가 없기 때문이다. 사정이 이렇다 보니 시리아 난민은 제네바 협약에 따라 이론적으로는 유럽으로 들어갈 권리가 있지만, 현실적으로는 비행기를 탈 수 없다. 결국 바다를 건널 수밖에 없다.

그렇다면 왜 그렇게 위험한 배를 타야 할까? 사실 이 역시 유럽연합의 정책과 관련이 있다. 유럽연합에 도착하는 난민의 배는 무조건 압수하게 되어 있다. 따라서 배는 한 번밖에 쓸 수 없다. 결국 밀입국 알선자들은 1943년 유대인 난민 7,220명을 며칠 사이 덴마크에서 스웨덴으로 이동시킨 데 동원한 어선처럼 안전한 배에 난민을 태우고 싶어도 그럴 형편이 못 된다.

유럽의 여러 정부는 전쟁에 짓밟힌 나라의 난민에게 망명 자격을 신청 및 획득할 자격을 주도록 한 제네바 협약을 존중한다고 주장한다. 그러나 그들의 이민 정책은 그런 주장을 웃음거리로 만들고, 밀입국 알선자가 활동하는 운송 시장을 만들어낸다. 이는 공공연한 비밀이어서 생각이 아주 없지 않는 한 이를 모를 리 없다.

우리는 비난할 사람을 찾는 본능이 있지만, 거울을 들여다보려고는 하지 않는다. 똑똑하고 자상한 사람도 난민 익사 사고는 우리의 이민 정책에 책임이 있다는 죄책감을 유발하는 끔찍한 결론을 내놓지 못하는 일이 흔하다.

외국인

5장에서 인도와 중국이 기후변화의 주범으로 비난받아야 한다는 주장을 설득력 있게 반박한 인도 관리를 기억하는가? 나는 1인당 수치의 중요성을 강조하려고 그 이야기를 꺼냈지만, 비난 대상을 찾다 보면 전체 시스템에 주목하지 못하는 경우를 보여주는 사례이기도 하다.

인도와 중국을 비롯해 소득수준이 올라간 국가들은 기후변화에 책임이 있으며, 그 나라 사람들은 기후변화 문제를 해결하기 위해 더 빈곤한 삶을 살 수밖에 없다는 주장이 서양에서는 놀랍게도 기정사실로 받아들여진다. 내가 밴쿠버에 있는 테크대학Tech University에서 세계 추세에 관한 강연을 하던 중 한 학생이 절망적인 목소리로 당돌하게 말했다. "그 사람들은 우리처럼 살 수 없어요. 그런 식으로 계속 발전하도록 놔두면 안 돼요. 그렇게 배출하다가는 지구가 죽고 말 거예요." 서양인이 마치 자기 손에 리모컨이 있어 버튼만 누르면 다른 수십 억 인구의 삶을 결정할 수 있다는 식으로 말하는 경우가 얼마나 많은지 정말 기겁할 일이다. 가만히 둘러보니 그 여학생 주변의 학생들은 그 말에 아무런 반응도 보이지 않았다. 다들 같은 생각이었다.

오늘날 대기에 축적된 이산화탄소 대부분은 현재 4단계 삶을 사는 나라들이 지난 50년간 배출한 것이다. 캐나다의 1인당 이산화탄소 배출량은 중국보다 여전히 2배 많고, 인도보다는 8배 많다. 전 세계 연간 화석연료 사용량 중 가장 부유한 10억 인구가

차지하는 비율이 얼마나 되는지 아는가? 절반이 넘는다. 그리고
두 번째로 부유한 10억 인구가 그 나머지의 절반을 차지한다. 그
리고 또 절반, 또 절반으로 이어지면서 가장 가난한 10억 인구는
겨우 1%를 차지할 뿐이다.

소득별 이산화탄소 배출량

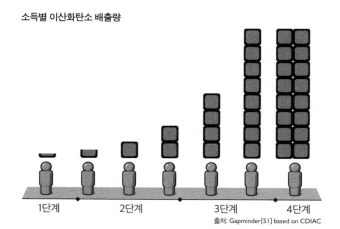

출처: Gapminder[51] based on CDIAC

　가장 가난한 10억 인구가 1단계에서 2단계로 올라가기까지
는 최소 20년이 걸릴 테고, 그동안 전 세계 이산화탄소 배출량에
서 이들이 차지하는 비율은 약 2% 증가한다. 그리고 이들이 다시
3단계, 4단계로 올라가는 데는 수십 년이 걸릴 것이다.

　이런 상황에서 서양인이 자신의 책임을 아주 쉽게 다른 사람
에게 떠넘기는 현상은 비난 본능을 보여주는 생생한 증거다. 우
리는 '그 사람들'은 우리처럼 살 수 없다고 말한다. 정확히 말하
면 "우리는 우리처럼 살 수 없다"가 맞다.

외국 질병

신체의 가장 큰 기관은 피부다. 현대 의학이 발달하기 전, 상상할 수 있는 최악의 피부병은 매독이었다. 가려운 부스럼으로 시작해 뼈가 드러날 정도로 피부가 썩어 들어가다가 결국 골격이 훤히 드러난다. 이처럼 혐오스러운 모습과 참을 수 없는 고통을 유발하는 질병은 장소에 따라 다른 이름으로 불렸다. 러시아에서는 폴란드 질병, 폴란드에서는 독일 질병, 독일에서는 프랑스 질병, 프랑스에서는 이탈리아 질병이라고 불렀다. 그리고 이탈리아 사람은 비난의 화살을 돌려 프랑스 질병이라고 불렀다.

희생양을 찾으려는 본능은 인간 본성의 핵심이어서, 그 피부병을 스웨덴 사람이 스웨덴 질병이라 부른다거나, 러시아 사람이 러시아 질병이라 부르리라고는 상상하기 쉽지 않다. 인간이 원래 그렇다. 우리에겐 비난할 사람이 필요하고 어떤 외국인 한 명이 그 병을 옮겼다면, 그 외국인이 속한 나라를 주저없이 통째로 비난하곤 한다. 자세한 조사 따위는 필요하지 않다.

비난과 칭찬

우리는 비난 본능 때문에 나쁜 쪽으로든 좋은 쪽으로든 합당한 수준 이상의 힘과 영향력을 개인 탓으로 돌리는 경향이 있다. 특히 정치 지도자나 최고 경영자는 자기들의 영향력을 실제보다 과장해서 주장하는 경우가 많다.

영향력 있는 지도자?

예를 들어 마오쩌둥은 의심할 여지 없이 예외적으로 막강한 영향력을 지닌 인물로, 그의 행동은 10억 인구에게 직접적으로 영향을 미쳤다. 내가 아시아의 낮은 출산율을 보여주면 "그건 틀림없이 마오쩌둥의 한 자녀 정책 때문"이라고 말하는 사람이 종종 있다.

하지만 악명 높은 한 자녀 정책의 영향력은 흔히 생각하는 것처럼 크지 않았다. 여성 1인당 출생아 수가 6명에서 3명으로 급감한 것은 한 자녀 정책이 나오기 10년 전의 일이다. 그리고 이 정책을 유지한 36년 동안 중국에서 그 수치가 1.5명 아래로 떨어진 적이 없었다. 반면 우크라이나, 태국, 한국 같은 여러 나라에서는 그런 강제 정책이 없었는데도 1.5명 아래로 떨어졌다. 한 자녀 정책을 적용하지 않은 홍콩에서도 여성 1인당 출생아 수는 1명이 안 됐다. 이 모든 상황을 종합해볼 때, 여기에는 막강한 한 사람의 결정적 명령이 아닌 다른 요인이 있다(이와 관련해 나는 여성이 아이를 갖기로 결심하는 이유를 앞에서 대략 설명했다). 게다가 한 자녀 정책은 마오쩌둥이 죽은 뒤에 도입된, 마오쩌둥과는 무관한 정책이다.

교황도 전 세계 10억 천주교 인구의 성생활에 막대한 영향력을 미친다고 알려져 있다. 하지만 몇몇 교황이 연달아 피임을 드러내놓고 비난했음에도 통계에 따르면 천주교도가 다수인 나라에서 피임을 하는 사람은 60%에 이른다. 그 밖의 나라에서도 58%로 같은 수준이다. 교황은 도덕적 지도자로서 세계적으로 가장 영향력 있는 인물이다. 하지만 이처럼 정치적 힘이나 도덕적 권위가 대단한 지도자여도 침실에까지 영향력을 행사할 리모컨은 갖고 있지 않은 모양이다.

린다 수녀의 사무실

아프리카의 극도로 빈곤한 시골에서는 기본적 의료 행위를 아직도 수녀가 담당한다. 똑똑하고, 성실하고, 현실적인 이들 수녀 중에는 나와 가까운 동료가 된 분들도 있었다. 탄자니아에서 나와 함께 일한 린다Linda 수녀는 머리부터 발끝까지 검은색 옷을 입고 하루 세 번 기도하는 독실한 수녀였다. 린다의 사무실 문은 의료 상담을 할 때 말고는 항상 열려 있었는데 사무실에 들어서면 반들반들한 교황 포스터가 가장 먼저 눈에 띄었다. 하루는 린다와 내가 그 사무실에서 민감한 문제를 논의했다. 도중에 린다가 자리에서 일어나 문을 닫았고, 나는 그때 처음으로 문 안쪽에 붙어 있는 것을 보았다. 또 하나의 커다란 포스터였는데, 거기에는 콘돔이 든 작은 주머니가 수백 개 붙어 있었다. 내

> 쪽으로 다시 몸을 돌리던 린다는 깜짝 놀란 내 얼굴을 보더
> 니 살짝 웃었다. 자신을 비롯한 여성에 대해 내가 가진 무
> 수한 고정관념을 발견했을 때 보이는 웃음이었다. "에이즈
> 와 출산을 동시에 막으려면 가족한테 저게 필요해요." 수녀
> 는 그렇게 간단히 말하고, 우리의 논의를 이어갔다.

하지만 낙태는 상황이 다르다. 한 자녀 정책은 여기에 확실히 영향을 미쳤다. 이 정책으로 강제로 낙태를 하거나 불임수술을 하는 사람이 늘었지만, 그 수는 알려지지 않았다. 오늘날 전 세계에서 여성은 여전히 낙태를 둘러싼 종교적 비난의 희생자가 된다. 낙태를 불법화하면 낙태가 없어지기보다 더 위험해지고, 그 결과 여성이 목숨을 잃을 확률은 높아진다.

더 유력한 용의자

나는 앞에서 어떤 일이 잘못되었을 때는 비난할 사람을 찾기보다 시스템을 봐야 한다고 주장했다. 그런데 일이 잘 풀릴 때도 두 종류의 시스템에 더 많은 공을 돌려야 한다.

인간의 성공 뒤에 존재하는 보이지 않는 배우들은, 위대하고 전능한 지도자에 비해 평범하고 지루하다. 그럼에도 나는 그들을

칭송하고 싶다. 자, 그럼 세계 발전에 기여했지만 찬양받지 못한 영웅을 위한 퍼레이드를 벌여보자. 그 영웅은 제도나 체계 같은 사회 기반, 그리고 기술이다.

사회 기반

사회 발전과 경제 발전이 제자리걸음인 국가는 지도자가 대단히 파괴적이고 무력 충돌이 잦은 몇몇 나라뿐이다. 그 밖의 나라에서는 대통령이 아무리 무능해도 사회와 경제가 발전한다. 그렇다면 지도자가 정말 그렇게 중요한지 물어야 한다. 그리고 그 답은 아마도 '아니다'일 것이다. 사회를 꾸려나가는 것은 그 나라 국민인 다수의 사람들이다.

나는 아침에 세수하려고 수도꼭지를 틀었을 때 마술처럼 따뜻한 물이 나오면, 이런 상황을 가능하게 한 배관공을 소리 없이 칭송할 때가 있다. 그런 기분이 들 때면, 감사해야 할 수많은 사람이 떠올라 종종 가슴이 벅차오른다. 공무원, 간호사, 교사, 변호사, 경찰, 소방관, 전기 기사, 회계사, 안내 데스크에 있는 사람 등등. 모두 사회 기반을 구성하는, 그물처럼 얽힌 서비스를 수행하는 보이지 않는 사람들이며, 일이 잘될 때 우리가 찬양해야 할 사람들이다.

2014년 에볼라 퇴치를 돕기 위해 라이베리아에 갔었다. 서둘러 손쓰지 않으면 전 세계에 빠르게 퍼져 10억 인구의 목숨을 앗아가고, 이제까지 알려진 그 어떤 유행병보다 심각한 해를 끼칠 것으로 우려했기 때문이다. 그런데 치명적인 에볼라 바이러스와의 싸움을 승리로 이끈 주인공은 영웅적 지도자도, 국경 없는 의사회나 유니세프 같은 영웅적 조직도 아니었다. 공무원과 지역보건 의료 종사자들이 나서서 묵묵히 공중 보건 캠페인을 벌여오랫동안 내려오던 장례 관습을 단 며칠 만에 바꿔놓고 죽어가는환자를 목숨 걸고 치료하고, 환자와 접촉한 사람들을 모두 찾아내 격리하는 성가시고 위험하고 복잡한 작업을 해냈다. 인내심을갖고 사회를 움직이는 용감한 사람들, 좀처럼 언급되지 않지만이 세계의 진정한 구세주들이다.

기술

산업혁명이 수십억 인구를 살린 이유는 더 나은 지도자를 배출해서가 아니라, 세탁기에 사용할 수 있는 화학 세제 같은 것을 생산했기 때문이다.

나는 네 살 때 어머니가 세탁기를 처음 사용하는 모습을 지켜봤다. 어머니에게는 아주 특별한 날이었다. 어머니와 아버지는세탁기를 사려고 여러 해 동안 돈을 모았다. 할머니도 세탁기 개시 행사에 초대받았는데, 오히려 부모님보다 더 흥분했다. 할머니는 평생 장작불에 데운 물로 손빨래를 했다. 그런데 이제 전기가 그 작업을 해내는 광경을 지켜보는 순간이었다. 무척 흥분한할머니는 세탁기 바로 앞에 의자를 놓고 앉아 전 과정을 지켜보았다. 마치 홀린 듯이. 할머니에게 세탁기는 기적이었다.

그리고 어머니에게도, 내게도 기적이었다. 세탁기는 마법의 기계였다. 그날 어머니가 내게 말했다. "한스야, 이제 세탁기가 생겼어. 세탁기가 알아서 할 거야. 우리는 이제 도서관에 가도 돼." 빨랫감이 들어가고, 책이 나왔다. 우리에게 책 읽을 시간을 만들어준 산업화에 감사하고, 제강 공장에 감사하고, 화학 처리 산업에 감사했다.

오늘날 20억 인구에게는 세탁기를 살 여유가 있고, 어머니들은 여유롭게 책 읽을 시간이 생겼다. 빨래를 하는 사람은 주로 어머니들이니까.

사실 문제 12

세계 인구 중 어떤 식으로든 전기를 공급받는 비율은 몇 퍼센트일까?

☐ A: 20%
☐ B: 50%
☐ C: 80%

전기는 생필품이다. 2, 3, 4단계 사람들 대부분이 이미 전기를 쓴다는 뜻이다. 하지만 정답을 맞힌 사람은 고작 4명 중 1명꼴이다. (국가별 자세한 결과는 부록 참고.) 정답은 늘 그렇듯 가장 긍정적인 수치다. 즉 80%의 사람이 어떤 식으로든 전기를 공급받는다. 불안정하고 정전이 될 때도 자주 있지만, 어쨌거나 한 집씩 한 집씩 전기가 들어와 지금은 공급률이 세계적으로 80%에 도달했다.

그렇다면 아직도 손빨래를 하는 50억 인구의 희망과 그들이 수단과 방법을 가리지 않고 성취하려는 것에 대해 현실적으로 생각해보자. 그들이 경제 발전을 자발적으로 늦추길 기대하는 것은 대단히 비현실적이다. 그들도 세탁기, 전등, 제대로 된 하수 시설, 음식을 보관할 냉장고가 있으면 좋을 테고, 시력이 나쁜 사람은 안경이, 당뇨병이 있는 사람은 인슐린이, 우리처럼 가족과 휴가를 떠날 운송 수단이 있으면 좋지 않겠는가.

이런 것들 없이 얼마든지 살 수 있고 이제부터 청바지와 이불을 손으로 빨겠다고 하지 않는 한, 어떻게 다른 사람한테 그렇게 살라고 하겠는가? 기후변화의 심각한 위험에서 지구를 구하려면 비난할 사람을 찾아 책임을 지우기보다 현실적 계획이 필요하다. 모두가 간절히 바라는 삶을 앞으로 110억 인구가 누릴 수 있는 새로운 기술 개발에 다 함께 힘을 쏟아야 한다. 그것은 우리가 누리는 4단계 삶, 그러나 더 현명한 해법이 있는 삶이다.

누구를 비난해야 할까?

가장 가난한 사람들이 고통받는 질병을 제대로 연구하지 않는 현실과 관련해 비난받아야 할 사람은 사장도, 이사도, 주주도 아니다. 그들을 손가락질해봐야 무슨 이익이 있겠는가?

마찬가지로 언론이 내게 거짓말을 한다거나(대개는 사실이 아니다), 삐딱한 세계관을 심어준다며(맞는 이야기이지만, 대개 고의성은 없다) 매체를 비난할 생각은 버려라. 전문가가 자기들만의 관심과 해당 분야에만 과도하게 초점을 맞춘다거나 상황을 악화시킨다며(그럴 때도 있지만, 대개 나쁜 의도는 아니다) 그들을 비난할 생각도 버려라. 한마디로, 개인이나 집단을 문제의 원인으로 지목해 비난할 생각을 버려야 한다. 나쁜 사람을 찾아내면 더 이상 고민하지 않는다. 그러나 문제는 거의 항상 그보다 훨씬 복잡하다. 여러 원인이 얽힌 시스템이 문제일 때가 대부분이다. 세계를 정말로 바꾸고 싶다면 누군가의 면상을 갈기겠다는 생각을 버리고, 세계가 어떻게 돌아가는지부터 이해해야 한다.

FACTFULNESS FACTFULNESS FACTFULNESS FACTFULNESS FACTFULNESS FACTFULNESS FACTFULNESS

사실충실성

사실충실성은 지금 희생양이 이용되고 있다는 걸 알아보는 것이고, 개인을 비난하다 보면 다른 이유에 주목하지 못해 앞으로 비슷한 문제의 재발을 방지하는 데 힘쓰지 못한다는 사실을 기억하는

것이다.

비난 본능을 억제하려면 희생양을 찾으려는 생각을 버려라.

- **악당을 찾지 말고 원인을 찾아라** 문제가 생기면 비난할 개인이나 집단을 찾지 마라. 나쁜 일은 애초에 의도한 사람이 없어도 일어날 수 있다는 사실을 인정하라. 그리고 그 상황을 초래한, 여러 원인이 얽힌 시스템을 이해하고 개선하는 데 힘을 쏟아라.
- **영웅을 찾지 말고 시스템을 찾아라** 어떤 사람이 자기 덕에 좋은 일이 생겼다고 주장하면, 그 사람이 아무것도 하지 않았어도 어떤 식으로든 그런 좋은 결과가 나왔을지 모른다고 생각하라. 그리고 시스템에도 어느 정도 공을 돌려라.

10장

다급함 본능

The Urgency Instinct

FACT
FULNESS

'지금 아니면 절대 안 돼'라는 생각이
도로와 정신을 어떻게 차단하는가

도로 차단막과 정신 차단막

"전염이 안 된다면 선생님은 왜 아이들과 부인을 대피시켰나요?" 나칼라 시장이 안전거리를 유지한 채 책상 뒤편에서 나를 바라보며 물었다. 창문 밖으로는 나칼라 너머로, 의사라고는 나 하나뿐인 극도로 빈곤한 나칼라 수십만 인구 너머로, 눈부신 태양이 지고 있었다.

나는 그날 일찍 북쪽의 가난한 해안 지역 멤바Memba에서 나칼라로 돌아왔다. 멤바에 있는 이틀 동안 설명할 수 없는 심각한 질병에 시달리는 환자 수백 명을 맨손으로 진찰했다. 그들은 병에 걸린 지 수분 만에 다리가 완전히 마비되고, 심각한 경우에는 눈까지 멀었다. 그리고 나칼라 시장의 말이 맞았다. 나는 그 질병이 전염되지 않는다고 100% 확신할 수 없었다. 전날, 밤을 꼬박 새워가며 의학 교재를 꼼꼼히 살폈고, 결국 내가 목격한 증상은 과거에 기록된 적 없는 증상이라고 결론 내렸다. 나는 전염성보다는 어떤 독성 같은 게 있지 않나 추측했지만 확신할 수 없었다. 그래서 아내더러 어린아이들을 데리고 그 지역을 떠나라고 일러두었다.

무슨 대답을 해야 할지 망설이는 중에 시장이 말했다. "그 병이 전염될 수 있다고 생각하신다면 저는 조치를 취해야 합니다. 재앙을 막으려면 그 병이 나칼라에 들어오는 것을 막아야 합니다."

시장의 머릿속에는 이미 최악의 시나리오가 전개되었고, 그 시나리오는 곧바로 내 머리까지 번졌다.

시장은 행동하는 사람이었다. 그는 선 채로 내게 말했다. "군에 연락해 도로 차단막을 세우고 북쪽 지역에서 오는 버스를 막으라고 해야 할까요?"

내가 말했다. "네, 그게 좋겠네요. 뭔가 조치를 취해야 합니다."

시장은 어디론가 전화를 걸기 위해 자리를 떴다.

다음 날 아침, 멤바에 해가 뜨자 약 20명의 여성이 일찌감치 일어나 어린아이들을 데리고 나칼라로 장을 보러 가려고 버스를 기다렸다. 그러다 버스 운행이 취소되었다는 사실을 알고는 해안으로 내려가 어부들에게 배를 태워달라고 했다. 어부들은 작은 배에 사람을 잔뜩 태우고 해안을 따라 남쪽으로 내려가며, 살면서 돈을 이렇게 쉽게 벌어본 적이 있었나, 생각하며 좋아했을 것이다.

배에 탄 엄마와 아이들 그리고 어부는 모두 수영을 할 줄 몰랐고, 파도에 배가 뒤집히자 그대로 익사하고 말았다.

그날 오후 나는 낯선 질병을 계속 조사하기 위해 도로 차단막을 넘어 다시 북쪽으로 갔다. 자동차로 멤바를 지나던 중 한 무리 사람들이 바다에서 끌어 올린 시체를 길가에 늘어놓는 장면을 보았다. 황급히 해변으로 달려갔지만 너무 늦었다. 남자아이의 시체를 옮기는 사람에게 물었다. "이 아이들과 엄마들이 왜 저런 낡은 배에 탄 거죠?"

"오늘 아침에 버스가 다니지 않았대요." 남자가 말했다. 나는 몇 분이 지나도록 내가 무슨 짓을 했는지 거의 이해하지 못했다. 지금도 나는 나를 용서할 수 없다. 시장한테 왜 "뭔가 조치를 취해야 합니다"라고 말했을까?

나는 이 비극적 죽음의 책임을 어부에게 돌릴 수 없었다. 시 당국이 어떤 이유에서든 길을 차단했다면 다급한 사람들은 당연히 배를 타고라도 시장에 가야 했다.

나는 그날과 그 이후에 내가 해야 할 일들을 어떻게 계속 진행했는지 독자에게 말할 방법이 없다. 그리고 이 일을 35년 동안 누구에게도 언급하지 않았다.

어쨌든 나는 일을 계속했고, 드디어 마비 증세를 일으키는 병의 원인을 찾아냈다. 애초 의심한 대로 독성 물질 때문이었다. 그런데 놀랍게도 그들이 먹은 음식은 새로운 게 없었다. 그 지역 음식의 기본 재료인 카사바cassava는 사흘간 가공해야 먹을 수 있었다. 모두가 그 사실을 알고 있어서, 카사바 때문에 식중독에 걸렸다는 말을 들어본 사람도, 그런 증세를 본 사람도 없었다. 그런데 그해에는 전국적으로 작황이 매우 안 좋아 정부는 가공한 카사바를 전례 없이 높은 가격에 사들였다. 가난한 농민들은 갑자기 가난에서 탈출할 수 있는 여윳돈을 벌게 되었고, 갖고 있는 카사바를 모조리 팔아치웠다. 그 덕분에 벌이는 좋았지만, 집에서는 배가 고팠다. 너무 배가 고픈 나머지 밭에서 바로 뽑은, 가공하지 않은 카사바 뿌리를 그대로 먹었다. 1981년 8월 21일 오후 8시, 이 사실을 알아낸 나는 지역 의사에서 연구원으로 탈바꿈했다. 그 후 내 생애에서 10년을 경제, 사회, 독성, 음식의 상호작용을 조사하며 보냈다.

14년이 지난 1995년, 콩고민주공화국의 수도 킨샤사Kinshasa에 모인 여러 장관이 키퀴크Kikwit에 에볼라가 발생했다는 소식을 듣고는 겁에 질렸다. 뭔가 조치를 취해야 했다. 그들은 도로 차단막부터 설치했다.

이번에도 의도치 않은 결과가 발생했다. 킨샤사 사람들에게 가공한 카사바 대부분을 공급하던 시골 지역은 에볼라가 발생한 지역 너머에 있었다. 카사바를 공급받지 못한 킨샤사 사람들은 배가 고팠다. 그래서 두 번째로 큰 식량 생산지에서 카사바를 닥치는 대로 사들였다. 가격은 폭등했다. 그리고 무슨 일이 일어났을까? 사람들은 알 수 없는 이유로 다리가 마비되고 눈이 멀었다.

그리고 19년이 지난 2014년, 라이베리아 북쪽 시골에서 에볼라가 발생했다. 그런 일이 없던 부유한 나라에서 온 경험 없는 사람들은 겁에 질렸고, 모두 똑같은 아이디어를 내놓았다. 도로 차단막!

나는 그곳 보건부에서 그래도 괜찮은 정치인들을 만났다. 모두 경험이 있었고, 그래서 신중했다. 이들의 주요 관심사는 도로 차단막이 그 뒤에 버려지다시피 한 사람들의 신뢰를 무너뜨릴 수 있다는 것이었다. 그렇다면 그야말로 대참사다. 결국 사람들 간의 접촉을 추적해 에볼라를 퇴치했다. 사람들은 자기가 누굴 만났는지 솔직히 털어놓았다. 추적 작업을 한 영웅들은 빈민가 거주지에 앉아, 이제 막 가족을 잃은 사람들과 이야기를 나누면서, 사랑하는 가족이 죽기 전에 누구한테 병을 옮겼을지 조심스레 물었다. 물론 대답한 사람도 잠재적 감염자 명단에 올랐다. 끊임없는 두려움과 꼬리에 꼬리를 무는 소문에도 불구하고, 공포에 질린 극적인 행동은 없었다. 강압적 태도로는 감염 경로를 추적할 수 없어서 인내하며 침착하고 용의주도하게 일을 진행했다. 누군가가 죽은 형이 만나던 여러 여자들 이야기를 은근슬쩍 빼버리면 수천 명의 목숨이 위태로울 수 있었다.

두렵고, 시간에 쫓기고, 최악의 시나리오가 생각날 때면 인간은 정말로 멍청한 결정을 내리는 성향이 있다. 빨리 결정하고 즉각 조치를 취해야 한다는 다급함에 쫓기다 보면 분석적으로 생각하기 어렵다.

1981년 나칼라에서 나는 여러 날 동안 질병을 주의 깊게 조사하면서 도로 폐쇄가 어떤 결과를 가져올지는 단 1분도 생각하지 않았다. 다급하고, 겁나고, 유행병의 위험성에만 초점을 맞추다 보니 깊이 생각하는 능력이 차단되고, 급하게 조치를 취하다 그만 심각한 실수를 저지르고 말았다.

다급함 본능

지금 아니면 절대 안 된다! 사실충실성을 지금 배울 것! 내일은 너무 늦을지 모른다!

드디어 마지막 본능까지 왔다. 이제 결정을 내릴 시간이다. 이 순간은 다시 오지 않을 것이다. 이 모든 본능이 지금처럼 절실히 느껴지는 일은 다시없을 것이다. 오늘, 바로 지금이 이 책의 통찰력을 받아들여 사고방식을 완전히 바꿀 절호의 기회다. 아니면 책을 다 읽은 뒤 "거참, 희한하군"이라고 중얼거리곤 이전과 똑같이 행동하거나.

지금 결정해야 하고, 지금 행동해야 한다. 생각하는 방식을 오늘부터 바꾸겠는가, 아니면 영원히 무지한 상태로 살겠는가? 그건 마음먹기 달렸다.

그런데 이런 말투를 전에도 들어본 것 같지 않은가? 영업 사원

이나 활동가가 딱 이런 투로 이야기한다. "지금 하라. 이런 기회
는 다시 오지 않는다." 그들은 의도적으로 다급함 본능을 자극한
다. 이렇게 재촉하면 비판적 사고를 하기보다 빨리 결정하고 당
장 행동하게 된다.

하지만 침착하라. 그건 대개 사실이 아니다. 절대 그렇게 다급
하지 않고, 절대 이것 아니면 저것이 아니다. 이 책을 덮고 다른
것을 해도 좋다. 일주일 뒤나 한 달 뒤, 아니면 1년 뒤에 이 책을
다시 읽으면서 요점을 상기할 수도 있다. 그래도 늦지 않다. 사실
은 한 번에 몰아서 하는 벼락치기보다 그게 더 좋은 학습법이다.

다급함 본능은 위험이 임박했다고 느낄 때 즉각 행동하고 싶
게 만든다. 아주 먼 과거에는 이 본능이 인간에게 이롭게 작용했
을 것이다. 풀숲에 사자가 있을 거라 생각되면 지나치게 분석하
는 건 옳지 않다. 하던 일을 멈추고 가능성을 주의 깊게 분석하는
사람은 우리 조상이 아니다. 우리는 불충분한 정보로 빠르게 결
정하고 행동하는 사람의 후손이다. 오늘날에도 여전히 다급함 본
능이 필요하다. 예를 들어 어디선가 자동차가 느닷없이 나타나면
피해야 한다. 하지만 즉각적 위험은 거의 사라지고 좀 더 복잡하
고 대개는 좀 더 추상적 문제를 마주하는 요즘, 다급함 본능은 주
변 세계를 이해하는 데 오히려 혼란을 초래할 수 있다. 이 본능은
스트레스를 주고, 다른 본능을 확대해 억제하기 힘들게 만들고,
분석적 사고를 가로막고, 너무 빨리 결심하도록 유혹하고, 충분
한 고민을 거치지 않은 극적인 행동을 부추긴다.

먼 미래에 일어날 수 있는 위험을 마주할 때는 그런 본능에 영향을 받지 않는 것 같다. 미래의 위험이라면 오히려 상당히 나태해질 수 있다. 은퇴에 대비해 저축을 많이 하는 사람이 아주 적은 것만 봐도 알 수 있지 않은가.

미래의 위험에 대처하는 이런 태도는 장기적 사업을 하는 활동가에게는 큰 문제가 된다. 사람들을 어떻게 각성시킬까? 어떤 식으로 충격을 줘야 사람들이 행동에 나설까? 불확실한 미래의 위험을 확실하고 임박한 위험이라고, 중요한 문제를 풀 역사적 기회가 왔다고, 지금 해결하지 않으면 절대 불가능하다고 설득해야한다. 한마디로 다급함 본능을 부추겨야 한다.

이 방법이 행동을 이끌어내는 확실한 길이지만, 그러다 보면 불필요한 스트레스를 유발하고 좋지 않은 결정을 할 수도 있다. 그러면서 그 명분의 신뢰성과 믿음이 떨어진다. 경고가 상시적이 되면 진짜 다급한 일에 무감각해지게 마련이다. 활동가가 행동을 이끌어내려고 문제를 실제보다 다급한 것처럼 말하면 양치기 소년이 되고 만다. 그 이야기의 결말은 다들 알지 않은가. 들판 여기저기 죽은 양들!

다급함 본능을 억제하는 법을 배우세요. 오늘 하루 특가!

나는 지금 당장 행동에 나서야 한다는 이야기를 들으면 머뭇거리게 된다. 대개는 깊이 고민하지 못하게 하려는 수작일 뿐이기 때문이다.

편리한 다급함

사실 문제 13

세계 기후 전문가들은 앞으로 100년 동안의 평균기온 변화를 어떻게 예상할까?

☐ A: 더 더워질 거라고 예상한다.

☐ B: 그대로일 거라고 예상한다.

☐ C: 더 추워질 거라고 예상한다.

"두려움을 만들어내야 합니다!" 기후변화를 어떻게 가르칠지를 놓고 처음 대화를 시작하면서 앨 고어Al Gore가 내게 한 말이다. 2009년, 우리는 로스앤젤레스에 있는 테드 대회의장 무대 뒤에 있었다. 앨 고어는 내게 도움을 청하면서, 이산화탄소 배출량이 꾸준히 늘어날 경우 미래에 닥칠 최악의 상황을 갭마인더의 물방울 도표로 보여달라고 했다.

나는 당시 기후변화를 설파하고 행동에 나선 앨 고어에게 깊은 존경심을 갖고 있었고, 지금도 그 마음은 변함이 없다. 나는 독자들이 사실 문제 13번에서 정답을 맞혔으리라 확신한다. 청중이 항상 침팬지를 이기는 유일한 문제인데, 절대다수(핀란드, 헝가리, 노르웨이의 정답률은 94%, 캐나다와 미국은 81%, 일본은 76%)가 기후 전문가들이 예상하는 극적인 기후변화를 아주 잘 알고 있었다. 인식 수준이 이렇게 높은 데는 앨 고어의 공이 적잖다. 그리고 기후변화를 줄이자고 합의한 2015년 파리 협정Paris Agreement의 놀라운 성취도 한몫했다. 앨 고어는 나의 영웅이었고, 지금도 마찬가지다. 나는 기후변화에 빠르게 대처해야 한다는 그의 생각에 전적으로 동의했고, 그와 함께한다는 생각에 흥분되었다.

하지만 그의 요청은 받아들일 수 없었다.

나는 두려움을 좋아하지 않는다. 전쟁의 두려움에 다급함의 공포가 더해져 엉뚱하게도 러시아 공군 조종사와 바닥에 흥건한 피를 본 적이 있다. 유행병의 두려움에 다급함의 공포가 더해져 도로를 폐쇄하는 바람에 엄마와 아이들과 어부를 익사하게 만든 경험이 있다. 두려움에 다급함이 더해지면 어리석고 극적인 결정을 내려, 예측하지 못한 부작용이 생긴다. 기후변화는 너무나 중요한 문제여서 절대 그렇게 해서는 안 된다. 이 문제에는 체계적 분석, 심사숙고 끝에 내리는 결정, 점진적 행동, 주의 깊은 평가가 필요하다.

나는 과장도 좋아하지 않는다. 과장은 근거가 분명한 데이터의 신뢰도를 해친다. 이 경우 데이터가 보여주는 사실은 기후변화가 진짜이며, 그 주범은 화석연료를 태우는 등 인간 활동에서 비롯한 온실가스라는 것이다. 재빨리 광범위한 조치를 취하면 비용이 덜 들지만, 시간을 끌면 비용이 더 들고 상황은 걷잡을 수 없게 된다. 이런 엄연한 사실을 두고 괜히 과장했다가 발각되면 사람들이 죄다 등을 돌릴 수 있다.

나는 가능성 있는 최선의 시나리오는 배제한 채 최악의 시나리오만 제시하지는 않겠다고 고집했다. 최악의 시나리오만 골라내고, (한술 더 떠) 과학적 근거를 넘어선 예상을 지속적으로 내놓는 것은 기본 사실을 이해하도록 한다는 갭마인더의 사명에서 크게 벗어나는 일이다. 한마디로 우리의 신뢰도를 이용해 행동을 촉구하려는 시도다. 앨 고어는 이후 몇 차례 더 전문가의 예상을 넘어 두려움을 이끌어내는 움직이는 물방울 도표를 사용하자고 압박했다. 나는 결국 대화를 마무리하며 말했다. "부통령님, 수치 없이는 물방울도 없습니다."

미래 예측은 쉬울 때도, 어려울 때도 있다. 일주일 뒤의 날씨는 정확히 예측하기 어렵다. 한 나라의 경제성장과 실업률도 예측하기 아주 어렵다. 여러 시스템이 복잡하게 얽힌 탓이다. 얼마나 많은 것을 예측해야 하고, 그것들은 또 얼마나 빨리 변하던가. 다음 주까지 기온, 풍속, 습도는 무수히 변할 것이다. 다음 달까지 수십억 달러의 주인이 무수히 바뀔 것이다.

반면 인구는 몇십 년 뒤의 예측도 놀랍도록 정확하다. 출산율과 사망률을 비롯한 관련 요소가 꽤 단순하기 때문이다. 아이들이 태어나고, 자라고, 다시 아이를 낳고, 죽는다. 한 사람 삶의 주기는 대략 70년이다.

하지만 미래는 항상 어느 정도는 불확실하다. 미래를 이야기할 때는 늘 불확실성을 인정하고, 그 정도를 명확히 밝혀야 한다. 가장 극적 추정치를 골라 최악의 시나리오를 확실하다는 듯 제시해서는 안 된다. 곧 들통날 테니까! 최선의 가능성과 최악의 가능성이 있을 때 예상은 그 중간 정도로 하고, 여러 가능성의 범위를 제시하는 게 바람직하다. 정확한 수치가 아니라 근삿값을 제시할 때는 우리에게 불리한 쪽을 제시하는 게 좋다. 그래야 우리의 평판을 지키고, 우리 말을 무시할 빌미를 주지 않는다.

데이터를 고집하라

앨 고어와 대화를 나눈 뒤 그의 말이 오랫동안 내 머릿속에 맴돌았다.

여기서 분명히 말해두자면, 나는 기후변화가 대단히 걱정스럽다. 2014년 발생한 에볼라처럼 진실이라고 확신하기 때문이다. 최악의 예상을 고르고 수치의 불확실성을 부정해 지지를 이끌어내고픈 유혹은 이해한다. 하지만 기후변화를 걱정하는 사람들은 불가능한 시나리오로 사람들을 겁주는 행태를 멈춰야 한다. 사람들은 거의 다 기후변화 문제를 이미 알고 있고 인정한다. 그런데도 계속 그런 식으로 행동하는 것은 열린 문에 발길질을 하는 것과 같다. 이제 입으로만 떠들지 말고 다음 단계로 나아가야 할 때다. 두려움과 다급함이 아닌, 데이터와 냉철한 분석에서 나온 행동을 보여줌으로써 말하는 데 쏟는 힘을 문제를 해결하는 데 쏟아야 한다.

그렇다면 해결책은 무엇일까? 간단하다. 온실가스를 많이 배출하는 사람은 가능한 한 빨리 그 양을 줄여야 한다. 그런 사람이 누구인지는 다들 알고 있다. 이산화탄소를 가장 많이 배출하는 4단계 사람들이다. 그러니 거기서부터 시작하자. 그리고 심각한 문제이니만큼 제대로 된 데이터를 확보해야 한다. 그래야 상황이 개선되는지 추적할 수 있다.

앨 고어와 대화를 나눈 뒤 데이터를 찾던 나는 그게 쉽지 않다는 사실을 알고 깜짝 놀랐다. 요즘은 위성사진 덕에 북극을 덮은 얼음을 날마다 추적할 수 있어서, 북극의 얼음이 해마다 우려할 만한 속도로 빠르게 줄어든다는 사실을 확인할 수 있다. 지구온난화를 보여주는 좋은 지표를 확보한 셈이다. 그런데 문제의 원인(주로 이산화탄소 배출)을 추적할 데이터는 놀랄 정도로 드물었다.

4단계 나라의 1인당 GDP 성장은 분기별로 나오는 공식 수치를 바탕으로 면밀히 추적할 수 있다. 그러나 이산화탄소 배출 데이터는 겨우 2년에 한 번 발표한다. 나는 좀 더 잘하라고 스웨덴 정부를 들볶기 시작했다. 2009년에는 온실가스 데이터를 분기별로 발표하도록 로비를 벌였다. 관심이 있다면 왜 측정을 안 하는가? 개선 여부를 추적하지도 않는다면 무슨 근거로 이 문제에 신경을 쓴다고 말할 수 있겠는가?

스웨덴은 2014년부터 (세계 최초이자 아직도 유일하게) 온실가스 배출을 분기별로 추적하기 시작했고, 나는 이 사실이 무척 자랑스럽다. 사실충실성을 실천에 옮긴 사례다. 최근에는 우리의 방법을 배우러 한국에서 통계학자들이 찾아오기도 했다.

기후변화는 세계적으로 대단히 중요한 문제라 무시하거나 부정할 수 없다. 4단계 사람들 대다수가 이 문제를 알고 있다. 하지만 대단히 중요해서 어설픈 최악의 시나리오나 세상의 종말을 예언하는 식으로 대처해서는 결코 안 된다.

행동에 나서야 할 때 우리가 할 수 있는 가장 유용한 행위는 데이터를 개선하는 것일 수 있다.

편리한 두려움

그런데도 기후변화를 외치는 목소리는 점점 커지고 있다. 기후변화만큼 중요한 세계적 이슈는 없다고 확신하는 많은 활동가가 습관적으로 모든 문제를 기후 탓으로 돌리면서 기후를 다른 모든 세계 문제의 단일한 원인으로 꼽는다.

이들은 그날그날의 즉각적이고 충격적인 관심사, 요컨대 시리아 내전, IS, 에볼라, HIV, 상어 공격 등 상상할 수 있는 거의 모든 일을 볼모로 장기적인 기후변화 문제의 다급함을 부추긴다. 이들의 주장은 과학적 증거에서 나올 때도 있지만, 증명되지 않은 터무니없는 가설일 때도 많다. 미래의 위험을 현재에 구체적으로 느끼게 하려고 안간힘을 쓰는 이들의 좌절감을 이해 못 하는 바는 아니지만, 그 방법에는 동의할 수 없다.

그중에서도 '기후 난민'이라는 용어까지 만들어 사람들의 관심을 끌려는 시도는 가장 우려스럽다. 기후변화와 이주의 관계는 아무리 좋게 보려 해도 대단히, 대단히 미약하다. 기후 난민이라는 개념은 난민에 대한 두려움을 기후변화에 대한 두려움으로 바꿔 이산화탄소 배출 감축에 대한 사람들의 지지 기반을 넓히려는 의도에서 비롯된 고의적 과장이다.

내가 기후 활동가들에게 이런 얘길 하면, 그들은 과장되거나 근거 없는 주장으로 두려움과 다급함을 부추기는 행위를 정당화하면서 다가올 위험에 대비해 사람들의 행동을 촉구하려면 그 방법밖에 없다고 말한다. 그들은 목적이 수단을 정당화한다고 확신한다. 나도 그 방법이 단기적으로는 효과가 있을 수 있다고 생각한다. 하지만…….

늑대가 나타났다고 너무 자주 외치면 진지한 기후과학자의 신뢰도와 평판이, 그리고 환경 운동 전체가 위험해진다. 기후변화 같은 중대한 문제를 다룰 때는 그래서는 안 된다. 전쟁이나 무력 충돌, 또는 가난과 이주에서 기후변화의 영향을 과장하면 세계적 문제의 다른 주요 원인을 간과하게 되어 올바른 대책을 취하기 어렵다. 누구도 귀 기울이려 하지 않는 상황을 만들어서는 안 된다. 신뢰가 없으면 길을 잃고 만다.

그리고 성급한 주장은 그 주장을 내놓은 활동가를 옭아매는 경우가 많다. 그러면 활동가는 다른 사람을 끌어들이는 영악한 전략으로 스스로를 방어한 뒤, 자신이 문제를 과장하고 스트레스를 유발해 현실적 해결책에 집중하지 못하게 한다는 사실을 잊어버린다. 기후변화를 심각하게 바라보는 사람은 다음 두 가지를 동시에 염두에 두어야 한다. 기후변화 문제에 지속적으로 관심을 둘 것, 그리고 사람을 짜증나게 하는 경고성 메시지를 만들어 거기에 자신이 희생당하는 일이 없도록 할 것. 이를 위해서는 최악의 시나리오를 살피되, 그 데이터의 불확실성도 잊지 말아야 한다. 사람들 사이에 관심의 불을 지피면서도 머리는 늘 냉정함을 유지해 올바른 결정을 내리고 분별 있는 행동을 하면서, 자신에 대한 신뢰도를 떨어뜨리지 말아야 한다.

에볼라

3장에서, 2014년 서아프리카에서 에볼라가 발생했을 때 내가 그 위험을 너무 늦게 이해했다는 이야기를 했다. 나는 당시 감염 추세를 보여주는 도표에서 수치가 2배씩 늘어나는 것을 목격한 뒤에야 상황을 이해했다. 이처럼 과거의 내 실수를 교훈 삼아 매우 다급하고 두려운 상황에서도 본능과 두려움이 아닌, 데이터를 기반으로 행동하기로 결심했다.

당시 세계보건기구와 미국 질병통제예방센터가 공식적으로 내놓은 '의심 사례' 곡선에 숨은 수치는 확실성과 거리가 멀었다. 의심 사례는 확정되지 않은 사례였다. 여기에는 온갖 문제가 있었다. 예를 들어, 어떤 순간 에볼라 감염을 의심했다가 다른 원인으로 사망했다고 밝혀진 사람을 여전히 의심 사례로 집계했다. 에볼라에 대한 두려움이 커지면서 의심도 커졌고, 점점 더 많은 사람이 '의심'을 받았다. 에볼라에 대처하느라 다른 보건 의료 서비스가 부실해지고, 생명을 위협하는 다른 병을 치료하는 데 쓸 재원이 바닥나면서 점점 많은 사람이 에볼라가 아닌 다른 원인으로 사망했다. 이러한 죽음 중 상당수가 또 '의심' 대상이 되었다. 이처럼 의심 사례 상승 곡선이 점점 과장되다 보니 실제 확정 사례의 추세까지 알기 힘들었다.

개선 상황을 추적하지 못하면 여러 조치가 효과가 있는지 알수 없다. 나는 라이베리아 보건부를 찾아갔을 때, 확정 사례 수의 추세를 어떻게 파악하느냐고 물었다. 그리고 질문한 지 하루 만에, 혈액 샘플을 실험실 네 곳으로 보내고 있으며, 그 결과를 엑셀 파일에 정신없이 길게 나열만 해놓은 채 통합하고 있지 않다는 사실을 알았다. 당시 전 세계에서 보건 의료 종사자 수백 명이 라이베리아에 도착해 활동했고, 소프트웨어 개발자들은 새롭지만 의미 없는 에볼라 애플리케이션을 끊임없이 개발하고 있었다(애플리케이션은 그들의 망치였고, 그들은 못으로서 에볼라가 절실히 필요했다). 그러나 어느 누구도 그런 활동이 효과가 있는지 추적하지 않았다.

나는 허락을 받아 엑셀 파일 4개를 스톡홀름 집에 있는 아들올라에게 보냈고, 올라는 하루 24시간 동안 그 기록을 손으로 일일이 정리하고 통합한 뒤, 그 작업을 똑같이 한 번 더 반복하면서 자신이 목격한 이상한 현상이 실수가 아님을 확인했다. 그렇다. 그것은 실수가 아니었다. 문제가 다급해 보일 때 맨 처음 할 일은 늑대라고 외치는 것이 아니라, 데이터를 정리하는 것이다. 스톡홀름에서 다시 보내온 데이터에는 모두가 깜짝 놀랄 만한 결과가 들어 있었다. 확정 사례 수는 2주 전 정점을 찍었다가 지금은 줄고 있었다. 하지만 의심 사례 수는 꾸준히 증가했다.

한편, 현실에서 라이베리아 사람은 생활 습관을 바꾸는 데 성공해 불필요한 신체 접촉을 모두 없앴다. 악수도 하지 않고, 포옹도 하지 않았다. 이와 더불어 상점, 공공건물, 구급차, 병원, 시신을 묻는 장소, 그리고 다른 모든 곳에 내려진 엄격한 위생 지침을 철저히 지켰다. 그 결과 이미 긍정적 효과가 나타나기 시작했다. 이런 전략은 효과가 있었다. 하지만 올라가 내게 관련 곡선을 보내오기 전까지는 아무도 그 사실을 몰랐다. 우리는 긍정적 효과를 축하했고, 사람들은 이제 자기가 하는 일이 효과가 있다는 사실을 알고 더 열심히 일했다.

나는 이 하락 곡선을 세계보건기구에 보냈고, 세계보건기구는 그 곡선을 다음 보고서에 실었다. 하지만 질병통제예방센터는 상승하는 '의심 사례' 곡선에 계속 매달려야 한다고 고집했다. 그들은 재원 조달 책임자들이 다급하다는 의식을 계속 유지해야 한다고 생각했다. 나는 그들의 행동이 좋은 의도에서 비롯했다고 생각하지만, 그럴 경우 돈과 기타 재원을 엉뚱한 곳에 쓸 수 있다. 더 심각하게는 유행병 데이터의 장기적 신뢰도가 위협받는다. 하지만 그들을 비난해서는 안 된다. 멀리뛰기 선수더러 자신이 뛴 거리를 직접 측정하라고 해서는 안 되듯이, 문제 해결 기관더러 어떤 데이터를 발표할지 직접 결정하라고 해서는 안 된다. 현장에서 문제를 해결하려 노력하는 사람들은 늘 더 많은 돈을 원하기 마련이라 그들이 개선 정도를 측정해서는 안 된다. 그들은 잘못된 수치를 내놓을 수 있다.

내게 에볼라 위기의 심각성을 알려준 것은 데이터였다. 의심 사례가 3주마다 2배로 늘고 있다는 사실을 보여준 데이터다. 내 게 에볼라와 싸우기 위한 조치들이 효과를 내고 있다는 사실을 보여준 것도 데이터였다. 확정 사례가 줄고 있음을 알려준 데이 터. 데이터는 절대적인 열쇠였다. 그리고 앞으로도 어떤 일이 터 졌을 때 중요한 열쇠가 될 것이어서 데이터의 신뢰성과 그 데이 터 생산자의 신뢰성을 보호하는 일은 대단히 중요하다. 데이터는 진실을 말하는 데 사용해야지, 아무리 의도가 좋아도 행동을 촉 구하는 데 사용해서는 안 된다.

긴급 상황! 이 글을 지금 당장 읽으시오!

다급함은 세계관을 왜곡하는 최악의 주범 중 하나다. 다른 극적 본능에 대해서도 다 그렇게 이야기한 것 같지만, 이번은 정말 특 별하다. 아니, 어쩌면 그러한 모든 본능이 합쳐져 다급함 본능으 로 나타나는지도 모른다. 사람들 머릿속에 있는 과도하게 극적인 세계관은 위기의식과 스트레스를 지속적으로 유발한다. '지금 아 니면 절대 안 돼'라는 다급한 기분은 스트레스 아니면 무관심으 로 이어진다. '뭔가 극적 조치를 취해야 해. 분석하는 대신 행동 해야 해.' '다 쓸데없어. 우리가 할 수 있는 게 없어. 이젠 포기해 야 해.' 어느 쪽이든 생각을 멈추고 본능에 맡긴 채 좋지 않은 결 정을 내리게 된다.

우리가 '정말로' 걱정해야 할 세계적 위험 다섯 가지

우리가 대처해야 할 절박한 세계적 위험이 있다는 걸 나도 부인하지 않는다. 나는 세계를 핑크빛으로 보는 낙천주의자가 아니다. 문제에서 눈을 뗀다고 해서 마음이 안정되지는 않는다. 내가 가장 우려하는 다섯 가지는 전 세계를 휩쓰는 유행병, 금융 위기, 세계대전, 기후변화, 극도의 빈곤이다.

이 문제들이 왜 가장 걱정되는 것일까? 일어날 가능성이 높기 때문이다. 앞의 세 가지는 예전에 일어났고, 나머지 두 가지는 지금 일어나고 있다. 그리고 다섯 가지 모두 직간접적으로 수많은 사람이 고통받고 인간의 발전을 여러 해 또는 수십 년간 멈출 것이기 때문이다. 이 문제를 막지 못하면 그 어떤 것도 작동하지 않을 것이다. 이 다섯 가지는 거대한 살인마여서 가능하다면 모두 힘을 모아 한 단계씩 차근차근 행동하는 식으로 반드시 문제를 해결해가야 한다. (이 목록에 오를 여섯 번째 후보가 있다. 바로 미지의 위험이다. 우리가 생각해본 적도 없는 일이 발생해 심각한 고통과 황폐화를 초래할 가능성이다. 생각만 해도 정신이 번쩍 든다. 우리가 손쓸 수 없는 미지의 존재를 걱정한다는 게 사실은 무의미하지만, 새로운 위험에도 늘 호기심과 경각심을 유지해 현명하게 대처할 수 있어야 한다.)

세계적 유행병

제1차 세계대전의 여파로 전 세계에 퍼진 스페인 독감은 5000만 명의 목숨을 앗아갔다. 4년 동안의 전쟁으로 몸이 쇠약해졌다고는 해도, 독감이 전쟁보다 더 많은 피해자를 내다니! 그 결과 세계 기대 수명이 10년이나 줄어들어 33세에서 23세가 되었다. 이는 2장(83쪽) 도표에서 확인할 수 있다. 전염병을 심각하게 바라보는 전문가들은 새로운 지독한 독감이 여전히 전 세계인의 건강에 가장 심각한 위협이 될 수 있다는 데 동의한다. 그 이유는 독감의 전염 경로 탓이다. 독감은 아주 미세한 물방울에 섞여 공기 중에 날아다닌다. 감염자 한 사람이 지하철을 탔을 때 그 안에 있는 사람과 전혀 접촉하지 않고도, 심지어 같은 곳을 만지지 않고도 모두에게 전염시킬 수 있다. 독감처럼 매우 빠른 전파력을 갖고 공기 중에 떠다니는 질병은 에볼라나 HIV/에이즈 같은 질병보다 인류에 더 큰 위협이 된다. 전염성이 대단히 강하고 그 어떤 방어막도 간단히 무시해버리는 바이러스로부터 가능한 수단을 모두 동원해 우리를 보호하려는 노력은 쉽게 말해 그만한 가치가 있다.

세계는 독감에 대처할 준비가 과거보다는 잘되어 있지만, 1단계 사람들은 무섭게 퍼지는 질병에 재빨리 대처하기 어려운 사회에 여전히 살고 있다. 누구나 어디서든 기초적인 의료를 받도록 해서 질병이 발병하면 빠르게 발견할 수 있어야 한다. 그리고 세계보건기구를 건강하고 강한 조직으로 유지해 전 세계의 대응을 조율하도록 해야 한다.

금융 위기

지구촌 시대에 금융 거품의 영향은 치명적이다. 나라 전체의 경제를 망가뜨리고 대량 실업 사태를 일으켜 불만을 품은 시민들이 과격한 해결책을 찾게 만든다. 대형 은행이 무너지면 2008년 미국의 주택 담보대출 사태가 촉발한 세계적 참사보다 더 심각한 사태를 초래해 세계경제 전체가 붕괴할 수 있다.

경제 시스템은 정확하게 예측하기 어려울 정도로 워낙 복잡해, 세계 최고의 경제학자들도 지난 금융 위기와 이후의 회복 가능성을 예측하지 못했다. 따라서 붕괴를 예측하는 사람이 없다는 이유로 경제가 무너지지 않겠거니 생각해서는 안 된다. 시스템이 더 단순하다면, 시스템을 이해하고 금융 붕괴를 피할 방법을 찾을 수도 있으련만 현실은 그렇지가 못하다.

제3차 세계대전

나는 평생 국적과 문화가 다른 사람들과 친분을 맺기 위해 모든 노력을 다했다. 재미도 재미지만 폭력적 보복을 원하는 인간의 끔찍한 본능에 맞서, 그리고 모든 악 중에 가장 사악한 악인 전쟁에 맞서 세계 안전망을 강화하는 데 필요한 일이다.

우리는 올림픽, 국제무역, 교육 교류 프로그램, 자유로운 인터넷 등 모든 수단을 동원해 인종과 국경을 뛰어넘어 소통해야 한다. 그리고 세계 평화를 위한 안전망을 강화하고 소중히 여겨야 한다. 세계 평화 없이는 우리의 지속 가능성 목표 중 어느 것도 달성할 수 없다. 과거 폭력 전력이 있는 나라가 현재의 세계시장에서 영향력을 잃었을 때 자만심과 향수에 빠져 다른 나라를 공격하는 상황을 막는 데는 엄청난 외교적 노력이 필요하다. 우리는 구시대적 서양이 새로운 세계에 평화롭게 통합될 새로운 길을 찾도록 도와야 한다.

기후변화

기후변화의 거대한 위협을 알아본다고 해서 최악의 시나리오만 살펴볼 필요는 없다. 공기처럼 지구가 공유하는 자원을 관리하려면 세계가 존중하는 권위가 있어야 하고, 국제적 기준을 준수하는 평화로운 세계라야 한다.

얼마든지 가능한 일이다. 전 세계는 이미 오존 파괴 물질과 휘발유에 첨가하는 납을 관리해 지난 20년 동안 그 둘을 거의 제로 수준으로 낮췄다. 여기에는 제 기능을 다하는 강력한 국제 공동체(구체적으로 말하면 유엔)가 필요하다. 그리고 소득수준이 다른 사람들의 여러 요구와 필요를 인정하는 국제적 연대 의식도 필요하다. 그러나 국제 공동체가 이산화탄소 배출 총량에는 거의 영향을 주지 않는 1단계 10억 인구의 전기 사용을 막는다면 그런 연대를 바랄 수 없다. 지금까지는 가장 부유한 나라들이 이산화탄소 배출의 주범이니 다른 나라를 압박하느라 시간을 허비하지 말고 자신부터 개선하려고 노력해야 한다.

극도의 빈곤

이제까지 언급한 위험은 미래에 정도는 알 수 없지만 고통을 초
래할 가능성이 매우 높은 시나리오다. 그러나 극도의 빈곤은 가
능성의 이야기가 아니다. 현실이며, 지금 당장 날마다 일어나는
고통이다. 에볼라가 발생한 지역도 그런 곳이어서, 초기 단계의
의료 서비스도 받기 힘들다. 내전이 일어나는 곳도 마찬가지다.
먹을거리와 일자리가 절실하고 잃을 것도 없는 젊은이들은 잔인
한 게릴라 조직에 적극 가담하곤 한다. 악순환이다. 가난이 내전
을 불러오고, 내전은 다시 가난으로 이어진다. 아프가니스탄과
중앙아프리카에서 일어난 내전으로 그 지역의 다른 지속 가능성
프로젝트들이 모두 중단된 상태다. 테러리스트들은 몇 군데 남은
극도로 빈곤한 지역에 숨어 있다. 멸종위기에 처한 코뿔소가 내
전이 일어난 지역의 한가운데에 갇혔다면, 코뿔소를 구하기는 더
욱 어려워진다.

오늘날 비교적 평화로운 시기가 어느 정도 지속되면서 세계는
좀 더 번영할 수 있었다. 극빈층은 그 어느 때보다 줄었다. 그래
도 여전히 8억 인구가 극빈층이다. 기후변화와 달리 이 문제에서
는 예측이나 시나리오가 필요치 않다. 지금 당장 8억 인구가 빈
곤에 시달린다는 사실을 우리는 알고 있으며, 해결책도 알고 있
다. 평화, 학교 교육, 보편적 기초 의료 서비스, 전기, 깨끗한 물,
화장실, 피임, 시장의 힘을 가동할 소액 대출 등이 필요하다. 가
난을 끝내는 데 혁신 따위는 필요 없다. 다른 모든 곳에서 효과

를 본 방법을 쓰면 그만이다. 그리고 빨리 행동할수록 해결할 문제는 더 작다는 사실도 잘 알고 있다. 극빈층에 머무는 한 대가족에서 벗어나기 힘들고, 식구 수는 점점 늘어나기 때문이다. 마지막 남은 약 10억 인구에게 삶다운 삶에 필요한 기본 요건을 빨리 충족해주는 것은 사실에 근거한 우선순위로 볼 때 시급한 과제가 분명하다.

도움을 주기 가장 어려운 사람들은 정부의 힘이 약한 나라에서 폭력적이고 무질서한 무장 범죄 조직에 시달리며 사는 사람들이다. 이들이 가난에서 탈출하려면 안정된 군대가 필요하다. 무장한 경찰관은 죄 없는 시민을 폭력에서 보호해야 하고, 정부 당국은 교사들이 평화롭게 다음 세대를 교육할 수 있도록 해야 한다.

나는 여전히 가능성 옹호론자다. 다음 세대는 매우 긴 계주 경기의 마지막 주자와 같다. 극도의 빈곤을 끝내는 경기는 1800년에 출발 총성이 울린 긴 마라톤이다. 다음 세대에게는 이 일을 마무리할 둘도 없는 기회가 주어졌다. 바통을 건네받고 결승선을 통과한 뒤 두 팔을 치켜들 기회다. 이 프로젝트는 반드시 완수해야 한다. 완수한 뒤에는 성대한 파티를 열어도 좋다.

무언가가 대단히 중요하다는 사실을 아는 것이 내게는 위안을 준다. 이제까지 말한 다섯 가지 위험은 우리가 힘을 집중해야 할 분야다. 냉철한 머리와 확실하고 객관적 데이터로 접근해야 하며, 국제적 협력과 재원 조달이 필요하다. 극적 조치가 아니라 아기 걸음마 같은 조치와 꾸준한 평가로 접근해야 한다. 그리고 어떤 명분이든 모든 활동가는 이 위험을 존중해야 한다. 너무나 막중한 위험이라 양치기 소년의 실수가 끼어들어서는 절대 안 된다.

　걱정하지 말라는 뜻이 아니다. 걱정할 대상을 제대로 알자는 뜻이다. 뉴스를 외면하라거나 행동을 촉구하는 활동가의 말을 무시하라는 뜻도 아니다. 소음을 무시하고 중요한 세계적 위험에 주목하자는 뜻이다. 두려워하지 말라는 뜻도 아니다. 냉철함을 잃지 말고, 그런 위험을 줄이기 위한 국제적 협력을 지지하자는 뜻이다. 다급함 본능과 모든 극적 본능을 억제하라. 세계를 과도하게 극적으로 바라보고 상상 속에서 문제를 만들어 스트레스받기보다 진짜 문제와 해결책에 좀 더 집중하자.

사실충실성

사실충실성은 지금 그 결정이 다급하게 느껴진다는 걸 알아보는 것이고, 다급히 결정해야 하는 경우는 드물다는 사실을 기억하는 것이다. 다급함 본능을 억제하려면 하나씩 차근차근 행동하라.

- **심호흡을 하라** 다급함 본능이 발동하면 다른 본능도 깨어나 분석적 사고가 멈춰버린다. 일단 시간을 갖고 정보를 더 찾아보라. 지금 아니면 절대 안 되는 경우는 거의 없으며, 이것 또는 저것인 경우도 거의 없다.
- **데이터를 고집하라** 무언가가 다급하고 중요하다면 잘 따져봐야 한다. 관련은 있지만 부정확한 데이터, 정확하지만 관련이 없는 데이터를 조심하라. 관련이 있고 정확한 데이터만 쓸모가 있다.
- **점쟁이를 조심하라** 미래 예측은 늘 불확실하다. 그 점을 인정하지 않는 예측을 경계하라. 최선 또는 최악의 시나리오뿐 아니라 가능한 모든 시나리오를 요청하라. 그 예측이 전에는 얼마나 정확했는

지 물어보라.

- **극적 조치를 경계하라** 어떤 부작용이 있을지 물어보고, 검증된 생각인
지도 물어보라. 단계적이고 현실적인 개선과 그 영향력에 대한 평
가는 극적이지 않지만 대개 효과가 더 크다.

11장

사실충실성
실천하기

—

Factfulness in Practice

Factfulness in Practice

사실충실성이 어떻게 내 목숨을 구했나?

"아무래도 도망가야 할 것 같아요." 내 옆에 있던 젊은 교사가 속
삭였다.

내 머릿속에 두 가지 생각이 교차했다. 하나는 그 교사가 도망
가면 내 앞에 있는 흥분한 무리와 소통할 방법이 없다는 것이다.
나는 그의 팔을 꽉 붙잡고 놓아주지 않았다.

또 하나는 탄자니아의 현명한 주지사가 예전에 내게 해준 말
이다. "누가 정글 칼을 들고 협박하거든 등을 보이지 말아요. 그
자리에 꼼짝 말고 서서 상대의 눈을 똑바로 쳐다보고 뭐가 문제
인지 물어보세요."

때는 1989년이었고, 나는 지금의 콩고민주공화국인 자이르의 반둔두Bandundu주에 있는 마캉가Makanga라는 아주 가난한 외딴 마을에 있었다. 내가 속한 팀은 여러 해 전에 내가 처음 발견한, 마비를 일으키는 치료 불능의 유행병 콘조konzo를 조사하러 파견 나온 상태였다.

이 연구 프로젝트는 계획하는 데만 2년이 걸렸다. 우리는 이런 저런 승인을 받고, 운전기사와 통역을 구하고, 실험실 장비를 장만하는 등 모든 것을 용의주도하게 준비했다. 하지만 나는 한 가지 심각한 실수를 저질렀다. 마을 사람들에게 내가 하려는 일과 그 이유를 제대로 설명하지 않았다. 나는 마을 사람들과 일일이 면담하고, 그들의 음식과 혈액과 소변의 샘플을 얻으려 했는데, 마을 대표가 사람들에게 그 사실을 설명할 때 나도 그 자리에 있었어야 했다.

그날 아침, 막사에서 조용히 꼼꼼하게 준비하고 있는데, 밖에서 마을 사람들이 모여 웅성거리는 소리가 들렸다. 다소 뒤숭숭한 분위기였지만, 나는 혈액 샘플 채취기를 점검하는 데 정신이 팔려 있었다. 간신히 디젤 발전기를 작동하고 원심분리기도 점검했다. 기계 소리가 요란했다. 기계를 끄고 나서야 마을 사람들의 언성이 높아진 걸 알았다. 상황은 순식간에 돌변했다. 나는 몸을 구부려 문밖으로 나갔다. 막사 안이 어두운 탓에 몸을 펴고도 처음에는 앞이 잘 보이지 않았다. 곧이어 약 50명의 성난 무리가 눈에 들어왔다. 그중 일부는 나를 손가락으로 가리켰고, 두 남자가 근육질의 팔을 들어 커다란 정글 칼을 휘둘렀다.

내 통역사인 교사가 도망치자고 한 건 바로 그때였다. 나는 양옆을 살폈다. 어디에도 갈 곳이 없었다. 마을 사람들이 정말 나를 해치려 한다면, 여럿이 나를 붙들고 두 남자가 정글 칼로 나를 베어버리면 그만이었다.

"뭐가 문제죠?" 나는 교사에게 물었다.

"선생님이 자기네 피를 팔 거랍니다. 자기네들을 속였대요. 마을 대표한테만 돈을 주고, 그 피로 뭔가를 만들어 자기네를 해칠 거래요. 그래서 피를 훔칠 수 없다고 말하고 있어요."

상황은 심각했다. 나는 교사에게 통역해줄 수 있느냐고 물은 다음 무리 쪽으로 몸을 돌려 말했다. "제가 설명해도 될까요? 원하시면 지금 당장 마을을 떠날 수도 있습니다. 그런데 우리가 왜 여기 왔는지 설명해드리면 어떨까요?."

"일단 말해보쇼." 사람들이 말했다. (이런 외딴 마을에서는 삶이 지루한 탓에 사람들은 아마 이렇게 생각했을 것이다. 일단 저 인간의 말을 들어보고 그다음에 죽이자.) 군중은 정글 칼을 든 남자를 제지했다. "일단 들어보자고!"

진작 했어야 하는 이야기였다. 마을에 들어가 연구하려면 차근차근, 천천히, 공손하게 진행해야 한다. 그리고 사람들에게 질문을 받고, 답을 해주어야 한다.

나는 콘조라는 질병을 연구할 예정이라고 설명했다. 내가 전에 콘조를 연구하던 모잠비크와 탄자니아의 사진도 보여주었다. 사람들은 사진에 큰 흥미를 보였다. 내가 말했다. "카사바를 조리하는 방법하고도 연관이 있다고 생각합니다."

"천만에, 그건 아냐!" 사람들이 말했다.

"그래서 이번 연구에서 우리가 맞는지 알아보려고 합니다. 연구 결과가 좋으면, 여러분은 앞으로 그 병에 걸리지 않을 겁니다."

마을에는 콘조에 걸린 아이가 많았다. 우리는 처음 도착했을 때부터 그 아이들을 알아보았다. 다른 아이들이 한껏 호기심에 들떠 우리 지프차를 따라 달릴 때 그 아이들은 뒤에 처졌다. 무리 중엔 전형적인 발작성 걸음을 걷는 아이들도 눈에 띄었다.

사람들이 웅성거리기 시작했다. 정글 칼을 쥔 남자 중 눈이 충혈되고 팔에 커다란 상처가 있는 좀 더 무섭게 생긴 남자가 다시 괴성을 지르기 시작했다.

그때 쉰 살쯤 되어 보이는 맨발의 여성이 무리에서 앞으로 나섰다. 그러곤 내게 성큼성큼 다가오더니 뒤로 돌아 양팔을 뻗고 무리를 향해 큰 소리로 말했다. "이 사람 말이 일리 있다는 걸 모르겠어? 닥치라고! 일리가 있잖아. 피검사를 해봐야 해. 홍역으로 죽은 아이들 기억 안 나? 죽은 우리 아이들이 어디 한둘이야? 그 후에 사람들이 와서 아이들한테 예방주사를 놔준 걸 잊어버렸어? 그 덕에 지금은 홍역으로 죽는 아이가 없잖아. 안 그래?"

군중은 여전히 진정하지 않은 채 다시 소리쳤다. "그랬지. 홍역 예방접종은 좋았지. 그런데 지금은 우리 피를 가져간다잖아."

여성은 잠깐 뜸을 들였다가 군중 앞으로 한 걸음 나아갔다.

"그때 홍역 백신을 어떻게 만들었는지 기억 안 나? 그 사람들 나라에 있는 나무에서 따왔을까? 아니면 땅에서 캤을까? 아니잖아. 지금 이 의사 선생이 말한……." 여성은 나를 쳐다보더니 말을 이었다. "리, 서, 치! 그걸 하는 거라고." 여성은 통역사를 통해 리서치에 해당하는 현지어를 다시 한번 말했다. 그리고 돌아서서 나를 가리켰다. "이 사람들은 질병을 그런 식으로 찾아낸다고. 모르겠어?"

우리는 반둔두에서 가장 외딴 지역에 있었는데, 그 여성은 마치 과학 아카데미의 사무국장처럼 앞에 나서서 과학 연구를 변호해주었다.

"내 손주는 콘조로 평생 불구가 됐어. 의사도 치료 못 한대. 그런데 이 사람더러 우리를 연구하라고 하면, 예전에 홍역을 없앴던 것처럼 콘조를 없앨 방법을 찾을지도 모르잖아. 그러면 우리 애들, 우리 손주들은 더 이상 불구가 되지 않을 거야. 나는 그럴 거라고 생각해. 우리 마캉가 사람들한테는 이 '리서치'가 필요하다고!" 여성의 극적인 연설은 정말 놀라웠다. 그렇다고 해서 사실을 왜곡하지도 않았다. 극적인 방법으로 설명했을 뿐이다. 예전에 아프리카 마을에서 여러 차례 본 자신감 넘치는 여성처럼 왼쪽 소매를 걷어 올린 채 힘 있는 어조로 말했다. 그러더니 무리에게서 등을 돌리고 자기 팔꿈치 안쪽을 가리키며 내 눈을 보고 말을 이었다. "자, 의사 선생님, 내 피를 뽑아요."

정글 칼을 쥔 두 남자는 팔을 내리고 자리를 떴다. 대여섯 명도 투덜거리며 무리에서 멀어졌다. 나머지 사람들은 피를 뽑기 위해 여성 뒤에 줄을 섰다. 고함을 지르던 목소리가 부드럽게 바뀌었다. 얼굴에는 분노가 사라지고 야릇한 미소가 피어올랐다.

나는 이 용감한 여성의 혜안이 줄곧 몸둘 바를 모를 정도로 고마웠다. 그리고 수년 동안 무지와 싸운 뒤 사실충실성을 정의하기에 이른 지금, 사실충실성이란 말이 이 여성의 행동을 묘사하기에 그만이다 싶다. 그는 성난 군중이 극적 본능에 사로잡혔다는 사실을 눈치챈 듯했고, 그래서 이성적 논쟁으로 마을 사람들을 설득했다. 날카로운 주삿바늘, 피, 질병이 공포 본능을 촉발했다. 일반화 본능은 나를 약탈자 유럽인이라는 상자에 집어넣었다. 비난 본능은 마을 사람들을 피를 훔치러 온 사악한 의사에 맞서게 했고, 다급함 본능은 너무 성급하게 결정을 내리게 했다.

하지만 그런 압력 속에서도 이 여성은 분연히 일어나 외쳤다. 정식 교육과는 아무런 상관이 없었다. 그는 거의 틀림없이 반둔두를 떠난 적이 없을 테고, 장담하건대 문맹이었을 것이다. 통계를 배우거나 세계와 관련한 사실을 외운 적도 당연히 없을 것이다. 하지만 용기가 있었고, 비판적으로 생각하고, 극도로 긴장된 순간에 날카로운 논리와 완벽한 웅변술로 자신을 표현할 수 있었다. 그의 사실충실성이 내 목숨을 살렸다. 그가 그런 상황에서도 사실충실성을 실천할 수 있었다면, 그보다 교육 수준이 높고 이 책을 읽을 만한 사람이라면 말할 것도 없다.

사실충실성 실천하기

날마다 일상에서 사실충실성을 어떻게 활용할 수 있을까? 교육에서, 업계에서, 언론에서, 내가 속한 조직이나 공동체에서, 그리고 한 시민으로서.

교육

스웨덴에는 화산이 없지만 공적 자금으로 급여를 받으면서 화산을 연구하는 지질학자는 있다. 심지어 어린 학생도 화산을 배운다. 이곳 북반구에서 천문학자들은 남반구에서만 볼 수 있는 별을 연구한다. 아이들도 학교에서 그 별을 공부한다. 왜 그럴까? 우리가 사는 세계의 일부라서 그렇다.

그렇다면 왜 우리 의사와 간호사들은 소득수준별 질병 유형을 배우지 않을까? 왜 우리는 학교에서, 사내 교육에서 변화하는 세계에 대한 최신 기초 정보를 가르치지 않을까?

우리는 아이들에게 사실에 근거한 사고의 기본 틀(네 단계와 네 지역에서의 삶)을 가르치고, 사실과 경험을 바탕으로 생각하는 법을 훈련시켜야 한다(이 책 각 장 맨 끝에 '사실충실성'을 정리한 부분). 그러면 주변 세계와 관련한 뉴스를 들어도 전후 맥락을 고려하고 언론, 활동가, 영업 사원이 과도하게 극적인 이야기로 극적 본능을 자극할 때도 그 사실을 눈치챌 수 있다. 이런 기술은 많은 학교에서 이미 가르치는 비판적 사고의 일부이며, 다음 세대를 여러 가지 무지에서 보호할 것이다.

- 나라마다 건강과 소득수준이 다르고, 대부분의 나라가 중간 수준이라는 사실을 가르쳐야 한다.
- 내 나라의 사회적·경제적 지위를 다른 나라와 비교하고, 그것이 어떻게 변화하는지 가르쳐야 한다.
- 내 나라가 지금까지 발전해온 과정을 소득수준 변화와 함께 이해하고, 그 지식을 이용해 오늘날 다른 나라의 삶도 이해하도록 가르쳐야 한다.
- 사람들의 소득수준이 올라가고 거의 모든 것이 개선되고 있음을 가르쳐야 한다.
- 과거에는 삶이 어떠했는지 가르쳐, 발전이 없었다고 오해하지 않도록 해야 한다.
- 세상에는 나쁜 일도 일어나지만 점점 개선되는 것도 많다는 생각을 하도록 가르쳐야 한다.
- 문화적·종교적 고정관념은 세계를 이해하는 데 무용지물이라는 사실을 가르쳐야 한다.
- 뉴스를 소비하는 법, 스트레스를 받거나 절망하지 않고 극적인 이야기를 알아보는 법을 가르쳐야 한다.
- 사람들이 흔히 수치로 어떻게 속임수를 쓰는지 가르쳐야 한다.
- 세계는 계속 변화해서 살아가는 내내 지식과 세계관을 꾸준히 업데이트해야 한다고 가르쳐야 한다.

그리고 무엇보다 우리 아이들에게 겸손과 호기심을 가르쳐야 한다. 여기서 겸손이란 본능으로 사실을 올바르게 파악하기가 얼마나 어려운지 아는 것이고, 지식의 한계를 솔직히 인정하는 것이다. 아울러 "모른다"고 말하는 걸 꺼리지 않는 것이자, 새로운 사실을 발견했을 때 기존 의견을 기꺼이 바꾸는 것이다. 겸손하면 모든 것에 대해 내 견해가 있어야 한다는 압박감도 없고, 항상 내 견해를 옹호할 준비를 해야 할 필요도 없어 마음이 편하다.

호기심이란 새로운 정보를 마다하지 않고 적극 받아들이는 자세를 말한다. 아울러 내 세계관에 맞지 않는 사실을 끌어안고 그것이 내포한 의미를 이해하려고 노력하는 것이다. 실수를 부끄러워하기보다 실수에서 호기심을 이끌어내자. '내가 그 사실을 어쩌면 이렇게 잘못 알 수 있을까? 그렇다면 여기서 무엇을 배울 수 있을까? 사람들이 멍청이가 아니고서야 왜 그런 해결책을 썼을까?' 호기심을 품으면 늘 재미있는 사실을 발견할 수 있어 꽤 흥미진진하다.

하지만 세계는 계속 변할 것이고, 무지한 어른의 문제는 다음 세대를 가르치는 것만으로는 해결이 안 된다. 학교에서 배운 세계에 관한 지식은 졸업하고 10~20년이 지나면 낡은 지식이 된다. 그래서 어른의 지식도 계속 업데이트할 방법을 찾아야 한다. 자동차업계는 차에 결함이 생기면 리콜을 단행한다. 구매자는 제조업체에서 "귀하의 차량을 회수해 브레이크를 교체해드리려 합니다"라는 편지를 받는다. 학교에서 배운 세계에 관한 사실이 낡

앉을 때도 "죄송하지만 저희가 가르쳐드린 지식은 더 이상 사실
이 아닙니다. 귀하의 뇌를 보내주시면 무상으로 업그레이드해드
리겠습니다"라는 편지를 받아야 한다. 또는 고용주가 문제를 해
결해야 한다. "세계경제포럼이나 그와 비슷한 회의에서 당황하
지 않으려면 이 자료를 잘 읽고 이 문제를 풀어보시기 바랍니다."

챙 넓은 멕시코 모자를 달러 스트리트로 교체하라

아이들은 유치원에서부터 다른 나라와 다른 종교를 배우기
시작한다. 세계지도에 각 나라의 민속 의상을 입은 사람을
예쁘게 그려 넣어 그들을 알고 그들의 문화를 존중하도록
가르친다. 그러나 이런 그림은 비록 의도는 좋지만 각 문화
에 큰 차이가 있는 듯한 착시를 일으킬 수 있다. 그래서 다
른 나라 사람을 과거 역사와 이국적 삶에 갇힌 것처럼 보이
게 만든다. 물론 멕시코 사람 중엔 챙 넓은 멕시코 모자를
쓰는 사람도 더러 있다. 하지만 요즘 그런 모자를 쓰는 사
람은 주로 관광객이다. 이제 아이들에게 그런 모자보다는
달러 스트리트를, 일반 사람들의 모습을 보여주자. 교사들
은 수업 시간에 dollarstreet.org를 '여행'하며, 한 나라 안
에서의 차이점과 여러 나라 사이의 비슷한 점을 찾아보게
하라.

업계

이력서에 오자 하나만 있어도 취업하기 힘들 수 있다. 하지만 1억 인구를 엉뚱한 대륙에 갖다놓아도 취업도 하고, 승진도 한다.

대규모 다국적기업과 금융 기업에 종사하는 서양인 대다수가 여전히 뿌리 깊은 낡고 왜곡된 세계관을 바탕으로 활동하려 한다. 그러나 세계를 정확히 이해하는 것이 점점 중요해지고 또한 점점 쉬워지고 있다. 우리 대부분은 전 세계의 다양한 소비자, 생산자, 서비스 종사자, 동료, 고객과 더불어 일한다. 세계를 아는 것이 지금처럼 중요하지 않았던 몇십 년 전에는 믿을 만하고 이용 가능한 세계적 통계가 거의 없었다.

그러나 세계가 변하면서 세계에 대한 지식의 필요성도 변했다. 오늘날에는 거의 모든 주제와 관련해 믿을 만한 데이터를 쉽게 구할 수 있다. 무척 새로운 현상이다. 세계에 대한 거대한 오해와 맞선 싸움에서 내 첫 번째 동반자는 복사기였지만, 오늘날에는 그 모든 데이터를 인터넷에서 공짜로 볼 수 있다. 기업체를 운영하는 사람이나 그 직원은 채용, 생산, 마케팅, 투자에서 사실에 근거한 세계관에 따라 행동하는 것이 그 어느 때보다 쉽고도 중요해졌다.

세계시장을 데이터로 이해하는 것은 이미 문화의 일부가 되었다. 그러나 세계를 거꾸로 바라본다면 데이터가 있어도 엉터리 데이터를 갖고 있거나 데이터가 아예 없을 때만큼이나 세계를 오해할 수 있다. 어느 날 누군가가 세계와 관련한 내 지식이 틀렸다고 증명해주지 않는 한 다들 내가 옳겠거니 생각한다.

영업 또는 마케팅과 관련해 유럽이나 미국에서 대기업을 운영하는 사람과 그 직원은 미래에 시장이 성장할 곳은 그들 나라가 아니라, 주로 아시아와 아프리카라는 사실을 이해해야 한다.

채용과 관련해서는 세계 여러 나라의 직원을 고용할 때 유럽 기업이나 미국 기업이 우위를 누리던 시대는 지나갔다는 것을 알아야 한다. 예를 들어 구글과 마이크로소프트는 전 세계에서 사업을 하며 '미국다움'을 거의 눈에 띄지 않게 만들었다. 그들이 채용한 아시아와 아프리카 직원들은 진정한 국제기업의 일원이길 바라고, 실제로도 그러하다. 구글의 최고 경영자 순다르 피차이Sundar Pichai와 마이크로소프트의 최고 경영자 사티아 나델라Satya Nadella는 모두 인도에서 태어나고 인도에서 교육받았다.

나는 유럽 기업에서 강연할 때면 유럽 브랜드라는 이미지를 희석시키고("로고에서 알프스를 빼세요"), 본사를 다른 곳으로 옮기라는 말을 잊지 않는다.

생산과 관련해서는 세계화가 끝나지 않았다는 것을 알아야 한다. 수십 년 전, 서양 기업은 제조업을 2단계 국가, 이른바 신흥시장에 아웃소싱해야 한다고 생각했다. 같은 품질의 상품을 절반의 인건비로 생산할 수 있기 때문이다. 그러나 세계화는 일회성이벤트가 아닌 꾸준한 과정이다. 여러 해 전, 방글라데시와 캄보디아가 2단계로 진입할 때 유럽의 직물업계가 그곳으로 이전했는데, 두 나라가 한 단계 더 부유해지면서 3단계로 진입하자 조만간 다른 지역으로 이전할 가능성이 높아졌다. 만약 아프리카로 이전한다면, 방글라데시와 캄보디아는 사업을 다각화하지 않을 경우 타격을 받을 것이다.

투자 결정과 관련해서는 과거 식민지 시대에 형성된(그리고 언론 탓에 오늘날까지도 이어진) 아프리카를 바라보는 순진한 시각을 버리고, 오늘날 최고의 투자 기회는 가나, 나이지리아, 케냐에 있다는 것을 알아야 한다.

업계는 조만간 철자 실수보다는 사실 오해를 바로잡는 데 신경을 쓰고, 직원과 고객이 세계관을 반드시 정기적으로 업데이트하길 바라지 않을까 싶다.

언론인, 활동가, 정치인

언론인, 활동가, 정치인도 인간이다. 이들은 우리에게 거짓말을 하는 게 아니다. 이들도 극적인 세계관의 피해자일 뿐이다. 다른 사람과 마찬가지로 이들도 정기적으로 세계관을 점검하고 업데이트해야 하며, 사실에 근거해 생각하는 습관을 키워야 한다.

덜 왜곡된 세계관을 전달하기 위해 언론인이 할 수 있는 일은 더 있다. 사건을 역사적 맥락에서 이해하면 그 사건의 비중을 과장하지 않을 수 있다. 부정적 뉴스의 왜곡된 영향력을 알고 있는 일부 언론인은 나쁜 뉴스를 찾는 습관을 버리고, 의미 있는 저널리즘을 추구하겠다는 목표 아래 좀 더 건설적인 뉴스를 지향하는 새로운 기준을 마련하고 있다. 그러나 이들의 영향력이 어느 정도나 될지 지금으로서는 알기 어렵다.

  궁극적으로 세계를 있는 그대로 보여주는 것은 언론인의 역할도, 활동가나 정치인의 목표도 아니다. 이들은 항상 흥미진진한 이야기와 극적인 서사로 우리의 주의를 끌려고 경쟁하게 마련이다. 그러면서 항상 흔한 것보다는 색다른 것에, 느린 변화보다는 새롭고 일시적인 것에 집중한다.

  양질의 뉴스 매체조차 통계 기관처럼 세계를 중립적으로, 그리고 극적이지 않은 모습으로 묘사하는 경우는 보기 힘들다. 그렇게 보도해야 맞겠지만, 그러면 너무 지루할 것이다. 언론에 그 수준까지 바라는 것은 옳지 않다. 그보다는 소비자인 우리가 뉴스를 좀 더 사실에 근거해 소비하고, 뉴스가 세계를 이해하는 매우 유용한 도구는 아니라는 사실을 알아야 한다.

내가 속한 조직

세계보건총회World Health Assembly에 1년에 한 번 각국의 보건부 장관이 모인다. 이들은 보건 체계를 계획하고 각국의 건강 상태를 비교한 뒤 함께 커피를 마신다. 한번은 멕시코 보건부 장관이 휴식 시간에 커피를 마시며 내 귀에 속삭였다. "나는 멕시코 평균 수치에 신경을 곤두세울 때가 1년에 하루 있는데, 오늘이 바로 그날입니다. 나머지 364일은 멕시코 내의 차이에만 신경을 쓰죠."

  이 책에서 나는 세계적 차원에서 사실에 대한 무지를 이야기했다. 그런데 국가 차원에서, 그리고 모든 공동체와 모든 조직 차원에서도 조직적으로 무시하는 사실이 있는 게 분명한 것 같다.

이제까지 우리는 지역적 사실 문제 몇 가지를 시험했는데, 그 문제들도 좀 더 광범위하게 시험한 세계적 사실과 매우 비슷한 유형을 따르는 것 같다. 이를테면 스웨덴에서는 이런 질문을 던졌다.

> 오늘날 스웨덴 사람의 20%가 65세 이상이다. 10년 뒤에는 65세 이상이 몇 퍼센트나 될까?
> ☐ A: 20%
> ☐ B: 30%
> ☐ C: 40%

정답은 20%다. 변화가 없다는 뜻인데, 스웨덴 사람의 10%만 정답을 맞혔다. 다음 10년을 어떻게 설계하느냐를 놓고 스웨덴 사람이 토론을 벌일 때 핵심적인 기초적 사실에도 이처럼 지독한 무지가 드러난다. 노년 인구가 실제로 증가한 지난 20년 동안 사람들은 그에 대한 이야기를 많이 들었고, 이후에도 그런 증가 추세가 직선처럼 계속 이어지리라 생각하기 때문이 아닌가 싶다.

이 밖에도 우리가 시험해보고 싶은 좀 더 지역적인 사실 문제, 주제별 사실 문제는 매우 많다. 내가 사는 도시의 사람들은 우리 지역의 미래를 좌우할 기초적 비율과 추세를 알고 있을까? 시험해본 적이 없으니 알 길이 없지만, 아마도 모를 가능성이 높다.

전문 분야에서는 어떨까? 스칸디나비아 주변의 해양 생물을 연구하는 사람들은 발트해와 관련한 기초적 사실을 알고 있을까? 삼림을 연구하는 사람이라면 자연적으로 발생하는 산불이 점점 늘어나는지, 점점 줄어드는지 알고 있을까? 과거 산불보다 최근 산불이 피해가 더 큰지, 작은지 알고 있을까?

실제로 질문을 한다면 아마도 무수한 무지를 발견할 것이다. 우리가 첫 단계로 이 방법을 제안하는 이유도 바로 그런 이유에서다. 우리가 사용한 방법을 활용해 독자도 자신이 속한 조직의 무지를 찾아낼 수 있다. 내가 속한 조직에서 가장 중요한 사실은 무엇인지 묻고, 얼마나 많은 사람이 그 사실을 알고 있는지 알아보는 것부터 시작해보라.

더러는 신경이 쓰인다. 지식을 시험한다고 하면 동료나 친구가 기분 나빠하지 않을까, 그들이 틀렸다고 판명 났을 때 과연 그걸 인정할까 의심스럽다. 하지만 내 경험은 정반대다. 사람들은 그런 시험을 무척 좋아한다. 세계의 참모습을 알았을 때 대개는 고무되고, 더 알고 싶어 한다. 지식 시험은 소박하게만 진행한다면, 호기심과 새로운 통찰력이 폭포처럼 쏟아지는 계기가 될 것이다.

마지막 당부

그동안 무지와 싸우고 사실에 근거한 세계관을 널리 퍼뜨리면서 좌절할 때도 있었지만, 궁극적으로는 내 삶을 고무적이고 유쾌하게 소비했다는 생각이 든다. 세계를 있는 그대로 배우는 것은 유용하고 의미 있는 일이었으며, 그 지식을 다른 사람에게 퍼뜨리는 것은 대단히 보람 있는 일이었다. 그리고 지식을 퍼뜨리고 사람들의 세계관을 바꾸는 것이 왜 그렇게 힘든지 마침내 이해하기 시작했을 때는 무척 짜릿했다.

누구나 하루아침에 사실에 근거해 세계를 바라볼 수 있을까? 큰 변화는 언제나 상상하기 힘들다. 하지만 분명히 가능하며, 나는 두 가지 단순한 이유에서 그러한 변화가 일어날 것이라고 생각한다. 첫째, 정확한 GPS가 길 찾기에 더욱 유용하듯 사실에 근거한 세계관은 삶을 항해하는 데 더욱 유용하다. 그리고 어쩌면 더 중요한 둘째 이유는 사실에 근거해 세계를 바라볼 때 마음이 더 편안하다는 것이다. 대단히 부정적이고 사람을 겁주는 극적인 시각에서 벗어나 사실에 근거해 세계를 바라보면 스트레스와 절망감이 적다.

그런 시각으로 바라보면 세계는 생각만큼 그렇게 나쁘지 않다. 그리고 더 나은 세상을 만들기 위해 우리가 무엇을 해야 하는지도 알 수 있다.

사실에 근거한 경험 법칙

1. 간극

다수를 보라

2. 부정

나쁜 소식을 예상하라

3. 직선

선은 굽을 수도 있다

4. 공포

위험성을 계산하라

5. 크기

비율을 고려하라

6. 일반화

범주에 의문을 품어라

7. 운명

느린 변화도 변화다

8. 단일 관점

도구 상자를 챙겨라

9. 비난

손가락질을 자제하라

10. 다급함

하나씩 차근차근 행동하라

맺음말

2015년 9월, 아버지 한스와 우리 부부는 함께 책을 쓰기로 했다. 그런데 2016년 2월 5일, 아버지는 치료가 불가능한 췌장암 진단을 받았고, 예후는 좋지 않았다. 앞으로 잘해야 2~3개월, 또는 고통을 완화하는 일시적 치료가 크게 성공하면 1년 정도 살 수 있을 거라고 했다.

처음의 끔찍한 충격이 가라앉자 아버지는 가만히 생각에 잠겼다. 당분간 삶은 계속될 것이다. 어머니, 가족, 지인들과 즐길 시간이 아직은 남았다. 하지만 건강은 하루하루 예측이 불가능할 것이다. 그래서 일주일 동안 다음 해에 잡힌 강연 67개를 모두 취소하고, 방송 출연이며 영화 제작도 모두 취소했다. 정말 슬픈 일이지만, 다른 방법이 없다는 걸 아버지도 알고 있었다. 이런 극적인 변화를 그나마 견딜 수 있게 해준 것은 딱 하나, 책이었다. 암 진단을 받고 절망스러운 와중에도 한 가지 기쁜 게 있다면, 산더미 같은 업무에 더해진 짐이던 집필 작업이 아버지의 지적 자극과 기쁨의 원천으로 변한 것이다.

아버지는 하고 싶은 이야기가 워낙 많았다. 우리 셋은 이후 몇 달 동안 열정적으로 자료를 수집했다. 아버지의 삶과 우리가 함께 한 연구 그리고 우리의 최근 생각에 대해 아주 두꺼운 책을 쓸 만한 분량의 자료였다.

우리는 어떤 내용을 쓸지 의견을 모은 뒤, 집필 작업에 들어갔다. 전에도 우리는 수년 동안 힘든 프로젝트를 함께했고, 특정 사실이나 개념을 어떻게 설명하는 게 최선일지를 놓고 끝없이 논쟁을 벌이곤 했다. 그리고 이제야 깨달았다. 모두가 건강할 때는 여러 해 동안 공동 작업을 진행하는 게 얼마나 쉬웠는지, 그리고 아버지가 건강하지 못한 지금은 예전처럼 날카롭고 전투적으로 작업하는 게 얼마나 어려운지. 우리는 거의 포기 상태가 되었다.

2017년 2월 2일 목요일 저녁, 아버지의 건강이 갑자기 악화했다. 구급차가 왔다. 아버지는 직접 이런저런 메모를 적은 최근의 초고 복사본을 들고 구급차에 올랐다. 그리고 5일 뒤인 2월 7일 화요일 이른 시각에 세상을 떠났다. 아버지는 그 마지막 며칠 동안 초고를 위안 삼아 병상에 누운 채 아들과 토론하고, 편집자에게 보내는 이메일을 받아쓰게 했다. 아버지는 이메일에서, 드디어 "우리가 목표로 한 그 책"을 썼다면서 "우리의 합동 작업이 마침내 전 세계 청중에게 세계를 이해시킬 흥미로운 글로 탄생했다"고 했다.

아버지의 사망 소식을 알리자 전 세계에서 지인과 동료 그리고 아버지를 존경한 사람들에게서 애도가 쏟아졌다. 인터넷에는 아버지를 향한 찬사가 넘쳐났다. 우리 가족과 지인들은 카롤린스카연구소에서 추모식을, 웁살라성Uppsala Castle에서 장례식을 치렀다. 추모 행사에서는 용감하고 혁신적이며 진지하면서도 늘 서커스를 좋아하던 훌륭한 친구이자 동료이며 사랑받는 가족이던 아버지의 모습을, 우리가 익히 알던 아버지의 모습을 멋지게 보여주었다. 서커스도 펼쳐졌다. 무대에서 검을 삼킨 사람(아버지의 친구이자 이 책 앞에서 소개한 엑스레이의 주인공)도 물론 참석했고, 우리 아들 테드는 (아이스하키 스틱을 닮았지만 더 친근한) 하키 스틱과 헬멧을 이용해 직접 개발한 마술을 선보였다.

우리는 프랭크 시내트라Frank Sinatra의 〈마이 웨이My Way〉 노래로 추모식을 마무리했다. 아버지가 늘 '아버지 방식'대로 밀고 나갔기 때문이기도 했지만, 몇 년 전 우연히 일어난 운 좋은 사건 때문이기도 했다.

아버지는 음악을 썩 좋아하지 않았으며, 늘 자신을 음치라고 했다. 그런데 막내아들 망누스Magnus가 아버지의 노랫소리를 딱 한 번 들은 적이 있었다. 아버지가 주머니에 있던 휴대전화를 실수로 작동시켜 망누스에게 전화를 해놓곤 4분 동안 자신도 모르게 음성 메시지를 남긴 것이다. 그때 아버지는 운전을 하고 있었는데, 프랭크 시내트라의 반항적인 〈마이 웨이〉를 우렁찬 목소리로 불렀다. 그 노래가 고스란히 녹음된 것이다. 아버지는 그런 분이었다. 앞서 설명한 대로 세계에는 잠재적 위험이 많지만, 그렇다고 출근길에 노래를 부르지 못할 이유는 없다. 우려와 환희의 감정을 얼마든지 동시에 품을 수 있다.

우리는 아버지와 18년을 함께 일했다. 아버지에게 원고를 써주었고, 테드 강연을 준비했으며, 그와 관련한 세부 내용을 놓고 몇 시간씩(더러는 몇 달씩) 논쟁을 벌이기도 했다. 우리는 아버지의 모든 이야기를 수없이 들었고, 녹음도 해두었다.

아버지 삶의 마지막 몇 달 동안은 우리 모두 책을 쓰는 작업이 무척 고통스러웠는데, 막상 돌아가신 직후 몇 달 동안은 이상하게 편안했다. 이 소중한 작업을 마무리하면서 아버지의 목소리가 계속 우리 머릿속에 맴돌았다. 더러는 아버지가 여전히 연구실에서 우리 옆에 앉아 있는 것 같기도 했다. 이 책을 끝내는 것이 아버지를 곁에 두고 아버지 기억을 존중하는 최선의 방법처럼 느껴졌다.

아버지라면 이 책을 기꺼이 아주 멋지게 홍보했겠지만, 암 진단을 받는 순간 아버지는 그것이 불가능하다고 생각했다. 이제 우리가 아버지의 임무를 이어받고, 우리 임무도 계속 수행해야 한다. '사실에 근거한 세계관'이라는 아버지의 꿈은 우리에게 고스란히 전해졌고, 이제 독자에게도 그대로 전달되었다면 더할 나위 없겠다.

안나 로슬링 뢴룬드, 올라 로슬링

2018년 스톡홀름에서

감사의 말

내가 세상에 대해 터득한 지식 대부분은 데이터를 연구하거나 컴퓨터 앞에 앉아 연구 논문(나 역시 논문을 많이 쓰긴 했지만)을 읽어서 나온 게 아니라, 여러 사람과 함께 지내면서 그들과 세계에 대해 토론하며 얻은 것이다.

나는 전 세계를 돌아다니며 연구하고 일하는 특권을 누렸다. 그러면서 각 대륙 사람들, 세계 주요 종교 신자들, 그리고 가장 중요하게는 모든 소득 계층의 사람들을 만났다. 나는 세계적 기업의 최고 경영자들에게서, 그리고 스톡홀름에서 박사과정을 밟는 학생들에게서 많은 것을 배웠다. 아프리카의 극빈층 여성들에게서도 배웠다. 외딴 마을에서 일하는 수녀들에게서, 인도 벵갈루루의 의대생들과 나이지리아·탄자니아·베트남·이란·파키스탄의 학계에서, 각 소득수준에 해당하는 나라의 선도적 사상가들에게서, 그리고 멜린다 게이츠와 모잠비크 해방전선을 이끈 에두아르두 몬들라니Eduardo Mondlane에게서 많은 것을 배웠다. 내게 지식을 나눠주고, 내 삶을 풍성하고 멋지게 만들어준 이들에게 감사한다. 아울러 학교에서 배운 것과 전혀 다른 세상을 보여준 것에도 감사한다.

세상을 이해하는 것과 그것을 책에 옮기는 것은 전혀 다른 일이다. 늘 그렇듯 책이 나오기까지는 팀의 노고가 숨어 있다. 내가 강연 때마다 사용한 자료를 만든 갭마인더의 헌신적이고 창조적인 직원 한 명 한 명에게 감사를 전한다.

훌륭한 충고와 지원을 아끼지 않은 에이전트 Max Brockman, 이 책을 믿어주고 전 과정을 자상하고 차분하게 안내하면서 현명한 조언을 해준 영국 호더 출판사의 편집자 Drummond Moir와 미국 맥밀란 출판사의 편집자 Will Schwalbe, 국제적 에이전트를 구하라고 충고해준 Harald Hultqvist, 초기부터 줄곧 훌륭한 조언을 아끼지 않은 스웨덴 편집자 Richard Herold, 작업을 도와준 Bryn Clark와 교열을 맡아준 Bill Warhop에게 모두 감사한다.

그리고 이 책이 그런대로 읽을 만하다면 그건 Deborah Crewe 덕분이다. 용감하게도 작가 셋과 그 많은 자료를 모두 감당해주었다. 그는 우리가 원하는 것을 열심히 들어주고 인내심을 발휘해 함께 일했으며, 놀라운 능력과 속도와 유머로 괴상한 우리 스웨덴 말을 읽기 좋은 글로 바꿔주었다. 더 중요하게는 수천 개에 이르는 사실, 일화, 경험 법칙을 모두 흡수해 일관된 서사의 틀에 넣어주었다. 우리는 이 새로운 친구에게 진심으로 감사한다.

손주 맥스, 테드, 에바에게는 특별한 고마움을 전하고 싶다. 이 할아버지가 수많은 주말과 수많은 밤을 엄마 안나, 아빠 올라와 함께 보내도록 허락해주었다. 너희가 이 책에서 우리가 함께 작업한 것을 읽어본다면, 이 할아버지를 조금은 용서해주리라 생각한다. 그리고 너희가 이 책에 직접 기여한 부분도 있단다. 맥스(12)는 내 사무실에서 여러 시간 나와 토론하며 녹음한 내 원고 수백 편을 편집해주었다. 테드(10)는 달러 스트리트에 실을 사진을 찍어주고 내 사실 문제를 반 친구들한테 가져가 테스트하는가 하면, 뉴욕에 가서 나 대신 유엔 인구상Population Award을 받았다. 에바(8)는 자료를 개선할 방법에 대해 영리한 조언을 하고, 이 책에 실린 삽화를 디자인해주었다.

스웨덴어에 '스토 우트stå ut'라는 말이 있다. 참다, 견디다, 버티다 등의 뜻이다. 여러 해 동안 나를 스토 우트해준 내 가족, 지인, 동료들이 무척이나 고맙다. 나는 일하다가 종종 사라지기도 하고, 자리에 있어도 정신없이 들락거리기도 한다. 내가 일하는 방식이 그렇고, 내가 존재하는 방식이 그렇다. 가만히 일하다가도 산만해지고 신경질적이 된다. 일할 때는 짜증스러운 사람이 되기도 하는데, 사실은 깨어 있는 내내 거의 그런 셈이다. 그래서 내가 영광스럽게도 지인이나 동료라 부르는 모든 사람에게 감사하고 싶다. 그중 어느 한 사람을 꼬집어 말하긴 어렵지만 Hans Wigzell에게는 특별히 고맙다는 말을 전해야겠다. 갭마인더를 처음부터 과감하게 지원하고 마지막까지 나와 함께했으며, 내 삶을 연장할 방법을 찾기 위해 쉬지 않고 노력했다.

그리고 누구보다도 무한한 인내와 사랑을 보여준, 10대부터 사랑한 내 인생의 동반자 앙네타, 사랑하는 며느리 안나와 아들 올라와 막내아들 망누스, 날마다 내게 미래의 희망을 안겨준 손주 도리스, 스티그, 라스, 맥스, 테드, 에바, 티키, 미노에게 진심으로 고마움을 전한다.

올라와 안나와 나는 다음 분들께도 감사를 전한다.

Järgen Abrahamsson, Christian Ahlstedt, Johan Aldor, Chris Anderson, Ola Awad, Julia Bachler, Carl-Johan Backman, Shaida Badiee, Moses Badio, Tim Baker, Ulrika Baker, Jean-Pierre Banea-Mayambu, Archie Baron, Aluisio Barros, Luke Bawo, Linus Bengtsson, Omar Benjelloun, Lasse Berg, Anna Bergström, Staffan Bergström, Anita Bergsveen, BGC3, the Bill and Melinda Gates Foundation, Sali Bitar, Pelle Bjerke, Stefan Blom, Anders Bolling, Staffan Bremmer, Robin Brittain-Long, Peter Byass, Arthur Câmara, Peter Carlsson, Paul Cheung, Sung-Kyu Choi, Mario Cosby, Andrea Curtis, Jörn Delvert, Kicki Delvert, Alisa Derevo, Nkosazana Dlamini-Zuma, Mohammed Dunbar, Nelson Dunbar, Daniel Ek, Anna Mia Ekström, Ziad El-Khatib, Mats Elzén, Klara Elzvik, Martin Eriksson, Erling Persson Foundation, Peter Ewers, Mosoka Fallah, Ben Fausone, Per Fernström, Guenther Fink, Steven Fisher, Luc Forsyth, Anders Frankenberg, Haishan Fu, Minou Fuglesang, Bill Gates, Melinda Gates, George Gavrilis, Anna Gedda, Ricky Gevert, Marcus

Gianesco, Nils Petter Gleditsch, Google, Google Public Data team, Georg
Götmark, Olof Gränström, Erik Green, Ann-Charlotte Gyllenram,
Catharina Hagströmer, Sven Hagströmer, Nina Halden, Rasmus Hallberg,
Esther Hamblion, Mona Hammami and the team in Abu Dhabi behind
Looking Ahead, Katie Hampson, Hans Hansson, Jasper Heeffer, Per
Heggenes, David Herdies, Dan Hillman, Mattias Högberg, Ulf Högberg,
Magnus Höglund, Adam Holm, Anu Horsman, Matthias Horx, Abbe
Ibrahim, IHCAR, IKEA foundation, Dikena G. Jackson, Oskar Jalkevik
and his team at Transkribering.nu, Kent Janer, Jochnick Foundation,
Claes Johansson, Jan-Olov Johansson, Klara Johansson, Jan Jörnmark,
Åsa Karlsson, Linley Chiwona Karltun, Alan Kay, Haris Shah Khattak,
Tariq Khokhar, Niclas Kjellström-Matseke, Tom Kronhöffer, Asli
Kulane, Hugo Lagercrantz, Margaret Orunya Lamunu, Staffan Landin,
Daniel Lapidus, Anna Rosling Larsson, Jesper Larsson, Pali Lehohla,
Martin Lidholt, Victor Lidholt, Henrik Lindahl, Mattias Lindblad, Mattias
Lindgren, Lars Lindkvist, Ann Lindstrand, Per Liss, Terence Lo, Håkan
Lobell, Per Löfberg, Anna Mariann Lundberg, Karin Brunn Lundgren,
Max Lundkvist, Rafael Luzano, Marcus Maeurer, Ewa Magnusson, Lars
Magnusson, Jacob Malmros, Niherewa Maselina, Marissa Mayer, Branko
Milanovi, Zoriah Milleré, Katayoon Moazzami, Sibone Mocumbi, Anders
Mohlin, Janet Rae Johnson Mondlane, Louis Monier, Abela Mpobela, Paul
Muret, Chris Murray, Hisham Najam, Sahar Nejat, Martha Nicholson,

Anders Nordström, Lennart Nordström, Marie Nordström, Tolbert Nyenswah, Johan Nystrand, Martin Öhman, Max Orward, Gudrun Østby, Will Page, Francois Pelletier, Karl-Johan Persson, Stefan Persson, Måns Peterson, Stefan Swartling Peterson, Thiago Porto, Postcode Foundation, Arash Pournouri, Amir Rahnama, Joachim Retzlaff, Hannah Ritchie, Ingegerd Rooth, Anders Rönnlund, David Rönnlund, Quiyan Rönnlund, Thomas Rönnlund, Max Roser and The World in Data team, Magnus Rosling, Pia Rosling, Siri Aas Rustad, Gabrielá Sá, Love Sahlin, Xavier Sala-i-Martín, Fia-Stina Sandlund, Ian Saunders, Dmitriy Shekhovtsov and his Valor Software, Harpal Shergill, Sida, Jeroen Smits, Cosimo Spada, Katie Stanton, Bo Stenson, Karin Strand, Eric Swanson, Amirhossein Takian, Lorine Zineb Nora "Loreen" Talhaoui, Manuel Tamez, Andreas Forø Tollefsen, Edward Tufte, Thorkild Tylleskär, UNDP, Henrik Urdal, Bas van Leeuwen, the family of Johan Vesterlund, Cesar Victoria, Johan von Schreeb, Alem Walji, Jacob Wallenberg, Eva Wallstam, Rolf Widgren, John Willmoth, Agnes Wold, Fredrik Wollsén and his team, World Health Organization, World We Want Foundation, Danzhen You, Guohua Zheng, and Zhang Zhongxing.

Mattias Lindgren은 갭마인더에서 경제와 인구 동향의 역사적 흐름을 보여주는 시리즈 대부분을 편집했다. 우리 연구생들과 박사학위를 밟고 있는 학생들은 내게 많은 것을 가르쳐주었다. 일선 교사와 학생들 또한 우리를 따뜻하게 맞이하며 우리가 만든 자료로 시험을 치러주었다. 세계적으로 훌륭한 자문가들도 우리를 도와주었다. 아울러 Jimmy Wales와 위키피디아의 자원 편집자들, 그리고 달러 스트리트 가족과 사진작가들도 많은 도움을 주었다.

현명하고 안정적으로 우리를 지원해준 갭마인더재단의 전현직 이사들은 다음과 같다. Hans Wigzell, Christer Gunnarsson, Bo Sundgren, Gun-Britt Andersson, Helena Nordenstedt(이분은 팩트 확인도 도와주었다). 우리가 이 책을 마무리하는 동안 Fernanda Drumond가 이끄는 갭마인더의 훌륭한 팀원인 Angie Skazka, Gabriela Sá, Jasper Heeffer, Klara Elzvik, Mikael Arevius, Olof Gränström은 지칠 줄 모르는 열의로 갭마인더의 무료 교육 자료를 꾸준히 개발하는가 하면, 이 책에도 값진 도움을 주었다.

그리고 마지막으로, 처음부터 끝까지 인내심을 가지고 우리를 도와준 멋진 지인들과 여러 가족이 있다. 그들이 누구인지는 본인들이 잘 알 것이다. 그들이 없었다면 이 책은 나올 수 없었다. 진심으로 감사드린다.

부록

내 나라는 몇 점일까?

2017년에 갭마인더 테스트Gapminder Test를 시작했다. 총 13개 문항으로 A, B, C 중 하나를 고르는 객관식이다. 갭마인더는 입소스모리Ipsos MORI 및 노버스Novus와 손잡고 14개국 1만 2,000명을 대상으로 테스트를 실시했다. 조사 대상 국가는 오스트레일리아·벨기에·캐나다·핀란드·프랑스·독일·헝가리·일본·노르웨이·한국·스페인·스웨덴·영국·미국이며, 각국의 성인 인구를 대표하도록 가중치를 부여해 구성한 사람들에게 질문을 던졌다. 13개의 사실 문제와 자세한 결과는 갭마인더 홈페이지 www.gapminder.org에서 볼 수 있다.

　설문 조사 방법 그리고 정답과 관련한 데이터는 '참고자료'를 보라.

저소득 국가에서 여성의 교육 수준

사실 문제 1 결과: 정답자 비율
오늘날 세계 모든 저소득 국가에서 초등학교를 나온 여성은 얼마나 될까? (정답: 60%)

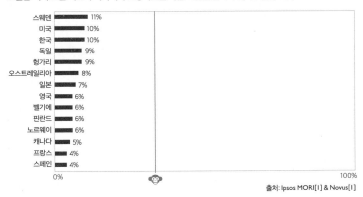

출처: Ipsos MORI[1] & Novus[1]

다수의 소득수준

사실 문제 2 결과: 정답자 비율
세계 인구의 다수는 어디에 살까? (정답: 중간 소득 국가)

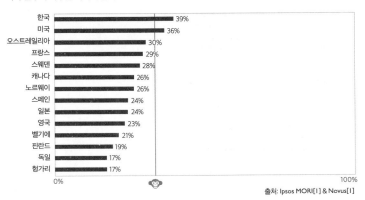

출처: Ipsos MORI[1] & Novus[1]

극빈층

사실 문제 3 결과: 정답자 비율
지난 20년간 세계 인구에서 극빈층 비율은 어떻게 바뀌었을까? (정답: 거의 절반으로 줄었다)

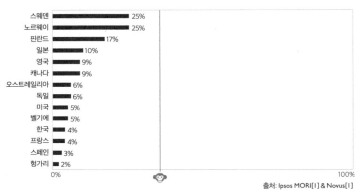

출처: Ipsos MORI[1] & Novus[1]

수명

사실 문제 4 결과: 정답자 비율
오늘날 세계 기대 수명은 몇 세일까? (정답: 70세)

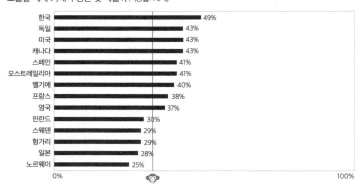

출처: Ipsos MORI[1] & Novus[1]

미래의 아동 수*

사실 문제 5 결과: 정답자 비율

오늘날 세계 인구 중 0~15세 아동은 20억이다.
유엔이 예상하는 2100년의 이 수치는 몇일까? (정답: 20억)

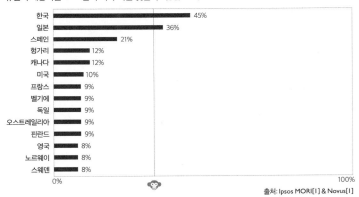

출처: Ipsos MORI[1] & Novus[1]

인구 증가층

사실 문제 6 결과: 정답자 비율

유엔은 2100년까지 세계 인구가 40억 늘어날 것으로 예상한다.
주로 어떤 인구층이 늘어날까? (정답: 성인 인구)

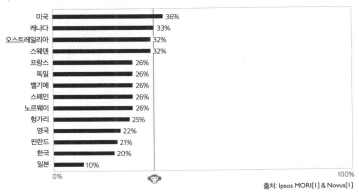

출처: Ipsos MORI[1] & Novus[1]

• 이 문제는 한국과 일본이 침팬지를 이겼다. 아직 그 이유는 찾지 못했다. 두 나라의 편향된 연령 구조 때문일 수도 있고, 출산율 하락이 다른 나라보다 더 많이 거론됐기 때문일 수도 있다. 정확한 원인을 알아내려면 더 많은 연구가 필요하다.

자연재해

사실 문제 7 결과: 정답자 비율
지난 100년간 연간 자연재해 사망자 수는 어떻게 변했을까? (정답: 절반 이하로 줄었다)

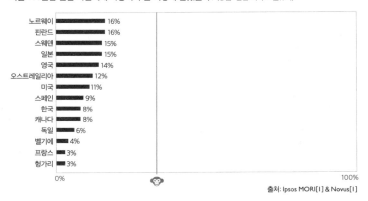

출처: Ipsos MORI[1] & Novus[1]

거주지

사실 문제 8 결과: 정답자 비율
오늘날 세계 인구는 약 70억이다. 아래 지도 중 이 70억의 거주 분포를 가장 잘 나타낸 것은?
(사람 1명은 10억을 나타냄, 정답은 지도 참고)

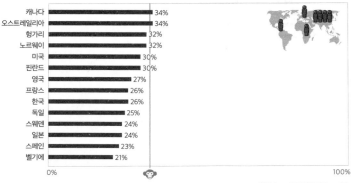

출처: Ipsos MORI[1] & Novus[1]

아동 예방접종

사실 문제 9 결과: 정답자 비율
오늘날 전 세계 1세 아동 중 어떤 질병이든 예방접종을 받은 비율은 몇 퍼센트일까? (정답: 80%)

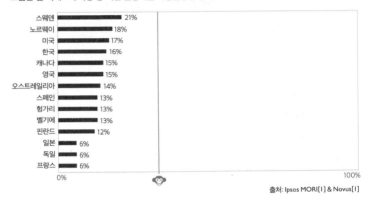

출처: Ipsos MORI[1] & Novus[1]

여성의 교육 수준

사실 문제 10 결과: 정답자 비율
전 세계 30세 남성은 평균 10년간 학교를 다닌다. 같은 나이의 여성은 평균 몇 년간 학교를 다닐까?
(정답: 9년)

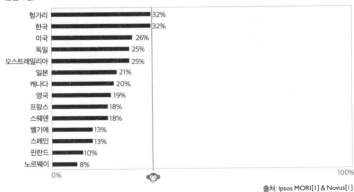

출처: Ipsos MORI[1] & Novus[1]

멸종위기 동물

사실 문제 11 결과: 정답자 비율
1996년 호랑이, 대왕판다, 검은코뿔소가 모두 멸종위기종에 등록되었다.
이 셋 중 몇 종이 오늘날 더 위급한 단계의 멸종위기종이 되었을까? (정답: 없다)

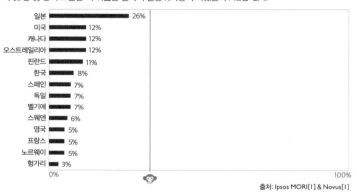

출처: Ipsos MORI[1] & Novus[1]

전기 공급

사실 문제 12 결과: 정답자 비율
세계 인구 중 어떤 식으로든 전기를 공급받는 비율은 몇 퍼센트일까? (정답: 80%)

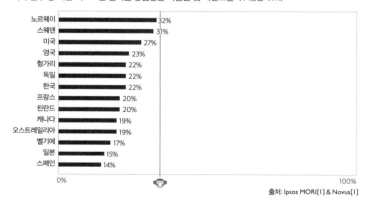

출처: Ipsos MORI[1] & Novus[1]

기후

사실 문제 13 결과: 정답자 비율
세계 기후 전문가들은 앞으로 100년 동안의 평균기온 변화를 어떻게 예상할까?
(정답: 더 더워질 거라고 예상한다)

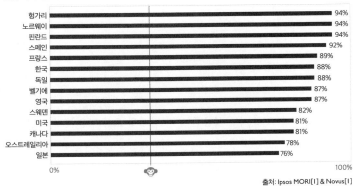

헝가리	94%
노르웨이	94%
핀란드	94%
스페인	92%
프랑스	89%
한국	88%
독일	88%
벨기에	87%
영국	87%
스웨덴	82%
미국	81%
캐나다	81%
오스트레일리아	78%
일본	76%

0%   100%

출처: Ipsos MORI[1] & Novus[1]

앞의 열두 문제 중 정답 개수

응답자의 10%만 침팬지보다 정답률이 높았다.
열두 문제에서 정답 개수별 응답자 비율 (14개 국가 1만 2,000명 중)

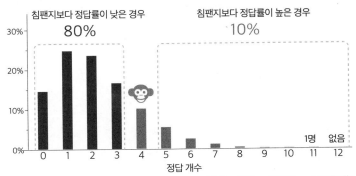

침팬지보다 정답률이 낮은 경우 **80%**   침팬지보다 정답률이 높은 경우 10%

정답 개수

출처: Novus[1] & Ipsos MORI[1], gapm.io/rtest17 참고

참고자료

우리는 출처와 그 출처를 사용한 우리 방식에 오류가 없는지 확인하고 또 확인하면서 세심한 주의를 기울였다. 사실충실성에 관한 책을 쓰면서 실수는 단 하나도 용납하고 싶지 않았다. 하지만 우리도 인간인지라 아무리 애써도 실수는 있게 마련이다.

독자가 이 책에서 발견한 오류를 우리에게 알려준다면 더 나은 책을 만드는 데 도움이 될 것이다(factfulness-book@gapminder.org). 오류를 정정한 정오표는 gapminder.org/factfulness/book/mistakes를 참고하라.

다음에 참고자료와 출처를 선별해 적었다. 전체 목록은 gapm.io/ffbn에서 볼 수 있다.

책 전반에서

• **2017년 데이터** 경제 지표는 2017년도 자료가 나오지 않았다. 하지만 책 전반에 걸쳐 갭마인더는 주로 IMF[1]가 내놓은 세계경제 전망World Economic Outlook 예상치를 이용해 데이터를 2017년까지 확

장했다. 인구 동향 데이터 확장에는 2017년 세계 인구 전망World Population Prospects 2017을 이용했다(UN-Pop[1] 참고). gapm.io/eext 참고.

• **국경** 책 전반에 걸쳐 한 국가의 과거를 언급할 때는 국경이 지금과 똑같았던 것처럼 설명했다. 예를 들어 1942년 방글라데시의 가족 구성원 수와 기대 수명을 설명하면서 이 나라가 독립국가인 것처럼 이야기했지만, 사실은 영국령 인도의 일부로서 영국의 통치를 받았다. gapm.io/geob 참고.

표지 안쪽

• **2017년 세계 건강 도표** 표지를 넘기면 컬러 도표가 나온다. 2017년 세계 건강 도표다. 물방울 하나는 국가 하나를 나타낸다. 물방울 크기는 해당 국가의 인구를 나타내고, 색깔은 그 국가의 지리적 위치를 나타낸다. X축은 1인당 GDP(2011년 불변 국제 달러의 구매력 평가)이며, Y축은 기대 수명이다. 인구 데이터는 UN-Pop[1]에서, GDP 데이터는 World Bank[1]에서, 기대 수명 데이터는 IHME[1]에서 가져왔다. 모든 수치는 위에서 언급한 방식으로 갭마인더가 2017년까지 확장했다. 이 도표와 더불어 출처에 관한 더 자세한 정보는 www.gapminder.org/whc에서 무료로 볼 수 있다.

머리말

• **엑스레이** 사진을 찍은 사람은 스톡홀름 소피아헴메트Sophiahemmet

병원의 스타판 브렘메르Staffan Bremmer이고, 검을 삼킨 사람은 한스의 지인인 마뤼안네 마그달렌Maryanne Magdalen이다.

- **사실 문제**   13개의 사실 문제는 www.gapminder.org/test/2017에서 다양한 언어로 무료로 볼 수 있다.

- **온라인 설문 조사**   갭마인더는 입소스모리 및 노버스와 손잡고, 14개국 1만 2,000명을 대상으로 온라인 설문 조사를 실시했다. 설문 대상자는 각국의 성인 인구를 대표하도록 가중치를 부여해 구성했다(Ipsos MORI[1] & Novus[1]). (기후변화에 관한 13번 문제를 제외한) 12개 문항에서 응답자의 평균 정답 수는 2.2개, 반올림해서 2개다. 결과는 www.gapminder.org/test/2017/results 참고.

- **설문 조사 결과**   문항별, 국가별 설문 조사 결과는 부록에 실었다. 이 설문 조사 결과를 주제로 우리가 진행한 강연은 gapm.io/rrs 참고.

- **세계경제포럼 강연**   강연 영상은 https://www.youtube.com/watch?v=3pVlaEbpJ7k에서 볼 수 있다. (청중에게 세 문제의 정답을 모두 알려준 시점은 5분 18초까지다.)

- **사실 문제 1**   정답 C. 저소득 국가에서 여성의 60%가 초등학교를 졸업한다. World Bank[3]에 나온 정확한 수치는 63.2%인데, 과장을 피하기 위해 60%로 썼다. gapm.io/q1 참고.

- **사실 문제 2**   정답 B. 다수의 사람은 중간 소득 국가에 산다. World Bank[2]는 현재 미국달러로 계산한 1인당 국민총소득GNI을 기초로, 여러 국가를 소득 집단에 따라 나눴다. World Bank[4]에 따르면 저소득 국가는 세계 인구의 9%, 중간 소득 국가는 75%, 고소득

국가는 16%다. gapm.io/q2 참고.

- **사실 문제 3** 정답 C. World Bank[5]에 따르면, 하루 1.9달러도 안 되는 돈으로 살아가는 사람의 비율이 1993년 34%에서 2013년에는 10.7%로 떨어졌다. 1.9달러라고 하면 경계가 명확해 보이고 소수점까지 있어 꽤 정확할 거라는 인상을 주지만, 이런 수치는 불확실성이 꽤 크다. 극빈층은 측정하기가 매우 어렵다. 대부분 자급자족하는 농부이거나 매우 빈곤한 지역에 사는 사람들로, 생활 여건이 계속해서 변하고 예측 불가능하며, 기록으로 남는 금전 거래도 거의 없다. 하지만 정확한 수치는 파악하기 어려워도 추세만큼은 분명하다. 수치 오차의 원인은 아마도 오랫동안 일정할 것이기 때문이다. 따라서 빈곤층이 3분의 1로 줄지 않았다면 적어도 절반은 줄었으리라고 신뢰할 수 있다. gapm.io/q3 참고.
- **사실 문제 4** 정답 C. IHME[1]에 따르면, 전 세계에서 2016년 태어난 사람의 평균 기대 수명은 72.48세다. UN-Pop[3]의 추정치는 이보다 약간 낮아서 71.9세다. 과장을 피하기 위해 70세로 썼다. gapm.io/q4 참고.
- **사실 문제 5** 정답 C. 지난 10년간 UN-Pop[2]는 2100년의 아동 인구가 지금보다 높지 않을 것이라는 예측을 발표했다. gapm.io/q5 참고.
- **사실 문제 6** 정답 B. 유엔 인구 분과 전문가들은 늘어나는 40억 인구 중 아동(15세 미만)은 1%, 성인(15~74세)은 69%, 노인(75세 이상)은 30%를 차지할 것으로 예상한다. 이 데이터는 UN-Pop[3]에서 가져왔다. gapm.io/q6 참고.

- **사실 문제 7** 정답 C. 국제재해데이터베이스International Disaster Database 에 따르면, 지난 100년간 자연재해로 인한 연간 사망자는 75% 줄었다(EM-DAT 참고). 재해는 연도별 격차가 심해서 10년 평균을 비교했다. 최근 10년(2007~2016)에는 연평균 8만 386명이 자연재해로 사망했다. 100년 전(1907~1916) 사망자 32만 5,742명의 25%에 해당하는 수치다. gapm.io/q7 참고.

- **사실 문제 8** 정답 A. UN-Pop[1]에 따르면, 2017년 세계 인구는 75억 5000만 명이다. 흔히 대략 80억이라고 말하지만, 우리는 지역별로 반올림해 70억이라고 적었다. Gapminder[1]의 네 지역별 인구는 UN-Pop[1]의 국가별 데이터를 기초로 계산한 것인데, UN-Pop[1]가 발표한 인구는 아메리카 10억, 유럽 8억 4000만, 아프리카 13억, 아시아 44억이다. gapm.io/q8 참고.

- **사실 문제 9** 정답 C. WHO[1]에 따르면, 오늘날 전 세계 1세 아동의 88%가 적어도 한 가지 예방접종을 받는다. 과장을 피하기 위해 80%로 줄여 썼다. gapm.io/q9 참고.

- **사실 문제 10** 정답 A. IHME[2]가 세계 188개국을 조사한 바에 따르면, 25~34세 여성은 학교를 평균 9.09년 다니고, 남성은 10.21년 다닌다. 또 바로Barro와 리Lee가 세계 146개국의 2010년 상황을 조사한 바에 따르면(2013년), 25~29세 여성은 학교를 평균 8.79년 다니고, 남성은 9.32년 다닌다. gapm.io/q10 참고.

- **사실 문제 11** 정답 C. 세계자연보전연맹IUCN 멸종위기종 적색목록Red List of Threatened Species에 따르면, 세 가지 종 가운데 1996년

보다 오늘날 멸종위기가 더 심각해졌다고 분류된 것은 없다. 호랑이Panthera tigris는 1996년 '위기EN'로 분류되었고, 지금도 마찬가지이다(IUCN Red List[1] 참고). 그러나 세계야생생물기금과 플랫Platt(2016)은 야생의 호랑이 수가 1세기 동안 줄다가 지금은 늘고 있다고 말한다. IUCN Red List[2]에 따르면, 대왕판다Ailuropoda melanoleuca는 1996년 '위기EN'로 분류되었지만, 2015년 재평가한 결과 덜 위험한 '취약VU'으로 분류되었다. 검은코뿔소Diceros bicornis는 과거 '위급CR'으로 분류되었고, 지금도 그대로다(IUCN Red List[3] 참고). 그러나 국제코뿔소재단International Rhino Foundation은 많은 개체군이 야생에서 서서히 늘고 있다고 말한다. gapm.io/q11 참고.

- **사실 문제 12** 정답 C. GTF에 따르면 세계 인구의 다수인 85.3%가 어떤 식으로든 자국에서 전기를 공급받는다. 과장을 피하기 위해 80%로 줄여 썼다. '공급받는다'는 말은 출처에 따라 다른 의미로 정의한다. 최악의 경우 일주일에 평균 60회 정전되는 가정도 '전기를 공급받는' 가정에 속한다. 따라서 문제에서는 '어떤 식으로든' 전기를 공급받는 것으로 표현했다. gapm.io/q12 참고.

- **사실 문제 13** 정답 A. 여기서 '기후 전문가들'은 기후변화에 관한 정부 간 패널IPCC이 2014년 발표한 IPCC[1] 5차 보고서AR5를 쓴 사람들이다. 그들은 이렇게 썼다. "온실가스 배출에 관한 모든 시나리오에서 21세기에 지표면 온도는 상승한다"(IPCC[2] 참고). gapm.io/q13 참고.

- **착각** 뮐러리어 착시를 이용한 인지 편향 설명은 대니얼 카너먼Daniel

Kahneman의 《생각에 관한 생각Thinking, Fast and Slow》(2011)에서 가져 왔다.

- **열 가지 본능과 인지심리학** 우리가 열 가지 본능을 생각하기까지는 훌륭한 많은 인지심리학자의 저서에서 영향을 받았다. 그중 정신을 바라보는 우리 시각을 바꾸고, 세계에 관한 사실을 어떻게 가르쳐야 하는지에 관한 우리 생각을 완전히 바꿔놓은 책은 다음과 같다. 댄 애리얼리Dan Ariely의 《상식 밖의 경제학Predictably Irrational》(2008), 《경제 심리학The Upside of Irrationality》(2010), 《거짓말하는 착한 사람들The Honest Truth About Dishonesty》(2012), 스티븐 핑커Steven Pinker의 《마음은 어떻게 작동하는가How the Mind Works》(1997), 《생각의 언어The Stuff of Thought》(2007), 《빈 서판The Blank Slate》(2002), 《우리 본성의 선한 천사The Better Angels of Our Nature》(2011), 캐럴 태브리스Carol Tavris와 엘리어트 애런슨Elliot Aronson의 《거짓말의 진화Mistakes Were Made(But Not by Me)》(2007), 대니얼 카너먼의 《생각에 관한 생각》(2011), 월터 미셸Walter Mischel의 《마시멜로 테스트The Marshmallow Test》(2014), 필립 E. 테틀록Philip E. Tetlock과 댄 가드너Dan Gardner의 《슈퍼 예측, 그들은 어떻게 미래를 보았는가Superforecasting》(2015), 조너선 갓셜Jonathan Gottschall의 《스토리텔링 애니멀The Storytelling Animal》(2012), 조너선 헤이트Jonathan Haidt의 《행복의 가설The Happiness Hypothesis》(2006), 《바른 마음The Righteous Mind》(2012), 토머스 길로비치Thomas Gilovich의 《인간 그 속기 쉬운 동물How We Know What Isn't So》(1991).

1장 간극 본능

- **아동 사망률** 1995년 강연에서 사용한 아동 사망률 데이터는 UNICEF [1]에서 가져왔다. 이 책에서는 그 사례를 업데이트하고 UN-IGME 에서 내놓은 최신 사망률 데이터를 사용했다.

- **물방울 도표** 1965년과 2017년의 가족 구성원 수와 아동 생존율을 나타내는 물방울 도표에는 UN-Pop[1, 3, 4]와 UN-IGME의 데이터를 사용했다. 이 도표를 독자들이 클릭해가며 볼 수 있는 쌍방향 버전은 gapm.io/voutdwv에서 무료로 제공한다.

- **저소득 국가** 갭마인더는 미국과 스웨덴의 일반 사람에게 '저소득 국가' 또는 '개발도상국'의 삶을 어떻게 상상하는지 물었다. 이들 대부분은 30~40년 전이라면 정답이었을 수치를 내놓았다. gapm.io/rdev 참고.

  여성 중 초등학교를 마친 사람이 35%가 안 되는 나라는 아프가니스탄 15%(1993), 남수단 18%(2011), 차드 30%(2011)뿐이다. 하지만 세 나라 모두 불확실성이 높고, 최신 수치도 아니다. 다른 세 나라(소말리아, 시리아, 리비아)는 공식 집계한 수치가 없다. 이 여섯 나라 여성들은 심각한 성 불평등에 시달리지만, UN-Pop[4]에 따르면 초등학교를 졸업했을 나이의 전 세계 여성 중 이들이 차지하는 비율은 고작 2%다. gapm.io/twmedu 참고.

- **소득수준** 네 단계 소득수준에 속하는 사람 수는 Gapminder[8]가 PovcalNet의 데이터와 IMF[1]의 예측을 기반으로 정한 것이고, 소득은 국제 비교 프로그램ICP이 내놓은 구매력평가지수PPP(2011)를

반영한 것이다. gapm.io/fwlevels 참고.

2016년 멕시코와 미국의 소득을 비교하면서 소득별 인구 분포를 표시한 도표는 해당 데이터를 가지고, 가장 최근의 국가 소득 조사에서 나온 분포 형태에 맞춰 약간 조정한 것이다. 브라질 수치는 World Bank[16]와 PovcalNet에서 가져왔는데, CETAD에 맞게 약간 조정했다. gapm.io/ffinex 참고.

책 전반에 걸쳐 개인의 소득수준과 국가의 평균 소득을 이야기할 때는 이중 눈금자를 이용했다. 이중 눈금자(로그자)는 넓은 범위에서 수를 비교할 때, 또는 작은 수 사이의 작은 차이가 큰 수 사이의 큰 차이만큼 중요할 때 등 여러 상황에서 사용한다. 임금 인상액이 아니라 이전 임금과 비교한 인상 정도가 관건일 때 유용하게 쓸 수 있는 도구다. gapm.io/esca 참고.

- **개발도상국**   내가 '개발도상 세계developing world'라는 낡은 용어에 노골적으로 문제를 제기하고 다섯 달이 지난 후, 세계은행은 그 용어를 점차 사용하지 않겠다는 계획을 발표했다(World Bank[15] 참고). https://blogs.worldbank.org/opendata/should-we-continue-use-term-developing-world 참고.

유엔의 많은 부서에서는 공통된 정의도 없는 '개발도상국'이라는 용어를 여전히 사용한다. 유엔 통계 분과(2017)는 그 용어를 이른바 '통계의 편의성' 때문에 사용하는데, 무려 144개국을 쉽게 개발도상국으로 분류한다(여기에는 지구상에서 매우 건강하고 부유한 카타르와 싱가포르도 포함된다).

- **수학 점수** 사례 일부는 Denise Cummins(2014)에서 가져왔다.
- **극빈층** '극빈층extreme poverty'은 하루 소득 1.9달러 미만을 뜻한다는 엄격한 의미가 정해져 있다. '빈곤poverty'은 4단계에 속한 많은 나라에서 상대적 의미로 쓰이며, '빈곤선poverty line'은 사회복지를 신청하는 자격 기준이거나 국가별로 가난을 측정하는 공식 통계 기준일 수 있다. 스칸디나비아 국가에서 공식 빈곤선은 구매력의 큰 차이를 반영해 계산해도 말라위처럼 아주 가난한 나라보다 20배는 높다(World Bank[17] 참고). 가장 최근의 미국 인구조사는 전 국민의 13%가 하루 소득 약 20달러라는 빈곤선 아래 있다고 추정했다. 부유한 나라에서 가장 가난하게 사는 사람들의 사회적·경제적 어려움도 무시해서는 안 되지만(World Bank[5]), 이들의 삶은 극빈층의 삶과 다르다. gapm.io/tepov 참고.

2장 부정 본능

- **환경** 어류 남획과 바다 오염은 UNEP[1]와 FAO[2], 폴 콜리어Paul Collier의 《약탈당하는 지구The Plundered Planet》(2010) 160쪽을 기반으로 했으며, 멸종위기종 데이터는 IUCN Red List[4]에서 가져왔다. gapm.io/tnplu 참고.
- **막대 도표: 점점 좋아지는가, 나빠지는가, 그대로인가?** 막대 도표는 똑같은 질문을 여러 나라에 던진 Yougov[1]와 Ipsos MORI[1]의 결과를 섞은 것이다. gapm.io/rbetter 참고.
- **데이터를 신뢰할 때** 2장에서는 데이터를 100% 신뢰해서는 안 된다고

이야기했다. 서로 다른 데이터에 합리적 의심을 품는 것과 관련한 갭마인더의 지침은 gapm.io/doubt 참고.

- **도표: 극빈층 추세** 역사학자들이 여러 방법으로 1820년 극빈층 비율을 추정했는데, 그 결과는 제각각이었다. Gapminder[9]는 1800년 세계 인구의 85%가 1단계 삶을 살았다고 추정했다. 1980년 이후 데이터는 PovcalNet에서 가져왔다. Gapminder[9]는 PovcalNet과 IMF[1]의 예측을 이용해 이 추세를 2017년까지 확장했다. 본문에서 언급한 중국, 인도, 라틴아메리카, 기타 지역의 극빈층 감소 수치는 World Bank[5]에서 가져왔다. gapm.io/vepovt 참고.

- **기대 수명** 기대 수명 데이터는 IHME[1]가 내놓은 수치다. 2016년 기대 수명이 50세 이하인 나라는 중앙아프리카공화국과 레소토뿐이었다. 그러나 특히 1단계, 2단계에서는 불확실성이 아주 크다. 데이터를 얼마나 의심해야 하는지는 gapm.io/blexd 참고.

- **에티오피아의 기아 사망자** FRD와 EM-DAT 데이터를 평균낸 수치다.

- **레소토** 레소토 시민을 흔히 바소토Basotho라고 부른다. 바소토 중에는 레소토 밖에 사는 사람도 많은데, 여기서는 레소토 내에 사는 사람들만 계산했다.

- **탈문맹** 과거 역사에서 글을 읽고 쓸 줄 아는 스웨덴 사람의 수는 van Zanden[2]과 OurWorldInData[2]에서 가져왔다. 인도의 탈문맹률은 2011년 인도 인구조사에서 가져왔다. 오늘날의 인도와 100년 전 스웨덴에서 '탈문맹'은 글자를 인식하고 문장을 느리게 분석하는 능력을 말하며, 좀 더 어려운 글을 읽고 이해하는 능력을 뜻하지는

않는다. gapm.io/tlit 참고.

- **예방접종** 예방접종 데이터는 WHO[1]에서 가져왔다. 아프가니스탄 에서도 1세 아이의 60% 이상이 여러 종류의 예방접종을 받는다. 스 웨덴이 1단계나 2단계였을 때는 그런 백신이 전혀 존재하지 않았고, 따라서 당시 스웨덴 사람의 수명은 짧았다. gapm.io/tvac 참고.

- **개선된 것 32가지** 여기에 실린 32가지 도표 이면의 데이터와 그 많은 출처를 어떻게 사용했는지에 관한 상세한 자료는 gapm.io/ffimp 참고.

- **1인당 기타 보유 수** 도표에 관한 더 자세한 정보는 gapm.io/tcminsg 참고.

- **과거 역사에서 아동 살해** 폭력적 공동체에서는 어린아이라고 봐주지 않 는다. Gurven and Kaplan(2007), Diamond(2012), Pinker(2011), OurWorldInData[5]가 설명한 대로, 수렵 · 채집 공동체 사람들은 일반적으로 폭력을 많이 겪었다. 수렵 · 채집 시대의 모든 부족이 다 똑같다는 뜻은 아니다. 전 세계 많은 문화권에서 극도로 빈곤한 상황 에서는 영 · 유아 살해를 용인했다. 많은 식구를 다 먹여 살릴 수 없어 입 하나 줄이려고 자기 자식을 죽이는 경우가 있었기 때문이다. 이 끔 찍한 방식은 다른 식으로 아이를 잃는 것만큼이나 고통스러웠는데, 이는 인류학자들이 전통 사회에서 신생아를 죽여야 했던 부모를 꾸 준히 인터뷰한 자료에 잘 나타나 있다. Pinker(2011) 417쪽 참고.

- **여자아이 교육** 여자아이와 남자아이의 교육에 관한 데이터는 UNESCO[5]에서 가져왔다. Schultz(2002)는 여자아이를 교육하는

것이 어떻게 세계 최고 아이디어 중 하나로 증명되었는지를 명확하

고 자세히 설명한다.

- **익사**   오늘날의 익사 데이터는 IHME[4, 5]에서 가져왔다. 1900년까

   지는 익사 피해자의 20% 이상이 10세 미만 아이였다. 스웨덴 인명

   구조협회Swedish Life Saving Society는 모든 학교에서 수영 수업을 의무

   로 실시하고 익사를 줄일 다른 예방책을 가르치도록 로비하기 시작

   했다. Sundin et al.(2005) 참고.

- **따라잡기**   www.gapminder.org/whc에서 움직이는 '세계 건강 도

   표'를 보면, 거의 모든 나라가 어떻게 스웨덴을 따라잡고 있는지 확

   인할 수 있다(비교 대상 국가를 스웨덴이 아닌 다른 국가로 선택할 수도 있다).

3장 직선 본능

- **에볼라**   에볼라 데이터는 WHO[3]에서 가져왔다. 갭마인더가 상황

   의 다급함을 알리기 위해 만든 자료는 gapm.io/vebol 참고.

- **인구 예측**   인구 예측은 UN-Pop[1, 2, 5]를 기반으로 했다. 유엔 인

   구 분과의 인구 동향 전문가들은 심지어 컴퓨터 예측 모델이 나오

   기 전부터 지난 수십 년간 매우 정확한 예측을 내놓았다. 이들이 예

   측한 미래의 아동 수는 이전 네 차례의 예측에서 모두 과거 수준을

   유지했다. 근삿값으로 치면 대략 20억이고, 정확한 수치는 2017년

   19억 5000만 명, 2100년에는 19억 7000만 명이다. 유엔 예측의

   정확도를 더 알고 싶으면 Nico Keilman(2001), Bongaarts and

   Bulatao(2000)를 보라. gapm.io/epopf 참고.

- **오래된 인구 데이터** 기원전 8000년부터 오늘날까지의 세계 인구를 보여주는 도표는 경제사학자 마티아스 린드그렌Mattias Lindgren이 수백 곳에서 데이터를 모아 편집한 것이다. 도표 아래 적은 것은 주요 출처일 뿐이다. gapm.io/spop 참고.

- **여성 1인당 출생아 수** 우리는 '여성 1인당 출생아 수'를 '합계 출산율 total fertility rate'이라는 통계 지표의 의미로 사용했다. 1950년 이후의 데이터는 UN-Pop[3]를, 1950년 이전은 마티아스 린드그렌의 연구에 기초한 Gapminder[7]를 사용했다. 2017년 이후를 나타내는 점선은 유엔이 내놓은 중간 출산 예측치인데, 2099년에는 여성 1인당 출생아 수가 1.96명으로 예상된다. gapm.io/tbab 참고.

- **채움 효과** 글로도 도표로도 채움 효과를 이해하기 어려운 사람은 우리가 직접 설명하는 동영상을 보면 이해하기 쉬울 것이다(gapm.io/ vidfu 참고). 이런 현상을 '인구 변동 타성demographic momentum'이라고도 한다(자세한 설명은 UN-Pop[6, 7] 참고). gapm.io/efill 참고.

- **과거 역사에서 여성 1인당 출생아 수와 아동 사망률** 1800년 이전 가정의 출산율과 사망률 추정의 주요 출처는 Livi-Bacci(1989), Paine and Boldsen(2002), Gurven and Kaplan(2007)이다. 1800년 이전의 출산율을 아는 사람은 없지만, 6명은 흔히 사용하는 가장 그럴듯한 평균치다. gapm.io/eonb 참고.

- **도표: 소득별 평균 가족 구성원 수** 소득수준별 우리 추정치는 Countdown to 2030과 GDL[1, 2]이 수집한 가구 데이터, 그리고 UNICEF- MICS, USAID-DHS[1], IPUMS 등 여러 곳에서 실시한 수백 건의

가구 설문 조사를 토대로 했다(Gapminder[30] 참고).

- **전형적인 가족 구성원 수 변화** 사회가 어떻게 대가구에서 소가구로 바뀌었는지에 관한 더 자세한 정보는 Rosling et al.(1992), Oppenheim Mason(1997), Bryant(2007), Caldwell(2008) 참고. 여성 1인당 출생아 수는 4단계의 고소득 수준이 되었을 때 다시 늘어나기 시작하는 것으로 보이는데, 이는 Myrskylä et al.(2009) 참고. 사람 목숨을 살리면 왜 인구가 줄어드는지를 설명하는 영상은 gapm.io/esclfp 참고.

- **직선, S자, 미끄럼틀, 낙타 혹** 이들 도표 대부분은 국가 소득 데이터를 이용했고(Gapminder[3] 참고), 몇 가지(여가 활동비를 나타내는 직선 도표, 예방접종과 냉장고 보유를 나타내는 S자 도표, 출산을 나타내는 미끄럼틀 곡선)는 가구 데이터를 이용했다. 각 사례마다 모든 단계에서 국가 간 차이가 매우 컸다. 여기서 제시한 도표와 정확히 일치하는 나라는 거의 없지만, 이들 도표는 지난 수십 년간 모든 나라의 일반적 유형을 보여준다. 관련 도표는 gapm.io/flinex 참고.

- **하나의 곡선에서 어느 부분을 보는가?** 많은 선이 사실은 직선이 아니거나 심지어 원인데도 일부만 크게 확대하면 직선처럼 보인다. 이와 관련해서는 엘렌버그Ellenberg의 《틀리지 않는 법How Not to Be Wrong: The Power of Mathematical Thinking》(2014)에서 영감을 얻었다. gapm.io/fline 참고.

4장 공포 본능

- **자연재해** 네팔 지진 관련 수치는 PDNA에서, 2003년 유럽의 폭염

관련 수치는 UNISDR에서, 그 밖의 다른 재해 관련 데이터는 EM-DAT에서 가져왔다. 오늘날 방글라데시는 아주 멋진 홍수 감시 사이트를 운영한다(http://www.ffwc.gov.bd 참고). gapm.io/tdis 참고.

• **설사로 사망한 아이들** 오염된 물을 마시고 설사로 죽은 아이들 수는 IHME[11]와 WHO[4]를 기반으로 계산했다. gapm.io/tsan 참고.

• **항공기 사고** 최근의 사망 데이터는 국제항공운송협회IATA에서, 승객 마일 데이터는 어렵게 항공기 사고를 줄인 유엔 기구에서 가져왔다 (ICAO[1, 2, 3] 참고). gapm.io/ttranspa 참고.

• **전쟁 사망자** 제2차 세계대전 사망자 6500만 명은 모든 사망자를 포함하며, White[1, 2]에서 가져왔다. 전투 사망자 데이터 출처 (Correlates of War Project, Gleditsch, PRIO, UCDP[1])에는 전투 중 사망했다고 공식 보고된 민간인과 군인만 포함할 뿐 전투지에서 기아로 인한 사망처럼 간접적 죽음은 포함하지 않는다. 시리아 내전 사망자 추정치는 UCDP[2]에서 가져왔다. www.fallen.io에서 볼 수 있는, 데이터 기반 쌍방향 다큐멘터리를 강력히 추천한다. 알려진 모든 전쟁을 한눈에 볼 수 있도록 해놓았다. 1990년 이후 전쟁 사망자 수를 비교하는 쌍방향 동영상은 http://ucdp.uu.se를 보라. gapm.io/twar 참고.

• **핵 공포** 후쿠시마 관련 데이터는 일본 경찰청과 Ichiseki(2013)에서 가져왔다. 경찰 기록에 따르면, 공식 집계된 도호쿠 지진과 쓰나미 사망자 수는 1만 5,894명, 실종자 수는 2,546명이다(2017년 12월 현재). Tanigawa et al.(2012)에 따르면, 쇠약한 노인 61명은 황급

히 대피하다 사망했다. Ichiseki(2013)는 이외에도 대피한 사람 중 주로 노인을 비롯한 약 1,600명이 간접 원인으로 사망했다고 했다. Pew[1]에 따르면, 2012년 일본인 76%가 후쿠시마산 식품을 위험하다고 생각했다. 체르노빌 원전 사고 이후 건강 실태에 관한 이야기는 WHO[5]를 기반으로 했다. 핵탄두 데이터는 Nuclear Notebook 사이트에서 가져왔다. gapm.io/tnuc 참고.

- **화학물질 공포증** Gordon Gribble(2013)은 화학물질 공포증의 기원을 레이첼 카슨의 《침묵의 봄》(1962)과 이후 수십 년 동안 발생한 화학물질 사고에서 찾는다. 그는 오늘날 화학물질에 대한 과장되고 비합리적인 두려움 때문에 흔한 자원을 잘못 사용한다고 주장한다. gapm.io/ffea 참고.

- **예방접종 거부** Gallup[3]에 따르면, 미국 부모 4%가 백신을 중요하게 생각하지 않는다. 2016년 라슨Larson 등이 67개국을 조사한 바에 따르면, 평균 13%의 사람이 예방접종 전반에 회의적이었다. 국가 간 차이는 상당히 커서 프랑스와 보스니아헤르체고비나는 35%가 넘었고, 사우디아라비아와 방글라데시는 0%였다. 1990년에는 홍역이 아동 사망의 7%를 차지했는데, 오늘날에는 예방접종 덕에 그 수치가 1%로 줄었다. 홍역 사망은 1, 2단계 나라에서 주로 발생하는데, 이들 나라에서는 아이들이 최근에야 예방접종을 받기 시작했다(IHME[7], WHO[1] 참고). gapm.io/tvac 참고.

- **DDT** 파울 헤르만 뮐러Paul Hermann Müller는 "여러 절지동물을 퇴치하는 접촉성 독성으로서 DDT의 높은 효능을 발견"한 공로로

1948년 노벨 생리의학상을 받았다. 헝가리는 1968년 세계 최초로 DDT를 금지했고, 1969년에는 스웨덴이, 그리고 다시 3년 뒤에는 미국이 DDT를 금지했다(CDC[2] 참고). 이후 DDT를 포함해 다양한 살충제를 금지하는 국제협약이 158개국에서 실행되었다(http://www.pops.int 참고). 1970년대 이후, CDC[4]와 EPA는 DDT가 인간에게 미치는 위험성을 피하는 방법에 관한 지침을 내렸다. 오늘날 세계보건기구는 열악한 환경에 사는 사람들의 목숨을 위협하는 말라리아모기를 퇴치하기 위해 엄격한 안전 지침과 함께 DDT 사용을 권장한다(WHO[6, 7] 참고).

- **테러** 테러 사망자 데이터는 Global Terrorism Database에서(GTD 참고), 소득수준별 테러 사망자 데이터는 Gapminder[3]에서 가져왔다. 테러 공포에 관한 설문 조사는 Gallup[4]을 보라. gapm.io/tter 참고.

- **음주 사망** 사망자 계산은 IHME[9], NHTSA(2017), FBI, BJS를 참고했다. gapm.io/alcterex 참고.

- **죽을 위험** 우리가 언급한 비율은 지난 10년간 4단계의 해당 사망자 수를 그 기간 동안 4단계의 모든 사망자 수로 나눈 것으로, EM-DAT의 자연재해, IATA의 항공기 사고, IHME[10]의 살인 사건, UCDP[1]의 전쟁, GTD의 테러 데이터를 기초로 삼았다. 더욱 정확하게 계산하려면 단지 모든 사망자 수로 나누기보다 그와 같은 사망에 이를 수 있는 상황에 노출된 것도 고려해야 한다. gapm.io/ffear 참고.

- **재해 비교** 서로 다른 재해로 인한 죽음을 비교하려면 다음을 참고하라. "모든 죽음은 평등하지 않다: 자연재해가 뉴스에 오르려면 사망자가 얼마나 되어야 하는가?"(OurWorldInData[8] 참고). 갭마인더는 여러 종류의 죽음, 여러 종류의 환경문제를 두고 언론이 뉴스를 고르는 왜곡된 시각을 보여주는 데이터를 모으는 중이다. 준비가 되면 gapm.io/fndr에 공개하겠다.

5장 크기 본능

- **나칼라 아동 사망률 계산** 이 계산에는 1970년 모잠비크 인구조사, 나칼라 병원 자료, UN-IGME 2017년 자료를 이용했다.
- **엉터리 비율** 사람들이 비율을 과장하는 성향에 대한 사례는 33개국의 오해를 보여준 Ipsos MORI[2, 3]에서 가져왔다. 파울로스Paulos의 《숫자에 약한 사람들을 위한 우아한 생존 매뉴얼Innumeracy》(1988)에는 비율을 과장하는 재미있는 사례가 가득하다. 이를테면 홍해에 전 세계 사람들의 피를 더하면 홍해 수위가 얼마나 높아지겠는가를 묻는 질문도 있다. gapm.io/fsize 참고.
- **교육받은 엄마와 아동 생존율** 엄마가 교육을 받으면 아동 생존율이 얼마나 높아지는가에 관한 이야기는 Lozano, Murray et al.(2010)이 연구한 1970~2009년의 데이터에서 가져왔다. gapm.io/tcare 참고.
- **목숨 구하기** 많은 사람을 살리는 저비용·고효율의 개입 목록은 UNICEF[2]에서 가져왔다. 유니세프는 공중 보건 예산을 발전된 의료 서비스에 쓰기 전 모든 시민에게 혜택이 돌아가는 필수적 기본

보건 의료 서비스에 쓰도록 한다.

- **420만 명** 최근 몇 년 사이의 영·유아 사망자 수는 UN-IGME에서, 1950년의 출생아 수와 영·유아 사망자 수는 UN-Pop[3]에서 가져 왔다.

- **곰과 도끼** 이 훌륭한 비교로 사람들을 각성시킨 이는 한스 한손Hans Hansson이다. 그는 지역 신문에 여성에게 가하는 가정 폭력을 어이없 게 간과하고 있다는 이야기를 쓰면서, 남성들이 폭력적 행동을 끊도 록 도와주는 남성 네트워크를 운영하기 시작했다. 그와의 인터뷰는 다음 사이트를 참고하라. http://www.causeofdeathwoman.com/ the-mens-network.

- **스페인 독감** 크로스비Crosby는 《인류 최대의 재앙, 1918년 인플루엔 자America's Forgotten Pandemic》(1989)에서, 스페인 독감으로 5000만 명 이 사망했다고 추정했다. Johnson and Mueller(2002)와 CDC[1]에 서 추정치를 확인할 수 있다. 1918년의 세계 인구가 18억 4000만 명 이었으니 스페인 독감이 전체 인구의 2.7%를 쓸어갔다는 의미다.

- **결핵과 신종플루** 신종플루 데이터는 WHO[17]에서, 결핵 데이터는 WHO[10, 11]에서 가져왔다. gapm.io/bswin 참고.

- **에너지원** 에너지원 비교는 스밀Smil의 《에너지 전환: 세계적 관점, 자 연적 관점Energy Transitions: Global and National Perspectives》(2016)에서 가 져왔다. 스밀은 점진적 탈화석연료를 설명하고 식량 생산, 혁신, 인 구, 초특급 위험에 관한 신화를 깼다. gapm.io/tene 참고.

- **미래의 소비자** 이 도표의 쌍방향 버전은 gapm.io/incm 참고. 파리드

자카리아Fareed Zakaria의 《흔들리는 세계의 축The Post-American World》 (2008)과 토머스 프리드먼Thomas L. Friedman의 《세계는 평평하다The World Is Flat》(2005)는 이와 관련한 훌륭한 저서다.

- **1인당 이산화탄소 배출량** 중국, 미국, 독일, 인도의 1인당 이산화탄소 배출량은 CDIAC에서 가져왔다. gapm.io/tco2 참고.

6장 일반화 본능

- **도표: 아프리카 국가 간 차이** 이 도표의 쌍방향 버전은 gapm.io/edafr 참고.

- **피임** 데이터는 UNFPA[1]와 UN-Pop[9]에서 가져왔다. gapm.io/ twmc 참고.

- **모든 것은 화학물질로 만든다** 화학물질 공포증이 있는 사람은 세계를 '천연(안전하다)'과 '화학물질(공업용이고 유해하다)'로 나눈다. 하지만 규정된 화합물 데이터베이스를 가장 많이 확보하고 있는 CAS는 다르게 본다. CAS는 1억 3200만 개의 유기화학물질과 합성화학물질과 그 특성을 확보하고 있다. 여기에 따르면 독성은 그 화합물을 생산하는 주체와 관련이 없다. 예를 들어, 자연에서 생성되는 코브라 독소(CAS 등록번호: 12584-83-7)는 신경계를 마비시켜 숨을 쉴 수 없게 만든다. gapm.io/tind 참고.

- **살리 집안** 살리 집안에 대한 자세한 이야기는 gapm.io/dssah에서 볼 수 있다. 우리가 튀니지나 그 밖의 지역에서 제시한 가정의 사례가 너무 적다고 생각하는 사람은 우리에게 도움을 주기 바란다. 그

방법은 http://www.gapminder.org/dollar-street/about에 소개했다.

- **회복 자세** 회복 자세에 대한 상세한 역사는 Högberg and Bergström (1997)과 Wikipedia[10] 참고.

- **영아돌연사증후군** 스웨덴에서 영아돌연사증후군이 증가한 원인이 엎드린 자세를 권장한 정책 탓이라는 결론은 Högberg and Bergström(1997), Gilbert et al.(2005)에서 볼 수 있다. 홍콩의 연구 발표는 Davies(1985)에서 가져왔다.

7장 운명 본능

- **우월감** 다른 집단과 비교한 우월감에 대한 좀 더 자세한 내용은 조너선 헤이트Haidt의 《바른 마음》 참고. gapm.io/fdes 참고.

- **사회와 문화는 움직인다** 지난 200년간 세계 건강 도표의 움직이는 버전을 보려면 www.gapminder.org/whc에서 '플레이'를 클릭해보라.

- **아프리카의 따라잡기** 국가별·지역별 기대 수명 데이터는 Gapminder [4]에서 가져왔다. 폴 콜리어는 《빈곤의 경제학》에서 세계에서 가장 가난한 사람들의 미래 전망을 이야기했다. 분쟁 지역 주변에 사는 극빈층 수치는 ODI(2015), 전 세계 분쟁 지역 인근에 사는 사람들을 조사한 안데아스 포뢰 톨레프센Andeas Forø Tollefsen과 구드룬 외스트뷔Gudrun Østby의 연구 결과(2016년 7억 4300만 명), 그리고 WorldPop, IHME[6], FAO[4], UCDP[2] 지도를 기반으로 했다. 과거 수십 년간의 발전 속도는 gapm.io/edafr2 참고.

- **중국, 방글라데시, 베트남의 발전** 폴 에얼릭Paul Ehrlich과 앤 에얼릭Anne Ehrlich이 쓴 《인구 폭탄The Population Bomb》(1968)은 아시아와 아프리카는 절대 자국 인구를 먹여 살리지 못할 것이라는 생각이 널리 퍼지는 데 기여했다. 기아 사망 데이터는 EM-DAT에서 가져왔다. 오슬로 평화연구소The Peace Research Institute Oslo, PRIO는 분쟁과 가난 지도를 만들었다. gapm.io/mpoco 참고. 직물업계 이야기는 gapm.io/tmante 참고.

- **IMF 예측** 과거의 IMF 예측에 관해 우리가 언급한 말은 World Economic Outlook IMF[2]를 기반으로 했다. gapm.io/eecof 참고.

- **이란의 출산율** 테헤란 의과대학의 호세인 말레크아프잘리 교수가 우리를 안내했다. 그는 내게 불임 치료 병원을 보여주고, 이란의 가족계획과 성교육 프로그램을 알려주었다. 가족계획에서 세계 1등인 이란을 다른 나라와 비교한 자료는 gapm.io/vm2 참고.

- **종교와 자녀** 대부분의 나라에서 인구 다수는 세계 주요 종교 중 하나를 믿는데, 이는 그 나라가 어느 도표에 나타날지를 말해준다. 그러나 하나의 종교를 믿는 명백한 다수가 존재하지 않는 나라도 많다. 예를 들어 우리가 사용한 Pew[2, 3]의 종교 데이터를 보면, 2010년 나이지리아 인구의 49%는 기독교인이고 48%는 무슬림이었다. 우리는 Pew[2]와 USAID-DHS[2]를 이용해 그런 나라 81개국을 3개의 물방울로 나눠 각 종교 집단의 출산율을 추정하고, GDL[1, 2]과 OECD[3] 등을 기초로 종교별 1인당 소득을 대략 계산했다. gapm.io/ereltfr 참고.

- **아시아의 가치** 카렌 오펜하임 메이슨Karen Oppenheim Mason은 '출산율 변화 설명Explaining Fertility Transitions'(1997)에서, 변화하는 가족 표준을 이야기했다. 모든 문화권에서 소득수준이 높아지고 생활이 현대화하면 성 역할이 빠르게 변한다. 대가족을 중시하는 문화권에서는 여러 가치가 다소 천천히 변할 수도 있다. gapm.io/twmi 참고.

- **방글라데시 아시아 여성대학** http://www.auw.edu.bd 참고.

- **자연보호** 자연보호 데이터는 The World Database on Protected Areas(UNEP[5]), Protected Planet report(UNEP[6]), IUCN[1, 2]을 기반으로 했다. 1911~1990년의 추세는 《미래 예측: 중요한 50가지 추세Looking Ahead: The 50 Trends That Matter》에서 가져왔다(Abouchakra et al.[2016] 참고). 더 자세한 내용은 Gapminder[5] 참고.

- **해묵은 침팬지 문제** 1990년대에 카롤린스카연구소 학생들은 많은 유럽 국가의 건강 상태가 많은 아시아 국가보다 좋지 않다는 사실을 몰랐다. 내가 테드 첫 강연에서 보여준 것도 바로 그 점이었다(Rosling[2006]). 13년 후, 우리는 사람들의 지식이 나아졌는지 점검하고 싶었지만 그때 그 문제를 다시 쓸 수는 없었다. gapm.io/vm3의 움직이는 도표에서 보듯 유럽이 아시아를 따라잡았기 때문이다.

- **미국과 스웨덴에서 문화 변동** 미국에서 동성혼을 바라보는 태도에 관한 데이터는 Gallup[5]에서 가져왔다.

8장 단일 관점 본능

- **전문직 종사자 설문 조사 결과** 여기서 언급한 전문직 종사자와 그 밖의 사람에 대한 설문 조사 결과는 gapm.io/rrs 참고.

- **전문가의 예측** 한 분야에서 특별한 전문성을 지닌 사람도 우리가 만든 사실 문제에서는 다른 사람과 마찬가지로 점수가 좋지 않았다. 이런 사실이 《슈퍼 예측, 그들은 어떻게 미래를 보았는가 Superforecasting》의 저자 필립 테틀록 Philip E. Tetlock과 댄 가드너 Dan Gardner에게는 놀랍지 않았다. 이 책에서 두 저자는 미래를 예측하는 사람들의 능력을 체계적으로 시험하는 방법을 설명했고, 현명한 판단을 방해하는 한 가지 확실한 요소는 협소한 전문성이라는 사실을 알아냈다. 그러면서 흔히 현명한 판단을 내리는 성격 특성을 나열하기도 했는데, 이는 겸손함, 호기심, 실수에서 교훈을 얻으려는 자세였다. 독자도 '현명한 판단 Good Judgment' 프로젝트(www.gjopen.com)에서 예측을 연습할 수 있다.

- **린다우 노벨상 수상자 회의** 이 훌륭한 조직 덕에 해마다 똑똑한 젊은 연구자들이 모여 노벨상 수상자들의 이야기를 듣는다. 우리는 그 모임을 비난할 마음이 조금도 없다! 다만 노벨상 수상자들이 예방접종 문제에서 매우 낮은 점수를 받았으니, 전문가라고 해서 전반적으로 지식수준이 높은 것은 아니라는 점을 분명히 하고 싶을 뿐이다. 린다우 발표에 관한 자세한 내용은 gapm.io/xlindau64 참고.

- **약탈당하는 천연자원** 공유 자원과 무분별한 개발을 피하는 법에 관해서는 폴 콜리어의 《약탈당하는 지구》와 IUCN Red List[4]를 살펴보라.

- **교육에는 전기가 필요하다** 자세한 내용은 UNDESA 참고.

- **미국의 보건 의료 지출** 이 지출 내역은 WHO[12]에서 가져왔다. 미국과 다른 4단계 자본주의국가의 지출 비교는 '미국에서 보건 의료 지출은 왜 그렇게 높은가?Why Is Health Spending in the United States So High?'라는 제목의 OECD[1] 연구에서 가져왔다. 연구에 따르면, 미국은 보건 의료 체계 전반에서 의료비 지출이 높지만, 특히 외래 환자와 행정 비용이 높았다. 그렇다고 해서 결과가 더 좋은 것도 아니다. 이런 체계에서는 의사가 도움이 절실한 환자에게 시간을 쓸 마음이 생기지 않기 때문이다. gapm.io/theasp 참고.

- **민주주의** 폴 콜리어의 여러 책은 사실에 근거한 만큼 당혹스럽다. 어떻게 민주주의가 1단계 국가를 되레 불안하게 만드는지에 관한 자세한 이야기는 그의 저서 《전쟁, 총, 투표Wars, Guns and Votes: Democracy in Dangerous Places》를 보라. 민주주의의 더욱 당혹스러운 문제는 파리드 자카리아가 쓴 《자유의 미래Future of Freedom: Illiberal Democracy at Home and Abroad》에서 볼 수 있다. 우리는 윈스턴 처칠의 현명한 말을 기억해야 한다. "누구도 민주주의가 완벽하다거나 한없이 지혜롭다고 말할 수 없다. 지혜롭기는커녕 이제까지 가끔 시도한 정부 형태를 제외하면 최악의 정부 형태라고 알려졌다." gapm.io/tgovd 참고.

- **빠른 경제성장과 민주주의** 이 논의는 IMF[1]와 〈이코노미스트〉[2]에 실린 '2016년 민주주의 지수Democracy Index 2016'를 기반으로 했다. 이 지수는 국가별로 '민주주의' 등급을 1에서 10까지 매겼다. 북한이 가장 낮은 1.8점을 받았고, 노르웨이가 가장 높은 9.93을 받았다. 지난

5년 동안 가장 빠른 경제성장을 이룬 나라 10개국을 그 나라의 민주주의 점수와 함께 순서대로 나열하면 다음과 같다. 투르크메니스탄(1.83), 에티오피아(3.6), 중국(3.14), 몽골(6.62), 아일랜드(9.15), 우즈베키스탄(1.95), 미얀마(4.2), 라오스(2.37), 파나마(7.13), 조지아(5.93). 가장 빠른 경제성장을 이룬 10개국 중 민주주의에서 높은 점수를 받은 나라는 한 곳뿐이다.

9장 비난 본능

• **간과하는 질병** 질병 피해자가 1단계 사람이라는 이유로 제약업계에서 관련 수익성이 낮은 질병 목록은 WHO[15]를 보라. 에볼라는 최근까지도 이 목록에 있었다.

• **시스템 사고** 피터 센게Peter Senge는 기업 내에서 직원들끼리 서로를 비난하기보다 문제를 일으키는 시스템을 이해하기 위해 시스템 사고systems thinking라는 개념을 개발했다. 상대를 비난하느라 문제를 이해하지 못하는 모든 인간 조직에 적용할 수 있는 개념이다. 피터 센게《학습하는 조직The Fifth Discipline: The Art & Practice of the Learning Organization》(1990)을 보라. gapm.io/fblame 참고.

• **유니세프의 저비용** 유니세프의 능률적인 물류 공급 체인은 놀랍다. 유니세프 입찰에 응하고 싶다면 www.unicef.org/supply/index_25947.html에서 유니세프가 찾는 물품과 서비스를 지금 바로 확인할 수 있다. UNICEF[5]에서는 유니세프의 물품 조달 과정을 자세히 볼 수 있다.

- **난민은 왜 비행기를 타지 않는가** 제2차 세계대전 중 스웨덴은 덴마크에서 난민을 몰래 입국시킨 사람들의 배를 압수하지 않았다. BBC 다큐멘터리 〈덴마크 유대인은 어떻게 홀로코스트를 탈출했나How the Danish Jews Escaped the Holocaust〉를 보라. Goldberger(1987)에 따르면, 그런 선박 덕에 덴마크 유대인 7,220명이 목숨을 구할 수 있었다. 오늘날 EU Council[1] Directive 2002/90/EC는 '밀입국 알선자smuggler'를 불법 이민을 도와준 사람으로 정의하고, EU Council[2]이 정한 법에서는 "범법 행위에 이용한 운송 수단은 압수"를 허용한다. 반면 제네바 협약은 이들 난민 상당수에게 망명 권리가 있다고 말한다(UNHCR 참고). gapm.io/p16, gapm.io/tpref 참고.

- **이산화탄소 배출** 연구원들은 변화하는 인구 규모에 따라 이산화탄소 배출 한도를 어떻게 조정할지 고민 중이다. Shengmin et al.(2011), Raupach et al.(2014)을 보라. gapm.io/eco2a 참고. 소득수준별 이산화탄소 배출량에 대한 자세한 정보는 gapm.io/tco2i 참고.

- **매독** 자신의 상황이 만족스럽지 않은 사람은 매독 관련 이미지를 검색해보라. 그러면 자신이 축복받은 사람이라는 느낌이 들 것이다. 우리는 Quétel(1990)이 언급한 이 혐오스러운 질병의 여러 가지 이름을 글래스고대학 도서관에서 입수했다.

- **10억 인구와 마오쩌둥** 10억은 마오쩌둥 주석의 통치 아래 살았던 사람의 수를 적게 잡아 추정한 수치다. 마오쩌둥은 중국 인구가 5억 5000만 명이던 1949년 집권해 1976년 사망할 때까지 중국을 통치했고, UN-Pop[1]에 따르면 이 기간 동안 중국에서 태어난 사람은

7억이다.

- **하락하는 출산율과 막강한 지도자** 쌍방향 도표를 보면 1800년 이후로 모든 나라에서 출산율이 하락하는 것을 알 수 있다. gapm.io/vm4 참고.

- **낙태** 세계보건기구WHO의 '안전한 낙태Access to Safe Abortion'를 위한 지침은 이렇다. "안전한 낙태 서비스를 받을 기회를 제한하면 안전하지 못한 낙태를 받고 원치 않는 출산을 하게 된다. 안전하지 못한 낙태에서 발생하는 거의 모든 죽음과 질병은 법적으로 또는 현실적으로 낙태를 엄격히 금지하는 나라에서 발생한다."(WHO[2] 참고)

- **사회 기반** 사회 기반은 그것을 유지하는 사람들이 수행한 연구에서 가장 잘 이해할 수 있다. 배너지Banerjee와 뒤플로Duflo는 《가난한 사람이 더 합리적이다Poor Economics》(2011)에서 가난으로부터 좀 더 쉽게 탈출하는 데 필요한 가장 기본적인 제도를 설명한다. gapm.io/tgovin 참고.

- **세계를 에볼라에서 구한 공무원** 모소카 팔라Mosoka Fallah 박사는 내가 몬로비아에서 함께 일하는 영광을 누린, 에볼라 접촉자들을 추적한 사람 중 한 명이었다. 자신을 절실히 필요로 하는 곳에서 헌신하는 공무원의 이야기를 그에게서 직접 들어보라. 그리고 어떻게 공동체에서 신뢰를 유지하며 감염을 추적할 수 있는지도 들어보라. 그의 몬로비아 테드 강연은 gapm.io/vid1에서 볼 수 있다.

10장 다급함 본능

- **콘조** 콘조에 시달리는 마을 사람과 아이들의 삶을 이해하려면

Thorkild Tylleskär(1995)가 지금의 콩고민주공화국에 있는 반둔두 주에서 찍은 영화를 보라. gapm.io/x2 참고.

- **지금 아니면 절대 안 돼** 로버트 치알디니Robert Cialdini가 쓴 《설득의 심리학Influence》(2001)에서 흔한 영업 기술에 속지 않는 법을 배울 수 있다.

- **다급함 본능** 늘 '혹시'라는 생각을 품고 다른 합리적 가능성을 따져보는 것이 얼마나 어려운지에 관한 자세한 이야기는 필립 테틀록과 댄 가드너가 쓴 《슈퍼 예측, 그들은 어떻게 미래를 보았는가》를 보면 알 수 있다.

- **녹는 북극 얼음** '그린란드의 오늘Greenland Today'은 북극 얼음이 녹는 모습을 날마다 보여준다. https://nsidc.org/greenland-today 참고.

- **최신 GDP 수치와 이산화탄소 수치** OECD는 부유한 35개 회원국의 데이터를 정기적으로 발표한다. 2017년 12월 현재, 최신 GDP 성장 수치는 6주 전 자료이고, 최신 이산화탄소 배출 수치는 3년 전 자료다(OECD[2] 참고). 3개월 전 스웨덴의 이산화탄소 배출 데이터는 스웨덴의 환경 및 경제 계정 체계System of Environmental and Economic Accounts 홈페이지에서 볼 수 있다(SCB 참고).

- **기후 난민** 기후변화로 난민이 급격히 증가할 것이라고 주장하는 연구가 많다. 영국 정부의 과학사무국Government Office for Science이 내놓은 《이민과 지구환경 변화Migration and Global Environmental Change》 (Foresight, 2011)는 이런 주장의 바탕이 되는 흔한 단정의 근본적 취약점을 보여준다. 첫째, 가장 흔히 인용하는 연구는 겨우 두 가지인

데, 그중 하나는 기후변화로 발생하는 난민 수를 1000만 명으로, 또 하나는 1억 5000만 명으로 예상한다(Box 1.2 참고). "기존의 '환경 이민자 수' 추정치의 출처는 한두 곳이 전부다." 두 번째 취약점은 그런 출처가 1, 2단계 사람들과 변화에 대처하는 그들의 능력을 과소평가한다는 것이다. 그러면서 기후변화를 맞이해 이민이 유일한 길이라는 식으로 이야기한다.

모든 문제를 하나의 문제(기후)로 축소하는 나쁜 습관을 '기후환원주의climate reductionism'라 한다. 이에 맞서는 방법은 기후변화를 부정하는 것이 아니라, 세계사에서 인간이 새로운 환경에 적응한 많은 사례를 되새김으로써 사람들이 그 문제에 어떻게 대처할지 현실적으로 예상하는 것이다. 루스 디프리스Ruth DeFries가 쓴《문명과 식량The Big Ratchet》(2014)도 그런 예다.

전 세계 이민과 난민 현황을 사실에 근거해 살펴보려면 UNHCR Population Statistics(http://popstats.unhcr.org/en/overview), 폴 콜리어의《엑소더스Exodus》(2013), 알렉산더 베츠Alexander Betts와 폴 콜리어의《피난Refuge》(2017)을 보라.

- **에볼라** WHO[13]는 2014년 이후 에볼라 추적과 관련한 상황 보고를 모두 정리해두었다. 이곳을 보면 의심 사례가 아직도 존재하는데, CDC[3]는 여전히 의심 사례와 확인되지 않은 사례를 포함한 높은 추정치를 사용한다.

- **지구에 닥칠 수 있는 다섯 가지 위험** 주요 위험 목록을 사실에 근거한 시각으로 보고 싶다면, 스밀의《지구의 파국과 추세: 향후 50년Global

Catastrophes and Trends: The Next Fifty Years》(2008)을 참고하라. 수치에 마음이 안정되는 사람이라면, 이 책에서 가능한 모든 종류의 치명적 중단에 내포된 적절한 위험성과 불확실성을 큰 그림으로 볼 수 있다. gapm.io/furgr 참고.

- **유행병의 위험** 대대적인 유행병보다 소규모 신종플루가 퍼질 가능성이 높다(Smil[2008] 참고). 정육업계의 어이없는 항생제 남용에 맞서되(WHO[14] 참고), 동시에 DDT와 관련한 과거의 실수를 되풀이하거나 과잉보호 조치를 취하지 않게 주의해야 한다. gapm.io/tgerm 참고.

- **금융의 위험** 돕스Dobbs 등은 《미래의 속도No Ordinary Disruption》(2016)에서 지난 10년간 외부 환경이 변덕스러워지고, 더불어 극적인 사건이 자본시장의 성격을 규정하는 일이 점점 잦아졌다고 말한다. Hausmann(2015), gapm.io/dysec 참고.

- **제3차 세계대전의 위험** 스밀은 10년 전에 이미 자신의 저서(2008)에서 새로운 세계 질서의 여섯 가지 추세가 어떻게 일부 지역에서 서서히 격렬한 갈등으로 이어지는지 이야기했다. 그 여섯 가지는 유럽의 위치, 일본의 쇠퇴, 이슬람의 선택, 러시아의 방식, 중국의 부흥, 미국의 후퇴다. gapm.io/dysso 참고.

- **기후변화의 위험** 폴 콜리어의 《약탈당하는 지구》, 경제학자 엘리너 오스트롬의 생각, 그리고 OurWorldInData[7]를 참고했다. gapm.io/dysna 참고.

- **극빈층의 위험** World Bank[26], ODI, PRIO, 폴 콜리어의 《빈곤의 경제학》, BBC 다큐멘터리 〈겁내지 말 것 ─ 가난 끝내기Don't

Panic — End Poverty〉를 참고했다(Gapminder[11] 참고). PRIO의 임시 데이터에 따르면, 극빈층은 줄었지만 분쟁 지역에 사는 극빈층은 그대로거나 오히려 늘었다. 지금의 전쟁이 계속된다면 극빈층 아동의 절대다수가 곧 분쟁 지역에 살 테고, 이는 국제 구호단체에 문화적 도전이 될 것이다. Stockholm Declaration(2016), gapm.io/tepov 참고.

11장 사실충실성 실천하기

- **다각화한 경제** MIT는 각 나라가 기존 산업과 기술로 다각화를 추진할 최선의 방법을 찾아주는 도구를 무료로 제공한다(https://atlas.media.mit.edu/en/). gapm.io/x4, Hausmann et al.(2013) 참고.

- **교사** www.gapminder.org/teach에서 교육 자료를 무료로 받아볼 수 있다. 그리고 사실에 근거한 세계관을 가르치는 교사 모임에도 가입해보라.

- **철자 실수** 원문에서 '철자 실수'를 말하면서 'spelling mistakes'를 일부러 'speling mistakes'로 틀리게 썼다(번역본인 이 책에서는 드러나지 않는다 — 옮긴이). 동양 양탄자에는 항상 적어도 한 가지 의도적인 실수가 있다는 데서 영감을 받은 것이다. 모든 양탄자에는 으레 잘못된 코가 있게 마련이다. 이는 우리가 인간이고 따라서 완벽한 척해서는 안 된다는 사실을 상기시킨다. 우리는 이 사실 이면의 출처를 일부러 밝히지 않겠다.

- **건설적인 뉴스** 뉴스 문제를 해결하는 매우 다른 접근법 두 가지는 다음을 참고하라. https://constructiveinstitute.org, https://www.

wikitribune.com/

• **지역적 무지와 데이터**   앨런 스미스Alan Smith의 테드 강연 '왜 우리는 통계를 좋아해야 하는가Why you should love statistics'를 놓쳐서는 안 된다. 영국에 나타난 지역적 오해의 훌륭한 사례를 보여주는 강연이다. 갭마인더는 스톡홀름 사례를 시작으로 지역적 시각화 자료를 개발했다. 물방울 하나하나는 도시의 작은 지역을 나타낸다. 정치 논쟁에서는 양극화로 인해 극도의 부유층과 극도의 빈곤층이 생겨났다고 말하지만, 물방울 도표의 '플레이'를 누르면 지역의 90%가 중간쯤에 있고, 스톡홀름 사람 대다수는 점점 부유해지고 교육 수준 또한 점점 높아지는 것을 볼 수 있다. gapm.io/gswe1 참고.

마지막으로 덧붙이는 주

• **무료로 보는 세계 발전 데이터**   여러 데이터와 연구 자료가 개방된 덕에 이 책을 만들 수 있었다. 세계은행은 1999년에 그때까지 가장 포괄적인 세계 통계 자료인 세계 발전 지표World Development Indicators를 시디롬으로 내놓았다. 우리는 이 자료를 사람들이 쉽게 이용하도록 움직이는 물방울 도표로 만들어 우리 홈페이지에 올려놓았다. 세계은행은 이를 언짢아했지만 납세자들은 이 공식 데이터 수집에 이미 돈을 냈고, 따라서 우리는 납세자들에게 데이터를 확실하게 전달하고자 했을 뿐이다. 우리가 물었다. "세계시장의 힘이 제대로 작동하려면 사람들이 이 정보를 자유롭게 이용할 수 있어야 한다고 생각하지 않습니까?"

세계은행은 2010년 이 데이터를 모두 무료로 개방하기로 결정했다 (그리고 우리의 계속된 주장에 고마워했다). 우리는 2010년 5월에 세계은행이 개최한 오픈 데이터Open Data 플랫폼 기념식에서 강연을 했고, 이후 세계은행은 신뢰할 만한 세계적 통계를 제공하는 주요한 출처가 되었다. gapm.io/x6 참고.

이는 일찍부터 무료 인터넷이라는 비전을 제시한 팀 버너스 리Tim Berners-Lee 같은 사람들 덕분에 가능했다. 그는 World Wide Web을 발명하고 얼마 지나지 않아 우리에게 슬라이드 하나를 빌려달라고 했다. 데이터 출처가 인터넷에서 서로 연결되면 어떻게 무성해지는지를 (예쁜 꽃 이미지를 이용해) 보여주는 슬라이드였다. 모든 자료를 무료로 공유하던 우리는 흔쾌히 승낙했다. 팀은 이 '플라워-파워포인트flower-powerpoint'를 이용해 2009년 테드 강연을 하면서 사람들에게 '차세대 웹The Next Web'의 장점을 설명했다. 그는 다양한 출처에서 나온 데이터를 통합하면 어떤 일이 일어나는지 갭마인더 사례를 활용해 이야기한다(Berners-Lee[2009] 참고). 그의 비전은 워낙 대담해서 우리가 이제까지 본 것은 초기 사격에 불과하다!

안타깝게도 국제에너지기구International Energy Agency(www.iea.org)의 데이터를 이 책에서는 거의 사용하지 못했다. OECD와 함께 여전히 많은 납세자에게서 돈을 받는 곳이다. 에너지 통계는 그대로 묵히기에는 너무나 중요한 자료이니만큼 이런 관행은 조만간 바뀔 것이며, 반드시 바뀌어야 한다.

출처

- Abouchakra, Rabih, Ibrahim Al Mannaee, and Mona Hammami Hijazi. 《미래 예측: 중요한 50가지 추세 Looking Ahead: The 50 Trends That Matter》. 도표, page 274. Bloomington, IN: Xlibris, 2016.

- Allansson, Marie, Erik Melander, and Lotta Themnér. '조직 폭력, 1989~2016년 Organized violence, 1989-2016).' 〈Journal of Peace Research〉 54, no. 4 (2017).

- Amnesty. 《사형: 모든 범죄에서 사형제 폐지를 주장하는 사람들과 관련한 데이터 Death Penalty: Data counting abolitionists for all crimes》. 2007-2016. 접속일: November 3, 2017. gapm.io/xamndp17.

- Ariely, Dan. 《거짓말하는 착한 사람들 The Honest Truth About Dishonesty: How We Lie to Everyone, Especially Ourselves》. New York: Harper, 2012.

- ____. 《상식 밖의 경제학 Predictably Irrational: The Hidden Forces That Shape Our Decisions》. New York: Harper, 2008.

- ____. 《경제 심리학 The Upside of Irrationality, The Unexpected Benefits of Defying Logic at Work and at Home》. New York: Harper, 2010.

- ATAA. Air Transport Association of America. 《미국을 오가는 항공사에 관한 연간 보고서 The Annual Reports of the U.S. Scheduled Airline Industry》,

1940~1991. 초기 판본: 《항공사에 관한 잘 알려지지 않은 사실들Little known facts about the scheduled air transport industry》, 《항공 수송의 사실과 숫자AIR Transport Facts and Figures》. 접속일: November 2017. http:// airlines.org.

- Banerjee, Abhijit Vinayak, and Esther Duflo. 《가난한 사람이 더 합리적이다Poor Economics: A Radical Rethinking of the Way to Fight Global Poverty》. New York: PublicAffairs, 2011.

- Barro-Lee. 교육 성취 데이터세트Educational Attainment Dataset v 2.1. 업데이트: February 4, 2016. Barro와 Lee(2013) 참고. 접속일: November 7, 2017. http://www.barrolee.com. gapm.io/xbl17.

- Barro, Robert J., and Jong-Wha Lee. '세계 교육 성취에 관한 새로운 데이터, 1950~2010년A New Data Set of Educational Attainment in the World, 1950-2010).' 〈Journal of Development Economics〉 104 (2013): 184-98.

- BBC. Farhana Haider 프로듀서. '덴마크 유대인은 어떻게 홀로코스트를 탈출했나How the Danish Jews escaped the Holocaust.' Witness, BBC, Magazine, October 14, 2015. gapm.io/xbbcesc17.

- Berners-Lee, Tim. '차세대 웹.' 녹화: February 2009 in Long Beach, CA. TED 동영상, 16:23. gapm.io/x-tim-b-l-ted. https://www.ted.com/talks/tim_berners_lee_on_the_next_web.

- Betts, Alexander, and Paul Collier. 《피난: 변화하는 세계에서 난민 정책 재고Refuge: Rethinking Refugee Policy in a Changing World》. New York: Oxford University Press, 2017.

- Biraben, Jean-Noel. '인류 진화에 관하여An Essay Concerning Mankind's Evolution.' 〈Population〉. Selected Papers. Table 2. December 1980.

다음에서 인용: US Census Bureau. gapm.io/xuscbbir.

- BJS Bureau of Justice Statistics. Rand, M. R., et al. '음주와 범죄: 2002~ 2008년 데이터Alcohol and Crime: Data from 2002 to 2008'. Washington, DC: Bureau of Justice Statistics, Office of Justice Programs, US Department of Justice, 2010. 최근 수정일: July 28, 2010. 접속 일: December 21, 2017. https://www.bjs.gov/content/acf/ac_ conclusion.cfm.

- Bongaarts, John, and Rodolfo A. Bulatao. '60억을 넘어서: 세계 인구 예측Beyond Six Billion: Forecasting the World's Population.' National Research Council. Panel on Population Projections. Committee on Population, Commission on Behavioral and Social Sciences and Education. Washington, D.C. 2000. National AcademyPress. https://www.nap.edu/read/9828/chapter/4#38.

- Bourguignon, François, and Christian Morrisson. '세계 시민 간의 불 평등: 1820~1992년Inequality Among World Citizens: 1820-1992.' 〈American Economic Review〉 92, no. 4 (September 2002): 727-744.

- Bryant, John. '출산율 감소 이론과 여러 발전 지표에서 나온 증 거Theories of Fertility Decline and the Evidence from Development Indicators.' 〈Population and Development Review〉 33, no. 1 (March 2007): 101-27.

- BTS[1] US Bureau of Transportation Statistics. 미국 항공 운송기 안전 데이 터US Air Carrier Safety Data. 총사망자Total fatalities. 전국 교통 통계National Transportation Statistics. Table 2-9. 접속일: November 24, 2017. gapm. io/xbtsafat.

- BTS[2]. 유임 승객 마일Revenue Passenger-miles(승객 수와 항공 거리, 단

위: 천). T-100 Segment data. 접속일: November 4, 2017. gapm.io/xbtspass.

- Caldwell, J. C. '세 번의 출산 절충기와 두 번의 이행기Three Fertility Compromises and Two Transitions.' 〈Population Research and Policy Review〉 27, no. 4 (2008): 427-46. gapm.io/xcaltfrt.

- Carson, Rachel. 《침묵의 봄Silent Spring》. Boston: Houghton Mifflin, 1962.

- CAS. Database Counter. 미국화학회American Chemical Society, 2017. 접속일: December 3, 2017. gapm.io/xcas17.

- CDC[1] Center for Disease Control and Prevention. Taubenberger, Jeffery K., and David M. Morens. '1918년 독감: 모든 유행병의 어머니1918 Influenza: The Mother of All Pandemics.' 〈Emerging Infectious Diseases〉 12, no. 1 (January 2006): 15-22. gapm.io/xcdcsflu17.

- CDC[2]. '유기염소 살충제 개요Organochlorine Pesticides Overview' Dichloro diphenyltrichloroethane (DDT). National Biomonitoring Program.

- CDC[3]. '서아프리카에서 발생한 에볼라: 보고된 사례 도표Ebola Outbreak in West Africa-Reported Cases Graphs.' Centers for Disease Control and Prevention, 2014. gapm.io/xcdceb17.

- CDC[4]. DDT, DDE, DDD의 독성Toxicological Profile for DDT, DDE and DDD.

- CDIAC. '세계, 지역, 국가별, 화석 연료에서 배출되는 이산화탄소 Global, Regional, and National Fossil-Fuel CO_2 Emissions' Boden, T.A., G. Marland, and R.J. Andres. 2017. Carbon Dioxide Information Analysis Center, Oak Ridge National Laboratory, U.S. Department of Energy, Oak Ridge, Tenn., U.S.A. DOI 10.3334/CDIAC/00001_

V2017. gapm.io/xcdiac.

- CETAD Centro de Estudos Tributários e Aduaneiros. 'Distribuição da Renda por Centis Ano MARÇO 2017.' Ministério da Fazenda (Brazil), 2017. gapm.io/xbra17.

- Cialdini, Robert B. 《설득의 심리학Influence: How and Why People Agree to Things》. Boston, MA: Allyn and Bacon, 2001.

- College Board. SAT 총 그룹 개요 보고서SAT Total Group Profile Report, 2016. gapm.io/xsat17.

- Collier, Paul. 《빈곤의 경제학The Bottom Billion: Why the Poorest Countries Are Failing and What Can Be Done About It》. New York: Oxford University Press, 2007.

- ____. 《엑소더스Exodus: How Migration Is Changing Our World》. New York: Oxford University Press, 2013.

- ____. 《약탈당하는 지구The Plundered Planet: Why We Must-and How We Can-Manage Nature for Global Prosperity》. New York: Oxford University Press, 2010.

- ____. 《전쟁, 총, 투표Wars, Guns and Votes: Democracy in Dangerous Places》. New York: Random House, 2011.

- Correlates of War Project. COW Dataset v4.0. Sarkees, Meredith Reid, and Frank Wayman (2010)을 기반으로 했다. 업데이트: 2011. 접속일: Dec 3, 2017. http://www.correlatesofwar.org/data-sets/COW-war.

- Countdown to 2030. 《출산, 산모, 신생아, 아동, 청소년을 위한 건강과 영양Reproductive, Maternal, Newborn, Child, and Adolescent Health and Nutrition》. Data produced by Aluisio Barros and Cesar Victora at Federal

University of Pelotas, Brazil, 2017. http://countdown2030.org/.

- Crosby, Alfred W. 《인류 최대의 재앙, 1918년 인플루엔자America's Forgotten Pandemic》. Cambridge, UK: Cambridge University Press, 1989.

- Cummins, Denise. 'SAT 수학에서 성별 차이가 문제되지 않는 이유Why the Gender Difference on SAT Math Doesn't Matter.' 〈Good Thinking blog, Psychology Today〉. March 17, 2014.

- Davies, D.P. (1985). '홍콩의 유아 돌연사: 드문 문제?Cot death in Hong Kong: a rare problem?' Lancet 1985 Dec 14;2 (8468):1346-9. https://www.ncbi.nlm.nih.gov/pubmed/2866397.

- DeFries, Ruth. 《문명과 식량The Big Ratchet: How Humanity Thrives in the Face of Natural Crisis》. New York: Basic Books, 2014.

- Diamond, Jared. 《어제까지의 세계The World Until Yesterday: What Can We Learn from Traditional Societies?》 London: Viking, 2012.

- Dobbs, Richard, James Manyika, and Jonathan Woetzel. 《미래의 속도No Ordinary Disruption: The Four Global Forces Breaking All the Trends.》 New York: PublicAffairs, 2016.

- Dollar Street. 무료 사용 가능 사진(CC BY 4.0). By Gapminder, Anna Rosling Rönnlund. 2017. www.dollar-street.org.

- Ehrlich, Paul R., and Anne Ehrlich. 《인구 폭탄The Population Bomb》. New York: Ballantine, 1968.

- EIAUS Energy Information Administration. '소득과 더불어 증가하는 연간 여행Annual passenger travel tends to increase with income.' International Energy Outlook, Bureau of Transportation Statistics, National Transportation Statistics, 2016.

- Ellenberg, Jordan. 《틀리지 않는 법How Not to Be Wrong: The Power of Mathematical Thinking》. New York: Penguin, 2014.

- Elsevier. Reller, Tom. '엘스비어 출판 - 숫자에 주목하기 등Elsevier Publishing-A Look at the Numbers, and More.' 게시일: March 22, 2016. 접속일: November 26, 2017. https://www.elsevier.com/connect/elsevier-publishing-a-look-at-the-numbers-and-more.

- EM-DAT. Centre for Research on the Epidemiology of Disasters (CRED). 국제재해데이터베이스The International Disaster Database. Debarati Guha-Sapir, Université catholique de Louvain. 접속일: November 5, 2017. www.emdat.be.

- Encuesta Nacional de Ingresos y Gastos de los Hogares (ENIGH) 2016. Tabulados básicos. 2017. Table 2.3, 2016.

- EPAUS Environmental Protection Agency. 환경 프로그램Environment Program, 살충제 정보Pesticide information. gapm.io/xepa17.

- EU Council[1]. Council Directive 2002/90/EC of 28 November 2002. '무허가 입국, 수송, 거주 편의 봐주기 정의하기defining the facilitation of unauthorised entry, transit and residence.' November, 2002. gapm.io/xeuc90.

- EU Council[2]. Council Directive 2001/51/EC of 28 June 2001 '1985년 6월 14일 솅겐 합의 이행을 위한 조약 26조항 보완supplementing the provisions of Article 26 of the Convention implementing the Schengen Agreement of 14 June 1985).' June 2001. gapm.io/xeuc51.

- FAO[1]Food and Agriculture Organization of the United Nations. '2006년 세계의 식품 불안정성Food Insecurity in the World 2006.' 2006. gapm.io/faoh2006.

- FAO[2]. 《2016년 세계 어업과 양식 현황: 모두를 위한 식품 안전성과

영향을 위하여The State of World Fisheries and Aquaculture 2016: Contributing to Food Security and Nutrition for All》. Rome: FAO, 2016. 접속일: November 29, 2017. http://www.fao.org/3/a-i5555e.pdf. gapm.io/xfaofi.

- FAO[3]. '통계-식품 안정성 지표Statistics-Food security indicators.' 최근 수정일: October 31, 2017. 접속일: November 29, 2017. gapm.io/ xfaofsec.

- FAO[4]. FAOSTAT World Total, Yield: Cereals, Total, 1961-2014. 최근 수정일: May 17, 2017. 접속일: November 29, 2017. gapm.io/ xcer.

- FAO[5]. '식품과 농업을 위한 세계 토지와 수자원 현황State of the World's Land and Water Resources for Food and Agriculture.' SOLAW, FAO, Maps, 2011. gapm.io/xfaowl17.

- FBI. Uniform Crime Reporting Statistics. 《미국의 범죄Crime in the United States》. 보고된 범죄와 재산 범죄를 합한 통계. 접속일: October 12, 2017. gapm.io/xfbiu17.

- Foresight. 《이민과 국제 환경 변화. 최종 프로젝트 보고Migration and Global Environmental Change. Final Project Report》. London: Government Office for Science, 2011. gapm.io/xcli17.

- FRD. Ofcansky, Thomas P., Laverle Bennette Berry, and Library of Congress Federal Research Division. 《에티오피아: 국가 연구Ethiopia: A Country Study》. Washington, DC: Federal Research Division, Library of Congress, 1993. gapm.io/xfdi.

- Friedman, Thomas L. 《세계는 평평하다The World Is Flat: A Brief History of the Twenty-first Century》. New York: Farrar, Straus & Giroux, 2005.

- Gallup[1]. McCarthy, Justin. '미국에서 범죄가 증가한다고 말하는 미

국인이 늘고 있다More Americans Say Crime Is Rising in U.S.' Gallup News, October 22, 2015. 접속일: December 1, 2017. http://news.gallup.com/poll/186308/americans-say-crime-rising.aspx.

- Gallup[2]. Brewer, Geoffrey. '미국인의 공포 목록에서 최상위에 오른 뱀Snakes Top List of Americans' Fears.' Gallup News, March 19, 2001. 접속일: December 17, 2017. http://news.gallup.com/poll/1891/snakes-top-list-americans-fears.aspx.

- Gallup[3]. Newport, Frank. '미국에서 백신을 필수라고 말하는 사람의 비율이 약간 줄다In U.S., Percentage Saying Vaccines Are Vital Dips Slightly.' Gallup News, March 6, 2015. gapm.io/xgalvac17.

- Gallup[4]. '테러에 희생될 가능성에 대한 우려Concern About Being Victim of Terrorism.' U.S. polls, 1995-2017. Gallup News, December 2017. gapm.io/xgal17.

- Gallup[5]. McCarthy, Justin. '미국에서 어느 때보다 높아진 동성혼 지지U.S. Support for Gay Marriage Edges to New High.' Gallup News, May 3-7, 2017. gapm.io/xgalga.

- Gapminder[1]. 세계를 면적이 같은 네 지역으로 분할. gapm.io/ireg.

- Gapminder[2]. 1인당 GDP-v25. 주로 Maddison 데이터를 Mattias Lindgren이 확장하고, Ola Rosling이 세계은행의 1인당 GDP(PPP, 2011)와 WEO 2017에 나온 IMF 예측을 반영해 변경했다. gapm.io/dgdppc.

- Gapminder[3]. 네 가지 소득수준-v1. gapm.io/elev.

- Gapminder[4]. 기대 수명 v9. IHME-GBD 2016, UN Population, Mortality.org를 기반으로 했다. Mattias Lindgren의 주요 연구다. gapm.io/ilex.

- Gapminder[5]. 자연보호구역-v1. World Database on Protected Areas(WDPA), UK-IUCN, UNEP-WCMC를 기반으로 했다. gapm.io/natprot.
- Gapminder[6]. 아동 사망률-v10. UN-IGME를 기반으로 했다. 다운로드일: November 10, 2017, gapm.io/itfr.
- Gapminder[7]. 합계출산율-v12. gapm.io/dtfr.
- Gapminder[8]. 소득별 인구수-v3. 접속일: November 2, 2017. gapm.io/incm.
- Gapminder[9]. 극빈층 비율-v1, Gapminder Income Mountains 데이터를 기초로 대략 추정한 1800~2040년 모든 국가의 극빈층 비율. gapm.io/depov.
- Gapminder[10]. 가구당 1일 소득 평균-v1. gapm.io/ihhinc.
- Gapminder[11]. 〈겁내지 말 것-가난 끝내기Don't Panic-End Poverty〉. 한스 로슬링을 담은 BBC 다큐멘터리. Dan Hillman 연출. Wingspan Productions, September 2015.
- Gapminder[12]. 합법적 노예제 데이터-v1. gapm.io/islav.
- Gapminder[13]. 새로 HIV에 감염된 사람-v2. 1990년 이전 수치는 Linus Bengtsson, Ziad El-Khatib 참고. gapm.io/dhivnew.
- Gapminder[14]. 사형제 폐지-v1. gapm.io/ideat.
- Gapminder[15]. 휘발유에 납 첨가를 금지한 국가-v1. gapm.io/ibanlead.
- Gapminder[16]. 항공기 사고 사망자-v1. 지표 인구-v5-모든 국가-1800~2100년. UN WPP 2017년 그리고 주로 Maddison(1950년 이전)을 기반으로 했다. gapm.io/dpland.
- Gapminder[17]. 인구-v5-모든 국가-1800~2100년. UN-Pop WPP

2017년 그리고 주로 Maddison(1950년 이전)을 기반으로 했다. gapm. io/dpop.

- Gapminder[18]. 영양 부족-v1. gapm.io/dundern.
- Gapminder[19]. 극영화-v1. gapm.io/dcultf.
- Gapminder[20]. 여성의 투표권-v1. 주로 여성의 투표권에 관한 위키 피디아를 기반으로 했다. gapm.io/dwomsuff.
- Gapminder[21]. 탈문맹-v1. UIS와 van Zanden을 기반으로 했다. gapm. io/dliterae.
- Gapminder[22]. 인터넷 사용자-v1. gapm.io/dintus.
- Gapminder[23]. 예방접종을 받은 아이들-v1. WHO를 기반으로 했다. gapm.io/dsvacc.
- Gapminder[24]. 1인당 연주 가능한 기타 보유 수(대략의 추정치)-v1. gapm.io/dguitars.
- Gapminder[25]. 산모 사망률-v2. gapm.io/dmamo.
- Gapminder[26]. '에볼라에 관한 여러 사실들Factpods on Ebola.' 1-15. gapm.io/fpebo.
- Gapminder[27]. 집단별 설문 조사 결과. gapm.io/rrs.
- Gapminder[28]. 유엔의 인구 예측은 얼마나 정확한가? gapm.io/mmpopfut.
- Gapminder[29]. 불가피한 채움 효과. gapm.io/mmfu.
- Gapminder[30]. 소득수준별 가구원 수. gapm.io/efinc.
- Gapminder[31]. 자연보호구역-v1. gapm.io/protnat.
- Gapminder[32]. 한스 로슬링. '신종플루 경고! 뉴스/죽음 비율: 8176.' 동영상. May 8, 2009. gapm.io/sftbn.
- Gapminder[33]. 평균 초혼 연령. gapm.io/fmarr.

- Gapminder[34]. 세계 건강 도표 World Health Chart. www.gapminder.org/whc.
- Gapminder[35]. 아프리카 국가 간 차이. gapm.io/eafrdif.
- Gapminder[36]. 관찰 종. gapm.io/tnwlm.
- Gapminder[37]. 식량 생산. gapm.io/tfood.
- Gapminder[38]. 전쟁 사망. gapm.io/twar.
- Gapminder[39]. 직물. gapm.io/ttextile.
- Gapminder[40]. 자연보호구역. gapm.io/protnat.
- Gapminder[41]. '난민은 왜 비행기를 타지 않는가! Why Boat Refugees Don't Fly!' gapm.io/p16.
- Gapminder[42]. 아동 노동. gapm.io/dchlab.
- Gapminder[43]. 갭마인더 사실에 근거한 사고 포스터, v3.1. 무료 교육 자료, License CC BY. 4.0. 2017. gapm.io/fposter.
- Gapminder[44]. 학교에 다니는 기간. gapm.io/dsclex.
- Gapminder[45]. 소득수준별 여가 활동비. gapm.io/tcrecr.
- Gapminder[46]. 충치. gapm.io/dcaries.
- Gapminder[47]. 소득 5분위별 출산율. gapm.io/dtfrq.
- Gapminder[48]. 교통사고. gapm.io/droada.
- Gapminder[49]. 소득수준별 아동 익사. gapm.io/ddrown.
- Gapminder[50]. 여행 거리. gapm.io/ttravel.
- Gapminder[51]. 이산화탄소 배출. gapm.io/tco2.
- Gapminder[52]. 자연재해. gapm.io/tndis.
- Gapminder[53]. 지역별 출산율과 소득. gapm.io/dtfrr.
- GDL[1] Global Data Lab. Jeroen Smits가 시작한 지역별 데이터. https://globaldatalab.org/areadata.

- GDL[2]. IWI International Wealth Index. https://globaldatalab. org/iwi.
- Gilbert et al. (2005). '영아의 잠자는 자세와 영아돌연사증후군: 관찰 연구의 체계적 점검과 1940~2002년 권고의 역사적 점검 Infant sleeping position and the sudden infant death syndrome: systematic review of observational studies and historical review of recommendations from 1940 to 2002.' Ruth Gilbert, Georgia Salanti, Melissa Harden, Sarah. International Journal of Epidemiology, Volume 34, Issue 4, 1 August 2005, Pages 874–887 참고. https://doi.org/10.1093/ije/dyi088.
- Gilovich, Thomas. 《인간 그 속기 쉬운 동물 How We Know What Isn't So》. New York: Macmillan, 1991.
- Gleditsch, Nils Petter. Norwegian: 《더 평화로운 세상을 향하여? Mot en mer fredelig verden?》. Oslo: Pax, 2016. Figure 1.4. gapm.io/xnpgfred.
- Gleditsch, Nils Petter, and Bethany Lacina. '세계 전투 추세 관찰: 전투 죽음의 새로운 데이터세트(Monitoring trends in global combat: A new dataset of battle deaths).' 〈European Journal of Population〉 21, nos. 2?3 (2005): 145?166. gapm.io/xbat.
- Goldberger, Leo. 《덴마크 유대인 구출: 스트레스 받을 때의 도덕적 용기 The Rescue of the Danish Jews: Moral Courage Under Stress》. New York: New York University Press, 1987.
- Good Judgment Project. www.gjopen.com.
- Gottschall, Jonathan. 《스토리텔링 애니멀 The Storytelling Animal: How Stories Make Us Human》. Boston and New York: Houghton Mifflin Harcourt, 2012.
- Gribble, Gordon W. '식품 화학과 화학물질 공포증 Food chemistry and

chemophobia.' 〈Food Security〉 5, no. 1 (February 2013). gapm.io/xfosec.

• GSMA. 〈The Mobile Economy〉 2017. GSM Association, 2017. gapm.io/xgsmame.

• GTD. Global Terrorism Database 2017. 접속일: December 2, 2017. gapm.io/xgtdb17.

• GTF. '세계 추적 프레임워크가 측정한, 전기를 공급받는 시골과 도시 인구, 1990~2014년The Global Tracking Framework measures the population with access to electricity in both rural and urban areas from 1990-2014.' The World Bank & the International Energy Agency. Global Tracking Framework. 접속일: November 29, 2017. http://gtf.esmap.org/results.

• Gurven, Michael, and Hillard Kaplan. '수렵 채집인의 수명: 비교 문화 조사Longevity Among Hunter-Gatherers: A Cross-Cultural Examination.' 〈Population and Development Review〉 33, no. 2 (2007): 321-365. gapm.io/xhun.

• Haidt, Jonathan. 《행복의 가설The Happiness Hypothesis: Finding Modern Truth in Ancient Wisdom》 New York: Basic Books, 2006.

• ____. 《바른 마음The Righteous Mind: Why Good People Are Divided by Politics and Religion》 New York: Pantheon, 2012.

• Hausmann, Ricardo. '다음 금융 위기를 어떻게 방지해야 하는가? How Should We Prevent the Next Financial Crisis?' The Growth Lab, Harvard University, 2015. gapm.io/xecc.

• Hausmann, Ricardo, Cesar A. Hidalgo, et al. 《경제 복잡성 지도책 Atlas of Economic Complexity: Mapping Paths to Prosperity》, 2nd ed.

Cambridge, MA: MIT Press, 2013. 접속일: November 10, 2017. gapm.io/xatl17.

- Hellebrandt, Tomas, and Paulo Mauro.《전 세계 소득 분포의 미 래 The Future of Worldwide Income Distribution》. Peterson Institute for International Economics Working Paper 15-17, April 2015. 접속일: November 3, 2017. gapm.io/xpiie17.

- HMD Human Mortality Database. University of California, Berkeley and Max Planck Institute for Demographic Research. 다운로드일: September 2012. www.mortality.org와 www.humanmortality.de에 서 볼 수 있다.

- Högberg, Ulf, and Erik Bergström. '영아돌연사증후군 위험을 증 가시킨 의사들의 조언 Läkarräd Ökade risken för plötslig spädbarnsdöd.' Läkartidningen 94, no. 48 (1997). gapm.io/xuhsids.

- IATA International Air Transport Association. '사건 개요 Accident Overview.' 표. Fact Sheet Safety. December 2017. gapm.io/xiatas.

- ICAO[1] International Civil Aviation Organization. 국제민간항공협약 Convention on International Civil Aviation. Chicago, December 7, 1944. gapm.io/ xchicc.

- ICAO[2]. 항공 사건 사고 조사 Aircraft Accident and Incident Investigation. 국제민간항공협약, 부속조항 13조. 국제 표준과 권고 사항 International Standards and Recommended Practices, 1955. gapm.io/xchi13.

- ICAO[3]. 세계 주요 수치 Global Key Figures. 유임 승객킬로미터 Revenue Passenger-Kilometres. 항공 수송 관찰 Air Transport Monitor. 2017. https:// www.icao.int/sustainability/Pages/Air-Traffic-Monitor.aspx.

- Ichiseki, Hajime. '동일본 대지진 이후 재해 관련 죽음의 특징 Features

of disaster-related deaths after the Great East Japan Earthquake.' Lancet 381, no. 9862 (January 19, 2013): 204. gapm. io/xjap.

- ICP. '구매력평가지수(2011년 달러) Purchasing Power Parity, $ 2011.' International Comparison Program. gapm.io/x-icpp.

- IHME[1] Institute for Health Metrics and Evaluation. 기대 수명 데이터 Data Life Expectancy. 질병의 세계적 부담 연구, 2016년 Global Burden of Disease Study 2016. Institute for Health Metrics and Evaluation, University of Washington, Seattle, September 2017. 접속일: October 7, 2017. gapm.io/xihlex.

- IHME[2]. '세계 교육 성취, 1970~2015년 Global Educational Attainment 1970-2015).' 접속일: May 10, 2017. gapm.io/xihedu.

- IHME[3]. '모든 재해에서 도로 부상의 비율 Road injuries as a percentage of all disability.' GBD Compare. gapm.io/x-ihaj.

- IHME[4]. '네 단계 발전 수준별 5~14세 모든 아동 사망 중 익사 비율 Drowning as a percentage of all death ages 5-14, by four development levels.' GBD Compare. http://ihmeuw.org/49kq.

- IHME[5]. '5~14세 모든 아동 사망 중 익사 비율. 스웨덴과 다른 고도의 선진국 평균과 비교 Drowning, share of all child deaths in ages 5-14, comparing Sweden with average for all highly developed countries.' GBD Compare. http://ihmeuw.org/49ks.

- IHME[6]. '질병의 지역 부담-5세 미만 사망자 수 Local Burden of Disease-Under-5 mortality.' 접속일: November 29, 2017. gapm.io/xih5mr.

- IHME[7]. '홍역 Measles.' GBD Compare. Institute for Health Metrics and Evaluation, University of Washington, 2016. gapm.io/xihels.

- IHME[8]. '죽음의 모든 원인 All causes of death.' GBD Compare. Institute for Health Metrics and Evaluation, University of Washington, 2016. http://ihmeuw.org/49p3.

· IHME[9]. '교통사고 부상Transport injuries.' GBD Compare. Institute for Health Metrics and Evaluation, University of Washington, 2016. http://ihmeuw.org/49pa.

· IHME[10]. '인간 간 폭력Interpersonal violence.' GDP Compare. Institute for Health Metrics and Evaluation, University of Washington, 2016. http://ihmeuw.org/49pc.

· IHME[11]. 오염된 물로 사망한 5세 미만 아동 데이터, 2016년Data for deaths under age 5 in 2016, attributable to risk factor unsafe water source, IHME GBD 2016. 접속일: December 12, 2017. http://ihmeuw.org/49xs.

· ILO[1] International Labour Organization. 강제노동협약Forced Labour Convention, 1930 (No. 29) (C.29). 접속일: December 2, 2017. gapm.io/xiloflc.

· ILO[2]. 강제노동협약 폐지Abolition of Forced Labour Convention, 1957 (No. 105) (C.105). 접속일: December 2, 2017. gapm.io/xilola.

· ILO[3]. 국가 기준선: 투르크메니스탄Country baselines: Turkmenistan. gapm.io/xiloturkm.

· ILO[4]. 국가 기준선: 우즈베키스탄Country baselines: Uzbekistan. gapm.io/xilouzb.

· ILO[5]. 국가 기준선: 북한Country baselines: North Korea. gapm.io/xilonkorea.

· ILO[6]. 최악의 아동 노동과 관련한 조약 182조, 1999년Convention No. 182 on the worst forms of child labour, 1999. gapm.io/xilo182.

· ILO[7]. IPECYacouba Diallo, Alex Etienne, and Farhad Mehran. '세계 아동 노

동 추세, 2008~2012년Global child labour trends 2008 to 2012.' International Programme on the Elimination of Child Labour (IPEC). Geneva: ILO, 2013. gapm.io/xiloi.

- ILO[8]. IPEC. 5~17세 아동과 청소년의 고용, 노동, 위험한 노동, 2000~2012년Children in employment, child labour and hazardous work, 5-17 years age group, 2000-2012. Page 3, Table 1. International Labour Office; ILO International Programme on the Elimination of Child Labour (IPEC). gapm.io/xiloipe.

- ILO[9]. '세계 아동 노동 근절 프로그램, 1950-1995년Programme on the Elimination of Child Labour, World (1950-1995).' International Labour Organization Programme on Estimates and Projections on the Elimination of Child Labour (ILO-EPEAP). Kaushik Basu, 1999. Via OurWorldInData.org/child-labor.

- ILO[10]. 생활수준 측정 설문 조사Living Standard Measurement Survey, LABORSTA Labour Statistics Database. International Labour Organization. gapm.io/xilohhs.

- ILMC International Lead Management Center. 휘발유에 납 첨가 단계적 금지 보고서, 1990년대Lead in Gasoline Phase-Out Report Card, 1990s. International Lead Zinc Research Organization (ILZRO), supported by the International Lead Association (ILA). 접속일: October 12, 2017. http://www.ilmc.org/rptcard.pdf.

- IMF[1] International Monetary Fund. 불변 달러로 표시한 1인당 GDP 예측, 2022년까지GDP per capita, constant prices with forecasts to 2022. World Economic Outlook 2017, October edition. 접속일: November 2, 2017. gapm.io/ximfw.

- IMF[2]. Archive. 세계경제 전망 데이터베이스World Economic Outlook Database, 전년도. gapm.io/ximfwp.
- International Rhino Foundation. '야생 개체 수 5,042~5,455마리로 서서히 증가 추세Between 5,042-5,455 individuals in the wild-Population slowly increasing.' Black Rhino. November 5, 2017. https://rhinos.org.
- IMDb Internet Movie Database. 연도별 장편 극영화 검색. gapm.io/ximdbf.
- India Census 2011. '탈문맹 현황State of Literacy.' Office of the Registrar General & Census Commissioner, India. 2011. gapm.io/xindc.
- ISC Internet System Consortium. '인터넷 호스트 카운트 역사Internet host count history.' gapm.io/xitho.
- IPCC[1] Intergovernmental Panel on Climate Change. 5차 보고서Fifth Assessment Report(AR5) Authors and Review Editors. May 27, 2014. gapm.io/xipcca.
- IPCC[2]. 5차 보고서AR5-2014년 기후변화: 2014년 기후변화 종합보고서Climate Change 2014: Climate Change 2014 Synthesis Report, page 10: '온실가스 배출에 관한 모든 시나리오에서 21세기에 지표면 온도는 상승한다.' 접속일: April 10, 2017. gapm.io/xipcc.
- Ipsos MORI[1]. 갭마인더의 12개국 온라인 설문 조사, August 2017. gapm.io/gt17re.
- Ipsos MORI[2]. '자각의 위험성, 2015년Perils of Perception 2015.' Ipsos MORI, December 2, 2015. gapm.io/xip15.
- Ipsos MORI[3]. '자각의 위험성, 2016년Perils of Perception 2016,' Ipsos MORI, December 14, 2016. gapm.io/xip16.
- IPUMS. Integrated Public Use Microdata Series International. Version 6.3. gapm.io/xipums.

- ISRC. '국제 표준 녹음 코드International Standard Recording Code.' Managed by International ISRC Agency. http://isrc.ifpi.org/en/faq.
- ITOPF International Tanker Owners Pollution Federation. '유조선 기름 유출 통계, 2016년Oil tanker spill statistics 2016.' Page 4. 발표: February 2017. 접속일: September 20, 2017. http://www.itopf.com/fileadmin/data/Photos/Publications/Oil_Spill_Stats_2016_low.pdf.
- ITRPV. '광전지 국제 기술 지침International Technology Roadmap for Photovoltaic.' Workshop at Intersolar Europe, Munich, June 1, 2017. Graph on slide 6. gapm.io/xitrpv.
- ITU[1] International Telecommunication Union. '휴대전화 사용자.' World Telecommunication/ICT Development Report and Database. gapm.io/xitumob.
- ITU[2]. 'ICT 사실과 수치, 2017년ICT Facts and Figures 2017.' 인터넷 개인 사용자. 접속일: November 27, 2017. gapm.io/xituintern.
- IUCN[1] International Union for Conservation of Nature. 보호구역Protected Area(Definition 2008). gapm.io/xprarde.
- IUCN[2]. 보호구역 범주Categories of protected areas. gapm.io/x-protareacat.
- IUCN[3]. Green, Michael John Beverley, ed. 《남아시아 보호구역 IUCN 안내서IUCN Directory of South Asian Protected Areas》. IUCN, 1990.
- IUCN Red List[1]. Goodrich, J., et al., '호랑이Panthera tigris, Tiger.' 《IUCN 적색목록 멸종위기종, 2015년IUCN Red List of Threatened Species 2015: e.T15955A50659951》. 접속일: December 7, 2017. gapm.io/xiucnr1.
- IUCN Red List[2]. Swaisgood, R., D. Wang, and F. Wei. '대왕판다Ailuropoda melanoleuca, Giant Panda' (오자 정정판 발표: 2016). 《IUCN

적색목록 멸종위기종, 2016년IUCN Red List of Threatened Species 2016: e.T712A121745669》. 접속일: December 7, 2017. http://dx.doi. org/10.2305/IUCN.UK.2016-2.RLTS.T712A45033386.en.

- IUCN Red List[3]. Emslie, R. '검은코뿔소Diceros bicornis, Black Rhinoceros, Hook-lipped Rhinoceros.'《IUCN 적색목록 멸종위기종, 2017년IUCN Red List of Threatened Species 2017: e.T6557A16980917》. 접속일: December 7, 2017. http://dx.doi.org/10.2305/IUCN.UK.2012.RLTS.T6557A16980917. en.

- IUCN Red List[4]. IUCN. '표1: 주요 생물의 멸종위기종 숫자, 1996~2017년Table 1: Numbers of threatened species by major groups of organisms [1996-2017].' 최근 수정일: September 14, 2017. gapm.io/xiucnr4.

- Jacobson, Jodi L. '환경 난민: 주거 가능성의 척도Environmental Refugees: A Yardstick of Habitability.' Worldwatch Paper 86. Worldwatch Institute, 1988.

- Jinha, A. E. '논문 5천만 개: 존재하는 학술 논문 수 추정치Article 50 million: an estimate of the number of scholarly articles in existence.' 〈Learned Publishing〉 23, no. 10 (2010): 258-263. DOI: 10.1087/20100308. gapm.io/xjinha.

- Johnson, N. P., and J. Mueller. '수치 업데이트: 전 세계 스페인 독감 사망자, 1918~1920년Updating the accounts: global mortality of the 1918-1920 'Spanish' influenza pandemic.' 〈Bulletin of the History of Medicine〉 76, no. 1 (Spring 2002): 105-115.

- Kahneman, Daniel. 《생각에 관한 생각Thinking, Fast and Slow》. New York: Farrar, Straus & Giroux, 2011.

- Keilman, Nico. '유엔 인구 예측 데이터의 질과 정확성, 1950~1995년

Data quality and accuracy of United Nations population projections, 1950-1995.' 〈Population Studies〉 55, no. 2 (2001): 149-164. 게시일: December 9, 2010. gapm.io/xpaccur.

- Klein Goldewijk, Kees. '아황산가스 총배출량 Total SO₂ Emissions.' Utrecht University. Paddy(http://cdiac.ornl.gov)를 기반으로 했다. May 18, 2013. gapm.io/x-so2em.

- Klepac, Petra, et al. '최종전과 그 이상을 향하여: 전염병 퇴치의 복잡성과 어려움 Towards the endgame and beyond: complexities and challenges for the elimination of infectious diseases.' Figure 1. 〈Philosophical Transactions of the Royal Society B〉, June 24, 2013. DOI: 10.1098/rstb.2012.0137. http://rstb. royalsocietypublishing.org/content/368/1623/20120137.

- Lafond, F., et al. '경험 곡선은 기술 진보를 얼마나 정확히 예측하는 가? 유통 예측법 How well do experience curves predict technological progress? A method for making distributional forecasts.' Navigant Research. 2017. https://arxiv.org/pdf/1703.05979.pdf.

- Larson, Heidi J., et al. '백신 신뢰도 상황, 2016년: 67개국 설문 조사로 알아본 전 세계의 통찰력 The State of Vaccine Confidence 2016: Global Insights Through a 67-Country Survey.' 〈EBioMedicine〉 12 (October 2016): 295-301. 게시일: September 13, 2016. DOI: 10.1016/ j.ebiom.2016.08.042. gapm.io/xvacnf.

- Lindgren, Mattias. '갭마인더의 긴 역사적 시기 시리즈 Gapminder's long historic time series.' 발표: 2006~2016. gapm.io/histdata.

- Livi-Bacci, Massimo. 《간추린 세계 인구 역사 A Concise History of World Population》, 2nd. ed. Page 22. Maiden, MA: Blackwell, 1989.

- Lozano, Rafael, Krycia Cowling, Emmanuela Gakidou, and

Christopher J. L. Murray. '175개국의 교육 성취도 상승과 그것이 아동 사망률에 미친 영향, 1970~2009년: 시스템 분석Increased educational attainment and its effect on child mortality in 175 countries between 1970 and 2009: a systematic analysis.' Lancet 376, no. 9745 (September 2010): 959-74. DIO: 10.1016/S0140-6736 (10) 61257-3. gapm.io/xedux.

- Maddison[1]. Angus Maddison이 내놓은 데이터를 보존하는 Maddison 프로젝트. CLIO Infra를 이용한 1인당 GDP 추산. Jutta Bolt, Jan Luiten van Zanden 등이 업데이트. 접속일: December 3, 2017.

- Maddison[2]. CLIO Infra를 이용한 Maddison 프로젝트. Filipa Ribeiro da Silva's version revised by Jonathan Fink-Jensen. 업데이트일: April 29, 2015.

- Magnus & Pia. Mino의 부모.

- McEvedy, Colin, and Richard Jones. 《세계 인구사 지도책Atlas of World Population History》. New York: Facts on File, 1978. US Census Bureau가 인용. gapm.io/x-pophist.

- Mischel, Walter. 《마시멜로 테스트The Marshmallow Test: Mastering Self-control》. New York: Little, Brown, 2014.

- Music Trades. '연간 음악 업계 인구 조사The Annual Census of the Music Industries.' 2016. http://www.musictrades.com/census.html.

- Myrskylä, M., H. P. Kohler, and F. Billari. '출산율 감소 역전에서의 진전Advances in Development Reverse Fertility Declines.' 〈Nature〉 460, No. 6 (2009): 741-43. DOI: 10.1038/nature08230.

- National Biomonitoring Program. 질병통제예방센터 유기염소 살충제 개요Centers for Disease Control and Prevention Organochlorine Pesticides

Overview. gapm.io/xpes.

· National Police Agency of Japan. 《2011년 태평양 연안 도호쿠 지진 관련 피해 현황과 경찰의 대응, 2017년 9월 8일Damage Situation and Police Countermeasures Associated with 2011 Tohoku District-Off the Pacific Ocean Earthquake September 8, 2017》. Emergency Disaster Countermeasures Headquarters. gapm.io/xjapan.

· NCI[1] National Cancer Institute. '20세 미만의 모든 인종, 남녀에서 암의 상대적 생존율 추세, SEER, 9개 지역, 1975~1994년Trends in relative survival rates for all childhood cancers, age <20, all races, both sexes SEER (9 areas), 1975-1994.' Figure 10, p. 9, in L. A. G. Ries, M. A. Smith, et al., eds., '아동과 청소년의 암 발생과 생존: 미국 SEER 프로그램, 1975~1995년Cancer Incidence and Survival Among Children and Adolescents: United States SEER Program 1975-1995.' National Cancer Institute, SEER Program. NIH. Pub. No. 99-4649. Bethesda, MD: 1999. gapm.io/xccs17.

· NCI[2]. SEER18 연구 데이터베이스를 이용해 계산한 아동과 청소년의 암 발생률, 2016년 11월 제출Childhood cancer rates calculated using the Incidence SEER18 Research Database, November 2016 submission (Katrina/Rita Population Adjustment). https://www.cancer.gov/types/childhood-cancers/child-adolescent-cancers-fact-sheet#r4.

· NHTSA National Highway Traffic Safety Administration. 'Traffic Safety Facts가 발표한 음주 운전, 2016년 데이터Alcohol-Impaired Driving from the Traffic Safety Facts, 2016 Data.' Table 1. October 2017. gapm.io/xalc.

· 노벨 생리의학상 1948. Paul Herman Müller. gapm. io/xnob.

· Novus[1]. 핀란드와 노르웨이에서 실시한 갭마인더 설문 조사, 2017년 4~10월. gapm.io/pnovus17a.

- Novus[2]. 스웨덴, 노르웨이, 미국, 영국에서 실시한 다수의 갭마인더 설문 조사, 2013~2017년. gapm.io/polls17b.

- Novus[3]. 미국과 스웨덴에서 실시한 갭마인더 설문 조사, 2017년 4월. KnowledgePanel을 이용해 GfK Group이 미국에서 실시한 설문 조사, 2013년 11월, 2016년 9월. NatCen가 영국에서 실시한 설문 조사. gapm.io/pollnov17bnovus-17b.

- Nuclear Notebook. Kristensen, Hans M., and Robert S. Norris. '원자과학자들의 핵 노트The Bulletin of the Atomic Scientists' Nuclear Notebook.' Federation of American Scientists. https://thebulletin.org/nuclear-notebook-multimedia.

- ODI Overseas Development Institute. Greenhill, Romilly, Paddy Carter, Chris Hoy, and Marcus Manuel. '미래의 재원 조달: 국제 공공 재원은 가난을 퇴치하기 위해 세계적·사회적 합의에 어떻게 자금을 지원해야 하는가Financing the future: how international public finance should fund a global social compact to eradicate poverty.' ODI, 2015. gapm.io/xodi.

- OEC. Simoes, Alexander J. G., and César A. Hidalgo. '경제 복합성 관측: 경제 발전의 역동성을 이해하는 분석적 도구The Economic Complexity Observatory: An Analytical Tool for Understanding the Dynamics of Economic Development.' Workshops at the Twenty-Fifth AAAI Conference on Artificial Intelligence, 2011. Trade in hs92 category 920.2. String Instruments. gapm.io/xoec17.

- The Economic Complexity Observatory. https://atlas.media.mit.edu/en/.

- OECD[1] Organisation for Economic Co-operation and Development. '미국에서 보건 의료 지출은 왜 그렇게 높은가?Why Is Health Spending in the United

States So High?' 도표4: 보건 의료 범주에서 1인당 의료비 지출. 미국 과 OECD 일부 국가의 경우: 2009년 Chart 4: Health spending per capita by category of care, US and selected OECD countries, 2009. Health at a Glance 2011: OECD Indicators. gapm.io/x-ushealth.

- OECD[2]. 대기와 온실가스 배출: 1인당 이산화탄소 배출량(톤), 2000~2014년 Air and GHG emissions: Carbon dioxide (CO_2), Tonnes/capita, 2000- 2014. gapm.io/xoecdco2.

- OECD[3]. '이주민 통합 지표, 2015년 Indicators of Immigrant Integration 2015.' July 2, 2015. OECD, EU gapm.io/xoecdimintegr.

- OHDB, 구강 건강 데이터베이스 Oral Health Database. WHO Collaborating Centre for Education, Training and Research at the Faculty of Odontology, Malmö, Sweden, supported by the WHO Global Oral Health Programme for Oral Health Surveillance and Niigata University, Japan. https://www.mah.se/CAPP/.

- Oppenheim Mason, Karen. '출산율 변화 설명 Explaining Fertility Transitions.' Demography, Vol. 34, No. 4, 1997, pp. 443-454. gapm. io/xferttra.

- Ostrom, Elinor. 《공유의 비극을 넘어 Governing the Commons》. Cambridge, UK: Cambridge University Press, 1990.

- OurWorldInData[1]. Roser, Max, and Esteban Ortiz-Ospina. '세 계적으로 감소하는 가난: 극빈층의 비율, 1820~2015년, 세계 극빈 층 Declining global poverty: share of people living in extreme poverty, 1820-2015, Global Extreme Poverty.' OurWorldInData.org에 게시. 접속일: November 20, 2017. ourworldindata.org/extreme-poverty.

- OurWorldInData[2]. Roser, Max, and Esteban Ortiz-Ospina '유

럽에서 탈문맹이 늘어나기 시작한 때는 언제인가?When did literacy start growing in Europe?.' OurWorldInData.org에 게시. November 20, 2017. ourworldindata.org/literacy.

- OurWorldInData[3]. Roser, Max, and Esteban Ortiz-Ospina. '아동 노동Child Labor.' 2017. OurWorldInData.org에 게시. 접속일: November 20, 2017. ourworldindata.org/child-labor.

- OurWorldInData[4]. Roser, Max. '민주주의 체제에 사는 세계 인구 비율Share of World Population Living in Democracies.' 2017. OurWorldInData. org에 게시. 접속일: November 26, 2017. ourworldindata.org/democracy.

- OurWorldInData[5]. Roser, Max. '폭력적 죽음의 민족지학적. 고고학적 증거Ethnographic and Archaeological Evidence on Violent Deaths.' OurWorldInData.org에 게시. 접속일: November 26, 2017. https://ourworldindata.org/ethnographic-and-archaeological-evidence-on-violent-deaths.

- OurWorldInData[6]. Roser, Max, and Mohamed Nagdy. '핵무기 테스트Nuclear weapons test.' 2017. OurWorldInData.org에 게시. 접속일: November 14, 2017. https://ourworldindata.org/nuclear-weapons.

- OurWorldInData[7]. 다자간 환경 협약에 참여한 단체 수Number of parties in multilateral environmental agreements. UNCTAD United Nations Treaty Collection을 기반으로 했다. OurWorldInData.org에 게시. https://ourworldindata.org/grapher/number-of-parties-env-agreements.

- OurWorldInData[8]. Tzvetkova, Sandra. '모든 죽음은 평등하지 않

다: 자연재해가 뉴스가 되려면 사망자가 얼마나 되어야 하는가?Not All Deaths Are Equal: How Many Deaths Make a Natural Disaster Newsworthy?' July 19, 2017. OurWorldInData.org에 게시. 다음 연구 결과 이용: Eisensee, T., and D. Strömberg. 2007. https://ourworldindata.org/how-many-deaths-make-a-natural-disaster-newsworthy.

- OurWorldInData[9]. Ritchie, Hannah and Max Roser. '에너지 생산 그리고 에너지원 바꾸기Energy Production & Changing Energy Sources', Lafond 등(2017)을 기반으로 했다. OurWorldInData.org에 게시. 접속일: December 19, 2017. https://ourworldindata.org/energy-production-and-changing-energy-sources/.

- OurWorldInData[10]. Roser, Max. '출산율Fertility Rate.' OurWorld InData.org에 게시. https://ourworldindata.org/fertility-rate.

- Paine, R. R., and J. L. Boldsen. '사망 연령 분포와 고대 인구 역동성 연결하기: 사례 연구Linking age-at-death distributions and ancient population dynamics: a case study.' 2002. 다음에서 발췌:《고대 인구학: 유해 표본에서 본 연령 분포Paleodemography: Age distributions from skeletal samples》, ed. R. D. Hoppa and J. W. Vaupel, 169-180. Cambridge, UK: Cambridge University Press.

- Paulos, John Allen.《숫자에 약한 사람들을 위한 우아한 생존 매뉴얼Innumeracy: Mathematical Illiteracy and its Consequences》. New York: Penguin, 1988.

- PDNA. Government of Nepal National Planning Commission. 《2015년 네팔 지진: 재해 이후 평가 필요성Nepal Earthquake 2015: Post Disaster Needs Assessment》, vol. A. Kathmandu: Government of Nepal, 2015. gapm.io/xnep.

- Perry, Mark J. '남자 고등학생이 여자 고등학생보다 수학을 잘하는 50년간 지속된 유형을 확인해준 SAT 점수SAT test results confirm pattern that's persisted for 50 years-high school boys are better at math than girls.' 〈AEIdeas〉 blog, American Enterprise Institute, September 27, 2016. gapm.io/xsat.

- Pew[1]. '원자력을 경계하는 일본인Japanese Wary of Nuclear Energy.' Pew Research Center Global Attitudes and Trends, June 5, 2012. gapm.io/xpewnuc.

- Pew[2]. '국가별 종교 구성, 2010~2050년Religious Composition by Country, 2010-2050.' Pew Research Center Religion & Public Life, April 2, 2015 (table). gapm.io/xpewrel1.

- Pew[3]. '세계 종교의 미래: 인구 성장 예측, 2010~2050년The Future of World Religions: Population Growth Projections, 2010-2050.' Pew Research Center Religion & Public Life, April 2, 2015. gapm.io/xpewrel2.

- Pinker, Steven. 《우리 본성의 선한 천사The Better Angels of Our Nature: The Decline of Vio lence in History and Its Causes》. London: Penguin, 2011.

- _____. 《빈 서판The Blank Slate: The Modern Denial of Human Nature》. New York: Penguin, 2002.

- _____. 《마음은 어떻게 작동하는가How the Mind Works》. New York: W.W. Norton, 1997.

- _____. 《생각의 언어The Stuff of Thought》. New York: Viking, 2007.

- Platt, John R. '빅뉴스: 1세기 만에 처음 증가하는 야생 호랑이 개체 수Big News: Wild Tiger Populations Are Increasing for the First Time in a Century.' 〈Scientific American〉, April 10, 2016.

- PovcalNet '세계 빈곤을 관찰하기 위한 온라인 분석 도구An Online

Analysis Tool for Global Poverty Monitoring.' Founded by Martin Ravallion, at the World Bank. 접속일: November 30, 2017. http://iresearch. worldbank.org/PovcalNet.

- PRIO. '전투 사망 데이터세트 3.1 버전The Battle Deaths Dataset version 3.1.' 최근 수정일: 2006; 1946-2008. Gleditsch and Lacina(2005) 참고. 접속일: November 12, 2017. gapm. io/xpriod.

- Quétel, Claude. 《매독의 역사History of syphilis》. Trans. Judith Braddock and Brian Pike. Cambridge, UK: Polity Press, 1990. gapm.io/xsyph.

- Raupach M. R., et al. '누적 탄소 배출량 할당 분담하기Sharing a quota on cumulative carbon emissions.' 〈Nature Climate Change〉 4 (2014): 873-79. DOI: 10.1038/nclimate2384. gapm.io/xcar.

- Rosling, Hans. '이제까지 본 적 없는 최고의 통계The best stats you've ever seen.' 녹화: February 2006 in Monterey, CA. TED video, 19:50. https://www.ted.com/talks/hans_rosling_shows_the_best_stats_ you_ve_ever_seen. gapm.io/xtedros.

- _____. '세계은행에서 강연하는 한스 로슬링: 오픈 데이터Hans Rosling at World Bank: Open Data.' 녹화: May 22, 2010, in Washington, DC. World Bank video, 41:54. https://www.youtube.com/ watch?v=5OWhcrjxP-E. gapm.io/xwbros.

- _____. '마법의 세탁기The magic washing machine.' 녹화: December 2010 in Washington, DC. TEDWomen video, 9:15. https://www.ted. com/talks/hans_rosling_and_the_magic_washing_machine. gapm. io/tedrosWa.

- Rosling, Hans, Yngve Hofvander, and Ulla-Britt Lithell. '아동 사망

과 인구 성장Children's death and population growth.' 〈Lancet〉 339 (February 8, 1992): 377-378.

- Royal Society of London. 〈Philosophical transactions of the Royal Society of London〉. 155 vols. London, 1665-1865. gapm.io/xroys1665.

- Sarkees, Meredith Reid, and Frank Wayman. 《전쟁에 의존하다: 1816~2007년Resort to War: 1816-2007》. Washington DC: CQ Press, 2010. gapm.io/xcow17.

- SCB. 환경 계정과 경제 계정 체계System of Environmental and Economic Accounts. gapm.io/xscb2.

- Schultz, T. Paul. '정부는 왜 여자아이 교육에 투자를 늘려야 하는가Why Governments Should Invest More to Educate Girls.' 〈World Development〉 30, no. 2 (2002): 207-225.

- SDL. '국내 입법에서 노예제Slavery in Domestic Legislation', a database by Jean Allain and Dr. Marie Lynch at Queen's University Belfast. http://www.qub.ac.uk/.

- Senge, Peter M. 《학습하는 조직The Fifth Discipline: The Art & Practice of the Learning Organization》 New York: Doubleday, 1990.

- Shengmin, Yu, et al. '1인당 누적 배출량과 할당 옵션의 개념에 관한 연구Study on the Concept of Per Capita Cumulative Emissions and Allocation Options.' 〈Advances in Climate Change Research〉 2, no. 2 (June 25, 2011): 79-85. gapm.io/xcli11.

- SIPRI 세계 핵무기력 추세Trends in world nuclear forces, 2017. Kile, Shannon N. and Hans M. Kristensen. SIPRI, July 2017. gapm.io/xsipri17.

- Smil, Vaclav. 《에너지 전환: 세계적 관점, 자연적 관점Energy Transitions: Global and National Perspectives》 2nd ed. Santa Barbara, CA: Praeger, 2016. gapm.io/xsmilen.

- ____. 《지구의 파국과 추세: 향후 50년Global Catastrophes and Trends: The Next Fifty Years》. Cambridge: MIT Press, 2008. gapm.io/xsmilcat.

- Spotify. Web API. https://developer.spotify.com/web-api.

- Stockholm Declaration. 평화 건설과 국가 건설을 위한 국가 간 대화 5차 세계 회의, 2015년Fifth Global Meeting of the International Dialogue on Peacebuilding and Statebuilding, 2015. https://www.pbsbdialogue.org/en.

- Sundberg, Ralph and Erik Melander. 'UCDP 지오레퍼런스 사건 데이터세트 소개Introducing the UCDP Georeferenced Event Dataset', Journal of Peace Research, vol. 50, no. 4, 523-532.

- Sundin, Jan, Christer Hogstedt, Jakob Lindberg, and Henrik Moberg. 〈Svenska folkets hälsa i historiskt perspektiv〉. Barnhälsans historia, page 122. Solna: Statens folkhälsoinstitut, 2005. gapm.io/xsfhi5.

- Tanigawa, Koichi, et al. '대피 이후 인명 손실: 후쿠시마 사태에서 얻은 교훈Loss of life after evacuation: lessons learned from the Fukushima accident.' Lancet 379, no. 9819 (March 10, 2012): 889-891. gapm.io/xfuk.

- Tavris, Carol, and Elliot Aronson. 《거짓말의 진화Mistakes Were Made (But Not by Me): Why We Justify Foolish Beliefs, Bad Decisions, and Hurtful Acts》. New York: Harcourt, 2007.

- Tetlock, P.E., and D. Gardner. 《슈퍼 예측, 그들은 어떻게 미래를 보았는가Superforecasting: The Art and Science of Prediction》. New York: Crown, 2015.

- *The Economist*[1]. '공해의 비극The tragedy of the high seas.' 〈Economist〉, February 22, 2014. gapm.io/xeconsea.

- *The Economist*[2]. '이코노미스트 인텔리전스 유닛의 민주주의 지수Democracy Index from the Economist Intelligence Unit.' 접속일: December 2, 2017. gapm.io/xecodemi.

- Tylleskär, Thorkild. '콘조 - 카멜레온 걸음KONZO-the walk of the chameleon.' 세계 영양에 관한 집단 연구 동영상. 참여자: Dr. Jean-Pierre Banea-Mayambu(Pronanut 대표), Dr. Desire Tshala-Katumbay(킨샤사 CNPP의 신경정신병리학센터 신경과), 스웨덴 웁살라대학 영양학과 학생들, 1995. gapm.io/xvkonzo.

- UCDP[1]Uppsala Conflict Data Program. 전투 관련 사망자 데이터세트, 1989~2016년Battle-Related Deaths Dataset, 1989 to 2016, dyadic, version 17.1. Allansson et al., dyadic, version 17.1 참고. http://ucdp.uu.se/downloads.

- UCDP[2]. Uppsala Conflict Data Program, Georeferenced Event Dataset (GED) Global version 17.1 (2016), Sundberg et al(2013) 참고. Department of Peace and Conflict Research, Uppsala University, http://ucdp.uu.se/downloads.

- UN Comtrade. https://comtrade.un.org/.

- UN Statistic Division. '개발도상 지역Developing regions.' 접속일: December 20, 2017. gapm.io/xunsdef.

- UN-IGMEUnited Nations Inter-agency Group for Child Mortality Estimation. '아동 사망 추산Child Mortality Estimates.' 최근 수정일: October 19, 2017. http://www.childmortality.org.

- UN-Pop[1]UN Population Division. 인구, 중간 출산 예측치Population,

medium fertility variant. World Population Prospects 2017. United Nations, Department of Economic and Social Affairs, Population Division. https://esa.un.org/unpd/wpp.

- UN-Pop[2]. 세계 인구의 연간 연령 구성Annual age composition of world population, 중간 출산 예측치medium fertility variant. World Population Prospects 2017. UN Population Division. https://esa.un.org/unpd/wpp.

- UN-Pop[3]. 지표: 기대 수명과 합계 출산율(중간 출산 예측치)Indicators: Life expectancy and total fertility rate [medium fertility variant]. World Population Prospects 2017. UN Population Division. 접속일: September 2, 2017. https://esa.un.org/unpd/wpp.

- UN-Pop[4]. 연령별 연간 인구, 여성, 중간 출산 예측치Annual population by age-Female, medium fertility variant. World Population Prospects 2017. UN Population Division. 접속일: November 7, 2017. gapm.io/xpopage.

- UN-Pop[5]. 세계 인구 확률적 예상World Population Probabilistic Projections. 접속일: November 29, 2017. gapm.io/xpopproj.

- UN-Pop[6]. '인구 관성이 미래 인구 성장에 미치는 영향The impact of population momentum on future population growth.' 〈Population Facts〉 no. 2017/4 (October, 2017): 1-2. gapm.io/xpopfut.

- UN-Pop[7]. Andreev, K., V. Kantorová, and J. Bongaarts. '미래 인구 성장에서 인구통계학적 요소Demographic components of future population growth.' Technical paper no. 2013/3. United Nations DESA Population Division, 2013. gapm.io/xpopfut2.

- UN-Pop[8]. 사망자(남녀 합산), 중간 출산 예측치Deaths (both sexes

combined), medium fertility variant. World Population Prospects 2017. UN Population Division. 접속일: December 2, 2017. gapm.io/xpopdeath.

- UN-Pop[9]. 세계 피임 사용 현황, 2017년World Contraceptive Use 2017. World Population Prospects 2017. UN Population Division, March 2017. 접속일: December 2, 2017. gapm.io/xcontr.

- UNAIDS. AIDSinfo 접속일: October 4, 2017. http://aidsinfo.unaids.org.

- UNDESA United Nations Department of Economic and Social Affairs. '전기와 교육: 초·중등학교 전기 공급의 이점, 장벽, 추천 방안Electricity and education: The benefits, barriers, and recommendations for achieving the electrification of primary and secondary schools.' December 2014. gapm.io/xdessel.

- UNEP[1]United Nations Environment Programme. 오염 없는 지구를 목표로Towards a Pollution-Free Planet. Nairobi: United Nations Environment Programme, 2017. gapm.io/xpolfr17.

- UNEP[2]. 1990~2012년 발간된 지역별 유연 휘발유 자료Regional Lead Matrix documents published between 1990 and 2012. gapm.io/xuneplmats.

- UNEP[3]. '서서히 사라지는 유연 휘발유: 2017년 3월 현재 세계 현황Leaded Petrol Phase-out: Global Status as at March 2017.' 접속일: November 29, 2017. gapm.io/xunepppo.

- UNEP[4]. 오존 데이터 접속 센터: 오존 파괴 지수로 나타낸 오존 파괴 물질 소비Ozone data access center: ODS consumption in ODP tonnes. 업데이트일: November 13, 2017. 접속일: November 24, 2017. gapm.io/xods17.

- UNEP[5]. 세계 보호구역 데이터베이스The World Database on Protected Areas [WDPA]. UNEP, IUCN, and UNEP-WCMC. https://protectedplanet.

net.

- UNEP[6]. 지구 보호 보고서, 2016년Protected Planet Report 2016. UNEP-WCMC and IUCN, Cambridge, UK, and Gland, Switzerland, 2016. 접속일: December 17, 2017. gapm.io/xprotp16.

- UNESCO[1] United Nations Educational, Scientific and Cultural Organization. '교육: 초등 교육 수료 비율(가구별 설문 조사 데이터)Education: Completion rate for primary education (house hold survey data).'접속일: November 5, 2017. gapm.io/xcomplr.

- UNESCO[2]. '교육: 탈문맹률Education: Literacy rate.' 최근 수정일: July 2017. 접속일: November 5, 2017. gapm.io/xuislit.

- UNESCO[3]. '교육: 초등학생 연령 여자아이의 중퇴 비율Education: Out-of-school rate for children of primary school age, female.' 접속일: November 26, 2017. gapm.io/xuisoutsf.

- UNESCO[4]. '중퇴 아동 비율Rate of out-of-school children.' 접속일: November 29, 2017. gapm.io/xoos.

- UNESCO[5]. '보편적 초·중등 교육으로 세계 빈곤 줄이기Reducing global poverty through universal primary and secondary education.' June 2017. gapm.io/xprimsecpov.

- UNFPA[1] United Nations Population Fund. '성생활과 출산에서의 건강Sexual & reproductive health.' 최근 수정일: November 16, 2017. http://www.unfpa.org/sexual-reproductive-health.

- UNHCR United Nations High Commissioner for Refugees. '난민 지위와 관련한 협약과 부속조항Convention and protocol relating to the status of refugees.' UN Refugee Agency, Geneva. gapm.io/xunhcr.

- UNICEF-MICS. Multiple Indicator Cluster Surveys. 후원: United

Nations Children's Fund. 접속일: November 29, 2017. http://mics. unicef.org.

- UNICEF[1]. 세계 아동 현황, 1995년The State of the World's Children 1995. Oxford, UK: Oxford University Press, 1995. gapm.io/xstchi.

- UNICEF[2]. '간극 줄이기-가장 빈곤한 아동에 투자할 때의 효과Narrowing the Gaps-The Power of Investing in the Poorest Children.' July 2017. gapm.io/xunicef2.

- UNICEF[3]. '간단한 치료법이 있는데도 여전히 아동의 목숨을 앗아가는 주요 원인인 설사Diarrhoea remains a leading killer of young children, despite the availability of a simple treatment solution.' 접속일: September 11, 2017. gapm.io/xunicef3.

- UNICEF[4]. '세계 아동 현황, 2013년-장애 아동The State of the World's Children 2013-Children with Disabilities.' 2013. gapm.io/x-unicef4.

- UNICEF[5]. '백신 조달 서비스Vaccine Procurement Services.' https:// www.unicef.org/supply/index_54052.html.

- UNISDR United Nations Office for Disaster Risk Reduction. '2003년 유럽의 폭염: 이탈리아가 가장 큰 피해국임을 보여주는 새로운 데이터Heat wave in Europe in 2003: new data shows Italy as the most affected country.' UNISDR, 2003. gapm.io/x-unicefC5.

- US Census Bureau. 현 인구 조사, 2017년 사회적·경제적 연간 증보판 Current Population Survey, 2017 Annual Social and Economic Supplement. Table: 'FINC01_01. 총 금전 소득에 따른 가족의 선별적 특징, 2016년FINC01 _01. Selected Characteristics of Families by Total Money Income in 2016,' 금전 소득, 모든 인종, 모든 가족. gapm.io/xuscb17.

- US-CPS. 현 인구 조사, 2016년: 2016년의 가구 소득Current Population

Survey 2016: Family Income in 2016.

* USAID-DHS[1]. 인구 변화와 건강 설문 조사Demographic and Health Surveys [DHS], 후원: USAID. https://dhsprogram.com.

* USAID-DHS[2]. Bietsch, Kristin, and Charles F. Westoff., 《사하라 이남 아프리카에서 종교와 출산Religion and Reproductive Behavior in Sub-Saharan Africa》. DHS Analytical Studies No. 48. Rockville, MD: ICF International, 2015. gapm.io/xdhsarel.

* van Zanden[1]. van Zanden, Jan Luiten, Joerg Baten, Peter Foldvari, and Bas van Leeuwen. '세계 소득 불평등: 세계 불평등의 변화하는 형태, 1820~2000년World Income Inequality: The Changing Shape of Global Inequality 1820-2000.' Utrecht University, 2014. http://www.basvanleeuwen.net/bestanden/WorldIncomeInequality.pdf.

* van Zanden[2]. van Zanden, Jan Luiten, and Eltjo Buringh. '떠오르는 서양: 유럽에서 원고와 인쇄 책자: 6세기부터 18세기를 관통하는 장기적 관점Rise of the West: Manuscripts and Printed Books in Europe: A long-term perspective from the sixth through eighteenth centuries.' Journal of Economic History 69, no. 2 (February 2009): 409-445. gapm.io/xriwe.

* van Zanden[3], van Zanden, Jan Luiten, et al., eds.《살 만해졌는가? 1820년 이후 세계의 행복How Was Life? Global Well-Being Since 1820》. Paris: OECD Publishing, 2014. gapm.io/x-zanoecd.

* WEFWorld Economic Forum. '2015년 다보스-지속 가능한 발전: 사실 쉽게 이해하기Davos 2015-Sustainable Development: Demystifying the Facts.' Davos 촬영, Switzerland, January 2015. 15분 42초짜리 WEF 동영상. 한스가 청중에게 결과를 알려주는 부분은 5분 18초부터: https://youtu.be/3pVlaEbpJ7k?t=5m18s.

- White[1]. White, Matthew. 《끔찍한 것들을 담은 아주 큰 책The Great Big Book of Horrible Things》. New York: W.W. Norton, 2011.
- White[2]. White, Matthew. 제2차 세계대전의 사망자 수 추정치 Estimates of death tolls in World War II. Necrometrics. http://necrometrics.com/20c5m.htm#Second.
- WHO[1]. '세계 보건 관측 데이터 저장소: 면역Global Health Observatory data repository: Immunization.' 접속일: November 2, 2017. gapm.io/xwhoim.
- WHO[2]. 안전한 낙태: 보건 시스템을 위한 기술적·정책적 지침Safe abortion: Technical & policy guidance for health systems. gapm.io/xabor.
- WHO[3]. WHO 에볼라 대응팀WHO Ebola Response Team. '서아프리카의 에볼라 바이러스 질병-질병 발생 첫 9개월과 이후 예상Ebola Virus Disease in West Africa-The First 9 Months of the Epidemic and Forward Projections.' 〈New England Journal of Medicine〉 371 (October 6, 2014): 1481-195. gapm.io/xeboresp.
- WHO[4]. '아동 사망의 원인Causes of child mortality.' Global Health Observatory (GHO) data. 접속일: September 12, 2017. gapm.io/xeboresp2.
- WHO[5]. '1986~2016년: 30년 된 체르노빌 사태1986-2016: Chernobyl at 30.' April 25, 2016. gapm.io/xwhoc30.
- WHO[6]. '말라리아 매개체 억제에 사용하는 DDT: WHO 대차대조표The use of DDT in malaria vector control: WHO position statement.' Global Malaria Programme, World Health Organization, 2011. gapm.io/xwhoddt1.
- WHO[7]. '실내 분무 잔류에 나타나는 DDT: 인간 건강의 측면 - 환

경 보건 기준 241 DDT in Indoor Residual Spraying: Human Health Aspects-Environmental Health Criteria 241.' World Health Organization, 2011. gapm.io/xwhoddt2.

- WHO[8]. 'WHO 세계 보건 노동자 통계WHO Global Health Workforce Statistics.' World Health Organization, 2016. gapm.io/xwhowf.
- WHO[9]. 상황 업데이트-유행병 Situation updates-Pandemic. gapm.io/xwhopand.
- WHO[10]. 결핵 데이터Data Tuberculosis (TB) Global Health Observatory (GHO) data, http://www.who.int/gho/tb/.
- WHO[11]. '다제내성결핵이란 무엇이며 어떻게 억제하는가? What is multidrug-resistant tuberculosis (MDR-TB) and how do we control it?' gapm.io/xmdrtb.
- WHO[12]. '세계 보건 지출 데이터베이스Global Health Expenditure Database.' 최근 수정일: December 5, 2017. http://apps.who.int/nha/database.
- WHO[13]. 에볼라 상황 보고Ebola situation reports. gapm.io/xebolawho.
- WHO[14]. 길항미생물저항성Antimicrobial resistance. gapm.io/xantimicres.
- WHO[15]. 방치되는 열대병Neglected tropical diseases. gapm.io/xnegtrop.
- WHO[16]. '국제 생수 공급과 위생 설비 10년 평가, 1981~1990년 Evaluation of the international drinking water supply and sanitation decade, 1981-1990,' World Health Organization, November 21, 1991. Executive board, eighty-ninth session. Page 4. gapm.io/xwhow90.
- WHO[17]. 응급 상황 준비, 대응Emergencies preparedness, response. Situation updates-Pandemic (H1N1) 2009. http://www.who.int/csr/disease/swineflu/updates/en/index.html.
- WHO[18]. Data Tuberculosis (TB) Global Health Observatory

(GHO) data, http://www.who.int/gho/tb/en/.

- WHO/UNICEF. '예방 가능한 폐렴과 설사로 인한 아동 사망 2025년까지 뿌리 뽑기Ending Preventable Child Deaths from Pneumonia and Diarrhoea by 2025.' World Health Organization/The United Nations Children's Fund (UNICEF), 2013. gapm.io/xpneuDiarr.

- WHO/UNICEF JMPJoint Monitoring Programme. '식수, 위생 설비, 위생 수준Drinking water, sanitation and hygiene levels,' 2015. https://washdata.org/data.

- Wikipedia[1]. '노예제와 농노제 폐지 연표Timeline of abolition of slavery and serfdom.' https://en.wikipedia.org/wiki/Timeline_of_abolition_of_slavery_and_serfdom.

- Wikipedia[2]. '국가별 사형제: 폐지 연대기Capital punishment by country: Abolition chronology.' https://en.wikipedia.org/wiki/Capital_punishment_by_country#Abolition_chronology.

- Wikipedia[3]. '장편 극영화: 역사Feature film: History.' https://en.wikipedia.org/wiki/Feature_film#History.

- Wikipedia[4]. '여성의 투표권Women's suffrage.' https://en.wikipedia.org/wiki/Women%27s_suffrage.

- Wikipedia[5]. '녹음과 복제: 포노토그래프: Sound recording and reproduction: Phonautograph.' https://en.wikipedia.org/wiki/Sound_recording_and_reproduction#Phonautograph.

- Wikipedia[6]. '제2차 세계대전 사상자World War II casualties.' https://en.wikipedia.org/wiki/World_War_II_casualties.

- Wikipedia[7]. '테러 사건 목록: 1970~현재List of terrorist incidents: 1970 present.' https://en.wikipedia.org/wiki/List_of_terrorist_

incidents#1970-present.

· Wikipedia[8]. '코브라 독소: 다발성경화증 Cobratoxin: Multiple sclerosis.' https://en.wikipedia.org/wiki/Cobratoxin#cite_note-pmid21999367-8.

· Wikipedia[9]. '찰스 워터턴 Charles Waterton.' https://en.wikipedia.org/wiki/Charles_Waterton.

· Wikipedia[10]. '회복 자세 Recovery position.' https://en.wikipedia.org/wiki/Recovery_position.

· World Bank[1]. '1인당 GDP, PPP Indicator GDP per capita, PPP (constant 2011 international $).' International Comparison Program database. Downloaded October 22, 2017. gapm.io/xwb171.

· World Bank[2]. '세계은행 국가와 대출 집단 World Bank Country and Lending Groups.' 접속일: November 6, 2017. gapm.io/xwb172.

· World Bank[3]. '여성의 초등 교육 수료 비율(관련 연령별) Primary completion rate, female (% of relevant age group).' 접속일: November 5, 2017. gapm.io/xwb173.

· World Bank[4]. '2015년 국가 소득 집단별 인구-총인구 Population of Country Income Groups in 2015-Population, total.' 접속일: November 7, 2017. gapm.io/xwb174.

· World Bank[5]. '1일 소득 1.90달러인 빈곤층 인구 비율 Poverty headcount ratio at $1.90 a day (2011 PPP) (% of population).' Development Research Group. Downloaded October 30, 2017. gapm.io/xwb175.

· World Bank[6]. '전기를 공급받는 인구 비율 Indicator Access to electricity (% of population).' Sustainable Energy for All (SEforALL) Global Tracking

Framework. International Energy Agency and the Energy Sector Management Assistance Program, 2017. gapm.io/xwb176.

- World Bank[7]. '출생 시 기대 수명(나이)Life expectancy at birth, total (years).' United Nations Statistical Division. Population and Vital Statistics Reports (various years). 접속일: November 8, 2017. gapm.io/xwb177.

- World Bank[8]. '개선된 수원을 이용하는 인구 비율Improved water source (% of population with access).' WHO/UNICEF Joint Monitoring Programme (JMP) for Water Supply and Sanitation. 접속일: November 8, 2017. gapm.io/xwb178.

- World Bank[9]. '홍역 예방접종 인구 비율Immunization, measles (% of population with access).' 접속일: November 8, 2017. gapm.io/xwb179.

- World Bank[10]. '만연한 영양 부족에 시달리는 인구 비율Prevalence of undernourishment (% of population).' Food and Agriculture Organisation. 접속일: November 8, 2017. gapm. io/xwb1710.

- World Bank[11]. '총 보건 의료비 지출에서 차지하는 현금 지출 비율Out-of-pocket health expenditure (% of total expenditure on health).' Global Health Expenditure database, 2017. gapm.io/xwb1711.

- World Bank[12]. Narayan, Deepa, Raj Patel, et al. 《가난한 자의 목소리: 우리 말이 들리는가?Voices of the Poor: Can Anyone Hear Us?》 New York: Oxford University Press, 2000. gapm.io/xwb1712.

- World Bank[13]. '해외여행: 출발 편수International tourism: number of departures.' Yearbook of Tourism Statistics, Compendium of Tourism Statistics and data files, World Tourism Organization, 2017. gapm.io/xwb1713.

- World Bank[14]. '오픈 데이터 너머: 한스 로슬링의 새로운 도전Beyond

Open Data: A New Challenge from Hans Rosling.' Live GMT, June 8, 2015. gapm.io/xwb1714.

- World Bank[15]. Khokhar, Tariq. '개발도상 세계라는 용어를 계속 써야 할까?Should we continue to use the term developing world?' The Data blog, World Bank, November 16 , 2015. gapm.io/xwb1715.

- World Bank[16]. '소득수준 최고 10%가 차지하는 소득비율Income share held by highest 10%.' Development Research Group, 2017. gapm.io/xwb1716.

- World Bank[17]. Jolliffe, Dean, and Espen Beer Prydz. '비교 가능한 국가별 빈곤 한계점으로 국제적 빈곤선 추산하기Estimating International Poverty Lines from Comparable National Thresholds.' World Bank Group, 2016. gapm.io/xwb1717.

- World Bank[18]. '휴대전화 가입자Mobile cellular subscriptions.' International Telecommunication Union, World Telecommunication/ICT Development Report and database. Downloaded November 26, 2017. gapm.io/xwb1718.

- World Bank[19]. '개인 인터넷 사용자의 인구비율Individuals using the Internet [% of population].' International Telecommunication Union, World Telecommunication/ICT Development Report and database. Downloaded November 27, 2017. gapm.io/xwb1719.

- World Bank[20] 세계 소비 데이터베이스Global Consumption Database. http://datatopics.worldbank.org/consumption.

- World Bank[21]. '초·중등학교 취학 성평등 지수School enrollment, primary and secondary (gross), gender parity index (GPI).' United Nations Educational, Scientific, and Cultural Organization (UNESCO)

Institute for Statistics, 2017. gapm.io/xwb1721.

- World Bank[22]. '세계 소비 데이터베이스Global Consumption Database.' World Bank Group, 2017. gapm.io/xwb1722.

- World Bank[23]. '인구 1,000명당 의사 수Physicians (per 1,000 people).' 선별된 국가와 경제; 스웨덴과 모잠비크Selected countries and economies; Sweden and Mozambique. World Health Organization, Global Health Workforce Statistics, OECD, 2017. gapm.io/xwb1723.

- World Bank[24]. '1인당 보건 의료 지출, PPPHealth expenditure per capita, PPP (constant 2011 international $).' World Health Organization Global Health Expenditure Database, 2017. gapm.io/xwb1724.

- World Bank[25]. Newhouse, David, Pablo Suarez-Becerra, and Martin C. Evans. '아동 극빈층의 새로운 추정치-빈곤과 공유 번영 보고서, 2016년: 불평등의 양상New Estimates of Extreme Poverty for Children-Poverty and Shared Prosperity Report 2016: Taking On Inequality.' Policy Research Working Paper no. 7845. World Bank, Washington, DC, 2016. gapm.io/xwb1726.

- World Bank[26] Group, Poverty and Equality Global Practice Group, October 2016.

- World Bank[27]. 세계은행 오픈 데이터 플랫폼World Bank Open Data platform. https://data.worldbank.org. WorldPop. Case Studies-Poverty. gapm.io/xworpopcs.

- WWF. 호랑이-진실Tiger-Facts. 2017. 접속일: November 5, 2017. gapm.io/xwwftiger.

- YouGov[1]. November-December 2015. 설문 조사 결과: gapm.io/xyougov15.

- YouGov[2]. 공포에 관한 설문 조사. 2014. gapm.io/xyougov15.
- Zakaria, Fareed. 《자유의 미래The Future of Freedom: Illiberal Democracy at Home and Abroad》. New York: W.W. Norton, 2003.
- ____. 《흔들리는 세계의 축The Post-American World》. New York: W.W. Norton, 2008.

찾아보기

FACT
FULNESS

네 단계 소득수준의 삶

1단계   2단계   3단계   4단계

식수

이동수단

요리

식사

잠자리

1단계   2달러   2단계   8달러   3단계   32달러   4단계   달러/일

세계 인구(사람 1명: 10억)

출처: Gapminder[3] & Dollar Street